Macho e fêmea

Dados Internacionais de Catalogação na Publicação (CIP)
(Câmara Brasileira do Livro, SP, Brasil)

Mead, Margaret
  Macho e fêmea : um estudo dos sexos num mundo em transformação / Margaret Mead ; tradução de Margarida Maria Moura e Beatriz Silveira Castro Filgueira. – Petrópolis, RJ : Vozes, 2020.

  Título original: Male and female
  Bibliografia.
  ISBN 978-85-326-6466-2

  1. Antropologia 2. Homens 3. Mulheres 4. Sexo I. Título.

20-33857   CDD-306.7

Índices para catálogo sistemático:
1. Homens e mulheres : Sexo : Antropologia   306.7

Cibele Maria Dias – Bibliotecária – CRB-8/9427

Macho e fêmea

Um estudo dos sexos num mundo em transformação

MARGARET MEAD

Tradução de
Margarida Maria Moura e Beatriz Silveira Castro Filgueira

EDITORA VOZES

Petrópolis

© 1949, 1967 by Margaret Mead.
Words for a New Century © 2001 by Mary Catherine Bateson
Introduction © 2001 by Helen Fisher.
First Perennial edition published 2001.
Publicado mediante acordo com HarperBusinnes,
um selo da Harper Collins Publishers.

Título do original em inglês: *Male and Female*

Direitos de publicação em língua portuguesa – Brasil:
1971, 2020, Editora Vozes Ltda.
Rua Frei Luís, 100
25689-900 Petrópolis, RJ
www.vozes.com.br
Brasil

Todos os direitos reservados. Nenhuma parte desta obra poderá ser reproduzida ou transmitida por qualquer forma e/ou quaisquer meios (eletrônico ou mecânico, incluindo fotocópia e gravação) ou arquivada em qualquer sistema ou banco de dados sem permissão escrita da editora.

CONSELHO EDITORIAL

Diretor
Gilberto Gonçalves Garcia

Editores
Aline dos Santos Carneiro
Edrian Josué Pasini
Marilac Loraine Oleniki
Welder Lancieri Marchini

Conselheiros
Francisco Morás
Ludovico Garmus
Teobaldo Heidemann
Volney J. Berkenbrock

Secretário executivo
João Batista Kreuch

Editoração: Maria da Conceição B. de Sousa
Diagramação: Raquel Nascimento
Revisão gráfica: Nilton Braz da Rocha
Capa: Érico Lebedenco

ISBN 978-85-326-6466-2 (Brasil)
ISBN 978-0-06-093496-5-7 (Estados Unidos)

Editado conforme o novo acordo ortográfico.

Este livro foi composto e impresso pela Editora Vozes Ltda.

Sumário

Agradecimentos, 7

Prefácio para um novo século, 11
Mary Catherine Bateson

Prefácio à Edição Perennial – Um ponto de vista, 17

Prefácio à Edição Pelican – 1962, 27

Prefácio à Edição Apollo – 1967, 45

Parte I – Introdução, 51

1 O significado das perguntas que fazemos, 53

2 Como escreve um antropólogo, 72

Parte II – Os caminhos do corpo, 101

3 Primeiras lições, 103

4 Padrões igualitaristas, mercenários e de inveja uterina, 132

5 Os pais, as mães e os impulsos do crescimento, 160

6 Sexo e temperamento, 184

7 Regularidades básicas no desenvolvimento sexual humano, 200

Parte III – Os problemas da sociedade, 219

8 Ritmo de trabalho e lazer, 221

9 A paternidade é uma invenção social, 242

10 Potência e receptividade, 262

11 Procriação humana, 286

Parte IV – Os dois sexos na América contemporânea, 307

12 Nossa complexa cultura americana, 309

13 A experiência infantil prevista, 329

14 A conduta do namoro e as exigências sexuais do adulto, 345

15 Sexo e realização, 361

16 Cada família no seu próprio lar, 392

17 O casamento pode durar toda a vida?, 410

18 A cada um o seu, 436

Apêndice I, 455

Apêndice II, 487

Apêndice III, 509

Índice onomástico, 523

Índice remissivo, 527

Agradecimentos

O trabalho de campo em que se baseia este livro cobre um período de quatorze anos, que vai de 1925 a 1939. O pensamento que o permeia envolve toda a minha vida profissional, que vai de 1923 a 1948. O trabalho de campo e de pesquisa foi feito sob vários auspícios generosos: o American Museum of Natural History, que me abrigou e encorajou desde 1926, financiando meu trabalho com o Voss Fund; o National Research Council; o Committee for Research in Dementia Praecox, financiado pelo Thirty-third Degree Scottish Rite, Northern Masonic jurisdiction; o Governo Naval dos Estados Unidos em Samoa; o Social Science Research Council; o Department of Home and Territories of Australia; a Administration of the Mandated Territory of New Guinea; o Government of the Netherlands East Indies; além de várias agências do Governo dos Estados Unidos. Durante meus longos períodos de residência em lugares distantes recebi ajuda de muitas pessoas e agradeço especialmente ao Meritíssimo Juiz J.M. Phillips, C.B.E., Sr. E.P.W. Chinnery, Sr. Edward R. Holt e Sra. Holt e ao grande artista falecido Walter Spies. Pela colaboração no campo tenho dívidas muito além de minhas possibilidades de agradecimento adequado para com Gregory Bateson, Jane Belo e Reo Fortune e nosso assistente balinês I Made Kaler. É impossível lhes explicar e explicar ao mundo o débito contraído com centenas de pessoas das ilhas do Pacífico, cuja paciência, tolerância das diferenças, fé em minhas boas intenções e imensa curiosidade tornaram estes estudos possíveis.

Muitas das crianças que carreguei nos braços e sobre cuja conduta, tensa ou relaxada, aprendi de uma forma que jamais seria captada diferentemente, cresceram e se tornaram homens e mulheres. A vida que vivem nos registros de um antropólogo sempre terá algo de sonho tanto para o pesquisador como para elas.

Fora da corrente principal da civilização, preservaram a delicada indústria de suas culturas e, através dessa fidelidade, fizeram sua contribuição à compreensão contemporânea das potencialidades da humanidade.

Cronologicamente, este livro representa os desenvolvimentos de meu pensamento sobre este problema específico desde que publiquei *Sexo e temperamento* em 1935. Mas também representa uma linha que segui através de minha vida profissional e que expressa minha dívida para com as abordagens que assimilei, particularmente de Franz Boas, Ruth Benedict, Luther Cressman, William Fielding Ogburn, Edward Sapir, Reo Fortune, A.R. Radcliffe-Brown, Philip Mosely, Earl T. Engle, Robert and Helen Lynd, Lawrence e Mary Frank, Gregory Bateson, John Dollard, W. Lloyd Warner, Erik Homburguer Erikson, Gardiner e Lois Murphy, Kingsley Noble, Geoffrey Gorer, Kurt Lewin, Robert Lamb, Harold Wolff, Gotthard C. Booth, Marie Jahoda, Erwin Schuller, Evelyn Hutchinson, Frances Llg, Rhoda Metraux, Nathan Leites, Martha Wolfenstein e Edith Cobb. Pela ajuda prestada na preparação do manuscrito, estou em dívida com minha madrinha Isabel Ely Lord e Marie Eichelberger, Marison Marcovitz, Carol Kaye, Judith Calver e Catherine Schneider. Devo a minha avó Martha Kamsay Mead, a meu pai, Edward Slierwood Mead e à minha mãe, Emily Fogg Mead, a crença de que vale a pena buscar o conhecimento, de que a observação e análise podem ser feitas com um afeto construtivo tanto por aqueles que estudam quanto pelos que são estudados, e finalmente aquele sentido de ser membro de meu sexo que dirigiu meus trabalhos de pesquisa para o estudo das crianças.

Margaret Mead
Cobb Web
Falls Village, Connecticut
19 de outubro de 1948.

Prefácio para um novo século

Mary Catherine Bateson

Quando minha mãe, Margaret Mead, estava buscando uma editora para seu primeiro livro, *Coming of Age in Samoa*[1], ela se encontrou com William Morrow, chefe de uma editora nova, e ele fez a ela uma sugestão que marcaria o resto de sua carreira, que ela falasse "mais sobre o que tudo isso significa para os americanos". Isso inaugurou um caminho que ela seguiria ao longo de toda sua vida, estabelecendo o apelo da antropologia não apenas como uma representação do exótico, mas como uma fonte de autoconhecimento para a civilização ocidental. O último capítulo de *Coming of Age* expôs um tema para os anos posteriores: "Educação para a autonomia"[2].

Mesmo antes da Segunda Guerra Mundial e ainda usando a terminologia de seu tempo – que agora soa tão antiquada, falando de "primitivos" ou mesmo de "selvagens" – ela acreditava que os americanos deveriam não apenas aprender sobre os povos do Pacífico, mas com eles. E, após retornar de quase todas suas viagens de campo, ela voltava à William Morrow, agora Harper-Collins, onde muitos de seus livros continuam sendo impressos

---

1 Embora não tenha uma edição em português, o livro é comumente citado como "Adolescência, sexo e cultura em Samoa". Para as obras que ainda não foram traduzidas será mantido o título original em inglês [N.T.].

2 No original, "Education for Choice" [N.T.].

desde então, oferecendo novos significados a novas gerações de americanos. Um século após seu nascimento eles são publicados novamente, agora em um novo milênio, e, ainda hoje, eles têm muito a oferecer a respeito de como os indivíduos amadurecem em seus ambientes sociais e como as comunidades humanas podem se adaptar às mudanças.

Em muitas de suas viagens de campo, Mead se concentrou na infância. Autores dão conselhos aos pais sobre como criar seus filhos há séculos; no entanto, naquela época, a observação sistemática do desenvolvimento infantil estava apenas começando, e Mead foi uma das primeiras a estudá-lo interculturalmente. Feminista, ela combinava a afirmação da necessidade de tornar as mulheres cidadãs plenas e iguais na sociedade com um fascínio permanente pelas crianças e uma preocupação em atender suas necessidades. Uma cultura que rejeita as crianças "não há de ser uma cultura boa", segundo ela (*Blackberry Winter*: My Earlier Years. Nova York: William Morrow, 1972, p. 206).

Após seu estudo sobre os adolescentes em Samoa, ela investigou a primeira infância entre os Manus (*Growing Up in New Guinea*) e o cuidado com os bebês e as crianças pequenas em Bali; em todos os lugares por onde passou ela incluiu as mulheres e crianças, em grande medida invisíveis para os pesquisadores até então. Sua obra continua influenciando a maneira como pais, professores e formuladores de políticas veem as crianças. Eu, por exemplo, sou grata, pois o que ela aprendeu com os padrões sofisticados e sensíveis de cuidado com as crianças que observou em outras culturas repercutiu na minha própria infância. Da mesma forma, eu me tornei uma mulher livre na medida em que seu interesse pelas mulheres enquanto mães se desdobrou em seu trabalho sobre gênero (*Sexo e temperamento* e *Macho e fêmea*).

Além dessa compreensão abrangente das escolhas relativas aos papéis de gênero e à criação dos filhos, o outro tema que emergiu do seu trabalho de campo foi a mudança. Após a guerra, o primeiro relato de campo que ela encaminhou para sua editora de longa data descrevia o seu retorno, em 1953, ao povo Manus da Nova Guiné, sob o título *New Lives for Old*. Não se tratava de um livro sobre como as culturas tradicionais são afetadas e destruídas pela mudança, mas sobre a possibilidade de uma sociedade optar pela mudança e orientar seu próprio futuro. Muitas vezes, Mead é considerada uma "determinista cultural" (tão obcecados que somos em reduzir o pensamento dos autores a um único rótulo). De fato, o termo reflete a sua crença de que as diferenças entre as sociedades no comportamento e no caráter esperados (p. ex., entre os Samoanos e os Manus) são, em grande medida, aprendidas na infância e moldadas pelos padrões culturais transmitidos através das gerações que orientam os potenciais biológicos das crianças, e não determinados pela genética. Na medida em que a cultura é um artefato humano passível de ser transformado, e não um destino congênito, ela não era uma determinista ingênua, e suas convicções a respeito da política social sempre incluíram uma fé na capacidade humana de aprender. Após a década de 1950, Mead escreveu constantemente sobre a mudança, como ela ocorre e como as comunidades humanas são capazes de preservar os vínculos necessários através das gerações e, ainda assim, fazer escolhas. Nesse sentido, a sua antropologia enfatizava a liberdade humana.

Anos depois, Mead escreveu para Morrow a história de sua própria infância e juventude, em *Blackberry Winter*, com a convicção de que a sua criação por pais extremamente progressistas e intelectuais a havia tornado "à frente de seu tempo", e que o relato de sua experiência poderia servir às gerações posteriores. Ela nunca escreveu na íntegra sobre sua maturidade, mas publicou uma série de cartas, escritas para amigos, familiares e colegas ao longo de cinquenta anos de trabalho de campo, que aproximam o encontro com culturas desconhecidas das nossas próprias reflexões. Embora *Letters from the Field* tenha sido publicado por outra editora, a Harper & Row, as metamorfoses corporativas foram, desta vez, afortunadas e tornaram possível a inclusão de *Letters from the Field* nesta série da HarperCollins, à qual ele pertence [da edição em inglês]. Mead escreveu diversas vezes para outras editoras, mas esse conjunto particular de livros se ligava ao seu desejo antigo de elucidar o que a sua experiência pessoal e profissional poderia e deveria representar para os americanos. Esse desejo a levou a colaborar com a *Redbook*[3] e a aparecer com frequência na televisão, falando de maneira otimista e imperativa sobre a nossa capacidade de fazer as escolhas certas. Ao contrário de muitos intelectuais, ela confiava na inteligência do público leigo, assim como na beneficência fundamental das instituições democráticas. Dirigindo-se ao público com respeito e ternura, ela se tornou um nome conhecido.

A obra de Margaret Mead já ganhou muitas edições, e os detalhes de suas observações e interpretações foram objeto de críticas e revisões exaustivas, como todo trabalho científico pioneiro deve ser. A despeito dos eventuais ataques oportunistas, seus colegas continuam a valorizar seu trabalho visionário e inovador. Mas, ao prepararmos esta série, consideramos que era importante incluir prefácios fora do campo da etnografia que enfocassem os temas dos livros do ponto de vista dos americanos de hoje, preocupados com a forma como educamos nossos filhos, como garantimos a participação plena de todos os membros da sociedade e como planejamos o futuro. Os tempos mudam, mas a comparação é sempre reveladora e sempre sugere a possibilidade de escolha. As adolescentes em Samoa, na década de 1920, proporcionaram uma comparação reveladora com os adolescentes americanos da época, que ainda viviam nas sombras da era

---

3 Tradicional revista feminina norte-americana publicada desde 1903 [N.T.].

vitoriana, e oferecem uma comparação igualmente esclarecedora com as meninas de hoje, que vivem sob a pressão precoce de demandas sobre sua sexualidade e seu gênero. Os meninos manus pré-adolescentes nos permitem examinar diferentes ênfases nas habilidades físicas e na imaginação durante a infância – e fazê-lo tendo em vista cinquenta anos de debates a respeito de como oferecer ambos aos nossos filhos. Os papéis de gênero que estavam sendo desafiados quando Mead era jovem regrediram com o ressurgimento da domesticidade no pós-guerra e, novamente, voltaram a se abrir – mas o fato mais importante em relação ao gênero é que ele é culturalmente construído e que os seres humanos podem brincar com a biologia do sexo de inúmeras formas diferentes. Assim, lemos esses livros como vestígios não apenas de climas distantes, mas também de momentos diferentes da história americana, a fim de aprender com as diversas formas de vida humana como fazer escolhas melhores para o futuro.

Prefácio à Edição Perennial
Um ponto de vista

Na década de 1930 Margaret Mead introduziu nos círculos intelectuais americanos um poderoso "ponto de vista", como ela dizia, à perspectiva intercultural. Ela registrou a vida em sociedades ao redor do mundo; então, comparou o comportamento e as crenças desses povos tradicionais com as nossas, nos Estados Unidos. Com esse olhar antropológico ela ofereceu ideias novas a respeito de muitos problemas sociais americanos, do *Sturm und Drang*[4] da adolescência até a crescente taxa de divórcios e as relações tensas entre homens e mulheres. Essa perspectiva intercultural está presente em livros como *Sexo e temperamento em três sociedades primitivas* e *Macho e fêmea*.

Em ambos os livros, Mead também aborda uma questão complexa: Quão maleável é a natureza humana? E, em ambos, ela defende a visão de que é a cultura, e não a biologia, a força mais importante na formação da personalidade individual.

Ela chegou a essa conclusão ainda criança. Escreveu em sua autobiografia, *Blackberry Winter*: "Nos diversos lugares em que vivemos durante minha infância, quando nossos vizinhos se com-

---

4 A expressão, inspirada em um movimento literário alemão da segunda metade do século XVIII, faz referência aqui à agitação e ao ímpeto característicos da adolescência [N.T.].

portavam de maneiras diferentes das nossas, ou uns em relação aos outros, eu aprendi que isso se devia às suas experiências de vida... não às diferenças na cor da nossa pele ou no formato das nossas cabeças" (p. 3). E, assim que ela chegou à Nova Guiné em 1931, aos 30 anos de idade, deparou-se com evidências dessa plasticidade humana. Como ela relatou em *Sexo e temperamento*[5], os homens e as mulheres Arapesh eram, ambos, "femininos", e "não masculinos" (p. 168); os homens e as mulheres mundugumor eram "masculinos", "viris" e "agressivos" (p. 168, 268); e as mulheres tchambuli eram o "parceiro dirigente, dominador e impessoal", enquanto os homens Tchambuli eram "menos responsáveis" e mais "emocionalmente dependentes" (p. 268).

Os papéis sexuais nessas culturas, afirmou Mead, diferiam uns dos outros, assim como daqueles nos Estados Unidos. Assim, ela concluiu que "a natureza humana é quase incrivelmente maleável" (p. 268). Em uma de suas conclusões mais conhecidas e brilhantes ela escreveu: "O material sugere a possibilidade de afirmar que muitos, se não todos, os traços de personalidade que chamamos de masculinos ou femininos se apresentam ligeiramente vinculados ao sexo quanto às roupas, às maneiras e à forma do penteado que uma sociedade, em determinados períodos, atribui a um ou a outro sexo" (p. 268).

Os dados de Mead se adequavam aos tempos. Munido de teorias raciais cruéis, Hitler ascendia ao poder. O racismo e o sexismo eram alarmantes em toda a América e Europa. Contrapondo-se a isso, Mead forneceu evidências de que os homens e as mulheres, de todos os grupos étnicos e sociais, eram inerentemente iguais; era a cultura – e não a biologia – o que nos tornava os indivíduos diferentes que somos. O célebre antropólogo Marvin

---

5 As citações abaixo foram adaptadas da edição brasileira (São Paulo: Perspectiva, 1969; trad. Rosa Krausz), incluindo a paginação.

Harris escreveria sobre ela: "A apresentação habilidosa de Mead das diferenças culturais para um público amplo, de especialistas e leigos... deve ser reconhecida como um dos eventos importantes da história do pensamento intelectual americano" (HARRIS, 1968: 409).

Com efeito, Mead entrou na disputa intelectual em um momento crucial, não apenas no que se refere às questões mundiais, mas também ao polêmico debate entre natureza e cultura. A controvérsia existia pelo menos desde 1690, quando John Locke argumentou que, ao nascer, a mente humana era como uma folha em branco, uma *tabula rasa*, sobre a qual o ambiente inscrevia a personalidade.

A perspectiva de Locke foi duramente atacada em meados do século XIX, quando o filósofo político e cientista social britânico Herbert Spencer começou a publicar ensaios argumentando que a ordem social humana era resultado da evolução, especificamente da "sobrevivência dos mais aptos". Foi ele, e não Charles Darwin, quem introduziu esse termo. E Spencer utilizou essa plataforma intelectual para defender o capitalismo livre de regulações e se opor a qualquer forma de ajuda estatal aos pobres. Para Spencer, certas classes, nações e grupos étnicos dominavam os outros porque eram mais "aptos".

A origem das espécies, de Darwin, publicado em 1859, foi o golpe de misericórdia. A humanidade havia evoluído a partir de formas mais simples, através da seleção natural, criando variações genéticas entre indivíduos e populações. Darwin não estava interessado no uso político de suas teorias. Além disso, o conceito de seleção natural não corrobora o racismo ou o sexismo. Infelizmente, porém, as opiniões de Spencer logo ficariam conhecidas como "darwinismo social".

Esse dogma pernicioso, então, difundiu-se na política social. A Europa próspera e dominada por homens se defrontava com os desdobramentos da Revolução Industrial e muitos desejavam justificar o *laissez-faire* capitalista, o colonialismo, o expansionismo e o sexismo. Na década de 1870, *Sir* Francis Galton começou a defender programas sociais específicos para o aperfeiçoamento da raça humana, dando origem ao movimento eugênico. Como resultado, na década de 1920, cerca de trinta estados nos Estados Unidos instituíram programas de esterilização forçada para conter a reprodução de criminosos presos e pessoas com deficiência mental. Leis rígidas de imigração também foram instituídas para restringir a entrada de imigrantes que pudessem ter algum defeito genético. E muitos argumentavam que as mulheres, há muito consideradas inferiores aos homens, eram biologicamente o sexo frágil.

Foi nesse ambiente intelectual que Mead ingressou na Universidade de Colúmbia, na década de 1920. Seu mentor, Franz Boas, muitas vezes chamado de o "pai da antropologia", era um imigrante e um opositor diligente do movimento eugênico. Ele reconhecia que a biologia e a evolução, inegavelmente, forjavam aspectos da natureza humana. Mas ele defendia categoricamente a ideia de que o ambiente cultural tinha um impacto preponderante na personalidade e no comportamento de um indivíduo.

Boas compartilhava dessa visão com pensadores tão diversos quanto Bertrand Russell e H.L. Mencken, além de um número crescente de colegas cientistas sociais. O psicólogo John Watson defendia que a plasticidade das crianças era praticamente ilimitada, e os freudianos estavam demonstrando como os traumas da infância moldavam a personalidade do indivíduo adulto. Além disso, os afro-americanos migravam para o norte para se juntarem à força de trabalho industrial; as mulheres ingressavam no mundo dos negócios; e ambos os grupos davam demonstrações de sua inteligência e adaptabilidade. Com a ascensão de Hitler ao poder, praticamente todo cientista ocidental razoável passou a defender a visão de que as diferenças étnicas e de gênero eram definidas, em grande medida, pela educação. Mead foi uma porta-voz dessa escola de pensamento, *Sexo e temperamento* e *Macho e fêmea* refletem esse ponto de vista.

No entanto, assim como Boas, Mead reconhecia a existência de diferenças biológicas entre os sexos. Com efeito, em *Sexo e temperamento*, ela dedica um capítulo aos "desviantes" culturais – aqueles homens e mulheres nas sociedades da Nova Guiné que, devido à sua natureza inerente, não conseguiam se adaptar aos papéis sexuais ideais de sua cultura. Em *Macho e fêmea*, ela discutiu algumas diferenças biológicas entre homens e mulheres. De fato, no prefácio à edição de 1962, ela escreveu: "Se eu estivesse escrevendo esse livro hoje, poria [...] uma ênfase maior na herança especificamente biológica do homem, herdada de formas anteriores, e também nos paralelos entre o *homo sapiens* e outras espécies mamíferas" (p. 34).

Assim, embora Mead estivesse interessada principalmente nas maneiras pelas quais a cultura molda a personalidade, ela endossou aquela que se tornaria a visão predominante no debate entre natureza e cultura: Atualmente, a maioria dos cientistas bem-informados defende que a biologia e a cultura estão intrinsecamente entrelaçadas, que nenhuma delas determina o comportamento humano, e que *ambas* desempenham um papel fundamental na formação do pensamento e da ação humanos. Mas eu me pergunto o que ela pensaria das pesquisas recentes sobre o cérebro, cujos dados sugerem a existência de uma terceira força que influencia o comportamento humano: uma força que tem sido chamada de *eu*, ego, psique e/ou mente. Eis a minha opinião.

Os cientistas agora defendem que o cérebro humano é composto de "módulos", "circuitos" ou "sistemas" que executam tarefas específicas – como fazer uma contagem regressiva; rimar palavras; lembrar fisionomias; ou sentir desejo sexual, raiva ou amor romântico. Uma das regiões mais importantes do cérebro, que integra sentimentos, pensamentos e ações, é o córtex pré-frontal, localizado diretamente atrás da testa. Os neurocientistas chamam essa região de o "executivo central", ou de a "encruzilhada da mente", porque ela possui conexões com muitas partes do cérebro e do corpo, e se dedica ao processamento de informações. Nessa região do cérebro armazenamos uma infinidade de informações, as ordenamos e classificamos à medida que se acumulam, e encontramos padrões nelas. Também especulamos hipóteses, analisamos contingências, consideramos possibilidades, planejamos o futuro e tomamos decisões.

Nas palavras do filósofo John Dewey: "A mente é um verbo". Eu concordo; a mente *faz* coisas. Por isso, hoje acredito que, com o desenvolvimento do córtex pré-frontal ao longo da evolução humana, nossos ancestrais adquiriram um mecanismo cerebral – o que chamarei aqui de mente – que lhes permitiu tomar decisões e se comportar de maneiras únicas, maneiras que eram capazes de modificar, até mesmo suplantar, as forças potentes da biologia *e* da cultura.

Em suma, a biologia influencia a nossa percepção do mundo e o nosso comportamento em um sentido geral. As experiências culturais moldam essas percepções e predisposições comportamentais, podando e estabelecendo conexões sinápticas no cérebro. Então, com nossas mentes, cada um de nós assimila as forças da biologia e da cultura à sua própria maneira, modificando os circuitos cerebrais e as percepções culturais. Essas três forças influenciam os nossos hábitos de namoro e acasalamento – selecionando uma nova geração de indivíduos que carregarão alguns genes diferentes, adotarão algumas tradições culturais novas e integrarão o mundo ao seu redor de formas criativas. A genética, a mente e a cultura são forças interdependentes: Elas transformam constantemente umas às outras, *nenhuma* age isoladamente, e todas evoluem juntas. Eu acredito que, à medida que os cientistas aprenderem mais a respeito de como a biologia humana, a mente e o ambiente interagem, a dicotomia natureza/cultura que Mead buscou compreender será finalmente superada.

As mudanças no ambiente intelectual – e econômico – também interessariam a Mead. Em *Macho e fêmea*, ela antecipou a visão de que deveríamos "fazer uso integral dos dotes especiais da mulher, tais como os do homem" (p. 56). Mead ficaria feliz em ver que isso está acontecendo. Os campos emergentes das indústrias de comunicações, assistência médica, prestação de serviços, organizações sem fins lucrativos e outros segmentos da economia do século XXI são especialmente adequados aos talentos naturais das mulheres – e essas forças econômicas estão atraindo um número recorde de mulheres para o mercado de trabalho, em diferentes culturas no mundo todo.

Margaret Mead tem muitos críticos. Uma crítica legítima, na minha opinião, refere-se a uma prática facilmente encontrada em *Sexo e temperamento* e em *Macho e fêmea*. Mead generalizava muito; ela fez afirmações categóricas a respeito das sociedades que registrou. Mas a sua tendência à generalização deriva, ao que me parece, da sua formação na pós-graduação.

Sob a orientação de "Papai Franz", ela e sua ilustre colega Ruth Benedict desenvolveram um novo subcampo antropológico, a escola de "cultura e personalidade". No centro de sua filosofia estava a crença de Mead de que uma cultura se assemelha a um idioma. Ela possui uma gramática, uma estrutura subjacente, uma personalidade baseada em algumas características psicológicas preponderantes. Nas palavras de Benedict, "As culturas, desse ponto de vista, são projeções ampliadas da psicologia individual" (BENEDICT, 1932: 24, apud HARRIS, 1968: 398). Assim, da mesma forma em que Benedict definiu o caráter nacional dos japoneses com poucos adjetivos em *O crisântemo e a espada*, Mead utilizaria poucos adjetivos para sintetizar os diversos povos da Nova Guiné em seus escritos. Atualmente, poucos concordam com todas as conclusões de Margaret Mead. Eu, por exemplo, não penso que a paternidade humana seja uma invenção social, algo que ela defende em *Macho e fêmea*. Ao invés disso, eu argumentaria que, há milênios, a humanidade desenvolveu circuitos específicos no cérebro associados à atração romântica e ao vínculo conjugal. Outros têm objeções diferentes.

Na opinião de alguns, a maior contribuição de Mead foi o seu uso pioneiro de filme para registrar a vida nativa. De fato, junto ao seu parceiro de campo e parceiro conjugal, Gregory Bateson, Mead levou cerca de 25.000 instantâneos Leica, e cerca de 6.700m de filme 16mm para estudar as sociedades tradicionais de uma maneira nova. Mas estou certa de que a contribuição de Margaret Mead foi muito mais ampla e muito mais relevante. Sua perspectiva intercultural ofereceu um meio valioso de compreender diversas questões sociais americanas fundamentais. A sua ênfase no papel da cultura na definição do caráter e da posição social deu esperança às minorias étnicas e às mulheres. E estou certa de que Mead também influenciou a sociedade de muitas outras maneiras menos evidentes – como ficou claro para mim em um evento, em uma noite chuvosa de 1976.

Eu estava na reunião anual de trabalho da Associação Americana de Antropologia em Washington, D.C. Era quase meia-noite, e uma moção foi apresentada para proibir o novo livro, *Sociobiology: The New Synthesis*, do biólogo da universidade de Harvard, Edward O. Wilson. O livro discutia o papel da biologia na compreensão de comportamentos complexos, como o altruísmo e a mentira, e muitos antropólogos temiam que ele assinalasse o retorno do darwinismo social ao pensamento acadêmico. De fato, muitos subiram ao microfone, denunciando Wilson e insistindo de forma enérgica que o livro fosse oficialmente repudiado pela comunidade antropológica. Naquele momento, Mead tomou o microfone, com seu cajado à mão. Ela não era uma defensora da sociobiologia, mas se aproximou do microfone e declarou: "Queimar livros – estamos falando de queimar livros". Então, ela fez um discurso formidável sobre a liberdade de expressão. Logo depois, nós votamos. Eu apoiei a liberdade. Outras 177 pessoas fizeram o mesmo. E a resolução de "queimar livros" foi derrotada por 53 votos. Quantas outras pessoas e ideias controversas Mead apoiou? Nunca saberemos. Mas ela deve ter incentivado muitos pesquisadores e leigos a perseguirem seus interesses – indivíduos que posteriormente aperfeiçoariam a sociedade.

Há uma história apócrifa sobre as últimas horas de Mead. Uma enfermeira se aproximou de seu leito em um hospital em Nova York, segurou sua mão para acalmá-la e sussurrou: "Dra. Mead, todo mundo morre". Mead supostamente respondeu: "Eu sei, mas é diferente". Eu desconfio que o "ponto de vista" de Margaret Mead, sua energia extraordinária, sua torrente de ideias originais e seu apoio convicto a muitas pessoas e muitas causas penetraram profundamente o tecido da vida moderna. Com efeito, suas realizações foram diferentes. Mesmo agora, cem anos após seu nascimento, com a republicação de seus livros, ela continua a mudar o mundo.

Helen Fisher

Referências

HARRIS, M. *The Rise of Anthropological Theory*. Nova York: Thomas Y. Crowell, 1968.

MEAD, M. *Male and Female*: The Classic Study of the Sexes. Nova York: Morrow, 1975.

_____. *Blackberry Winter*: My Earlier Years. Nova York: Morrow, 1972.

_____. *Sex and Temperament*: In Three Primitive Societies. Nova York: Quill, 1963.

Prefácio à Edição Pelican
1962

Um dos agradáveis subprodutos que a publicação do livro de bolso proporciona é a possibilidade de pensamentos laterais. Eu não sou evidentemente um daqueles autores que aceita a sugestão dos críticos de que deveria ter escrito um livro diferente ou com menos dados sobre "aqueles nativos". De fato, a Antropologia é um campo em que os conceitos originais que descrevem povos primitivos podem permanecer fixos, porque os povos se terão modificado tanto com o correr do tempo que nenhum reestudo poderia introduzir muitas correções no registro original. Se eu não tivesse sido encorajada pelo meu primeiro e imaginativo editor William Morrow, em 1927, a incluir capítulos comparativos sobre os costumes dos adolescentes americanos daquele período no meu *Coming of Age in Samoa*, chegando à conclusão de que se tratava de uma medida útil, teria ainda menos coisas a dizer. Hoje em dia, a parte deste livro que trata da cultura americana está evidentemente superada, muito mais do que os capítulos de *Coming of Age in Samoa*, escritos vinte anos antes. A Guerra da Coreia foi um marco de mudança nas atitudes americanas para com o casamento e a família, estabelecendo como tendência constante o que chamamos de ajustamento da Segunda Guerra Mundial. Portanto, tornaram-se necessárias adições drásticas em meu relato comparativo e descritivo sobre os costumes americanos; algumas eu indiquei no prefácio da primeira edição de bolso americana, da New American Library Mentor, publicada em 1955. Mas nas descrições dos costumes dos povos primitivos ou da vida de um povo como o de Bali, cuja exótica cultura isolada está sendo hoje absorvida pela Indonésia moderna e influenciada por suas lutas sociais, algo escrito e que ignore as vicissitudes posteriores terá sabor diverso daquilo que foi escrito antes de ocorrerem tais fatos. Esta inevitável visão retrospectiva deve evidentemente ser mantida a todo custo fora das primeiras descrições, sob pena de perderem sua validade. Depois que esse livro foi escrito, fiz um reestudo completo dos Manus, que haviam superado uma etapa de pelo menos dois mil anos de uma possível mudança lenta durante os vinte e cinco anos que separaram minhas duas visitas. Numa breve visita de reconhecimento a Bali, em 1957, exatamente no momento em que os holandeses estavam sendo expulsos da Indonésia, encontrei as crianças nascidas vinte anos antes na aldeia de Bajeung Gede estudando geometria. Isso introduz novas tonalidades em meus conceitos de avaliação anteriores, e que devem ser registrados.

Concomitantemente, houve também vários progressos em teoria antropológica. Quinze anos se passaram e neles uma interação vigorosa entre a teoria cultural e as observações e experimentos com criaturas humanas, primatas, ungulados e pássaros forneceram novas perspectivas sobre a conduta biologicamente dada e tipos possíveis de conduta humana mais especificamente instintiva. Apareceram dados novos sobre as formas primeiras do homem, estendendo nossos horizontes em direção retrospectiva. O interesse renovado pela evolução que cercou o centenário de Darwin, combinado a trabalhos experimentais de psiquiatras, proporcionou novos conceitos para a reinterpretação das descobertas originais de Freud.

No âmbito da opinião mais aberta de que faz parte intencional e inevitavelmente este livro, enormes mudanças ocorreram. Enquanto já tínhamos consciência das fortes alterações havidas no relacionamento do homem com o homem que foram postas em movimento pelas novas formas de comunicação, da descoberta e uso das armas nucleares, do poder crescente da evangelização comunista, do crescimento populacional no mundo todo, a opinião pública ainda não atinara com estes problemas. Outras mudanças, que acompanharão a exploração do espaço, são ainda tratadas como ficção científica. A batalha entre ciência e religião que foi parte proeminente do pensamento do século XIX não está ainda abandonada, a ponto de um Sir Julian Huxley, por exemplo, escrever o prefácio de um livro de um piedoso jesuíta, ou de crianças de uma escola católica romana aprenderem com devoção as contribuições de Galileu e Darwin. Ainda não se percebem plenamente as implicações profundas do problema populacional. Nenhum contraceptivo oral parece estar em vista. Os povos dos países desenvolvidos e subdesenvolvidos ainda não enfrentaram com seriedade o problema global da população, de modo a aumentar o tamanho de suas famílias, embora o façam por razões bem diversas. Em resumo, vivemos hoje num mundo diferente de 1947. O perigo de que a raça humana pudesse ser totalmente destruída era menos premente, e nossa liberdade de indignar-nos com assuntos pequenos era maior. Estes assuntos que denunciei mostraram-se tão desastrosos quanto eu temia. Ainda não resolvemos o problema do aleitamento; por um lado, fracassamos em possibilitar a todas as mães terem uma chance de amamentar seus filhos e, por outro, definimos como desnaturadas as mães que não alimentam seus filhos com o leite de seu seio. No campo das relações sexuais tivemos quinze anos de superglorificação da simples relação sexual, sob a égide desigual mas eficiente do *Relatório Kinsey* e d'*O amante de Lady Chatterley*. Este trabalho da estatística e da novela fantasiosa não contribuiu nem para o desenvolvimento de qualquer senso de individualidade, dentro do qual o sexo se torna uma faceta do desenvolvimento humano, nem para a responsabilidade, pois o ato sexual foi voluntariamente desligado de sua parte na cadeia biológica total da maturidade, reprodução e paternidade. Decresceu nossa tolerância para com todas as formas de vida psicossexual, exceto o congraçamento em série em que os pares se unem e se desunem sem se responsabilizarem pelos efeitos que o companheirismo tem sobre eles, sobre suas contribuições para a sociedade e sobre os filhos. Aumentaram as penas para o solteiro, o temor do invertido, a prática de casamento da noite para o dia e a insistência numa vida sexual continua como algo tão necessário como a digestão, e aliás bastante semelhante a ela.

Todas estas tendências, creio, foram mais longe nos Estados Unidos do que em outros países de língua inglesa. Contudo podem ser encontradas em todas as partes do mundo em que o efeito da comunicação de massa e a utilização de estudos como o Relatório Kinsey e os trabalhos de D.H. Lawrence são a regra, como se fossem prescrições para a vida real. O que acontece hoje nos Estados Unidos pode acontecer no Canadá e no Reino Unido amanhã, e é causa legítima para constante preocupação. Isto é válido sobretudo agora que nossos modelos têm que servir tanto para o mundo tecnologicamente subdesenvolvido quanto para o nosso.

No período imediatamente posterior à Segunda Guerra Mundial, estabeleceu-se um novo costume no campus universitário pelos veteranos casados que recebiam uma ajuda financeira governamental para continuar seus estudos. Quarteirões lotados e rendas baixas aproximaram pais estudantes e jovens entre si, desenvolvendo-se um novo tipo de paternidade. Mas em 1947 tudo levava a crer que a situação dos casamentos de estudantes, das mulheres jovens que trabalhavam para sustentar marido e filhos e da participação ativa do pai no cuidado das crianças, teria fim, experimentando-se um retorno às condições anteriores de responsabilidade individual e de pequenas famílias, em que os jovens pais primordialmente cuidassem do sustento e as mães se dedicassem ao cuidado do lar e dos filhos. Mas a guerra da Coreia introduziu uma nova nota de pessimismo na vida americana, revivendo a insegurança dos anos da depressão e a filosofia *carpe diem* dos anos de guerra. Pais e instituições educacionais acederam à exigência de casamentos entre estudantes; pais jovens continuaram a tomar conta dos filhos; aumentou a exigência do casamento e da paternidade precoces. Em vez da conduta de 1930 e 1940, tornou-se regra a escolha cada vez mais prematura do companheiro, com pais e comunidades apoiando e insistindo no namoro de adolescentes cada vez mais jovens. Com estas novas condições, os pais obtiveram o controle sobre as escolhas dos filhos quanto ao namoro, coisa que jamais tinham conseguido durante toda a história americana, onde oportunidades amplas e terra abundante possibilitavam aos filhos desafiarem os pais e às filhas, casar sem dotes. Mas hoje em dia, que os pais têm de prover as condições para o namoro de rapazes e moças jovens demais para dirigirem carros e mais tarde contribuir financeiramente para o casamento, enquanto os maridos ainda estudam, estão em condições de influenciar substancialmente as escolhas dos filhos. O resultado é o casamento sempre mais restrito a certas classes e grupos religiosos. Em vez da expectativa antiga de incompatibilidade entre os avós, eles hoje tornam-se aliados viscerais no sustento dos netos casados dependentes. Alteraram-se as complexidades da conduta sexual pré-marital. Além do ônus colocado sobre a moça no sentido de manter sua virgindade em situações melindrosas, há agora uma segunda fase, a tentativa dos rapazes, que escolheram uma moça, de resistir à perda de controle da moça, sempre que ela considere ter encontrado um companheiro bacana. Com toda a sociedade apoiando o casamento precoce e a paternidade imediata, com os jovens substituindo a maturidade baseada no trabalho e na responsabilidade financeira, pelo casamento e paternidade, com as famílias jovens competindo entre si na procriação de filhos, existe uma conivência geral para com a gravidez pré-conjugal entre parceiros ajustados, uma forma de conduta remanescente dos padrões de namoro dos camponeses de algumas partes da Europa, onde as relações sexuais anteriores ao casamento ocorriam num cenário de controle e atenção familiares. Essas complexas condições resultaram agora num estilo de namoro e casamento que coloca um ônus pesado tanto no jovem quanto na jovem. O casamento anterior ao desenvolvimento de uma capacidade material suficiente para o sustento de uma família torna-se uma expectativa regular nas classes educadas. A moça deixa a escola ou a Faculdade para trabalhar em uma tarefa modesta mas remuneradora, de modo a tornar possível sua futura maternidade ou a ter uma sucessão de bebês, o que significa para o rapaz, além de seus estudos, um aumento de trabalho extra e pesadas responsabilidades domésticas. A consciência contínua de que é necessário apropriar-se da vida agora e experimentar tudo de uma vez significa também que os casais jovens contraem dívidas para dar a seus filhos um tipo de lar pelo qual a geração anterior teria gasto vários anos. Um padrão de vida cada vez mais alto sobrecarrega o marido e a mulher, dentro e fora do lar. Por outro lado, os padrões de companheirismo e comunicação do casal entre si e entre pais e filhos são elevados, e talvez nunca tenham estado tão elevados. A distância entre adolescentes e pais, tão característica da cultura americana de classe média de uma geração atrás, diminuiu, embora possa ser ainda encontrada em grupos étnicos imigrantes recém-chegados ou em pessoas que passaram para a classe média.

 Decresceram em importância os ideais do amor romântico, sendo substituídos pela esperança de que casando-se com o *tipo certo* de moça ou rapaz se consegue o casamento ideal. Mas os padrões deste casamento ideal são extremamente altos e os casamentos desmoronam facilmente quando a realidade não corresponde à visão romantizada da vida matrimonial e da vida nos subúrbios. Existe uma discrepância profunda entre os pontos de vista das pessoas de mais idade que veem na pressão pelo casamento precoce a exigência de uma satisfação sexual contínua e facilmente acessível por parte dos adolescentes, e a conduta dos próprios jovens que seguem coletivamente um estilo de vida em vez de oferecerem tentativas individuais de amor romântico ou de oportunidades sexuais legalizadas.

Várias outras tendências que podem acentuar-se através desse estilo e através da paternidade dependente e precoce estão sendo reconhecidas: a situação de mulheres com educação parcial quando seus filhos já estão crescidos, a alta taxa de mortalidade do homem de meia-idade, a vida vazia de mulheres idosas sem marido ou filhos para cuidar, o isolamento das mães divorciadas ou viúvas com filhos pequenos. Em resumo, pode-se dizer que a distribuição dos papéis desempenhados pelos sexos e gerações nos Estados Unidos passou por uma profunda transformação, com o foco voltado para o casamento jovem, a paternidade jovem, as famílias grandes e para a autossuficiência emocional de cada unidade isolada nos subúrbios, buscando freneticamente a realização romântica de um sonho num presente "glamurizado" e não num futuro distante. Essa volta ao lar para toda e qualquer satisfação, com um declínio da amizade, da responsabilidade comunitária, do trabalho, da criatividade, parece ser função da incerteza do futuro que caracteriza esta geração. O cuidado dos bebês por parte do pai é algo que nenhuma civilização anterior incutiu em seus homens educados e responsáveis. O encantamento com a maternidade foi considerado como a principal barreira à criatividade da mulher no trabalho. Pode-se dizer hoje que o perigo do encantamento com a paternidade é igualmente sedutor para o homem jovem.

Parece evidente, a despeito dos esforços de algumas nações autoconscientes como o Japão, URSS [sic] e Índia limitarem os nascimentos, que um dos problemas centrais do século XX foi a questão de saber se a realização pessoal dos homens e mulheres deveria ser vista em termos biológicos ou sociais.

Enfrentamos um período em que a contribuição individual de homens e mulheres como seres iniciadores, inovadores, inventivos e criativos nunca foi tão necessária, mas onde esta contribuição individual também está sendo abafada por um estilo competitivo de multiplicação biológica incontida. Se eu estivesse escrevendo esse livro hoje, poria no seu *back-ground* teórico, diverso do conteúdo normativo e descritivo, uma ênfase maior na herança especificamente biológica do homem, herdada de formas anteriores e também nos paralelos entre o *homo sapiens* e outras espécies mamíferas. Creio ter subestimado a riqueza da comparação entre os seres humanos e os pássaros, por exemplo, onde a importância da visão, as exigências de abrigo, a presença de ambos os pais no cuidado com os filhotes são mais do que belas figuras de linguagem que servem para explicar os fatos da vida às crianças.

Em 1947, dei ênfase à necessidade de invenções sociais que regulassem a competição de indivíduos que compõem a família humana, necessidade respondida pela universalidade do tabu do incesto. Dados clínicos coletados durante os últimos quinze anos atestaram a fragilidade de tais tabus e o perigo de que eles viessem a decair onde as sanções sociais fossem inadequadas. A evidência atual sugere que não há defesas inatas contra o incesto primário em que se possa confiar e que cada sociedade deve construir seus próprios tabus, reexaminando-os e reformulando-os quando se tornarem ineficazes.

Contrapondo-se à nossa superênfase atual na função biológica do tabu do incesto como uma proteção contra defeitos mentais, surgiu uma infraênfase na relação continuada de esposos de cujo casamento nasceu um filho. É uma curiosa anomalia em nossa visão da vida historicamente orientada que a ligação através de um pai comum torne a relação entre irmãos definitiva e irrevogável, a não ser que a ligação através do filho comum possa hoje em dia ser totalmente dissolvida pelo divórcio. Como necessitamos de novos modos de orientação para o futuro que será o de nossos filhos e em que nós seremos imigrantes de uma outra época, a afirmação de laços entre nós mais através do futuro do que do passado, mais através de uma combinação de gens do que através da participação passiva de combinações passadas, poderá fornecer novos alinhamentos úteis de nossa moldura cultural de herança biológica, baseada como está na relação de dois indivíduos de sexos diferentes.

Discuti certa vez a situação atual da criança do sexo masculino que tem de disciplinar seus impulsos em relação a um pai maior e mais forte e aprender a esperar muitos anos por sua maturidade. Hoje eu incluiria a hipótese de que esta conduta se desenvolveu como um padrão biologicamente existente em formas humanas primitivas, em que os homens amadureciam mais cedo, antes do estabelecimento de um período de aprendizado que separa hoje a infância da maturidade. A crise que chamamos "de Édipo" seria então vista como o ponto no qual as sociedades do *homo sapiens* têm de lidar com a integração de uma estrutura de impulso apropriada a uma forma humana anterior e uma cultura que hoje postula um longo período de aprendizado e adia a maturidade sexual. A afirmação está mais próxima da visão convencional inglesa de que impulsos fortes e potencialmente perigosos na criança devem ser freados do que da insistência americana de que qualquer deficiência no controle da criança sobre a conduta impulsiva deve ser vista como uma decorrência de irregularidades entre os pais. Surgem vários novos problemas sobre até onde as dificuldades em lidar com as dotações instintivas, especialmente naquelas sociedades grandes e heterogêneas como a nossa, podem afetar a maturidade, a habilitação para uma vida com parceiros e a habilitação para uma relação biologicamente nutriz com a prole. Nossa visão das possibilidades de que a educação infantil num sistema educacional benigno possa eliminar grande parte dos distúrbios e maus funcionamentos encontrados no mundo moderno deve ser temperada com exigências profundas de métodos culturalmente adaptados para conciliar e atender as discrepâncias biológicas.

Isto pode ser ilustrado traçando um paralelo com o caso da amamentação nas populações modernas. Nas sociedades totalmente dependentes deste tipo de nutrição, as crianças que não puderem utilizá-la morrem. E as mães com pouca capacidade de aleitar podem ter bem menos filhos. A mãe sem outras alternativas de nutrir seu filho corresponde exatamente à criança que não conseguiu desenvolver-se por um aumento da ansiedade e uma redução do leite. Sua conduta biológica resultou na morte de uma criança difícil de ser criada e na possibilidade de dar à luz uma outra criança mais fácil de criar. Com a invenção de substitutos artificiais para a nutrição humana, surgiu a possibilidade de vida para muitas crianças que antes morreriam. A probabilidade de um par mãe-filho estar bem ajustado decresce com cada geração em que prevalece a sobrevivência artificialmente provocada. Na medida em que o funcionamento posterior do indivíduo pode ser dependente da experiência da criança nos primeiros anos de vida, pode-se esperar que populações futuras, artificialmente preservadas por alimentos sintéticos e por cuidados médicos cada vez mais eficientes, apresentem um número maior de anomalias de conduta estruturais e adquiridas.

Socialmente, temos várias escolhas possíveis. Podemos simplesmente ignorar o fato nas sociedades onde a maioria das crianças alimentadas pelo seio morreram, insistindo que todas as mães continuem a amamentar seus filhos; podemos também abandonar este tipo de alimentação e produzir fórmulas artificiais para todos os casos; ou podemos desenvolver meios de escolha, a ver qual dos dois métodos é viável para nutrir biologicamente. As decisões que aqui tomamos se refletirão nos campos da tipologia sexual, da aceitação de diferenças individuais, de papéis sexuais e padrões de relacionamento entre os sexos. O reconhecimento do índice extraordinário de possibilidades de manter vivas crianças de casais biologicamente desajustados e de pares mãe-filho biologicamente inadaptados, levar-nos-á a reconhecer também que devemos esperar uma diversidade crescente de respostas biologicamente verificadas em homens e mulheres adultos. Isto pode resultar também num aumento na discrepância de temperamentos entre mães e filhos, o que indica a necessidade de mais (e não menos) liberdade de escolha para as crianças.

A experiência nos mostra que a introdução da alimentação artificial reduz a taxa de mortalidade dos bebês e que, se depois de se observar a disponibilidade da alimentação artificial, uma certa quantidade selecionada de alimentação por amamentação for também praticada, a taxa de mortalidade das crianças cairá ainda mais. Percorremos longo caminho na manutenção da vida de crianças que em outros tempos teriam morrido, dando óculos aos deficientes da vista, criando recursos para os que têm dificuldade de ouvir e aparelhos para os aleijados. Percorremos um longo caminho na insistência de um estilo comum de casamento, a despeito de temperamentos ou de preferências idiossincráticas. Rebelamo-nos contra qualquer ordem econômica em que os homens não tenham condições de casar e ter filhos. Lutamos contra um igualitarismo que, tentando eliminar as maiores discrepâncias entre os seres humanos e entre os sexos, tenta também eliminar a individualidade. Tentando dar a cada casal jovem uma vida biológica plena desde a puberdade, necessariamente negligenciamos diferenças individuais no namoro e no casamento. Quanto mais jovens conseguirmos casar e manter casados, mais semelhantes se tornam os casamentos. Pode ser que provavelmente o próximo passo seja o da exploração das diferenças e da elaboração de diferentes estilos de autorrealização e conduta sexual. Em todo o mundo, com a difusão dos padrões de cuidado médico, educação e relações pessoais da moderna classe média, os grupos que estão abaixo deste padrão estão sofrendo pressão crescente para se adaptarem. Quanto mais lares adotarem medidas higiênicas, mais crianças aprenderem a ler, mais maridos falarem com suas esposas, espancando-as menos, tanto mais deveremos considerar a necessidade de dar um passo além nessa demanda insistente de que cada casal se integre em padrões de paternidade sólidos. É possível que a difusão de contraceptivos orais, especialmente daqueles que podem ser suspensos quando a escolha é ter filhos (i. é, a escolha feita consciente e responsavelmente), dê origem a uma nova situação mundial em que formas individualizadas de conduta sexual possam começar a se desenvolver.

Em vez de forçar hoje todos os meninos e meninas a entrarem numa camisa de força da futura expectativa de tipos idênticos de casamento, com a necessidade paralela de uma série de ajustamentos neuróticos, deveríamos diversificar nossas expectativas e nossos estilos de vida. Assim, de um certo ponto de vista, a exigência atual de que todos devem casar, se necessário muitas vezes, e nossa intolerância para com os celibatários, os não casados e os invertidos poderá ser vista como uma tentativa por parte da sociedade de compensar a diversidade crescente de ajustamentos e suscetibilidades entre pais e filhos.

Se estivesse escrevendo hoje sobre questão teórica do ritmo de vida feminina, eu poria ênfase em alguns novos pontos. Uma análise das diferenças entre as espécies apresenta dois atributos especificamente femininos: o hímen e a menopausa. Pesquisas médicas recentes sugerem que a função do hímen é diminuir a consciência da função erótica de si próprias em mulheres jovens, dar sensibilidade e capacidade para que amadureça uma conduta maternal completa. Se pudéssemos provar isto, o hímen seria um exemplo de ajustamento evolucionário específico comparável ao prolongamento do período de aprendizado e ao prolongamento da potência reprodutora de ambos os sexos.

Gostaria também de recordar um aspecto da menopausa – sua possível função evolutiva no prolongamento da vida das mulheres, tornando sua experiência valiosa para o grupo. Entre tipos muito primitivos, parece que as mulheres morriam antes dos homens. Na medida em que a menopausa cortava o período de reprodução, algumas mulheres mais velhas puderam preservar-se, constituindo importante recurso humano para as comunidades, cujos homens morriam cedo devido à guerra e à caça. Se estas características humanas – o hímen, o prolongamento da maturidade, a menopausa – forem consideradas juntas, elas poderão fornecer luzes para o problema da sobrevivência de grupos antigos em que a redução progressiva do período de reprodução era proporcional à duração da vida.

Em termos modernos, foi introduzido um novo fator de sobrevivência para as mulheres através dos cuidados médicos na gravidez e no parto, período que não tem similar no homem. Vidas femininas foram salvas por um decréscimo nas complicações de parto; as vidas masculinas estão à espera de um aumento comparável pela redução dos acidentes em suas tarefas sociais. Ainda que fosse só por analogia, poderíamos perguntar qual a utilidade evolucionária desse grande número de mulheres sadias e que já passaram pela menopausa, livres das preocupações constantes com filhos pequenos. Existe uma tendência crescente para que essas mulheres se devotem à consecução de condições para a paz mundial. Há mesmo aqueles que argumentam serem elas mais inerentemente pacíficas que os homens, mais devotadas à vida que à destruição, e que civilizações menos propensas a admitir a participação de ambos os sexos tendem a se mostrar desproporcionalmente voltadas para o poder e a destruição, pela falta de participação do setor feminino.

Um exame detalhado poderia mostrar que há pouca base evolucionária para este argumento. As fêmeas animais são notoriamente ferozes quando defendem a prole e não mostram a divertida delícia nas lutas esportivas travadas entre os machos da mesma espécie. Parece haver pouca base para a afirmação de que as mães de filhos recém-nascidos são mais pacíficas, mais responsáveis e mais preocupadas com o bem-estar da humanidade do que os maridos ou irmãos. Contudo, melhor exemplificação pode ser dada com as mulheres que passaram da menopausa, estando livres das exigências prementes da prole jovem, experimentadas na lide, por tantos anos, com outros seres humanos, jovens, sofredores, doentes e velhos. Defrontam-se, como suas antigas predecessoras, com um período de sobrevivência maior do que o do companheiro. Poderão encontrar um papel específico e uma utilidade especial em tarefas visando melhores condições para a humanidade. Alguns estudos de caso preliminares sugerem que o conhecimento de que ela não terá filhos, ou mais filhos, libere na mulher um tipo de dedicação total à arte, ciência ou religião, outrora represado e impossível, à espera de uma maternidade. Determinar uma função social genuína para essas mulheres de mais idade poderá reduzir o atual ressentimento masculino de trabalhar numa colheita cujos frutos serão colhidos por mulheres muito depois de eles estarem mortos, e aumenta a possibilidade de desenvolver um modo de vida com a proteção cultural necessária ao prolongamento também da vida dos homens.

À luz da premente necessidade de instituições sociais que afastem a possibilidade da guerra mundial que põe em perigo toda a raça humana, é também necessário examinar as várias proposições feitas acerca da natureza essencial do macho humano, que com seus precursores carnívoros e com seu passado caçador e guerreiro é muitas vezes acusado de ser naturalmente combativo e destruidor. O trabalho comparativo feito com outras espécies lança luzes sobre a grande importância da conduta agressiva com que pássaros e mamíferos machos protegem a fêmea e a prole. Mas parece mais vantajoso considerar a conduta masculina em relação a membros de sua própria espécie, tal como se dá na guerra, em vez de sua conduta predatória em relação a membros de outras espécies, das quais dependia e depende para o alimento. Certamente, os longos séculos que o homem viveu até que aprendesse que *todos* os outros homens, a despeito da cor, tecnologia, crenças religiosas, eram membros de fato da mesma espécie, vieram trazendo o desenvolvimento de grupos maiores, tratados como verdadeiro grupo, enquanto os grupos inimigos eram relegados a uma categoria sub-humana de uma pilhagem. Um exame da história das guerras mostra que as mais renhidas foram aquelas que visavam salvaguardar a faculdade de proteção do macho — proteção da mulher, dos filhos, da terra e dos ideais.

Num mundo em que as guerras estivessem fora da lei não seria necessário tratar da destrutividade do homem, como muitos comentadores pensaram. E sua atitude de proteção primária poderia ter outros usos.

Deve-se lembrar que na década de 1920 a tentativa de mudar a posição da mulher foi acompanhada pela necessidade feminina de clímax sexuais comparáveis aos do homem. E a exigência de que as mulheres respondessem sexualmente ao homem tornou-se uma exigência pesada para ambos, pois tinham que agir como instrumentos musicais e não como seres humanos plenos.

A ênfase atual num falicismo machista e num tipo de cópula bastante simples e sem requintes, destituída de um pleno contexto de individualidade, poderá ser sintoma da necessidade de reavaliar a maneira pela qual as exigências da masculinidade plena são satisfeitas pela cultura. Voltar-se a práticas fálicas poderá ser uma alternativa para a aceitação infinda da vida doméstica – nada disso se compara às potencialidades de uma plena masculinidade.

É provável, contudo, que o jovem tenha uma necessidade de se afirmar como indivíduo físico e que, no passado, a caça e a guerra constituíram os meios mais comuns para esta afirmação. Será a primeira vez na história em que jovens por toda parte terão de aprender que não podem matar qualquer membro de seu próprio grupo, pois isto é crime; nem qualquer membro de outro grupo, pois constitui um perigo para toda a humanidade. A promessa ou ameaça de que algum dia um jovem podia ser convocado para dar a vida por seu país forneceu o *background* histórico para as ações de heroísmo. Neste momento da história, os jovens vivem uma situação difícil, ameaçados por uma catástrofe mundial, que nenhum heroísmo individual pode impedir e sem novos meios de exercer seu protecionismo agressivo de origem biológica ou seu desejo de bravura individual. As virtudes necessárias da época atual são essencialmente domésticas, virtudes de há muito consideradas próprias da mulher: paciência, persistência e constância. É essencial que as tarefas do futuro se organizem de tal forma que seja impraticável alguém morrer por sua pátria, mas que correr riscos pelo que se estima seja ainda possível. O esporte fornece somente uma resposta parcial. Talvez a exploração do espaço, do fundo do mar e do centro da terra deem uma resposta mais completa.

Margaret Mead
Nova York
15 de abril de 1962.

Referências

MEAD, M. "Epilogue". In: MEAD, M. & KAPLAN, F.B. (eds.). *American Women*. Nova York: Scribner's, 1965, p. 181-204.

_____. "Totem and Taboo Reconsidered with Respect". In: *Bulletin of the Menninger Clinic*, vol. 27, 1963, p. 185-199.

_____. "The Psychology of Warless Man", In: LARSON, A. (ed.). *A Warless World*. Nova York: McGraw-Hill, 1963, p. 131-142.

_____. "Cultural Determinants of Sexual Behavior". In: YOUNG, W.C. (ed.). *Sex and Internal Secretions*. Vol. 2. 3. ed. Baltimore: Williams and Wilkins, 1961, p. 1.433-1.479.

_____. "Cultural Contexts of Puberty and Adolescence". In: *Bulletin of the Philadelphia Association for Psychoanalysis*, vol. 9, n. 3, 1959, p. 59-70.

_____. "Changing Patterns of Parent-Child Relations in an Urban Culture". In: *International Journal of Psycho-Analysis*, vol. 38, 1957, p. 369-378.

_____. *New Lives for Old*: Cultural Transformation, Manus *1928-1953*. Nova York: William Morrow, 1956 [reimpr. com um novo prefácio. Nova York: William Morrow, 1966].

_____. Participante de *Discussions on Child Development: A Consideration of the Biological, Psychological, and Cultural Approaches to the Understanding of Human Development and Behavior* – Proceedings of the Third Meeting of the World Health Organization Study Group on the Psycho-biological Development of the Child. Genebra, 1955. Vol. 3 [TANNER, J.M. & INHELDER, B. (eds.). Londres/Nova York: Tavistock/International Universities Press, 1958].

MEAD, M. & HEYMAN, K. *Family*. Nova York: Macmillan, 1965.

Prefácio à Edição Apollo

1967

Um dos privilégios que proporcionam as publicações modernas, vivendo-se o tempo suficiente, é a oportunidade de comentar a relevância ou irrelevância de um trabalho através do tempo, à medida que surgem suas sucessivas edições. As descrições antropológicas de povos primitivos e exóticos ocupam uma posição especial, porque as condições descritas se alteraram em geral irreversivelmente, mesmo que passados somente alguns anos. Estas descrições não podem ser revistas; fiéis aos fatos registrados, assim permanecem. Se este trabalho contivesse somente etnografia descritiva não haveria razão para escrever uma nova introdução.

Contudo, tentei neste livro colocar num contexto contemporâneo o material descritivo sobre as culturas dos Mares do Sul que havia estudado entre 1925 e 1939. Na época em que foi publicada a primeira edição popular em 1955, o cenário americano já havia mudado tanto que uma nova introdução era necessária.

Quando completei este livro em 1947, esperava que a vida americana se reajustasse a um padrão mais ou menos semelhante ao do período anterior ao da Segunda Guerra Mundial. A guerra da Coreia modificou tudo isso e passamos para a década de 1950, um período em que a tônica foi o deslocamento para os subúrbios, o companheirismo, o envolvimento progressivo dos jovens pais na vida doméstica e uma ausência geral de envolvimento com objetivos políticos ou éticos mais amplo. Em 1955, escrevi a primeira nova introdução.

Mas em 1962, quando uma nova edição "Pelikan" ia ser feita na Inglaterra, tive novamente a oportunidade de voltar a pensar. Uma fase diferente estava em andamento. Quando escrevi a segunda nova introdução, esperava que ela valesse para os próximos anos. Cinco anos depois, contudo, tornou-se necessário comentar muitas novas coisas que estão acontecendo.

Nossas formas de casamento estão novamente se alterando na medida em que os jovens tratam a liberdade sexual – que vai desde a liberdade de usar palavrões à liberdade de manter relações sexuais pré-conjugais – como parte de sua nova carta de direitos. Esses direitos não formulados também incluem toda uma série de novas exigências: abolição do alistamento militar (que muitas vezes inclui a completa oposição à Guerra do Vietnã), o direito de determinar o conteúdo e a direção das instituições educacionais a que pertencem e o direito de votar com a idade de 18 anos. A exigência de informação sobre contraceptivos para os solteiros tanto quanto o direito de usar drogas psicodélicas correm paralelamente às exigências de os rapazes usarem cabelo longo e de as moças usarem calças ou nada sobre as pernas.

Diminuiu a esperança dos anos de 1960 de que o medo de uma guerra nuclear tivesse a eficácia de um obstáculo à própria guerra, diante do quadro de evidências apresentado pelo conflito entre a Índia e o Paquistão, as contínuas sublevações na África e Oriente Próximo e a Guerra do Vietnã. Reconhece-se melhor hoje que a guerra é um tipo bem diferente de ameaça para a humanidade do que foi antigamente e de que cada geração de homens carrega uma tremenda carga de responsabilidade por toda a raça humana. A recusa a qualquer forma de morte se difunde cada vez mais, mas as esperanças de que os jovens sejam educados no sentido de nunca matar estão diminuindo, pelo menos, temporariamente. A exigência de formas novas de autoexpressão e autovaloração crescem conjuntamente com um interesse cada vez maior por temas de conduta animal comparativa. De fato, a atitude agressiva com relação aos rivais e a proteção agressiva do território demonstrada na conduta inata dos irracionais merecem ser consideradas. Ao mesmo tempo, estamo-nos tornando profundamente conscientes de que devem ser encontradas novas formas de expressão física para meninos e homens jovens. Considera-se viável a necessidade de alguma forma de renda anual garantida, passível de enfrentar os efeitos da automação. Ao mesmo tempo, mulheres casadas e com instrução estão sendo pressionadas a voltar ao mercado de trabalho como a fonte principal do potencial humano habilitado e competente. As tendências manifestadas contra a pobreza e a ênfase crescente posta nas misérias do gueto, na deterioração das cidades do interior, segregação dos subúrbios, combinaram-se com os movimentos de direitos civis, no sentido de devolver o interesse necessário ao melhoramento das condições de vida na cidade. Esta mudança de interesses abre caminho a muitas mudanças possíveis: grupos de idade diferentes convivendo mais proximamente, famílias jovens com melhores condições de cooperação, mais carreiras voltadas para o serviço comunitário e menor aprovação ao isolamento dos membros idosos.

Os progressos recentes da Biologia, combinados ao reconhecimento mundial da explosão populacional, se refletem em nossa taxa decrescente de nascimentos, na exigência de famílias menores e de educação mais cuidadosa para os filhos. A antiga necessidade de uma população em crescimento está sendo substituída pela exigência de uma população equilibrada tanto nos Estados Unidos como no exterior. Há uma nova preocupação de retornar à pesquisa de contraceptivos, de desafiar a legislação do aborto, de impedir a geração continuada de filhos ilegítimos, tudo isso desafiando as éticas sexuais avançadas e atrasadas que se confrontam. O uso incrementado da pílula abre possibilidade de casamentos jovens sem filhos, substituindo a atual situação em que a gravidez e o medo da gravidez são utilizados como recurso para que os pais concordem com certos casamentos prematuros e economicamente inviáveis. Clero, pais e educadores, todos questionam os controles da liberdade sexual pré-marital. Como resposta à preocupação crescente com o sexo em todos os níveis, os meios de comunicação de massa tornaram-se mais livres e muitas publicações vendidas abertamente nas bancas de jornais tornaram-se francamente pornográficas. Gerações que na infância receberam educação sexual nas ruas, nos bares ou entre cochichos mostram-se hoje concretamente não críticas com relação ao tratamento do sexo pela comunicação de massa e pelos livros.

Onde o ecumenismo estava surgindo em 1962, está agora se difundindo, havendo novas controvérsias acerca do significado da frase "Deus está morto" e acerca da validade da experiência religiosa, provocada com drogas psicodélicas. Os jovens estão se expressando corporalmente, sob formas que deveriam ser mostradas na TV e não apenas revistas. As demonstrações caracterizadas por posições do corpo estranhas e incomuns – *sit-in*, *lie-in*, *sleep-in*, *bleed-in*, *be-in*, *love-in* (na beira de lagos, no começo da primavera)[6] – substituíram o cartaz e o aperto de mão. Vestimentas e penteados tornaram-se indicações vitais de atitudes éticas e políticas. Passamos para um período mais visual, o que é visto é mais importante do que o que é lido. E o que se vivencia diretamente é superior ao aprendido de segunda mão.

Tudo isso tem repercussão na relação homem-mulher. O homem está sendo cada vez mais atraído para as funções domésticas e

---

6 Protesto sentado, protesto deitado, protesto durante a noite, doação de sangue, presença coletiva, intercurso sexual coletivo. O parêntese se refere a algum ato coletivo levado a cabo no local e época descritos [N.T.].

é possível que seus novos penteados e roupas sejam uma rebelião contra a domesticidade (ou contra a guerra). As mulheres estão sendo compelidas para o mundo do trabalho e para uma competição cada vez mais agressiva por companheiros. O fato de que tantos filhos de pais divorciados tenham quatro pais com quem discutir poderá tornar-se uma condição para relações sexuais modificadas e promíscuas entre os casados. É possível que em meio a todas estas mudanças a individualidade volte a ter uma chance de aparecer. E homens e mulheres possam voltar a pensar em si próprios como pessoas primeiramente, e como membros de um sexo secundariamente. Talvez a amizade e o casamento, como relações que são fins em si mesmas e não recursos puramente utilitários para validar um *status*, voltem a surgir. Para além do tumulto e gritaria está nascendo um novo modo de vida – adaptado a uma população equilibrada, às guerras que estão controladas mas não abolidas, ao lazer nascido das máquinas e à libertação de muitos males e medos de uma fase posterior da vida. Mas é improvável que desapareça a dinâmica básica fornecida pelos dois sexos, embora ela possa assumir formas novas e desconhecidas.

Margaret Mead
Museu Americano de História Natural
8 de maio de 1967.

Parte I

Introdução

1
O SIGNIFICADO DAS PERGUNTAS QUE FAZEMOS

Como devem pensar homem e mulher sobre sua masculinidade e feminilidade neste século XX em que tantas ideias velhas devem ser renovadas? Será que nós, homens superdomesticados, negamos o aventureirismo natural de nossa condição prendendo-o a máquinas que afinal de contas são somente fusos, teares, socadores, pilões e enxadas, que um dia já foram instrumentos de trabalho da mulher? Será que retiramos às mulheres sua proximidade natural com os filhos, ensinando-as a buscar trabalho, um *status* num mundo competitivo, em vez de tocar a mão de uma criança, em vez de permanecer junto ao fogo da lareira? Será que, educando a mulher como o homem, produzimos algo desastroso para ambos ou apenas demos um passo à frente na tarefa permanente de construir melhor nossa natureza humana original?

Estas são perguntas que estão sendo feitas sob centenas de formas na América contemporânea. Inquéritos, panfletos e artigos de revista especulam, explodem e se preocupam com a relação entre os sexos. No cinema, lindas moças com óculos de tartaruga e sapatos baixos são humilhadas pela primeira vez na competição com o homem; em seguida são perdoadas, amadas e se lhes permite ter charme somente quando admitem seu erro. Nos anúncios, nos cartazes, mostra-se aos homens de que maneira poderão ser amados e escolhidos se usarem o chapéu correto, um tipo de conselho que antes se reservava às mulheres. As velhas certezas do passado terminaram e por toda a parte há sinais da tentativa de construir uma nova tradição que, como as velhas que foram deixadas de lado, sem dúvida engolfarão novamente mulheres e homens jovens, de modo que eles possam crescer, escolher-se mutuamente, casar-se e procriar. A moda traz a marca dessa incerteza. O *new look* de 1947 captou parcialmente a imagem fugaz das mães de uma geração atrás. Os homens voltaram a achar as mulheres casáveis, tais como suas mães, enquanto essas mesmas mulheres ganhavam uma nova feminilidade, combinando sua alegria esfusiante com a inesquecível sensação das saias farfalhantes que as mães tinham usado. Cada par de amantes imagina quais os próximos passos de um balé entre os sexos que não mais segue os critérios tradicionais, um balé em que cada par deve criar os passos à medida que os dá. Quando ele insiste, ela deve ceder e quanto? Quando ela solicita, ele deve resistir e até onde? Quem dá o passo adiante e quem dá o passo atrás? Que é ser homem? Que é ser mulher?

Nenhum livro, por si só, poderá fazer mais do que tocar nessa questão tão básica para a vida humana. Tentei neste livro fazer três coisas: primeiro, trazer maior consciência sobre a maneira pela qual as diferenças e semelhanças nos corpos dos seres humanos são a base sobre a qual se edificam nossos conhecimentos sobre o sexo e relações entre os sexos. Falar sobre nossos corpos é um tema complexo e difícil. Estamos tão acostumados a cobri-lo, a nos referirmos a ele esquivamente ou por alguma gíria, ou mesmo a esconder o sexo de nossos filhos sob símbolos rosa e azul.

É difícil tomar consciência dessas coisas que têm sido e serão sempre padronizadas por nossos próprios decoros e reticências. Rejeitamos, aliás corretamente, catalogação de carícias agrupadas em tábuas de frequência ou livretos sobre a infância, que lemos como se fossem um boletim hospitalar. Daí que, para tornar possível pensar vivamente o problema (ainda que a uma confortável distância) de como os nossos corpos aprenderam através da vida a ser macho e fêmea, descrevo na primeira parte do livro sete culturas dos Mares do Sul que estudei durante os últimos vinte e cinco anos. Seus aprendizados básicos são tão básicos quanto os nossos; cada bebê humano, no colo de sua mãe, deve aprender a que sexo pertence, de que mãe nasceu e quem é seu pai. Um menino poderá crescer e carregar arpões, arcos e flechas em vez de pastas e canetas, mas deverá também aprender a flertar, vencer e reter a mulher. A mulher poderá vestir quase nada, gastar seus dias nas tarefas mais simples, mas na aceitação de seus maridos, no nascimento dos filhos, próximo aos montes verdejantes, nem sempre abrigada da chuva, ela vive sua feminilidade essencial, tanto quanto a mãe que dá à luz num moderno hospital. Seguindo os passos através dos quais seus filhos aprendem sobre o sexo, teremos alguma compreensão do processo pelo qual se aprende a ser macho ou fêmea, um reconhecimento de como nós chegamos ao significado do nosso próprio sexo. Assim, chamei a segunda parte do meu livro de "Os caminhos do corpo".

Na seção seguinte, "Os problemas da sociedade", não descrevo somente as culturas que estudei, mas com algum conhecimento que temos de todas as sociedades humanas descrevo como cada uma tentou desenvolver um mito de trabalho que unisse o homem à mulher e à prole, que mantivesse os filhos alimentados e vestidos, que resolvesse problemas que surgem sempre que os impulsos sexuais individuais devem ser disciplinados sob formas sociais. Podemos delinear formas de família que se coadunam melhor com nossa vida moderna se conhecemos que formas foram usadas no passado e quais são aqueles elementos comuns que nenhuma sociedade ignorou e como as regras sobre o incesto tornaram possível o desenvolvimento da vida familiar tal como a conhecemos. O que faz a família, como atua e qual a relação entre vida familiar, com suas sanções e proibições, sacrifícios e recompensas, com a potência que surge naturalmente no homem e a atitude responsiva da mulher que floresce lentamente? Cada sociedade humana conhecida enfrentou problemas tais como a incompatibilidade entre espontaneidade do homem e a monotonia do lar, como a supercompatibilidade entre a docilidade feminina e a perpetuação de uma tradição sólida e antiga. Numa época em que milhões de mulheres não têm companheiros ou filhos, ou são deixadas a sós a arcarem a criação dos filhos, em que tantos homens incansáveis e nômades voltam a vagar sobre a face da terra, este velho problema é urgente, como sempre foi, e inevitável. Aquele que fracassar no seu enfrentamento não sobreviverá como ser humano pleno.

Na quarta parte, "Os dois sexos na América contemporânea", volto ao conhecido, ao familiar, ao que pressiona concretamente: a relação entre os sexos na América de hoje, a infância, a corte e o casamento nos Estados Unidos vistos comparativamente aos costumes de outras sociedades.

Finalmente, trato de sugerir meios pelos quais nós, como civilização, podemos fazer uso integral dos dotes especiais da mulher, tais como os do homem, desenvolvendo assim formas de civilização onde se utilizarão mais plenamente todos os dotes humanos. Cada uma dessas partes principais do livro existe por si só. O leitor pode começar com a infância humana nos Mares do Sul ou com o problema do sexo na sociedade, ou ainda com o sexo nos Estados Unidos de hoje, de acordo com seu gosto e temperamento. As três partes ligam-se ao mesmo método, o da disciplina antropológica, a ciência do costume, na qual aprendemos a conhecer os modos padronizados que o homem criou nas diferentes e desafiadoras culturas humanas sobre sua herança biológica comum.

As diferenças entre os dois sexos são uma importante condição sobre a qual se edificam as muitas variedades da cultura humana e dão aos homens porte e dignidade. Em todas as sociedades conhecidas, a humanidade elaborou uma divisão biológica de trabalho que muitas vezes só está ligada remotamente às diferenças biológicas originais que proporcionaram a primeira orientação. Baseado no contraste entre forma e função corporal, o homem construiu analogias entre o sol e a lua, a noite e o dia, o bem e o mal, a força e a fragilidade, a rapidez e a lentidão, a paciência e a vulnerabilidade. Às vezes uma qualidade é consignada a um sexo, às vezes a outro. Ora é o menino que se imagina infinitamente vulnerável e necessitado de carinho especial, ora é a menina. Em algumas sociedades é para a moça que os pais buscam um dote ou fazem uma magia "pega-marido"; em outras sociedades, o drama dos pais é a dificuldade do casamento dos rapazes. Alguns povos acham a mulher fraca demais para o trabalho extradoméstico, outros consideram-na apta a tarefas pesadas "porque suas cabeças são mais fortes que as dos homens". A periodicidade das funções reprodutivas da mulher fez com que alguns povos as tornassem fontes naturais de poder religioso e mágico. Outros tornaram-na antitética a esses poderes; algumas religiões, como as europeias tradicionais, consignaram à mulher um papel inferior na hierarquia, embora outras construíssem toda uma relação simbólica com o mundo sobrenatural a partir de imitações masculinas das funções naturais da mulher. Em algumas culturas as mulheres são vistas como peneiras através das quais os segredos serão melhor filtrados; em outras, os "cofres de segredo" são os homens. Se lidamos com pequenas ou grandes razões, com frivolidades dos ornamentos e dos cosméticos ou com o caráter sagrado do lugar do homem no universo, sempre encontramos uma grande variedade de modos pelos quais os papéis dos sexos estão padronizados, ainda que muitas vezes sejam flagrantemente contraditórios.

Mas sempre encontramos o padrão. Não conheço cultura que tenha concretamente afirmado que não há diferença entre o homem e a mulher, exceto na maneira pela qual contribuem para a criação da geração seguinte, mas que são simples seres humanos com dotes diferentes, os quais não podem ser consignados de forma exclusiva a um dos sexos. Não se encontram culturas nas quais caracteres identificáveis, iniciativa e responsabilidade, coragem, paciência e zelo sejam meros traços humanos gerais. Por mais desigual que seja a consignação dessas características a um ou outro sexo ou a ambos, por mais arbitrária que seja essa seleção (pois certamente não pode ser verdade que as cabeças das mulheres sejam mais fracas ou mais fortes para carregar lenha do que as dos homens), a despeito da divisão arbitrária, ela está sempre presente em todas as sociedades das quais temos algum conhecimento.

Assim, no século XX, quando tentamos recolocar nossos recursos humanos e pensando mesmo em adicionar algo à dimensão de nossa plena humanidade, deparamo-nos com a disposição confusa e desafiadora das evidências das diferenças sexuais, contraditórias na aparência. E perguntamos: São elas importantes? Existem elas realmente e se adicionam às diferenças física e anatomicamente óbvias, do mesmo modo que as biológicas – que podem ser mascaradas com o aprendizado apropriado numa dada sociedade – mas que permanecem, contudo, presentes? Perpassam essas diferenças sempre a conduta de todo homem e de toda mulher? Uma moça valente poderá ser muito valente, mas o será sempre menos que um rapaz? E poderá um homem que trabalha o dia inteiro numa tarefa monótona aprender a produzir muito mais do que qualquer mulher da sua sociedade, a custo de um preço mais alto para si próprio? Essas diferenças são reais e *devem* ser levadas em conta? Pelo fato de homens e mulheres terem sempre construído uma ampla superestrutura de diferenças sexuais socialmente definidas em todas as sociedades e que evidentemente não são válidas para toda a humanidade – ou de o povo da montanha não ter condições de elaborá-la da maneira totalmente oposta – significa que algumas dessas superestruturas devam ser construídas? Temos aqui duas perguntas diferentes: Será que lidamos com um *dever ser* que, por estar tão profundamente marcado em nossa natureza mamífera, não ousamos abandonar sob pena de males individuais e sociais? Ou lidamos com um *dever ser* que embora não profundamente traçado é ainda tão conveniente socialmente que seria indesejável zombar dele? Um *dever ser* que afirma, por exemplo, ser mais fácil ter e educar os filhos estilizando a conduta dos sexos diferencialmente, ensinando-os a andar, caminhar e agir de maneiras contrastantes e especializando-os em diferentes tipos de trabalho? Mas há ainda uma terceira possibilidade: não serão as diferenças sexuais tremendamente valiosas e um dos recursos da natureza humana que todas as sociedades já utilizaram mas que ainda nenhuma aplicou plenamente?

Vivemos numa época em que cada questionamento deve ser julgado em termos de urgência. Será que as questões sobre os papéis ou possíveis papéis dos sexos são acadêmicas ou periféricas ao problema central de nosso tempo? Serão estas discussões meras querelas enquanto Roma arde? Penso que não. A partir da crescente precisão com que podemos julgar nossas limitações e potencialidades, como seres humanos e especificamente como sociedades humanas, dependerá a sobrevivência de nossa civilização, que agora temos meios de destruir. Nunca antes, na história, a humanidade teve estas importantes escolhas nas mãos. É verdade que no passado um pequeno grupo de selvagens poderia escolher internar-se no extremo norte e morrer de frio com a chegada do inverno; um pequeno bando agressivo dos Mares do Sul poderia enfurnar-se em uma canoa e sair navegando em direção ao pôr do sol para nunca mais retornar; tribos vizinhas poderiam guerrear a ponto de destruir ambas as culturas e deixar somente alguns remanescentes cansados que peregrinariam pelo mundo afora e acabariam aprendendo a língua e os costumes de outro grupo social. Os homens poderiam vender povos como escravos; cidades poderiam ser arrasadas. Os colonialistas poderiam destruir a própria alma de um povo e deixá-lo sem nada além do seu magro pão cotidiano, numa vida menos humana do que a do mais simples selvagem; engrenagens militares poderiam arregimentar setores inteiros para uma vida social rude e prejudicial, tornando-os incapacitados para uma vida humana global. Nenhum desses poderes – matar, destruir a integração social de um grupo, desorganizar um belo segmento da cultura humana deixando-o despossuído e envergonhado daquilo de que se devia orgulhar – é novo. São poderes que o homem teve em suas mãos desde que começou a construir uma tradição social que continha o conhecimento tanto de fazer armas como instrumentos de trabalho, tanto de organizar exércitos e praticar ofensivas diplomáticas como organizar caçadas e grupos de colheitas, uma tradição que incluía o desejo de convencer os outros homens de que seus costumes eram inferiores e seus deuses falsos. Mas apesar de os homens terem se espalhado sobre a face da terra, levando milênios para povoá-la e terem muitos saído em jornadas sem fim, 50 canoas afundado, exceto uma única que atingiu o atol de coral, e tanto os homens quanto as sociedades terem vivido em perigo e as culturas humanas se equilibrado precariamente para a manutenção dos homens que não sabiam como preservá-las, a despeito de tudo isso, a grande, desigual e variada tradição humana foi salvaguardada. É claro que línguas podem desaparecer, embora seja difícil entender como uma invenção humana tão complexa e perfeita como a linguagem, uma vez construída e falada por velhos e crianças, possa desaparecer. Mas isso aconteceu e há muitas línguas indígenas americanas que conhecemos somente por algumas frases anotadas nos lábios do último ser humano que as pronunciou. Nossos estudiosos analisaram os sinais de línguas mortas que se acharam gravadas na pedra. Mas o poder de ter uma língua, a certeza de que todos os homens que viveram em grupo tinham substantivos e verbos e algum padrão fonético para se intercomunicar, tudo isso está em segurança. Não importa como as línguas morreram, pois outras ocuparam seu lugar, entre outros povos que ficaram a salvo de uma praga ou de um terremoto ou de uma guerra que destruiu uma outra parte da humanidade, exterminando todos os registros de sua língua.

Quando nós, hoje maduros ou velhos, fomos crianças lemos em livros de histórias contos românticos de habilidades perdidas e nossa imaginação era seduzida quando falavam de métodos esquecidos de temperar o aço ou de fazer o vidro. Depois veio a compreensão de que houve civilizações inteiras que se perderam e de que nenhum homem ou mulher hoje pode trazer em si, em sua fala, em sua maneira de ser, os intricados padrões da Grécia, Pérsia, Egito ou do antigo Peru. A perda de uma habilidade, como os povos dos Mares do Sul que esqueceram como fazer canoas tornando-se eternos prisioneiros de pequenas ilhas em cujos mares já foram grandes marinheiros, é de arrepiar. Se homens simples das ilhas esqueceram como fazer canoas, será que povos de culturas mais complexas não poderiam também esquecer algo essencial às suas vidas? Será possível que o homem moderno pudesse esquecer seu relacionamento com o resto do mundo natural a ponto de separar-se da própria batida de seu pulso, escrevendo poesia em ritmo das máquinas, desligando-se irrevogavelmente de seu coração? Nas suas novas preocupações com o poder sobre o mundo natural, seriam os homens capazes de esquecer Deus a ponto de construírem uma barreira contra a sabedoria do passado de sorte que ninguém pudesse nela penetrar? Várias pessoas fizeram essas perguntas, poetas e filósofos sentiram no passado que a humanidade poderia um dia enfeixar nas mãos poder excessivo. Mas por mais imaginativos que fôssemos, por mais que pranteássemos as glórias da Grécia, da Inglaterra Elisabetana ou do Quatrocentismo Florentino e perguntássemos se a cultura humana poderia enquadrar-se novamente numa forma tão perfeita, estaríamos ainda somente fazendo elucubrações, exercitando nossas mentes e corações para uma sensibilidade maior para com nossa tradição humana integral. Mas não lidando com o problema real e premente.

Hoje vivemos um outro mundo, tão intimamente relacionado que nenhum pequeno grupo é atingido por uma tragédia – praga, revolução, agressão estrangeira ou fome – sem que se abale a estrutura mundial. A despeito do quanto se queira, não é mais possível a um povo guardar em segredo invenções como pólvora para usar em foguetes em vez de em canhões. Aproximamo-nos de um ponto em que cada passo dado não somente *pode* ser importante para todo o mundo e o futuro da história como quase podemos afirmar que *será de fato* importante. Assim como a cultura de cada pequena sociedade humana do passado cresceu, modificou-se, deu frutos ou feneceu, desapareceu ou transformou-se numa outra cultura e nenhuma ação dentro daquela estrutura era totalmente insignificante para o todo, assim também a cultura do mundo de hoje está tornando-se *una* na sua interdependência, apesar da distância que implicam os contrastes e discrepâncias.

As decisões que tomamos agora como seres humanos, e que são membros de grupos com poder para agir, poderão unificar o futuro como nenhum homem o conseguiu anteriormente. Lançamos os alicerces de um modo de vida que poderá tornar-se tão ecumênico que não terá rivais e a imaginação dos homens estará abrigada e prisioneira dentro dos limites do caminho a ser construído. Para pensar criativamente os homens precisam do estímulo do contraste. Conhecemos por triste experiência o quanto é difícil para aqueles que cresceram numa civilização viver fora de suas categorias ou imaginar por exemplo uma língua com treze gêneros! masculino, feminino e neutro – e o que se faz com os outros dez?

Mas para aqueles que cresceram acreditando que o azul e o verde são cores diferentes é difícil imaginar como duas cores podem diferenciar-se, por exemplo, pela intensidade e não pelo tom. A maioria das mulheres americanas e europeias simplesmente não podem imaginar como se pode ser feliz numa família polígama dividindo os favores do marido com outras duas esposas. Não podemos imaginar a falta de cuidados médicos a não ser como fato momentâneo a ser logo reparado. Inevitavelmente, a cultura na qual vivemos molda e limita nossa imaginação e, permitindo-nos criar, pensar e sentir de certas maneiras, torna-nos impotentes para criar, pensar ou sentir por modos contraditórios ou tangenciais.

Assim, estamos num momento histórico em que ainda se tem escolha, em que apenas iniciamos a exploração das propriedades do relacionamento humano, assim como as ciências naturais exploraram as propriedades da matéria. As perguntas que fazemos são da maior importância, pois por elas chegamos a determinar as respostas e traçamos as sendas através das quais as gerações futuras avançarão.

O relacionamento entre homem e mulher, pais e filhos é área crucial para o relacionamento humano. Na medida em que estas relações são padronizadas, elas são transmitidas à criança que ainda está no seio materno. Antes de engatinhar, ela já absorveu um modo específico de relações entre os sexos e aprendeu a regulamentar outros modos.

Podemos reconhecer como nossa experiência nos limita perguntas pela exploração dos possíveis resultados da colocação de diferentes questões. Suponhamos a pergunta: será que as mulheres não são tão capazes quanto os homens para a atividade x? Ou o contrário: será que os homens não se mostrarão tão capazes na atividade y quanto as mulheres? As pesquisas nesta linha conduzem geralmente a comparações quantitativas, de onde se conclui que os homens são um pouco mais rápidos que as mulheres ou vice-versa, ou ainda de que não há diferença alguma. Ou então a explicação será um pouco mais complicada, considerando as mulheres mais lentas, ainda que mais precisas, e os homens mais rápidos mas sem a precisão de pequenos músculos, apropriada a uma certa tarefa. Uma vez dada tal resposta, nos termos da nossa cultura atual, ela servirá a empregadores, agências governamentais benevolentes ou um grupo de pressão de um dos sexos, para explorar tais diferenças ou minimizá-las, visando obter trabalho melhor pelo mesmo salário ou inventando uma máquina que aplainará a diferença. Em ambos os casos, contudo, as diferenças descobertas não sugerem novos usos dos recursos humanos. Somente aumentam ou diminuem a probabilidade de que homens e mulheres trabalhem na mesma fábrica; elas serão em primeiro lugar o *background* para que as diferenças não sejam usadas construtivamente e servirão à invenção de métodos que nivelem as diferenças ou para agrupar os indivíduos neste ou naquele trabalho.

Isto é comparável ao que se faz com indivíduos de diferentes graus de apuro de visão e de audição. Os óculos e os aparelhos de surdez estão eliminando as diferenças de *performance* entre as pessoas. A agudez da visão é um ingrediente primordial à personalidade de um caçador ou a abençoada miopia, parte do equipamento de um poeta. Conhecemos agora os efeitos que esses objetos têm sobre a personalidade. Através de nossos esforços inventivos para igualar a *performance* dos indivíduos de diferentes capacidades, aumentamos enormemente o número daqueles cuja função é externamente comparável na sociedade, mas ao mesmo tempo desalojamos as diferenças subjetivas que poderiam ter dado sua contribuição à civilização humana. Quanto mais nos perguntamos sobre as diferenças entre os sexos com o objetivo de nos livrarmos delas, quanto mais as exploramos quantitativamente, mais encontramos meios de eliminá-las como bases de desigualdade e perda. Mas também, indubitavelmente, como bases de diversificação e contribuição à vida humana.

É claro que há muitas áreas nas quais existe um lucro óbvio com a colocação de tais questões, obtendo-se uma simples resposta quantitativa que manipulamos inventivamente. É tolice privar as mulheres de atividades em que sua força física é pouco inferior à do homem, quando um simples artifício as tornaria tão eficientes quanto eles. Isso é particularmente sem sentido quando vem acompanhado de racionalizações sociais elaboradas, tais como: porque uma tarefa é antifeminina ou, no caso oposto, antimasculina. Sempre que os membros de um sexo forem automaticamente barrados no uso de seus talentos em determinado campo, no qual uma pequena pesquisa objetiva mostraria a perfeita aptidão de ambos para contribuir, é útil à sociedade derrubar tais mitos. Se reconhecemos a necessidade de cada dom humano e que não se pode negligenciar nenhum deles por causa de barreiras artificiais como sexo, raça, classe social ou nacionalidade, então algo que devemos também reconhecer é onde as presumidas diferenças entre os sexos são meras elaborações de fatores sem importância, fáceis de contornar neste mundo consciente de suas invenções.

Há ainda um modo mais fundamental pelo qual as perguntas que fazemos sobre os sexos afetam a ordem estabelecida do mundo que, querendo ou não, com tenacidade ou desinteresse, estamos empenhados em construir. Formulamos as perguntas sobre as diferenças entre os sexos de tal modo que mostramos as limitações que o sexo impõe e também as limitações que nossa natureza mamífera nos impõe. Quando focalizamos essas diferenças em termos de limitações, cada palavra que pronunciamos inclui certas afirmações mais profundas. "Quanta proteção contra o esforço físico deve ter uma mulher grávida?" "Quantos escapes à monotonia deverá ter um jovem sadio?" "Quanto de experiência sexual é necessário à saúde mental?" "Quantas oportunidades deve ter uma criança – que, afinal de contas, deve ser comparada a um filhote de urso, mordendo e se agitando entre outros filhotes – de morder, chutar e rasgar coisas em mil pedacinhos?" "Deverão as crianças do sexo masculino ter mais oportunidade que as do sexo feminino?" "Quantas concessões serão feitas em função da periodicidade da vida de uma mulher?" Todas estas perguntas que estão em luta com nosso passado biológico e com a construção de um mundo que superará as limitações impostas por nossa natureza mamífera abarcam um sentido de limitação. Elas põem em relevo aquelas concessões que devemos fazer, sob pena de se pagarem preços altos em saúde, felicidade individual e social, na simetria e beleza das instituições culturais e na paz do mundo. Estamos construindo um quadro no qual aquilo que foi chamado de *necessidades humanas básicas* é visto como limites que não ousamos transpor, trincheiras nas quais devemos nos esconder, armadilhas que poderão estar se abrindo sob nossos pés. Construir um mundo em que os seres humanos possam viver e criar uma família individual torna-se tarefa que mais se parece à de construir uma casa com a preocupação voltada para as leis urbanas ou exigências do departamento de saúde, ou cozinhar um jantar tendo pela frente a tabela de "perda das vitaminas essenciais enquanto se cozinha". Por mais que se aumente a lista de necessidades básicas do humano, ver a vida em termos de necessidades, pelo menos em nosso atual clima de opinião, significa essencialmente aceitar a natureza humana como um estatuto de limitação. Poderá ser-nos prometido que se explorarmos, enumerarmos e satisfizermos cuidadosamente necessidades tais como a exigência de vitaminas e minerais, tantas gramas de proteínas, descanso, ingestão de líquidos, oxigênio, liberação de tensões (esta é sem dúvida a forma mais correta de descrever o amor, quando a categoria "necessidade" é a primordial), descontínuo contato com um ser humano sensorialmente identificável nos dois primeiros anos de vida, e assim por diante, então estaremos aptos a construir uma sociedade sadia, gerar indivíduos sadios e desenvolver e perpetuar tradições culturais sem desvios e distorções, sem ambiguidades sombrias ou alternativas falsamente claras, produzindo um mundo de paz.

Mas tais soluções nos deixam vazios e descontentes. Temos tão somente que olhar os rostos num auditório em que se expõem tais problemas, o que se dá frequentemente por aqueles cujo otimismo e afeto pela raça humana não têm limites nem causa temor, para sentir que enquanto as imagens da criança sadia, da boa sociedade, da cultura equilibrada e sã, do mundo pacífico são apresentadas à assistência, a monotonia desce sobre os espíritos dos ouvintes. Atrás da promessa de pernas lépidas protegidas contra o desafio da velhice e da deficiência de vitamina A; atrás de homens e mulheres cujos olhos límpidos e passos ritmados mostram que não sofrem de nenhuma das dores e penas do celibato; atrás da postura usada na leitura que mostra que um exame de olhos é feito anualmente como medida de rotina para crianças em idade escolar – atrás disso tudo, distingue-se uma sensação de limitação. Se tomamos as necessidades humanas como únicos guias para o mundo que desejamos construir, sentimos um gosto insípido na boca. Não é insípido por causa de uma dieta apropriada de descanso e higiene sexual, mas simplesmente um gosto, um insistente desejo de rebeldia e oposição, um desejo de lábios "que se mantêm famintos e mordem o pão sagrado"[7].

---

7 Do "Discurso com o coração", de Léonie Adams: "Coração, que tem amado, sem conhecer a parte sagrada / (A verdade é que os corações vivos devem amar como os lábios devem respirar) / E por isso elevar-se em arte santificante teu ato de vida, que só vive para transmitir: / Como lábios que inúmeras vezes alimentaram / E mantendo-se famintos, mordem o pão abençoado" (De seu *Those Not Elect*. Nova York: McBride, 1925, p. 12).

Porque fora dessa exigência de que examinemos nossa natureza humana, de que assistamos às suas necessidades de homens e mulheres, meninos e meninas, anciãos e anciãs, daqueles de físico diverso ou em grau de amadurecimento diferente, surgem poucas orientações positivas. No fim todas as prescrições são negativas; como *não* ter descalcificação, como *não* tornar-se delinquente, cleptomaníaco ou caduco, como *não* ser um ditador em potencial, como *não* começar uma guerra, como *não* ser ninfomaníaca ou um tirano torturador de um campo de concentração, como *não* fazer coisas erradas, como *não* sonhar – ou melhor, como não sonhar sonhos errados, que ao invés de funcionarem harmoniosamente retendo desejos antissociais despejam-nos durante o dia e formam a base para uma poesia errada. Todos esses planos utópicos negligenciam o outro lado da questão, ainda que muito se esforcem para trazê-lo à luz: que os seres humanos não estão somente interessados em fazer o errado, pecaminoso e o destruidor, mas que se preocupam profundamente acerca de suas possibilidades de fazer o bom, o certo, o construtivo, o belo.

Mas creio que a resposta não está, nesse período da história, em colocarmo-nos no extremo oposto. Não encontramos amparo ou guia em mandamentos de ascetismo ou êxtase que menosprezam as necessidades biológicas reconhecidas de nossa natureza mamífera. Só bem recentemente chegamos a compreender as intricadas ligações entre um coração destruído e um ataque nervoso, entre uma hipertensão arterial originada por uma conta de armazém não paga e algo que o raio-X poderá revelar no estômago entre uma recordação da meninice esquecida e uma grave dismenorreia. Sabemos que, quando um menino passa a preferir comer papel em vez de comida, não se deve esperar até o dia em que comerá todos os cadernos da casa para consultar um pediatra. Apesar do muito que queiramos proclamar que o homem não vive só de pão, os resultados do programa de nutrição federal que forneceu pão enriquecido, ajudando a acabar com a pelagra do sudeste americano, são uma parte importante do conjunto de crenças sob o qual vivemos. Os americanos modernos e provavelmente uma ampla parcela dos europeus ocidentais, de chineses e japoneses contemporâneos já não menosprezam o conhecimento crescente sobre a complexidade de nosso sistema nervoso, a sensibilidade de nossa camada cutânea ou ainda as reações imediatas do trato gastrointestinal. As imagens de um mundo do qual um sacerdote poderia dizer de coração: "Não estamos interessados em civilização, mas sim em colonizar o céu", engendrarão nostalgia naqueles que amam a Catedral de Chartres, e que fazendo isso simplesmente desumanizam mais um trabalhador necessário à oficina da civilização. Aqueles que se dão hoje de coração à bela e graciosa tarefa de colonizar o céu, a ponto de não terem tempo para regulamentos de saúde pública e códigos de construção, praticamente cortam o elo de ligação com todos aqueles colonos que queriam gentilmente conduzir-se à luz eterna da presença de Deus. A adequação do homem para o céu, que é talvez uma das melhores maneiras de descrever a potencialidade que o mundo possui *além* dos demais mamíferos, não é uma fórmula simples que fará com que homens e mulheres abandonem a profunda atenção que concedem aos caminhos recém-descobertos para aumentar a adequação do homem ao mundo.

Mas não precisamos aceitar a dicotomia entre céu e terra, entre necessidades corporais e capacidades espirituais, entre limitações e potencialidades. O oleiro que trabalha com o barro reconhece as limitações de sua matéria-prima; ele deve trabalhá-la com uma parcela de areia, poli-la, mantê-la em determinada temperatura, cozinhá-la num calor determinado também. Mas por reconhecer as limitações de seu material ele não limita a beleza da forma de sua arte, desenvolvida numa tradição, informada por uma visão específica do mundo. Somente se o oleiro esquecer o barro, querendo construir seu pote por fórmulas mágicas que trabalharão enquanto ele dorme, ou quando cessar de ver com os olhos da mente, pensando que a tenaz e as regras de proporção podem substituir tal visão, é que ele cairá numa armadilha e num fracasso. Porque somos mamíferos, homens e mulheres mamíferos, é que temos limitações, as quais devemos conhecer, fornecer-lhes sobrevivência e mantê-las em segurança nos nossos hábitos ao invés de deixá-las perturbando-nos dentro de nossas mentes. Há certas coisas que os homens não podem fazer por serem homens ou que as mulheres não podem fazer por serem mulheres. Engravidar, conceber, gastar, dar à luz e alimentar a próxima geração estão diferentemente distribuídos. Na medida em que os corpos dos dois sexos se desenvolvem, aprontando-se para diferentes papéis na procriação, eles têm necessidades básicas, algumas em conjunto, algumas diversas, mesmo nos seres mais pequeninos. Através de nossas vidas, pelo fato de sermos criaturas que se tornam não somente indivíduos, mas que continuam a raça humana, há uma persistente e inalienável condição que temos de compartilhar. O fracasso em assim agir pode-se expressar de várias maneiras: úlcera péptica, explosões de ódio, discussões ou um poema ruim. (Um bom poema requer explicações muito elaboradas, de modo a se dar conta de sua existência.) Mas se fazemos a pergunta somente dessa maneira, se nos perguntamos somente pelas limitações dos sexos, pelas condições inalienáveis, pelos preços que inevitavelmente têm de ser pagos, então invocamos e reforçamos o conflito, a dicotomia falsa e tradicional entre o alto e o baixo, o espiritual e o animal, o corpo e a alma.

Quando fazemos perguntas urgentes temos não só que indagar sobre as diferenças e semelhanças, vulnerabilidades e limitações de ambos os sexos, mas também sobre as potencialidades das diferenças entre os sexos. Se os homens, pelo fato de serem homens, acham mais difícil esquecer as solicitações mais imediatas do sexo, quais são as recompensas por essa lembrança mais acurada? Se os meninos devem conhecer e assimilar o choque de saber que eles nunca criarão uma criança com a certeza e firmeza, que é prerrogativa da mulher, como isto os tornará criativamente mais ambiciosos e mais voltados a sua realização? Se as meninas têm um ritmo de crescimento que significa que seu próprio sexo se lhes parece menos determinado inicialmente do que o de seus irmãos, dando-lhes uma pista falsa de uma atitude compensatória que quase sempre morre antes da certeza da maternidade, isso provavelmente significará uma limitação no seu sentido de ambição. Mas quais são as potencialidades positivas neste caso? Se a cada passo perguntarmos consciente e definidamente: quais são as limitações, as potencialidades, os limites mais baixos e os limites mais altos possíveis do fato de que há dois sexos e das diferenças entre eles, então não somente encontraremos respostas recompensadoras em si mesmas sobre o lugar dos sexos no atual mundo em mudança, mas muito mais. Faremos uma contribuição à crença de que em cada questão envolvendo os seres humanos deveremos lidar não apenas com limitações ou só com aspirações e potencialidades, mas com ambas. Isso aumentará nossa fé na condição humana total, determinada em nossa ancestralidade biológica à qual não podemos fugir, capaz de elevar-se a alturas, ainda que cada geração só se aperceba de um pequeno passo que está sendo dado.

2
COMO ESCREVE UM ANTROPÓLOGO

No jargão dos grupos de trabalho americanos e de outras relações sociais profissionais subsiste há muito uma expressão: *from where I sit*[8]. É dita geralmente de modo meio irônico, implicando uma mudança total no ponto de vista. Quando alguém afirma com um sorriso ou um rito de cumplicidade nos lábios; *from where I sit* está admitindo que ninguém percebe mais que parte da verdade. Significa que a contribuição de um sexo, uma cultura ou uma disciplina cientifica, que poderá mesmo fundir as áreas do sexo e da cultura, é sempre parcial e deve estar sempre à espera da contribuição de outros para uma verdade mais total. Esse livro está sendo escrito do ponto de vista de uma mulher de meia-idade, americana e antropóloga. Isto é parte da argumentação geral do livro: que as mulheres veem o mundo de maneira diversa do homem e, assim fazendo, ajudam a raça humana a se ver de maneira mais completa. Necessariamente, um americano escreve sobre a América de modo diverso de um estrangeiro, com diferentes graus de envolvimento. A contribuição especial de um antropólogo necessita, porém, de mais comentários.

Os materiais de estudo de um antropólogo são as condutas de povos vivos, aprendidas de seus antepassados, que com eles

---
[8] Semelhante a "da minha perspectiva", "no meu modo de ver" [N.T.].

compartilharam padrões comuns. Os laboratórios antropológicos são primordialmente sociedades primitivas, pequenos grupos isolados que, por causa dessa condição geográfica ou histórica, permaneceram fora da corrente principal da história, preservando práticas específicas e próprias e que contrastam fortemente com a conduta em sociedades maiores. O antropólogo não estuda os povos primitivos visando primordialmente as origens de nossos modos de conduta presentes. O esquimó, o samoano, o ashanti e o cheyene têm histórias tão longas quanto as nossas, embora diferentes. Enquanto um estudo desses povos primitivos pode lançar luz sobre algumas relações entre uma tecnologia simples, um suprimento alimentar incerto, uma população pouco numerosa e outros aspectos da vida social, na nossa especulação sobre origens sociais só podemos usar este relacionamento como algo sugestivo, sem nunca estarmos certos se formas ancestrais de sociedade foram semelhantes. Mas podemos estudar os povos primitivos de modo a prover-nos de um material sobre o qual podemos imaginar a conduta humana, dando-nos elementos sobre quando e como certas condutas são aprendidas. Vamos às sociedades primitivas buscar material sobre os limites além dos quais a sociedade não pode negar a herança biológica do homem e também em busca de variações na conduta humana que talvez de outra forma nunca imaginássemos como possíveis.

Os antropólogos têm certas peculiaridades ocupacionais advindas do seu tipo de trabalho. Por trabalharmos com povos primitivos que não têm linguagem escrita, desenvolvemos maneiras de estudar a conduta viva, em vez de traços delas que encontramos em documentos tais como questionários, declarações de renda, testamentos, certificados, e assim por diante. Trabalhamos a maior parte do tempo a sós ou em pares de sexos opostos e fazemos isso por uma série de razões – falta de dinheiro, falta de pessoal e urgência da tarefa e porque a maioria das comunidades primitivas são tão pequenas que a presença de dois observadores de sexo oposto é tudo quanto podem suportar. Porque trabalhamos a sós, temos que saber algo sobre todos os aspectos da sociedade; e um padrão de trabalho que começou com um simples desejo de saber algo sobre tudo que faz um povo em artes, folclores, sistema de parentesco, confecção de recipientes e preparação de alimentos, casamentos, enterros, acabou desenvolvendo-se sob forma sistemática. O antropólogo passou a trabalhar com uma sociedade inteira como pano de fundo. Ele não se especializa na conduta das crianças, nas práticas dos propagandistas ou nos detalhes das habitações, como é o caso de estudiosos que trabalharam principalmente com sociedades complexas. Os antropólogos aprendem, pelo trabalho de campo, a pensar muitas coisas ao mesmo tempo, como não estão acostumados a fazer muitos estudiosos da conduta humana. Este modo de pensar faz a referência de toda uma série de atos aparentemente disparatados – a maneira pela qual uma criança é alimentada, a maneira como é esculpido um totem residencial, como se faz uma oração, como se compõe um poema ou como se persegue um veado – a uma totalidade, que é o modo de vida de um povo. Este é o hábito mental que levamos para nosso trabalho, mesmo em nossas próprias culturas.

Este hábito de referência à sociedade como um todo unifica, entre os Iatmul da Nova Guiné por exemplo, a simulação do alimento fora do seio materno para um bebê e um posterior abandono real deste tipo de alimentação, gritos dirigidos aos cães a que estes nunca obedecem, e ainda discussões entre grupos que nunca têm fim. Olhando o padrão global das casas de Bali é possível reconhecer naquelas construções um sistema de partes pré-fabricadas independentes, que se unem com o tempo pela construção, expressando a mesma atitude dos Balineses para com o corpo humano, um sistema de partes independentes unidas mas cuja unidade nem sempre é muito exata. Buscamos regularidades nos muitos aspectos da conduta humana dentro de uma sociedade dada e esperamos encontrá-las, porque todos estes atos tão variados são desempenhados por seres humanos que, além de sua humanidade comum, têm uma tradição e um modo comum de ver o mundo.

Em segundo lugar, a Antropologia é uma ciência *comparativa*. Conseguimos nossos pressupostos comparando o que fizeram duas culturas diferentes. Explicitamente, de modo a nos exercitarmos, mandamos estudantes para povos remotos e exóticos onde eles se exporão a modos de conduta bem diferentes dos nossos, tão diferentes que nenhum esforço mental servirá para redefinir os novos em termos dos velhos costumes conhecidos. Vivendo entre povos que lhes são estranhos, os antropólogos fazem vários ajustamentos. Aprendemos a falar ou pelo menos ouvir e pensar em línguas muito diferentes em que há vários gêneros ou nenhum, em que as palavras se podem conjugar de modos diferentes de nossas tentativas de enquadrá-las em nossas categorias gramaticais familiares e que poderão ser faladas com um sistema fonético sistematicamente relacionado a sons que nossos órgãos da palavra podem produzir, mas que não são aqueles aprendidos. Mesmo nossos hábitos musculares recebem certo impacto nesses outros modos de vida. Em Samoa, aprendi a dobrar meu corpo duas vezes sempre que passava por uma pessoa de alta estirpe que estivesse sentada e hoje quando devo passar rente a alguém a quem devoto muito respeito sinto um curioso prurido nas costas. Aprendemos a perguntar às crianças que estão chorando coisas como: "Que foi?" Aprendemos a fazer outras especulações sobre o significado de dentes cerrados ou mãos lentas quando começamos a interpretar a conduta humana num contexto novo e depois, de maneira mais flexível, sempre que lidamos com um novo caso. Assim o estudante que como antropólogo participou profundamente do aprendizado sobre uma outra cultura torna-se um instrumento modificado.

Essa condição específica do antropólogo treinado não deve ser confundida com o que acontece com pessoas que experimentam passar de uma cultura a outra, casar-se com um membro de uma outra cultura, trabalhar junto a membros de outras culturas ou mesmo falar diversas línguas. Não se trata simplesmente de saber que um certo animal de quatro pernas é chamado *cachorro* em português, é igualmente designado por *dog, chien, hund, nubat, maile*, e assim por diante. É certo que todas as pessoas que tiveram a sorte de aprender várias línguas na infância têm um grau precioso de apuro e compreensão além dos limites de sua cultura. Mas o antropólogo aprende que deve pensar com e sobre a diferença entre o aperto de mão nesta ou naquela cultura. Deve também ter a habilidade de ajustar rapidamente o tipo correto de aperto de mão quando se confronta com uma determinada nacionalidade. Aos conhecimentos destes costumes, a habilidade de pô-los em prática ou não, o antropólogo adiciona uma contínua consciência das diferenças – no tom de voz e nas próprias palavras, nas sequências de conduta, como por exemplo por que uma discussão simplesmente se desvanece num país enquanto em outros um conjunto inter-relacionado de diálogos iniciais poderia levar a uma disputa de socos ou a um impávido muro de silêncio.

Se o leitor quer apreciar a discussão antropológica de nossa sociedade, que é especialmente a quarta parte deste livro, há um ponto que deve ser concretamente enfrentado. Será esta consciência da conduta humana fria e impiedosa? Encontramos uma dúvida profunda nas mentes dos leigos sobre se o conhecimento e a delicadeza podem estar unidos ou se uma consciência mais larga leva a uma manipulação mais ampla, frieza ou desejo de poder. Encontramos este medo expresso nas histórias contadas frequentemente sobre filhos de psicólogos e psiquiatras, quando cada deslize ou falha são notados e ligados com histórias falsas de experimentos que tais cientistas teriam feito com os filhos. As histórias contadas sobre antropólogos nos recantos primitivos do mundo onde eles são uma parte tão esperada da paisagem quanto o comerciante, o geógrafo, o funcionário do governo, o missionário, são, portanto, muito significativas. Pois o folclore vigente sobre os antropólogos no sudoeste do Pacífico quase sempre toma forma de uma acusação por terem-se despido, usando costumes nativos de diversos tipos. Eles não são acusados de arruinar a sociedade nativa ou de uma manipulação espúria das hortas nativas para assistir a alguma magia agrícola ou de envenenar um grupo de pessoas de idade e sexo determinados de modo a poder descrever uma série de funerais. Mas são acusados de ter tirado os véus da civilização, perucas, meias e camisas, para vestir uma saia de capim, uma tanga ou simplesmente nada. Eu mesma, na qualidade de cicerone e anfitriã antropóloga, tive que me acostumar como um funcionário do governo, imobilizada num linho branco sem mácula, tensamente sentada atrás de uma mesa de chá disposta com esmero, para três meses mais tarde ele descrever qual a impressão que eu dava com uma saia de capim ou envolta numa toalha de banho. Mas depois de uma primeira sensação de ultraje, esse conjunto de mitos sobre os antropólogos pode tornar-se muito confortador. Porque, embora haja incríveis mentirosos e nenhum antropólogo chegue ao extremo do conforto ou ao uso da roupa nativa tal como rotineiramente o acusam, essas histórias tocam em vários pontos verdadeiros em espírito. Elas dizem na linguagem do folclore que o antropólogo deixa de lado as exigências de sua própria cultura e tenta assimilar e compreender a cultura nativa. Elas afirmam que ele rompe com todas as barreiras de raça, classe e temores higiênicos de que se cerca a maioria dos europeus e americanos e recebem a comida simplesmente das mãos dos nativos. Finalmente, esses pequenos contos dizem de maneira clara que o modo pelo qual os antropólogos estudam os povos não é a experimentação, mas sim o conhecimento por observação e participação. O antropólogo não somente anota o consumo de sagu na dieta nativa, mas come o suficiente para saber o quanto ele pesa no estômago; ele não somente anota verbalmente ou por fotografia a forte pressão das mãos dos bebês em torno do pescoço, mas também carrega o bebê e sente a contração da própria traqueia; se apressa ou se detém a caminho de uma cerimônia, ajoelha-se quase cego pelo incenso, enquanto os espíritos dos ancestrais falam ou os deuses se recusam a aparecer. O antropólogo entra na organização e observa, mas não modifica. Assim, estas histórias sintetizam os princípios básicos do trabalho de campo do antropólogo, que vê o povo com o qual trabalha como seres humanos, cuja estatura não é nem maior nem menor do que a sua, que se preocupa em aprender seus hábitos com profundos detalhes e tenta deixar seu modo de vida tão intocado quanto possível, tratando o contexto global daquele modo de vida como uma contribuição valiosa à ciência do homem.

Com a consciência, pois, de que esteve exposto de maneira profunda a outro modo de vida, o antropólogo passa a pensar sobre minúcias contrastantes entre as muitas culturas. Se tem sorte, como eu, terá a oportunidade de estudar muitas sociedades primitivas comparáveis, de modo que cada nova experiência reforça a distinção em relação à experiência prévia e a memória se torna tão plena quanto os cadernos com contrastes e comparações. Mas estudando ou não muitas sociedades diferentes, aprende-se a usar o material sobre elas, pensando os elementos da vida esquimó sem nunca ter estado no Ártico e lendo com uma nova compreensão as repetições da frase "Você não tem ossos"? – de um conto da Nova Guiné –, expressão que as mulheres utilizam para desafiar um homem a ser homem.

Quando chegam a perguntar o que é masculinidade, o que é feminilidade, como as crianças do sexo masculino diferem das do sexo feminino ou os homens das mulheres, os antropólogos têm seu modo específico de abordar o problema. Não utilizamos testes sobre formas coloridas indistintas nas quais um homem verá um tipo de imagem e a mulher outro. Não contamos o número de vezes que meninas constroem recantos baixos e aconchegantes, enquanto os meninos constroem torres. Não agrupamos homens e mulheres, fornecendo-lhes testes de rapidez na máquina ou pressão de botões, nem tomamos ratos e porcos da Guiné e injetamos neles hormônios sexuais de modo a apreciar mudanças na sua conduta. Não fazemos estudos detalhados de pacientes que vêm com anormalidades tão profundamente estruturadas que é impossível dizer a que sexo pertencem, nem acompanhamos histórias de homens que decidiram viver como mulheres e mulheres que decidiram viver como o sexo oposto, para conhecer que dados anatômicos, endocrinológicos ou psicológicos os colocaram nesses caminhos. Todas essas abordagens da questão de "como e onde" homem e mulher diferem, sendo válidas e importantes, e as conclusões alcançadas por quaisquer delas devem ser contrastadas mutuamente.

A abordagem antropológica consiste em visitar sociedades primitivas sem nenhuma teoria por demais específica e em vez disso efetuar perguntas exploratórias[9] abertas. Como bebês do sexo masculino e feminino aprendem seus papéis sociais nas diferentes sociedades? Que tipos de conduta classificam algumas sociedades como masculina ou feminina? Que condutas não conseguiram classificar como tipificadas sexualmente? Quais as semelhanças e diferenças perceberam as várias culturas no homem e na mulher? Não perguntamos inicialmente se há diferenças sexuais específicas na personalidade que são sistemáticas e, a despeito da cultura, associadas à masculinidade e feminilidade, tais como passividade,

---

9 MEAD, M. "Anthropological Data on the Problem of Instinct". In: *Psychosomatic Medicine*, vol. IV, 1942, p. 396-397 [Simpósio – Segundo Colóquio em Psicodinâmica e Medicina Experimental].

iniciativa, curiosidade, capacidade de abstração, e interesse pela música. Perguntamos que diferenças são esperadas na conduta das crianças, como são elas utilizadas em termos sexuais para definir a diversidade de papéis e se ter sucesso nas respostas esperadas. Tal inquirição efetua várias coisas. Primeiro elimina todo nosso peso de preconceitos culturais sobre homem e mulher que tradicionalmente insistem em diferenças inatas ou a tentativa mais contemporânea de negar muitas diferenças que foram aceitas historicamente. Isso nos libera a mente do uso de certos tipos de argumentos invocados pró e contra o movimento feminista, a partir de reconstruções duvidosas de períodos idílicos da história, quando mulheres governaram e tudo era paz, e também de argumentos acirrados sobre por que as mulheres não foram grandes compositoras de música. As dezenas de afirmações feitas todos os dias – "elas não são como os homens", ou "os homens são somente crianças grandes", "as mulheres têm mentalidade infantil"; "as mulheres são mais sensíveis que os homens", "os homens são mais sensíveis que as mulheres", "as mulheres são mais volúveis que os homens, "os homens são mais volúveis que as mulheres" – devem ser varridas da mente como folhas de outono dos jardins, de modo a tornar possível uma elucidação geral.

Mas porque o método antropológico consiste em estar em meio a um povo, aprender sua língua e seus costumes, torna-se muito complicado comunicar os resultados desse *método* a terceiros. A tarefa de apresentar a moldura de um modo de vida contrastante é extremamente simples. Pode-se escrever um livro contando minuciosamente a vida dos Samoanos, Manus, Esquimós ou Bagandas, pode-se levar o leitor ao interior das casas nativas, sentá-lo ao lado das carpideiras num enterro, seguir os passos dos dançarinos num casamento, escutar conversas tão inacreditáveis, tão inesperadas, que o leitor experimentaria, ainda que de forma pálida, algo que o antropólogo viveu anteriormente. Às vezes é difícil conduzir o leitor aos detalhes de fantásticos arranjos de parentesco, que classificam a neta e a avó conjuntamente, que prescrevem modos especiais de conduta a primos que são relacionados através de um irmão e uma irmã, mas não entre irmãos e irmãs, ou ainda o modo pelo qual o fantasma do pai mantém a língua da mulher de seu filho dentro da ordem. A experiência provou que se o antropólogo está interessado nesse tipo de comunicação, em trazer ao leitor um sentido do contexto vivo existente de um outro modo de vida, tal pode ser feito. Os leitores consentiram que houvesse três culturas num só livro, dando os enormes passos necessários à passagem de tribos indígenas a uma aldeia papua (Nova Guiné), ou de grupo de povos levemente aparentados a um grupo de canibais. Ademais, os nomes de tribos estranhas, os incidentes de vida e morte, da feitiçaria e do cerimonial, todos se misturam; mas permanece um resíduo. O leitor terá submergido na experiência de compreensão dos costumes extremamente diversos padronizados pela natureza humana, mesmo que por uma hora somente.

Mas até aqui, buscando relatos antropológicos úteis ao leitor culto, que pode ser um psiquiatra, biólogo, geólogo, juiz, pediatra, banqueiro ou mãe de cinco crianças, tentamos fazer apenas duas coisas: tanto explicar que um aspecto da conduta humana específico pode se apresentar organizado de maneira diferente – tal como a adolescência, a tendência ao alcoolismo, uma sensibilidade para a arte – quanto aclarar a extensão das diferenças entre as culturas. Para a primeira tarefa, é preciso dissolver nossa expectativa limitada culturalmente de que um determinado aspecto da conduta aprendida será sempre inevitavelmente igual ao da nossa sociedade. Para tal, a descrição de uma outra cultura é suficiente. Para a segunda tarefa, três ou quatro culturas bastam.

Neste livro, quero fazer algo um pouco diferente. Não quero simplesmente documentar com clareza que povos diferentes podem agrupar homens e mulheres para um papel hoje e outro amanhã, nem simplesmente mostrar que estes agrupamentos se ajustam coerentemente tanto quanto o treinamento da infância e a conduta adulta. Quero oferecer ao leitor as descobertas positivas resultantes de um estudo comparativo de culturas, sobre semelhanças, sobre o essencial na masculinidade e na feminilidade, com o qual cada sociedade deve contar e também regularidades e diferenças. Quero oferecer os resultados, além de deixar claro como ocorreram essas descobertas.

Trata-se de uma tarefa muito difícil, tão difícil que uma anedota pode melhor expressá-la. Escrevi certa vez, numa monografia etnológica, um texto que deveria ser publicado numa série editada por famoso geólogo. Nele eu descrevia a crença samoana a respeito de como a gravidez deveria ser encarada – crença que coincidia precisamente com as atuais convenções obstétricas. O editor devolveu-o a mim com a notificação: "Igual a tantos outros no mundo!" Se eu tivesse escrito de um povo que acreditava que as náuseas ocorriam somente na primeira gravidez ou que a gravidez levava seis meses, o editor teria publicado, porque era diferente de nossas crenças e observação. Assim, mesmo algumas frases sobre um povo que acredita que o coito não tem nada a ver com a concepção e que um bebê em miniatura perambula pela neve até que se atira dentro do ventre materno subindo pelo lado dos sapatos da mãe, prende a imaginação, produzindo o choque necessário. "Ah!, diz o leitor, então os homens nem sempre compreenderam a biologia da concepção tal como nós o fazemos" (e ele terá de ser realmente muito culto para adicionar à sua última frase "como a ciência *agora* conhece"). "Que interessante! assim eu entendo como isso faria diferença na maneira pela qual a família se organiza ou como pais zelosos devem cuidar de seus filhos", e assim por diante. E quando afirmo que muito poucas sociedades humanas tiveram condições de minimizar de fato o papel materno na criação infantil, embora os nativos das Ilhas Rossel acreditem que o pai lance um ovo na fêmea[10], que é vista, portanto, como receptáculo puramente passivo, ou que os montenegrinos neguem à mãe qualquer relação com a criança[11], também arrebato o leitor porque fica claro para ele que é mais difícil negar o parentesco materno que o paterno. Mas quando afirmo: "Em todas as sociedades humanas reconhece-se que as mulheres dão à luz crianças" sem discutir antes uma série de dados sobre imagens de fetos do tamanho de uma polegada rolando arrepiados na neve, em busca das botas de sua mãe, ou de irmãos gêmeos que desejam ser reencarnados dando pequenos pulos como pássaros e inspecionando um grupo de mulheres para ver quais delas escolherão para mãe, existe uma tendência irresistível de dizer: "E daí?", e morre o assunto.

Mesmo assim, entre a afirmação do leigo "é claro que nenhuma sociedade humana toleraria o incesto", que nasce de seus lábios através de um ensinamento tradicional de nossa sociedade, e a afirmação antropológica "todas as sociedades humanas conhecidas têm regras contra o incesto" encontra-se toda uma massa de experiência que o segundo orador expressou em detrimento do primeiro. Quando o primeiro utiliza a palavra "incesto" ele quer dizer relações entre pais e filhos, irmãos e irmãs biologicamente relacionados. Na nossa sociedade ele não incluirá primo-irmãos, ainda que acredite que o casamento entre primos seja causa de doenças ou concordará com alguns grupos religiosos que proíbem o casamento com primos-irmãos, a não ser por dispensa especial. O antropólogo que fala do incesto estará também se referindo a esse grupo biológico primário, mas chegará a essa afirmação depois de considerar a dimensão imensa e bizarra de certos grupos de incesto que talvez incluam centenas de membros de um

---

10 ARMSTRONG, W.E. *Rossel Island*. Cambridge University Press, 1928, p. 100.
11 DEMETRACOPOULOU, D. "Laws and Customs of the Balkans" [Rev. de M.E. Durham]. In: *American Anthropologist*, vol. 32, 1930, p. 670.

único clã, ou uma avó prima-irmã do tronco da prima-irmã ou do tronco da avó, dependendo do caso. Depois de apreciar em vários pontos da Terra os diferentes costumes elaborados por diferentes povos sobre tabus de incesto, a afirmação do leigo terá sido um tipo especial de abstração. Entre o argumento "nenhuma sociedade *naturalmente*..." e a afirmação do antropólogo "nenhuma sociedade *conhecida*..." está toda uma série de estudos minuciosos e difíceis, feitos sob a luz do lampião ou de uma fogueira, pelo explorador, missionário ou cientista moderno de diferentes partes do mundo. Mas como devem ser introduzidas tais observações na comunicação entre escritor e leitor?

O método que geralmente utilizamos para preencher a lacuna entre as observações do cientista e as necessidades daqueles que são leigos naquela ciência específica é o uso da autoridade simplesmente. Ponho uma capa no meu livro ou lanço na página-título todas as bolsas de estudo que tive, ou pelo menos as mais eminentes. O leitor inspeciona a lista. Se ele for perfeitamente culto ou pessoa pedante, irá mais adiante consultando alguma fonte de informação. Uma vez a par da minha pessoa, que me submeti aos rituais apropriados para obtenção de graus superiores, que tive bolsas de estudo e fiz expedições e escrevi monografias publicadas em editoras cultas, o leitor passa a ler o que digo com o respeito ao que é chamado "autoridade" no assunto. Depois, quando quiser usar o material terá que fazer uma busca das outras autoridades que concordam comigo, ou quantas autoridades estão em lados opostos e que explicações podem ser dadas para as diferenças entre eles, se são relevantes ou devem ser explicadas em termos de ideologias políticas ou adesões históricas. Se o leitor desejar simplesmente usar as descobertas da autoridade nas suas relações humanas comuns, ele se verá mais cedo ou mais tarde diante de um argumento em que incute sua autoridade na cabeça de outra pessoa e recebe de volta a autoridade dela. Os resultados serão tão simples de prever quanto a resposta à pergunta de uma criança: "Mamãe, o que acontece quando alguém que só acredita em Deus e alguém que só acredita na ciência têm uma conversa sobre a natureza?" O impasse que ocorre num argumento como esse é somente um sintoma de outros que hoje estão ocorrendo nas mentes dos homens que aceitaram vitaminas, átomos, endócrinos e complexos – em confiança – e veem tudo isso como um material pobre para pensar um mundo moderno extremamente complicado.

Contudo, quero fazer mais do que isso; quero estar apta a interpor entre o meu argumento e a consideração que faz o leitor sobre ele uma pausa, uma compreensão não do que o meu direito à autoridade me permite fazer em tal ou qual afirmação, mas, em vez disso, como eu cheguei àquelas afirmações e o que é o processo antropológico.

Para se ter uma noção da experiência que o antropólogo traz à consideração do problema humano, façamos a simples afirmação de que *Love will find a way*[12], um adágio tão gasto quanto amado em nossa tradição. Para um jovem americano essa frase lembrará imagens de um transporte difícil, de um jovem determinado trilhando seu caminho através dos Estados Unidos ou dirigindo 36h seguidas, só parando para comer alguns cachorros-quente. Isto para chegar a tempo de ver sua namorada antes que ela parta ou decida casar-se com outro. Ou pode significar a maneira pela qual uma jovem planeja, economiza ou talvez costure um vestido que vai usar no baile em que verá seu amado indiferente, o qual, encontrando-a, poderá escolhê-la outra vez. Pela mente de cada um passa uma série de tramas e incidentes: carros, trabalho, cortes no ordenado, a falha de uma conexão aérea ou ocasionalmente pais em dúvida no caso de os amantes serem muito jovens ou ainda pais ricos demais para se preocuparem com

---

12 Correspondente em português a "o amor tudo vence" [N.T.].

o problema. Misturada à imagem de nossa própria experiência, estarão cenas de cinema, novelas, seriados de rádio, imagens ocasionais de Tom Mix atravessando as planícies ou Ingrid Bergman num tenso papel, talvez alguma coisa de "Romeu e Julieta" ou versos no estilo de velho "Valentine". Se a pessoa é mais sofisticada, poderão surgir algumas dúvidas sobre o próprio amor, se é uma palavra sentimental para "os hormônios", mesclando-se às imagens de armadilhas amorosas, corações despedaçados e os dizeres "João ama Maria" rabiscados nos muros de um prédio vazio. O amor é uma emoção admitida, sentida por pessoas que podem ser como nós, vestindo roupas, dirigindo carros, competindo com rivais, lutando contra a depressão quando rejeitadas, elevando-se a alturas inauditas quando aceitas pelo amado. Mesmo quando a história de Romeu e Julieta é lida cuidadosamente eles são vistos identicamente a um moderno casal americano, com a inimizade entre os Montaguese e dos Capuletos fazendo parte da trama. Afinal de contas, ninguém sabe o que sentiam Romeu e Julieta. Shakespeare sabia muito pouco mais do que nós como dramaturgo inglês que escrevia para uma plateia inglesa do século XVII. Um conhecimento do passado pode encher nossa boca de palavras carinhosas, mas elas serão reconhecidas como incluindo sentimentos estranhos à vida moderna, tal como a fidelidade após a morte, que é vista como uma emoção suspeita, difícil de encontrar entre os amigos e a família e possivelmente mais digna das atenções de um psiquiatra do que das de um poeta.

Entre esse jovem leitor que nunca saiu da América e que só conhece a conduta de outros períodos, de outras eras e de outras terras através de lentes especiais fornecidas por Holywood e pelos novelistas contemporâneos, que a veem exatamente como a atual, e do antropólogo que se senta informalmente no chão da casa de palha de um caçador de cabeças da Nova Guiné, há sem dúvida uma profunda distância na experiência. Nos Estados Unidos há milhões de pessoas que, pela nacionalidade estrangeira de seus respectivos pais, sentiram na carne o que a vida pode ser e é em outras sociedades. Há um sem-número de pessoas que viveram em países europeus, latino-americanos e asiáticos aprendendo através de relações pessoais com babás, amantes ou amigos a diferença do efeito de uma frase como "o amor tudo vence". Muitos tiveram tais experiências com pais sérvios ou escoceses, com babás alemãs, namorados italianos ou amigos franceses, em contato direto e íntimo que não é fácil para uma cientista branca do século XX encontrar numa tribo da Nova Guiné. Esses membros de climas emocionais diferentes poderão perguntar: desejando-se relações emocionais profundas com pessoas que vivem uma vida diferente, será que aqueles que viveram e amaram fora de seu país estarão melhor preparados para conceber o comportamento numa perspectiva *cross-cultural* do que cientistas que perambulam com um caderno de notas sempre ocupados e sem ter tempo de ver ainda mais? Essa objeção parece ter parte de razão. Visualizamos a pequena criança americana com os pés fincados no chão e os dentes cerrados lutando em vão contra o rigor com que a tia alemã segura sua mão ou um jovem pintor americano inclinando-se sobre a mesa com carinhoso interesse olhando o jogo de expressão no rosto de sua mulher francesa. Então comparam-se esses quadros com o do antropólogo sentando-se à mesa de um caçador de cabeças, anotando observações sobre um povo para o qual o próprio ato de escrever tem algo de mágico, e certamente parece difícil que ele algum dia aprenda melhor o que se passa na cabeça desse homem do que uma criança ou um amante que aprenderão o significativo e o importante nos valores que diferem dos seus.

Ainda assim, o antropólogo tem uma experiência que é negada ao jovem que ficou acordado a noite inteira destilando amor ardente em outro idioma ou à jovem que acompanhou seu marido estrangeiro para viver com a família dele numa terra estranha.

Porque o que o antropólogo faz se deve a razões peculiares à sua disciplina. Se alguém tem 6 anos e uma mãe que insiste numa série de *Fraulein* germânicas para governantas poderá alcançar um conhecimento profundo de como as *Fraulein* agem, de modo a se ver livre da atual. Nem que seja pela alegria de experimentar um tratamento diferente na hora de ir para a cama. Se você é dono de uma fábrica e o trabalho tem sido continuamente perturbado pela discussão entre dois grupos de nacionalidade, você poderá aprender muito sobre "como lidar com italianos". No caso de ser um líder político, você saberá exatamente como organizar a candidatura de modo a apaziguar ou tirar proveito dos ódios e alianças nacionais. Mas seja o problema de uma criança que observe uma sucessão de governantas, ou que frequente a escola num país estrangeiro, ou um amante que contempla o rosto de sua amada, ou a noiva que espreite a estranha conduta de sua sogra estrangeira, é certo que as observações estão subordinadas aos propósitos práticos daquela criança, daquele amante, daquela jovem esposa. Esta subordinação lhes concede um caráter diferente da observação do antropólogo, mais ou menos como o que se diz a um novo namorado difere do que se diz a um novo psiquiatra. Para ambos, poder-se-á contar algum incidente doloroso da infância — como o andar sozinho numa casa vazia, espiar o doutor vizinho amputar a mão de um homem doente ou ver o pai de alguém cair de um moinho de vento. Mas quando alguém fala ao amante ou ao amigo está construindo um relacionamento, ajustando a compreensão e uma confiança a uma estrutura que se espera durar a vida inteira. A história é elaborada e amadurecida para integrar uma estrutura apropriada, para ser a réplica adequada à última história relatada e conduzir à confiança mais profunda. Mas quando se fala a um psiquiatra, o processo consciente de busca, ao qual se subordina a relação do psiquiatra com as pessoas, é substituído pelo dar e receber íntimos de um relacionamento global. Se o psiquiatra é hábil e o paciente suficientemente perseguido pelos temores e ansiedades que relata, então essa ênfase impessoal na compreensão e no uso da compreensão é mantida, não interpessoal mas pessoalmente, até que um dia o consultório é deixado para sempre. O paciente será diferente. O aprendizado do médico sobre o paciente será de um tipo bastante diferente do aprendizado deste sobre o médico, coisa que aliás, normalmente, nunca discutirão juntos.

Quando um antropólogo entra na aldeia de um povo primitivo sozinho ou com seu companheiro para estabelecer um lar entre outros lares, a situação também é controlada e consciente. Ele não quer compreender a cultura *para* ter uma casa construída, um jardim arado, carregadores para seus pertences, trabalhadores para um novo campo de pouso ou conversos para sua religião. Nem mesmo, como médico, quererá curar doenças ou mudar ideias sobre saúde pública, persuadindo-os a enterrar seus mortos num pequeno cemitério, em vez de sob a terra da casa (onde estarão menos sozinhos). Ele não quer aperfeiçoá-los, convertê-los, governá-los, comerciar com eles, recrutá-los ou curá-los. Ele só quer compreendê-los e, assim, adicionar ao conhecimento as limitações e potencialidades dos seres humanos[13]. Tanto quanto o psiquiatra deve limitar-se a um objetivo, a cura, assim o antropólogo deve disciplinar-se dentro de um só objetivo: a observação e compreensão dos indivíduos como reveladoras de sua cultura. Para o leigo, muitas discussões da técnica psiquiátrica parecem inaceitáveis. Por que deve haver tanta discussão sobre se o psicanalista deve ou não deve apertar a mão de seu paciente, visitá-lo ou ter um consultório com duas portas? Mas justamente porque a

---

13 O que digo aqui se aplica ao *estudo* de uma cultura. Existe uma ciência, a Antropologia aplicada, em que o cientista se torna um prático que busca alterar, com vistas a melhorar, o relacionamento entre cultura nativa e governo, entre dois grupos étnicos em uma comunidade ou entre unidades cooperativas de duas nacionalidades diferentes. Aqui se aplica uma ética diversa.

relação psiquiátrica entre médico e paciente é parcial e estilizada é que esses pequenos detalhes têm de ser levados em conta.

Quando o antropólogo vai viver numa aldeia nativa, cada minúcia da vida organizada é detidamente considerada e subordinada à tarefa principal. Onde deverá construir a casa? não será nem onde a vista é mais bonita, o ar mais puro, onde há menos barulho e menos porcos. Não cuidadosamente isolada da vizinhança de Manngwon, viúva faladeira que tem sempre momentos de agressividade, não longe da casa de Kwowi Kogi Kumban, cujo filho Maggiendo nunca para de chorar porque primeiro foi adotado e depois foi devolvido durante a noite. Nenhuma consideração sobre beleza, quietude e saúde será levada em conta na escolha do local. Em vez disso, traça-se um sumário mapa da aldeia, notando especificamente templos, casas de homens, casa de reuniões e pátios. Estudam-se os lugares vazios, onde houve casas anteriormente e que tipo de casa eram. Se, por exemplo, se tratava, como aconteceu em nossa casa em Alitoa, do antigo local da casa cerimonial dos homens, o chão será "quente" e os visitantes poder-se-ão acanhar de vir ali, por medo de que alguma parte da pessoa seja sugada pela terra que acreditam estar saturada de magia. No caso dos Manus, poder-se-á adquirir, junto com a casa, a personalidade de um homem recentemente morto, cujo fantasma ainda se compraz em passear na sua velha residência. Seus parentes femininos terão tanto medo dele que jamais ousarão visitar a nova casa. Mas se alguém se decidir a não habitar o lugar porque muita magia já foi dele pronunciada ou porque um fantasma que é particularmente agressivo está sempre por ali, não é porque se prefere um campo neutro ou fantasmas mais discretos, mas porque após uma consideração cuidadosa um outro local poderá trazer menos complicações para o trabalho.

Assim, a nossa casa na aldeia de Tambunum, junto ao Rio Sepik, foi escolhida no ano de 1938 por ser suficientemente central mas também próxima à aldeia vizinha, aumentando o contato com essa outra. Tão perto era da casa dos grandes homens que podíamos escutar as flautas que nela se tocavam e, no caso dos homens, podia-se ver o que acontecia. Ficava em meio a um grupo de casas em que havia muitas crianças pequenas e, no caso das mulheres, escutava-se o choro delas e, percebendo alguma diferença significativa, podia-se sair da cama às duas horas da madrugada para escutar os sons estranhos de uma criança de 2 anos, Neomangke, que, tendo presenciado uma discussão entre os pais, fora proibida pela mãe de se aproximar do pai. Além disso, nossa casa ficava entre a estrada dos homens que era paralela à margem do rio e a estrada das mulheres que ficava na direção do interior. Durante meu trabalho, podia ver todos os que passavam de um extremo a outro da aldeia sem parar para escrever seus nomes, ou para perceber em que tinha anotado seus nomes, mas registrando-os de maneira suficientemente clara quando se tratava de um grupo cuja tarefa eu não podia adivinhar; ou quando podia ver duas pessoas se encontrarem sem que fossem vistas próximas uma da outra em situações normais. E saía rapidamente de onde estava e tentava descobrir o que estava acontecendo. Construímos nossas casas sem muros, de modo que pudéssemos ver sempre o que acontecia usando somente uma grande parede de lona, que tinha de ser laboriosamente consertada no meio da noite quando havia temporais fortes. Havia um platô muito confortável em frente à porta, onde as pessoas se juntavam e conversavam informalmente à tarde. Era algo que não atraía, naquela hora aridamente tropical, quando o sol estava no meio do céu, invadindo cada canto de uma casa tão exposta. Isso, porém, não tirava a casa sua condição de excelente observatório. Finalmente, uma das considerações para escolha do lugar era que Bangwin, nosso vizinho mais próximo, tinha uma esposa grávida e os nascimentos são dificilmente observáveis numa sociedade primitiva, onde os bebês parecem vir ao mundo sempre às duas horas da madrugada ou quando as mães estão pescando. A verdade é que o bebê de Bangwin nasceu quando Tchamwole estava pescando, mas eu estava suficientemente perto para ouvi-lo ralhando com ela por estar grávida há tanto tempo. E ela respondia: por que você me hostiliza? o bebê nascerá quando quiser; ele é um ser humano e escolhe a hora de nascer. Ele não é um porco ou um cachorro que nascem quando os outros dizem para nascer. Pudemos filmar a cena em que Bangwin despedaçou o cesto de dormir de sua outra mulher, ato que equivaleria para nós a quebrar um piano ou amassar um carro novo. Ou ainda uma outra cena, quando Tchamwole, que cuidava de seu bebê em outra casa, se roía de ciúmes porque a outra esposa estava gozando dos prazeres do matrimônio e foi caminhando com dificuldade para colocar um aviso de "mantenha distância" nos coqueiros que lhe pertenciam (a ela, primeira mulher). A escolha dessa casa perto de uma mulher grávida foi antropologicamente recompensada.

Quanto à escolha da casa e sua construção, outros detalhes são conscienciosamente conjugados de modo a aumentar nossa capacidade e chances de observação. Os empregados não são escolhidos porque saibam cozinhar e sejam honestos, embora sejamos gratos por essas coincidências, mas porque se integrarão no trabalho de campo na medida em que são representantes das duas *casas* principais ou das duas metades da comunidade dividida ou porque estão na idade certa, ou porque têm o sexo apropriado para trazer, ou pelo menos não amedrontar, o tipo de informante que se precisa. Entre os Manus, onde fui estudar crianças novas, toda a "equipe" doméstica tinha menos de 14 anos, porque haveria problemas por causa de relações de tabu quando são meninos mais velhos. Nesse caso, as meninas teriam sido afastadas da casa. A idade de 12 a 13 anos não é a ideal para uma equipe de empregados e algumas vezes o jantar foi jogado na lagoa próxima à qual nossa casa estava perigosamente fincada, enquanto se davam lutas calorosas na cozinha. Mas entre milhares de desenhos infantis que colecionei havia desenhos de meninas e meninos.

Tudo isso necessita de planejamento e disciplina de escolha, visando um objetivo, sem, contudo, transformar o relacionamento com o povo primitivo em frio e negocista. Mas quando se tem nos braços o corpo flácido de uma criança desfalecida, trabalhando-se para revivê-la, tem-se a obrigação de observar a conduta de sua mãe que permanece batendo sua cabeça num travesseiro de madeira, em vez de isolar-se na angústia de outros pequenos corpos sem vida que já se tomou no colo. O nosso sentimento pessoal que poderia levar-nos a um poema ou a uma prece para alguém que está longe, ou a vontade de escrever uma carta, ou o desejo de abandonar a cena da morte e buscar um momento a sós que não existe, tudo isso deve estar subordinado à obrigação de apreciar, ouvir, anotar e compreender. Mesmo uma falha de tal autodisciplina, como a vez em que irrompi em lágrimas por um ressentimento irrecuperável de ter passado toda a noite ao lado de uma criança balinesa muito doente e, voltando para casa na madrugada fria da montanha, fui mordida pelo cachorro da família, deve ser imediatamente usada pelo antropólogo como um estímulo para descobrir o que as pessoas fazem quando o mal-estar se apresenta deste ou daquele modo.

Os antropólogos diferem muito entre si nos modos pelos quais convivem com outros povos; alguns curam doenças, outros ajudam a consertar peças quebradas de máquinas modernas, caçam com eles ou então dão-lhes carne enlatada para festas. Seja qual for o tipo de relacionamento que se estabelece quando se vive muitos meses partilhando temores e alegrias de toda uma aldeia, ele deve voltar-se para um objetivo único: a compreensão da cultura.

Assim sendo, as abordagens do antropólogo de um assunto como a relação entre os sexos são diferentes daquelas que um homem de sensibilidade experimentou em mais de um complexo cultural contemporâneo e também difere do historiador que deve construir seu quadro histórico a partir de uma evidência documental fragmentária que restou graças a caprichosos incidentes. É um tipo de material, de utilidade específica, tal como do clínico que, embora possua menos alcance e riqueza de observação que o novelista, possui a observação disciplinada e torna possível um tipo particular de contribuição à compreensão da conduta humana.

A próxima pergunta importante é: o *que* o antropólogo observa quando trabalha em meio a um povo primitivo?

Talvez o ponto mais importante aqui seja decidir como analisar seus resultados, ao mesmo tempo que faz as observações. Se ele quer estudar, por exemplo, o modo diverso de falar o inglês, o irlandês, o canadense, o americano do Kentucky, o linguista deve conhecer a gramática e todo o sistema fonético do inglês e outras línguas indo-europeias. Ele pergunta fundamentalmente não o que a língua é, mas como a língua variou dentro da moldura (quadro) do inglês. Mas se vamos a uma tribo da Nova Guiné, perguntamos: que língua é esta? e a partir de frases banais apreendidas do nativo que está frente a frente ao etnólogo, tem-se de deduzir qual é a sua gramática. Assim também na conduta de meninos e meninas, homens e mulheres. Para estudar o papel da mulher numa aldeia no sul da Alemanha deve-se conhecer tudo a respeito dos papéis históricos da mulher na Europa, seu lugar sob a lei romana e teutônica, a visão do catolicismo e do protestantismo sobre o lugar da mulher num conjunto de coisas e, a partir desse quadro de referências, buscar a razão pela qual o quadro histórico varia numa aldeia específica. Quando nos aproximamos de uma tribo desconhecida da Nova Guiné não há tais condições formais de pensamento para nos guiar. No momento em que chegamos a uma aldeia estranha e inexplorada não sabemos qual dos sexos usa adornos, se a cabeça raspada que vemos atrás de uma árvore pertence a um homem ou a uma mulher, se aquela figura distante no alto de um coqueiro é um homem – na medida em que as mulheres não devem fazer coisas difíceis e perigosas tais como subir em palmeiras – ou se é uma mulher porque subir em palmeiras é trabalho para mulheres e crianças. Temos que elaborar nossa compreensão, a partir da conduta mesma das pessoas, aprendendo simultaneamente como uma sogra atua e se há uma expressão que a defina como tal. Para o antropólogo, treinado a render-se a seu material, esperar, apreciar e ouvir, até que a fórmula emerja de uma miríade de atos menores e palavras de um pequeno grupo, com o qual convive intimamente, o próprio material estruturará suas categorias. Assim, escapará das perguntas baseadas somente na nossa ou em outras civilizações conhecidas[14].

---

14 Para aqueles que estão interessados no modo pelo qual cada resultado é usado para a formulação de hipóteses que poderão ser testadas com material sobre primitivos, a descrição de um passo adiante poderá elucidá-los. Uma vez feitos esses estudos, agrupado o estranho conjunto de sílabas sem sentido em um padrão fonético e uma gramática, ordenadas em um sistema de parentesco as palavras em que as crianças chamam os adultos, os termos através dos quais as pessoas se descrevem em momentos diferentes e em diferentes contextos, e aprendido o significado de expressões como "Ele é um falcão novo", "Mas nós nunca pegamos o crânio" e "Seu pescoço era rápido", finalmente podemos levar tudo para casa para ser organizado. Como fazê-lo? Talvez um breve esquema do modo pelo qual minha própria mente trabalharia para responder a uma questão possa ajudar. Suponhamos que alguém interessado na psicologia do desenvolvimento infantil ou da religião me perguntasse: "Você pode dizer alguma coisa sobre a relação entre as pessoas que se mantêm jovens e as crenças sobre a imortalidade?" Primeiro eu voltaria minha mente para sociedades primitivas, revivendo o conhecimento de que os índios americanos estão geralmente pouco interessados na imortalidade e que os mortos individualizados desempenham um fraco papel. Talvez eu repetisse a frase "Florescemos como a grama pela manhã e à noite somos cortados" e passasse a usá-la para caracterizar a atitude dos índios das planícies para com a morte. Ao mesmo tempo, talvez surgisse uma dezena de imagens concretas e específicas de índios pedindo ao peixe que se aproximasse para ser apanhado e depois jogando fora suas espinhas para que se reencarne; os espíritos dos mortos – todo um panteão do outro mundo sem serem especificamente os avós de alguém – vindo dançar nas máscaras do povo Zuni; a crença do povo Omaha de que todos os gêmeos são reencarnados. São pequenas parcelas significativas do trabalho de centenas de etnólogos que dão atualidade ao problema. Então minha mente se voltaria para

outra parte do mundo, talvez buscando uma categoria enquanto caminhasse. Isto é, poderia dizer: "E na Indonésia..." e deixaria minha mente perpassar as atitudes locais para com os ancestrais, ou então diria: "Sim, e vamos trazer esses temas como culto ao ancestral e reencarnação para um quadro global". Se a reencarnação parece relevante, poderei pensar em culturas conhecidas como tendo crença nela, talvez adicionando: "Claro que será interessante ver qual é a relação entre quem você é quando nasce e quem você será quando morrer". Isso poderá levar à comparação entre esquimós e balineses. Entre ambos os povos, os recém-nascidos são tratados como tendo poderes proféticos ao nascerem e em ambas as culturas as crianças aprendem complexas habilidades desde cedo. Poderei aqui acrescentar a pergunta: Será talvez um ponto-chave a relação entre o aprendizado e a Teoria do Nascimento e da imortalidade?, e então compararei a posição balinesa – na qual o indivíduo é reencarnado sucessivamente na mesma família, de modo que o ciclo da vida não tem um clímax real, mas simplesmente completa infindáveis conjuntos de círculos entre este mundo e o outro – e a posição dos Manus, na qual os seres humanos são originalmente feitos de matéria do corpo dos pais e das mães, alcançam poderes plenos na maturidade, sobrevivem por algum tempo como poderosos fantasmas imediatamente após a morte, para então submergirem em regiões cada vez mais profundas de moluscos e lodaçais. Então, poderei afirmar: "Os balineses acreditam que se pode aprender em qualquer idade; os muito jovens e os velhos aprendem com muito pouco esforço relativo. A beleza dura até a idade avançada, enquanto entre os Manus as pessoas se acabam aos 40 anos. Talvez se possa sugerir que aqui existe uma relação que seria interessante explorar futuramente". Daí poderei considerar se conheço quaisquer exemplos de grupos que acreditam na reencarnação, mas que também possuem um declínio muito marcado de seu vigor durante a vida, buscando assim exemplos negativos para desaprovar minha hipótese em desenvolvimento. Ao mesmo tempo, percorrerei meu pensamento em busca do que conhecemos sobre aprendizado em diferentes idades e diferentes culturas, isolando em um nível o que conhecemos sobre o próprio aprendizado: seus tipos, aprendizado por hábito, por recompensa, por castigo, para evitar o castigo. Num outro nível, dados concretos como filmes de um escultor aprendendo a esculpir, dados das idades em que meninos se tornam aprendizes de hábeis artesãos etc. Ou poderei retornar a duas categorias etnológicas, como: "crença na reencarnação" e "ciclo vital"; nesse caso, seria impossível ir à Universidade de Yale buscar um catálogo no qual matérias de muitas sociedades já foram agrupadas em tais categorias, de modo que é impossível ver como as duas coisas se colocam juntas. Ou então, poderá surgir um conjunto de perguntas que desejo procurar em livros especiais: "Aquele estudo comparativo sobre o modo pelo qual membros de duas tribos africanas aprendiam uma nova história tem alguma coisa a ver com a idade do aprendizado?" "Seria uma boa ideia volver o manuscrito de Jemez que descrê o modo pelo qual as mulheres após a menopausa viam a si próprias como verdadeiramente começando a aprender a gozar o sexo" etc. Esta é uma maneira de usar material comparativo. É um processo de iniciar a parte exploratória; de um pensamento usar as matérias comparativas conhecidas;

Fora do manancial de nossas observações e de outros antropólogos, sejam elas guardadas em nossas memórias mescladas com imagens, frases, sons, ou catalogadas em cartões que devem ser cuidadosamente manuseados pelas pontas dos dedos, organizamos o material que nos ajudará a formar hipóteses, testar a utilidade de nossas hipóteses e sugerir novas linhas de trabalho. Esse é o processo que distingue a expressão leiga "em nenhuma sociedade *naturalmente*" da expressão antropológica "em nenhuma sociedade *conhecida*", cujo sentido quero preservar na mente do leitor nas páginas que se seguem.

Por trás da palavra "homem" está em minha mente um conjunto de imagens de gente com pele branca, negra e amarela, homens com cortes de cabelo à escovinha, homens com cabeças raspadas, homens usando coques ou enfeites, homens em trajes finos nas sociedades contemporâneas, homens que não usam senão colares de conchas de pérolas em seu peito, homens com músculos que crescem e estufam, ou outros com braços tão finos como os de uma mulher; homens cujos dedos são atrofiados demais para segurar uma ferramenta menor do que uma enxó, homens que se sentam e enfiam contas mínimas em barbantes, homens cuja masculinidade se ofende com o simples cheiro dos bebês e homens que ninam gentilmente as crianças com braços firmes; homens cujos braços estão sempre prontos a movimentar-se para frente e para trás como se estivessem prestes a lançar um arpão, homens de estaturas muito diversas. E, ao lado deles, mulheres, novamente

---

formar hipóteses preliminares em seguida; testá-las gradativamente pela memória e finalmente assentar as que pareçam frutíferas e capazes de serem testadas ou pela literatura existente ou empreendendo um novo trabalho de campo. Poderá nos reportar não a um material primitivo, mas a um laboratório psicológico ou uma clínica. Cada antropólogo usa o método comparativo diferentemente, mas sua essência permanece a mesma (cf. BATESON, G. "Experiments in Thinking about Observed Ethnological Material". In: *Philosophy of Sciences*, vol. 8, 1941, p. 53-68).

com tonalidades de peles as mais diversas, algumas com cabeças calvas, outras com longas cabeleiras; mulheres cujo busto pende tão baixo a ponto de algumas vezes poder ser jogado sobre os ombros e mulheres com pequenos seios erguidos como as figuras das tumbas dos Médici em Florença; mulheres que fazem suas saias de capim farfalhar enquanto caminham, mulheres que utilizam estas mesmas saias de capim como escudo protetor da virtude, mulheres cujos braços parecem inúteis sem uma criança; mulheres que seguram seus filhos de forma que parecem ter nas mãos pequenos gatos selvagens, mulheres mais rápidas que seus maridos na luta e mulheres que se espalham como folhas ante sinais de uma briga; mulheres cujas mãos nunca estão paradas e mulheres que se sentam após um duro dia de trabalho, mãos cansadas sobre o colo. E, em frente, ao lado, às suas costas, nos seus braços, com a mão em torno de seus pescoços, sentadas nos ombros e a tiracolo, em cestos, redes, penduradas por cordas que saem do berço, estão as crianças. Crianças que poderão estar vestidas com pequenas réplicas das roupas dos adultos, vestidas com uma longa saia, com a qual aprendem a andar gradativamente, crianças que vivem completamente nuas até 10 ou 12 anos, crianças que permanecem passivas enquanto os seus carregadores esmagam o arroz ou brincam de correr, crianças que se abraçam firmemente enquanto a canoa vira e mãe e filho caem na água, crianças para as quais não há designativo, que são às vezes chamadas de rato, inseto ou homens pequenos. Crianças que foram queridas, crianças cujas palavras são tidas como profecias; crianças que são sub-humanas até terem dentes, crianças que são chamadas de monstros e seus dentes crescem irregularmente, crianças que não têm brinquedos e se dependuram nas pernas dos adultos e crianças tão alegres e brincalhonas como a própria alegria.

    Este livro trata de homens e mulheres, como crianças e como adultos. A mente do leitor será preenchida por imagens diferentes das minhas. O problema é que, se escrevo baseada neste *background*, aqueles que me leem poderão reter palavras tais como "homem", "mulher", "prole" como palavras abertas que carregam um eco, ainda que não o detalhe preciso destas variedades da conduta humana, cujo conhecimento estou tentando comunicar.

Parte II

Os caminhos do corpo

3
PRIMEIRAS LIÇÕES

Neste livro, tratarei principalmente de sete povos do Pacífico, entre os quais vivi e trabalhei. As ilhas do Pacífico constituem uma área onde os grupos humanos separados pelo mar ou por uma cadeia de montanhas, desprovidos de formas políticas que unisse os homens em reinos, desenvolveram modos de vida marcadamente diversos. É muito gravar na memória sete sociedades simultaneamente. Os detalhes misturam-se confusos, seja o caso, por exemplo, de um esquema de parentesco pelo qual meninos manus prometidos em casamento se escondem sob uma esteira, pelo fato de as sogras estarem passando por perto, ou de adolescentes arapesh que levam as crianças prometidas gentilmente pela mão para as pescas noturnas de crustáceos, ou ainda o caso de jovens amantes mundugumor que dão explicações convincentes dos grandes arranhões que recebem da moça no momento da escolha. Ou o caso da fuga de um balinês na madrugada fria, procurando a noiva em torno a ver se há testemunhas para poder diante delas simular um rapto com gritos e empurrões ou a partida tranquila com o escolhido. Ou o de um jovem marido tchambuli que, num momento súbito de ira, lança a seta no rosto de sua mulher, ou o caso de um caçador de cabeças que chama seus companheiros do mesmo grupo de idade para que ajudem a retornar à submissão sua voluntariosa mulher. Ou, ainda, o caso de uma jovem *samoana* que sussurra a seu amado aonde encontrá-la sob as palmeiras. Tentarei aqui apresentar sucintamente cada povo, tal como se faz com um longo elenco de personagens de uma velha e complicada novela. São sete lacustres e montanheses, ilhéus e ribeirinhos que desempenham o papel de atores, não como indivíduos, mas como grupo[15] de indivíduos que compartilham um modo de vida. Seus gestos, costumeiros e antigos, são parte dos quadros tecidos pela vida humana e recém-tecidos por sua conduta que tentarei trazer até o leitor. Talvez os leitores que não se incomodam com uma volta ocasional à leitura dos nomes dos atores de uma peça também voltem a estas páginas para reidentificar uma determinada tribo.

Os sete povos dos Mares do Sul[16]

Os Samoanos

São um povo polinésio, de estatura alta, de pele marrom-clara, que vive num pequeno grupo de ilhas que, em parte, pertence aos Estados Unidos. Seu modo de vida é formal e majestático. Chefes e oradores, príncipes e princesas aldeãs, grupos padronizados de moços e velhos, combinam-se para plantar e colher, pescar e construir, festejar e dançar, num mundo em que ninguém tem pressa, a comida é abundante, a natureza generosa e a vida harmônica e sem tensões. São cristãos há mais de cem anos e introduziram dogmas de cristianismo em suas próprias tradições,

---
15 Os dados desta seção foram quase integralmente extraídos de meu trabalho de campo ou do trabalho de meus colaboradores no campo. As bibliografias completas dessas obras sobre as sete culturas poderão ser encontradas no Apêndice II. Nestas notas dei somente uma referência ocasional que penso interessar especialmente ao leitor ou oferecer a identificação apropriada de algum problema.

16 Cf. Apêndice I.

vestindo no domingo roupas de algodão finamente engomadas, ainda que descalços e orgulhosos de seu próprio estilo de vida.

Os Manus das Ilhas do Almirantado

Constituem uma pequena e enérgica tribo de pescadores e comerciantes que constroem suas casas sobre estacas em lagoas salgadas perto das regiões piscosas. Altos, pele castanha, magros e ativos, sem nada mais além de suas ideias, sua habilidade e sua ética que afirma que os fantasmas dos mortos castigarão os preguiçosos. Construíram um alto padrão de vida que mantêm com trabalho árduo e contínuo. Puritanos até a alma, identificados com esforço do trabalho, desaprovando o amor e os prazeres dos sentidos, rapidamente se integram aos valores do mundo ocidental, à máquina e ao dinheiro inclusive.

Os Arapesh Montanheses

São um povo frágil e subalimentado, que vive nos íngremes e improdutivos montes Torricelli da Nova Guiné. São pobres e sempre lutando por guardar o suficiente para comprar instrumentos musicais, dança e novas modas dos povos comerciantes da costa e para negociar feiticeiros com os povos mais ferozes das planícies do interior. Voltados à cooperação e receptividade, desenvolveram uma sociedade na qual, por nunca haver o suficiente para comer, cada homem gasta a maior parte do seu tempo ajudando o vizinho e dedicando-se às necessidades deste. O maior interesse dos homens e mulheres é ter "criações": de crianças, porcos, coqueiros; e seu grande medo é que cada geração atinja a maturidade com uma estatura mais baixa que seus antepassados, até que um dia não haja mais pessoas sob as palmeiras.

Os canibais Mundugumor do Rio Yuat

Este povo resistente e robusto vive às margens de um rio rápido, mas sem folclore sobre ele. Comerciam e caçam às custas dos povos miseráveis da savana que vivem numa terra mais pobre, dedicando seu tempo às rixas e à caça de cabeças. Desenvolveram um tipo de organização social em que cada homem está contra o outro. As mulheres são tão positivas e rigorosas quanto os homens. Elas detestam dar à luz e criar crianças, encarregam-se das provisões alimentares deixando os homens livres para tramar e lutar.

Os Tchambuli do lago

Este povo, cujo número não excede seis centenas, construiu suas casas ao longo de um dos lagos mais lindos da Nova Guiné, que brilha como ébano polido, com um pano de fundo de morros distantes, para além dos quais vivem os Arapesh. No lago, nascem lótus-púrpura e lírios-d'água rosa e branco e vivem ainda águias marinhas brancas e garças azuis. Aqui, as mulheres tchambuli, ativas, sem enfeites, diligentes e industriosas, pescam e vão ao mercado enquanto os homens, decorados e adornados, esculpem, pintam, praticam passos de dança, tendo a sua tradição de caça de cabeças sido substituída pela prática mais simples de comprar vítimas para lhes comprovar a masculinidade.

Os caçadores Iatmul do Grande Rio Sepik

No rio, grande e lento, ao qual aflui o Yuat e que nasce em parte nas montanhas onde vivem os Arapesh e que se liga ao lago Tchambuli por canais, estão as aldeias altivas dos Iatmul, caçadores de cabeças, escultores, oradores, altos e arrogantes, aparentemente pouco masculinos, onde as mulheres servem de expectadoras à teatralidade sem fim da conduta dos homens. Ricas plantações de sagu provêm o alimento necessário; bem servidos em peixe, que o permanente trabalho das mulheres proporciona, construíram casas cerimoniais magníficas, canoas de guerra ricamente esculpidas e preencheram as grandes aldeias com estilos artísticos, danças, mitos de todos os povos próximos mais fracos; destacando-se entre seus vizinhos, ainda que vulneráveis pela intensidade de seu orgulho.

Os Balineses

Os Balineses, cujo número sobe a centenas de milhares, não a poucos milhares como os samoanos ou a poucas centenas como os povos da Nova Guiné, não são um povo primitivo, mas uma cultura ligada através da Ásia ao nosso próprio passado histórico. Leves, graciosos, com cabelos ondeados e corpos cujas partes se movem autonomamente na dança, possuem um modo de vida altamente complexo e ordenado, que nas suas guildas e rituais hindus, seus registros escritos e organização dos templos, seus mercados e artes lembram a Idade Média europeia. Comprimidos numa pequena ilha em que se destaca um panorama muito diverso, tornaram toda a vida uma arte. O ar se enche de música, noite e dia, e o povo, cujas relações mútuas são frouxas, sem um calor duradouro, é incansável nos constantes ensaios de peças teatrais, em que sentimentos pouco recomendáveis ganham uma expressão estilizada e graciosa.

Este é o elenco. Eu os escolhi simplesmente porque os estudei e os comparei entre si, contrapondo uma dança do feiticeiro balinês com a representação cênica de uma criança da Nova Guiné; as queixas murmuradas de uma mulher manus contra as demasiadas intimidades com seu marido, com a acusação feita aos gritos por uma esposa Iatmul de que seu marido não lhe dá mais atenção. Eles não foram escolhidos somente para lançar luz sobre problemas que serão discutidos neste livro, mas por toda uma variedade de propósitos, profissionais, práticos, teóricos e pessoais de vinte e cinco anos de pesquisa. Eles não representam de modo algum todas as maneiras pelas quais se podem tratar as questões do relacionamento entre os sexos. Faltam aquelas sociedades em que os homens ameaçam e pressionam seus filhos por um conformismo irremediável. Faltam aquelas sociedades em que as mulheres representam uma força pecaminosa e sobrenatural, aquelas sociedades em que há uma grande intensidade religiosa, uma dominação econômica extrema, tirania ou divisão de classes. Estão faltando também aquelas sociedades em que os homens baseiam sua masculinidade em formas de realizações produtivas negadas às mulheres. Mas entre esses sete povos haverá o suficiente para que se pare, pense e questione no sentido de acelerar nossas imaginações sobre como nossas vidas poderiam ser, se não fossem como são.

Durante este tratado, os sete povos irão e virão; ora, só uma frase invocando um item sobre a postura ou o modo pelo qual um homem desafia a mulher ao namoro ou como as mãos de uma mulher se movem numa dança; em seguida a descrição mais longa de uma cerimônia e da cena de uma mãe com seu filho. Não serão contudo detalhes aleatórios de um velho tipo de antropologia em que o cientista de gabinete citava pormenores exóticos daqui e dali, sem qualquer conhecimento de como dado bizarro, um sacrifício humano ou uma magia de amor se enquadravam numa totalidade. Cada detalhe é citado dentro de um todo. Contudo, tentarei fazer com que o trabalho forneça esta totalidade sem sobrecarregar o leitor com a obrigação de ter em mente toda uma constelação de diferentes instituições. Fora as diferenças, os contrastes e os costumes estranhos e inesperados com os quais estes sete povos organizaram suas vidas, padronizaram as relações entre os sexos, entre pais e filhos, homens e mulheres e também suas próprias habilidades criadoras, deverá surgir uma apreciação maior do valor da presença dos dois sexos para a civilização humana, da importância desse contraponto que muitas vezes lamentavelmente ignoramos, destorcemos ou nunca utilizamos plenamente.

Tratando de homens e mulheres, estarei lidando com as diferenças primordiais entre eles, a diferença no seu papel reprodutor. Fora dos corpos preparados para papéis complementares na perpetuação da raça, que diferenças surgem no funcionamento, capacidade, sensibilidade e vulnerabilidade desses seres? Como os dotes do homem podem ser relacionados ao fato de que seu papel reprodutivo é um único ato, enquanto o da mulher inclui nove meses de gestação e, até recentemente, vários meses de amamentação? Qual a contribuição de cada sexo em si e não como uma mera versão imperfeita do outro?

Vivendo no mundo moderno, vestidos e camuflados, forçados a adaptar o sentido de nossos corpos em termos de símbolos remotos como bengalas, chapéus de chuva, bolsas, é fácil perder de vista a proximidade do plano do corpo humano. Mas quando se vive entre povos primitivos, onde mulheres usam simplesmente um par de saias de fibras ou poderão mesmo dispensá-las para insultar alguém ou para banhar-se em grupo e onde os homens usam somente uma leve faixa de casca de árvore tratada ou – quando já mataram um homem – uma pele de raposa, decoração homicida muito refinada e muito notória, ou ainda onde os bebês nada vestem, as comunicações básicas feitas entre os corpos de recém-nascidos, crianças e adultos tornam-se muito reais. Em nossa própria sociedade, inventamos agora um método terapêutico que pode laboriosamente deduzir de dados de neuróticos ou das confusas fantasias do psicótico como o corpo humano, em suas entradas e saídas, moldou originalmente a crescente visão do mundo de um indivíduo. Assim, o analista infantil senta num consultório e aprecia uma criança a brincar com uma fonte, moldar o barro, agrupar um conjunto de bolas em doce segurança ou conduzir com orgulho um trem em miniatura para dentro de um túnel. Ele observa a criança perturbada que foi trazida por seus pais porque seu hábito de comer tudo tornou-se um problema chegando mesmo a cortar com os dentes em mil pedacinhos as entradas de teatro. Ele observa a criança tomar pequenos pedaços de plásticos e colocar seios num boneco masculino e de repente rasgá-los furiosa, ou então equipar a boneca com órgãos genitais masculinos e depois castrá-la com uma tesoura. Em longas e lentas sessões, interrompidas pelas resistências dos pais, que há muito tempo aprenderam como esconder qualquer relação imediata entre eles e seus corpos, a imaginação infantil é reconstruída e muito dessa reconstrução é ainda um assunto bastante fantástico para a média dos adultos de nossa sociedade. Isso é ainda mais verdadeiro quando um paciente adulto num divã de analista constrói quadros longos e elaborados dos eventos da infância, que seus pais acham que ele nunca poderia ter vivido, na medida em que viveu seguro no seu berço em um quarto que era só seu. Aqueles que se transformaram sadiamente em adultos ativos de nossa sociedade moderna não aceitam facilmente os símbolos que saem de um consultório médico ou de um departamento hospitalar. Afinal de contas, ainda que a maioria das crianças possa mastigar a aba do cobertor ou dos chapéus, eles não chegam até as entradas de teatro. E a maioria dos adultos, mesmo aqueles cuidadosamente educados, rirão gostosamente de um simples "vaudeville" que envolva cenouras e aspargos. Para a maioria de nós, e na maior parte do tempo, entradas de teatro, comédias, etiquetas de bagagem são o que são efetivamente, enquanto aspargos e cenouras são vegetais que as crianças boazinhas devem comer e que os adultos não necessitam. A imaginação corporal predominante da criança é emudecida, abandonada, transformada numa conduta social aceitável e somente pequena parcela das lembranças é guardada como fonte escondida para risos entre os adolescentes e gargalhadas entre os adultos.

E foi como deveria ser. A civilização depende desta transformação ordenada das experiências primárias da infância, do simbolismo disciplinado da vida adulta em que as bengalas se tornam elementos decorativos de uma classe social ou de uma individualidade. Os guarda-chuvas protegem da chuva, as bolsas contêm coisas úteis para o dia e as distinções entre alimento e não alimento estão suficientemente claras para tornar o engole-espadas um divertimento ameno. Aqueles que não tiveram sucesso nessas transformações enlouquecem e são internados. Aqueles que mantêm um acesso à memória precoce e que têm também talento e habilidade tornam-se artistas e atores; aqueles que combinam essas experiências humanas primevas com uma antevisão e um amor pela humanidade tornam-se profetas. Aqueles que combinam um acesso imediato a essas imagens primevas com ódio tornam-se demagogos perigosos: Hitlers e Mussolinis. Mas para todos aqueles que conduzem e que ouvem, aqueles que atuam e que aplaudem, o pintor ou aqueles que preenchem as imaginações menos vivas com cenas na tela, é necessário um véu entre a infância e os dias presentes. Se o véu é retirado, a imaginação artística adoece e morre e o profeta olha no espelho desiludido e cínico e o cientista resolve ir pescar. Quanto à plateia, à sala de aula, à multidão na rua, eles estariam irrevogavelmente privados de algo. Há muito tempo numa aldeia da Nova Inglaterra um habitante recebeu uma revelação divina de que cada um deveria fazer exatamente o que desejasse. Tristemente, numa desordem exemplar, todos tiraram a roupa e começaram a correr pela cidade emitindo sons como animais; ninguém teve uma ideia melhor.

A significação plena e a função benigna da transformação da experiência corporal primária em elaborações culturalmente aprovadas ficaram bem-demonstradas no caso de uma criança de um hospital psiquiátrico infantil[17]. A menina vivera com sua mãe num bordel. Quando ela entrou no hospital desenhou sucessivamente quadros representando uma casa, uma árvore e uma igreja, mas que ela dizia ser ela, um falo e a vulva da mãe, "e não me diga nada contra isso". Lentamente ela recobrou sua saúde e equilíbrio e as experiências de pesadelo com o bordel desapareceram. A casa tornou-se simplesmente uma casa, a árvore uma macieira e a igreja uma igreja. E ela abandonou o hospital.

Se isso é assim, se tanto os especialmente dotados quanto os sadios devem preservar exaustivamente esses elos de reinterpretação que se situam entre eles e uma infância profundamente física, plena de impulsos de ódio indomável e incríveis especificidades, então qual deve ser o procedimento do cientista para elucidar nossa compreensão dos problemas que enfrentamos hoje? Evidentemente, não será o de cortar esses elos, pois então só poderão ser falha e imperfeitamente reconstruídos, mas sim torná-los transparentes. Primeiramente, a intenção do cientista deve estar clara como sendo uma exploração da primeira infância em nome de uma humanidade mais completa, uma humanidade mais apta a utilizar os símbolos de nossa grande tradição. Em segundo lugar, o leitor deve perceber que pode sentir-se seguro nos longos anos de vida com um corpo que foi civilizado, com uma dentadura que mastiga alimentos mas que não tritura seres humanos, com cavidades abdominais que digerem alimentos em ambos os sexos e que na mulher desenvolvem crianças e não são cavernas de bruxas em que os inimigos poderão ser aprisionados e estraçalhados, e com órgãos genitais feitos para o amor exclusivamente e não para estranhas guerras obscuras de crianças zangadas que se veem na armadilha de um mundo sob cuidados de gigantes. Porque a clí-

---

17 BENDER, L. & MONTAGUE, A. "Psychotherapy through Art in a Negro Child". In: *College Art Journal*, vol. VII, 1947, p. 12-17.

nica e a creche tornam evidente que o processo de civilização é difícil, só se dá lentamente e que se uma criança de 4 ou 5 anos atentamente apreciada mostrar sinais marcantes de não estar civilizada, isso não significa que a maioria de nós não foi ou não pode permanecer civilizada. A cama se torna uma tentação irresistível quando se tem muita febre e sente-se muito frio, ou quando se tem dor de cabeça, mas a média de homens e mulheres fatigados pode fazer compras a manhã inteira numa loja cheia de móveis ou perambular toda uma tarde numa praça, num museu ou numa exposição, sem cair de cama. Mas se estamos realmente preocupados em compreender as diferenças básicas entre os sexos e como essas diferenças são elaboradas na infância e na tenra infância, em atender como uma criança em crescimento utiliza cada centímetro de sua pele, cada músculo em tensão, cada mucosa sensível para aprender e apreender o mundo – essa infância, que jaz atrás de nós e à nossa frente através das gerações não nascidas, deve ser explorada sem revolta, sem paixões, sem olhos parcialmente abertos, naquilo que verdadeiramente significa: o processo através do qual se adquire a estatura humana.

Pelo fato de iniciarmos com a mais tenra infância, isto não significa que as culturas humanas sejam criadas pelas crianças. Num mundo em que os adultos já possuem um modo de vida, as experiências infantis tornam-se um elemento ao qual os adultos se conformam, do qual se utilizam ou contra o qual se rebelam tentando mudá-lo. Seguindo os passos através dos quais a criança aprende sua civilização, traçamos um processo de transmissão e não de criação, e essa senda está longe de ser a menos reveladora.

Sabemos pouco das primeiras experiências da criança no útero e na maneira pela qual as diferentes culturas padronizam estas experiências. Os Arapesh dizem que o bebê dorme até estar apto ao nascimento e então mergulha para fora. Os Iatmul acreditam que uma criança que está por nascer pode apressar-se ou demorar-se segundo seu desejo. "Por que você me hostiliza?", disse Tchamwole a seu marido, "este bebê nascerá quando quiser. É um ser humano e escolherá seu tempo de nascer. Não é um porco ou um cachorro que nasce quando os outros dizem que vai nascer". "O nascimento é duro", diz Tchamwole, "porque a mãe não juntou suficiente lenha para o fogo". É provável que em diferentes sociedades, pela atribuição de maior ou menor autonomia de movimento ao bebê, pela conduta ativa ou plácida da mãe, o processo de aprendizado poderá começar dentro do ventre, sendo encarado diferentemente para cada um dos sexos. É possível que haja afinidades bioquímicas profundas entre a mãe e a criança do sexo feminino e contraste entre a mãe e a criança do sexo masculino, assunto sobre o qual nada sabemos até agora. Assim, no nascimento mesmo, seja pelo fato de que a mãe se ajoelha, segurando duas colunas ou uma folha de palmeira que pende do teto, seja pelo fato de a mãe ser segregada das mulheres ou ser segurada pelo marido na cintura, sentando-se no meio de um grupo de alegres visitantes, ou ser estendida em uma moderna mesa de parto, a criança recebe um contato inicial penetrante com o mundo, sendo puxada, sacudida, dependurada e ajeitada, saindo de seu ambiente estável e perfeitamente ajustado para o mundo exterior, onde a temperatura, pressão e alimento são diferentes e onde ela deve respirar para viver. Aqui poderá haver intervenção cultural, como salvar o bebê masculino e eliminar a menina, mas não sabemos se o nascimento é algo diferente para o bebê masculino e para o bebê feminino. Parece haver uma sensibilidade diferencial na pele dos de sexo masculino em relação ao feminino e a pele sensível é uma das chaves que poderão fazer com que um homem se classifique como mulher; uma pele áspera poderá tender a dar à menina uma aparência masculina aos seus próprios olhos e dos outros. O choque cutâneo é um dos mais importantes traumas do nascimento e onde há uma diferença final poderá estar uma inicial também. Na nossa própria sociedade, as imagens dos rituais cuidadosamente seguidos da sala de parto, em que se conjugam a temperatura estável mantida por um termostato, as mais perfeitas substâncias médicas e o material mais fino e apropriado para envolver o bebê, afastam uma compreensão do que significa o choque do nascimento. Este é fácil de compreender, quando o bebê nasce num morro desprotegido onde a mãe e as parteiras se arrepiam perto de um pequeno fogo até que o bebê cai com um pequeno baque numa folhagem fria e salpicada de sereno, para ali ser deixado talvez por cinco minutos enquanto a própria mãe corta o cordão umbilical, junta a placenta e limpa os olhos e o nariz da criança. Somente então aquela criaturinha exposta e enroscada será protegida e colocada de encontro ao colo materno.

Esta experiência inicial diferindo ou não de maneira básica para os dois sexos, a compreensão posterior do próprio sexo poderá tornar a envolver a experiência que ambos sabem haver ocorrido. A nostalgia de um mundo onde a pressão era estável no corpo e em que a respiração não exigia esforço, uma experiência que os místicos de todos os tempos buscaram, pode ser muito diferentemente integrada nas fantasias dos pais que esperam um filho. Para a mulher grávida, significa um sentido aumentado da sua relação protetora com a criança dentro do ventre. Ao futuro pai, tal lembrança poderá advir como uma ameaça ou uma tentação. Para ele a identificação com a criança ainda não nascida é, pelo menos parcialmente, inaceitável, porque transforma sua mulher em mãe dele. Tanto para a futura mãe quanto para o futuro pai, tais fantasias poderão fazer avivar lembranças de um tempo em que nascia o filho mais novo de suas respectivas mães e eles se defenderão de modo diverso contra estas lembranças. Que traços de fato permanecem sob as especificidades do traumatismo do nascimento sob o sistema nervoso é coisa que também não conhecemos, mas um exame cuidadoso das maneiras pelas quais os recém-nascidos são tratados, ninados de encontro ao peito, seguros pelos calcanhares e espalmados, envoltos em panos sem ver a luz até que tenham algumas semanas de vida, permanecendo num rígido braço de mãe para que se defendam por si próprios como pequenos sapinhos, mostra que estas primeiras maneiras de tratá-los são estritamente congruentes com suas ações e fantasias posteriores. Contudo, o pequeno bebê aprende com seu próprio nascimento: a mãe que lhe dá à luz, a parteira que o assiste, o pai que permanece próximo ou sai para consultar um mágico, tudo isso constrói pontos marcantes da experiência do nascimento que poderão ser comunicados à criança em crescimento. Poderão efetuar uma diferença radical nas nossas teorias sobre o aprendizado humano o fato de homens e mulheres se recordarem diferencialmente da primeira experiência traumática de temperatura e respiração, ou aprenderem através da imagem e poesia dos adultos. Em ambos os casos, contudo, se recorda em nível muito profundo de um choque menos forte sobre sua pele ou porque ele compreende que o nascimento só pode ser experimentado uma vez, enquanto a menina antevive o momento em que seu próprio filho será atirado ao mundo, em ambos os casos a experiência do nascimento torna-se uma parte do equipamento simbólico das mulheres formadas para dar à luz crianças e dos homens a quem isto não sucederá jamais.

A partir do momento do nascimento, e provavelmente antes dele também, poder-se-ão distinguir tipos contrastantes de conduta materna para com a criança. O bebê poderá ser tratado como uma pequena criatura – pequeno animal, pequena alma, pequeno ser humano –, seja o que for, num grau capaz de organizar sua própria vontade e necessidades em relação às da mãe. Tal conduta poderá ser chamada *simétrica*[18], pois a mãe procede como

---

18 Esses conceitos foram desenvolvidos originalmente por Gregory Bateson com base em material sobre os Iatmul. Cf. esp. o seu "Culture Contact and Schizmogenesis". In: *Man*, vol. XXXV, 1935, p. 178-183. • *Naven*. Cambridge Univer-

se a criança fosse essencialmente semelhante a ela ou como se ela correspondesse a uma conduta semelhante à sua. Ou ela poderá tratar a criança como algo diverso de si mesma, que recebe quando ela dá, com a ênfase colocada na diferença da conduta da mãe e filho, ela acariciando, protegendo e alimentando uma criatura dependente e fraca. Este padrão de relacionamento pode ser chamado *complementar* na medida em que cada membro do par se atribui um papel diverso e ambos se concebem mutuamente como complementares. Um terceiro tipo ocorre quando a conduta da mãe e da criança invoca um intercâmbio em que a criança recebe o que a mãe lhe dá e mais tarde efetua-se uma retribuição. Esta ênfase não está nem no caráter simétrico, nem no complementar dos papéis, que incluem um sentimento sobre duas individualidades como se fosse de um mesmo tipo, em termos de relacionamento específico com condutas apropriadas diversas, mas sim no intercâmbio de benefícios entre mãe e filho. Tal conduta poderá ser chamada *recíproca*[19]. Neste último tipo de relacionamento, o

---

sity Press, 1936. • "Some Systematic Approaches to the Study of Culture and Personality". In: *Character and Personality*, vol. XL, 1942, p. 76-84. • "Morale and National Character". In: WATSON, G. (ed.). *Civilian Morale*. Boston: Houghton Mifflin, 1942, p. 71-91.

19 Neste uso do termo "recíproco" parti de certo modo do uso da palavra tal como foi definida no artigo de Bateson "Moral e caráter nacional" (loc. cit.). Usando os Manus como cultura-tipo, defino a conduta recíproca como aquela em que as coisas, os bens e as ideias acham-se envolvidas num intercâmbio entre indivíduos ou grupos. Tomemos uma sequência de atos: *A* golpeia *B*, *B* golpeia *A* quando *A* é pai *e B* é filho. Isso pode ser visto como *complementar* se o impulso do pai é dado e recebido com um espírito bastante diverso do impulso de reação da criança. Isto é, o pai castiga e a criança mostra-se mal-humorada ou fracamente retributiva. A conduta poderá ser vista como *simétrica* se a ênfase está em que pai e filho se confrontam, com atitudes semelhantes e mútuas, golpeando um ao outro. E poderá ser vista como *recíproca* se a força ou fraqueza relativa, o castigo, o auxílio, a comparabilidade ou incomparabilidade de pai com filho são ignorados em favor de expressões que enfatizam que uma recriminação é dada e uma recriminação é recebida. Uma recriminação é dada e um presente é dado de volta se uma recriminação e um presente formaram o núcleo da sequência, tal como foi visto. Como mostrou Gregory Bateson, e pelo que uma sequência de conduta é

amor, a confiança, as lágrimas poderão tornar-se bens tais como os objetos físicos, mas o intercâmbio de objetos físicos permanece como um protótipo. Todos estes elementos estão presentes no contexto cultural da relação mãe-filho. Na medida em que se dá ênfase à individualidade total da criança, há simetria. Na medida em que a ênfase está na sua fraqueza e desproteção, há a complementaridade. E na medida em que a mãe não dá somente o seio mas também seu leite, há o começo da reciprocidade. Mas as culturas diferem enormemente nestas ênfases.

Assim, pode-se contrastar as mães de diferentes sociedades a partir de diferentes ênfases. Os Arapesh tratam o bebê como um pequeno, suave e vulnerável objeto que deve ser protegido, alimentado e acompanhado. Não somente a mãe como o pai devem exercer esse papel superprotetor. Depois do nascimento, o pai se abstém do trabalho e dorme perto da mãe, devendo também abster-se de relações sexuais, mesmo com sua outra esposa, enquanto a criança é nova. Quando a mãe caminha, ela leva o filho recostado em seu colo num suporte de tecido, ou então numa bolsa de rede macia em que a criança ainda se revira tal como no útero. Sempre que quiser comer, mesmo que não mostre sinais de fome, é alimentada gentil e interessadamente. A receptividade da boca é enfatizada tanto nos meninos quanto nas meninas. Através de uma primeira infância longa e protegida, durante a qual a criança é carregada, depositada em bolsas que pendem das testas das mães ou nos ombros de seu pai, através das trilhas da montanha, e das quais nunca se exigem tarefas difíceis ou precisas, seu interesse primordial permanece focalizado na boca. Nem mesmo o seio materno quase onipresente provê estímulo suficiente para pequenas bocas tão marcadas na medida em que as criancinhas

---

vista pelos participantes que torna possível distinguir estes vários tipos para propósitos de análise posterior.

passam horas sentadas, fazendo brincadeiras com seus lábios, fazendo bolhas, excitando os lábios e segurando-os entre os dedos. Enquanto isso, a atividade preensora da boca não é desenvolvida. Um seio prontamente oferecido à criança nunca é vigorosamente forçado ou mordido. O método de carregar sempre a criança não dá ênfase ao aprendizado nas mãos, que, quando ocorrer, poderá reforçar as possibilidades de preensões da boca. A criança arapesh, de sexo feminino ou masculino, continua a aceitar, receptiva e passivamente, o que lhe é oferecido e a zangar-se se o alimento lhe for recusado, como às vezes acontece quando há necessidade, pois trata-se de um povo com escassez de comida.

Tanto meninos quanto meninas aprendem a viver a partir do uso da boca. Quando usam os olhos, eles refletem a mesma expectativa passiva. Os olhos se iluminam e as bocas passam a gritar excitantemente, quando uma cor bela lhes é apresentada. Mas as mãos não buscam agressivamente, os olhos não investigam nem buscam ativamente curiosos. Os Arapesh são um povo cuja comunicação entre crianças e adultos é altamente especializada numa parte do corpo: a boca, cuja característica é a passiva receptividade. Ambos os sexos, entre os Arapesh, como outros seres humanos, têm a tarefa de aprender eventualmente a usar seus corpos como um todo nos atos da maturidade sexual que procriarão os filhos. Para a mulher arapesh isto é bastante fácil[20].

---

20 Não comecei a trabalhar seriamente com as zonas do corpo até que fui para os Arapesh em 1931. Enquanto estava familiarizada de maneira geral com o trabalho de Freud no assunto não via como ele poderia ser aplicado no campo, até que li o primeiro relatório de pesquisa de Géza Róheim ("Psychoanalysis of Primitive Culture Types". In: *International Journal of Psychoanalysis*, vol. XIII, 1932, p. 1-2). Então, enviei esse material para as súmulas do trabalho de K. Abraham. Depois entrei em contato com a manipulação sistemática dessas ideias por Erik Homburger Erikson e elas tornaram-se parte integrante do meu equipamento teórico. Parte da apresentação do caráter balinês está organizada em torno delas, especialmente às p. 38 a 44. Foi enquanto desenvolvia este trabalho que Gregory Bateson relacionou sistematicamente o esquema de zonas de Erikson às ca-

Transferir uma atitude de agradável expectativa, da boca à vulva, de doce e boa retenção, requer pouca mudança de atitude. Entre os Arapesh pode-se ver uma esposa desprezada trazer ao seu marido um pouco de comida, profundamente grata se ele se alimentar dela. Contudo, nunca ouvi uma mulher protestar contra a competência sexual de um homem. Nenhuma acusação sobre pouca potência surgirá durante uma discussão. Quando é seguido o padrão costumeiro do casamento, no qual o marido como menino de 12 ou 14 anos que passa a alimentar a esposa prometida, desempenhando um papel que sua mãe e seu pai desempenharam para ele e o casamento não é interrompido, a mulher está numa posição psicológica que é o desenvolvimento perfeito de sua experiência de infância: passiva, dependente e compartilhada. E o mesmo ela repete com seus filhos.

Mas que sucede ao homem arapesh? Que tipo de preparo obtém para viver no terreno árido e montanhoso da Nova Guiné, cercado de tribos onde há ferozes caçadores de cabeças e feiticeiros que fazem chantagem, tendo aprendido que a relação principal entre as pessoas é a da receptividade passiva ou a de provisão de alimentos e bebidas? Ele não se torna um homossexual dentro de sua própria sociedade, embora haja grande informalidade, calor, mimos e risinhos entre os meninos. Mas a atitude reversa, o desejo de domínio, de intrusão, que proviria a base para uma homossexualidade ativa é muito pouco cultivada e não há um desenvolvimento suficiente de um ressentimento positivo da passividade, de modo a integrá-lo num tipo de homossexualidade onde papéis ativos e passivos são intercambiados. Os homens adultos se desenvolvem tornando-se heterossexuais, fortemente desconfiados das mulheres hipersexualizadas de outras tribos, que to-

---

tegorias de conduta complementar. Para uma versão intermediária do esquema, cf. MARGARET, M. "Research on Primitive Children". In: WILEY, L.C. (ed.). *Manual of Child Psychology*. Nova York: Wiley, 1946, p. 670-672.

marão parte do seu sêmen, guardando-o para feitiçaria. Mesmo com suas esposas jovens, que alimentaram e acompanharam, não há uma confiança completa, mas uma cerimônia na qual as secreções genitais de cada um são confiadas cerimonialmente ao outro. Mesmo a cópula dentro de um círculo doméstico bem definido poderá, no fim das contas, tornar-se perigosa. Eles se empenham muito pouco em guerra, permitem ser chantageados, maltratados, intimidados e comprados por seus vizinhos mais agressivos; admiram tão profundamente os objetos artísticos alheios, que praticamente não desenvolveram nenhuma arte que lhes fosse própria. Quando caçam, esperam até que o animal caia na armadilha, ou então "caminham entre os arbustos, em busca da peça" e as discussões entre os caçadores surgem para saber quem primeiro viu os sinais dos animais. As cerimônias masculinas arapesh, das quais as mulheres estão excluídas, dão ênfase simbolicamente à natureza da maternidade. Os homens dão um talho no braço, retiram sangue e misturam-no com leite de coco e alimentam os novatos, que então se tornam filhos cerimonialmente. (No nascimento, a criança somente tem o sangue materno.) Os vários e rigorosos ritos iniciatórios, como a subincisão, bater-se com urtigas e assim por diante são todos justificados no sentido de fazer com que os novatos cresçam. Os homens jovens que se alimentaram sem se preocupar com as comidas proibidas – uma frase também usada para a promiscuidade sexual – dão um talho no pênis para o sangue sair e assim restaurar sua saúde.

Assim, as ênfases dos arapesh na educação pela complementaridade transformam-se facilmente nas mulheres, no seu papel sexual feminino adulto. Só sofre a mulher que, a despeito de tudo, se mantém positivamente sexuada, interessada num clímax para si própria. Mas trata-se de uma sociedade que torna ainda mais difícil ser homem, especialmente naqueles aspectos assertivos, criativos, produtivos da vida, dos quais depende a superestrutura da civilização. Onde a educação de infância serve à maioria das mulheres serve a poucos homens.

Mas a receptividade é somente um dos tipos de conduta que são apropriados à boca das crianças e que poderá ser transferida a outras partes do corpo. A boca não é somente macia e receptiva, os lábios dos bebês estão aptos a mais do que simplesmente pressionar o bico do seio. A boca é também um órgão que prensa e solicita e as gengivas sem dentes das crianças são aptas a mastigar selvagemente um seio materno que não concede satisfação. Quando a mãe segura o bebê nos braços pela primeira vez poderá tratá-lo como uma criaturinha receptiva ou como uma criaturinha ativamente solicitadora, já possuindo vontade e dentes. O relacionamento ativo é ainda complementar. O bebê recebe e a mãe concede, ou resignadamente ou não intercâmbio ativo. Ou ela poderá recusar seu seio raivosamente porque a criança está fazendo exigências grandes demais.

Encontramos entre os Iatmul, os caçadores de cabeças, tanto a conduta receptiva quanto a solicitadora bem desenvolvidas. Desde o nascimento a criança é tratada como uma pequena entidade à parte, capaz de vontade própria e imediatamente após o nascimento, antes que a mãe possua leite, a ama de leite oferece-se com profundo cuidado, mas também com alguma coisa daquele gesto que as mães mais tarde fazem para que seus bebês parem sua agressividade, colocando o seio na boca como rolhas em garrafas.

Tão logo uma criança iatmul complete algumas semanas de vida, a mãe deixa de levá-la a toda parte e não permite que fique no colo, deixando-a sempre a alguma distância num lugar mais alto onde ficará chorando fortemente até ser atendida. Caso ela tenha fome, a mãe a procurará alimentando-a generosamente; um bebê que chorou muito para comer se alimenta de maneira mais definitiva, aumentando o vigor com o qual a mãe coloca o seio em sua boca. Antes que a criança tenha dentes, dá-se a ela pedaços de carne de pássaro bem dura para mastigar e quando os dentes começam a aparecer, estes são cortados para ornamentar o pescoço da mãe. Neste intercâmbio entre a mãe e a criança, o sentido da boca é construído como um órgão assertivo e solicitador, tomando o que pode do mundo em volta, que não reluta demais em dar. A criança aprende uma atitude para com o mundo. Lutando-se o suficiente, algo que resiste se submeterá; aprende-se que a raiva e a autoafirmação serão recompensadas[21]. As crianças de cada sexo formam imagens que mais tarde lhes informarão os sentimentos sobre a cópula, sendo que a menina construirá um quadro mais ativo de seu próprio papel e o menino um quadro mais ativo do papel da mulher. Mais tarde, nas cerimônias de iniciação, imensas vulvas esculpidas serão empurradas sobre as cabeças dos rapazes iniciandos[22].

Próximo a um afluente do Rio Sepik vivem os Mundugumor, entre os quais as atitudes ativas encontradas entre as mulheres iatmul para com as crianças lactantes são ainda mais pronunciadas. As mulheres nessa tribo não gostam de procriar e não gostam de crianças; estas são carregadas em cestas sombrias e rudes que arranham sua pele e mais tarde no alto dos ombros maternos, longe dos seios. As mulheres alimentam seus filhos de pé, arrancam-nos rapidamente do seio no momento em que estão apenas um pouco satisfeitos. Uma criança recém-nascida ocasionalmente adotada é mantida com muita fome, de modo a sugar vigorosamente o seio materno, até que o leite desça. Aqui encontramos um caráter em desenvolvimento que enfatiza avidez

---

21 BATESON, G. "Social Planning and the Concept of 'Deutero-Learning'". In: *Science, Philosophy, and Religion* – Second Symposium [Conferência sobre Ciência, Filosofia e Religião]. Nova York, 1942, p. 81-97. Este artigo sublinha a abordagem geral da aprendizagem usada neste livro.

22 Isto está descrito detalhadamente em BATESON, G. *Naven*. Cambridge University Press, 1936.

ardorosa e irritada. Na vida posterior, as relações amorosas são conduzidas de modo semelhante a um "round" de luta livre, onde morder e arranhar são itens importantes da preparação. Quando os Mundugumor capturavam um inimigo, comiam-no, rindo do feito depois, sempre que o comentavam. Quando um mundugumor ficava irado a ponto de sua ira voltar-se contra ele, partia numa canoa, remando pelo rio, para ser comido pela outra tribo.

Nas três tribos, a boca desempenha um papel importante no modo pelo qual os adultos comunicam a uma criança em crescimento suas atitudes organizadas sobre o mundo. Parece provável que, na medida em que é alimentada, cada criança aprende algo sobre o desejo do mundo de lhe dar ou proibir alimento, de modo abundante ou parcimonioso. Mas para uma comunicação genuína de um tipo que lança as bases para a compreensão da cultura e do sexo por parte da criança, a boca deve também ser de interesse dos adultos. Quando uma mulher elaborou originalmente sua própria imagem de receptividade feminina, a partir do modo pelo qual ela foi alimentada quando criança, o mesmo processo estará presente no momento em que ela coloca o bico erétil de seu seio na boca do bebê. A partir desse intercâmbio parece ocorrer o aprendizado básico. As crianças necessariamente se diferenciarão quanto à sensibilidade de seus lábios, no ritmo da fome, na força do seu impulso de sucção. Essas diferenças individuais, que poderão estar sistematicamente relacionadas ao tipo constitucional, serão de grande importância para lançar as bases do caráter individual. Mas cada uma dessas individualidades desenvolverá uma versão da atitude geral dominante naquela sociedade, classe ou região, na qual a criatura foi educada.

Em algumas culturas, os adultos mostram-se menos interessados na boca e poderão, ao contrário, treinar a criança para um controle prematuro dos intestinos. A alimentação será efetuada de modo menos envolvente, enquanto o aprendizado fundamental da criança está focalizado no outro extremo de seu trato gastrointestinal, sendo que os tipos de conduta não serão receptividade passiva e tomada ativa como na boca, mas retenção e expulsão. Aqui a ênfase sai de uma relação complementar para se colocar numa relação entre criança e aquilo que ela primeiro recebe para depois expulsar. As relações pessoa-coisa são no caso aprendidas, dando-se ênfase ao caráter recíproco em detrimento das simples relações complementares. A transferência de atitudes focalizadas na eliminação para a genitália gera a modéstia, rapidez, ausência de prazer e preparação à relação sexual. Este tipo de caráter, em que a comunicação mais enfatizada entre pais e filhos diz respeito ao controle da eliminação, ocorre bem frequentemente em nossa própria sociedade. Encontramos uma ampla incidência entre os Manus das Ilhas do Almirantado, um grupo de eficientes puritanos, em que as mulheres nunca se remexem com suas saias de capim – essas saias são afinal de contas itens de uma interminável troca de alimentos que se faz constantemente. As moças manus nunca têm permissão para flertar e todo amor, mesmo o afeto entre irmão e irmã, é medido em bens. Aqui, em meio a estas pequenas aldeias da idade da pedra, houve prostituição e o dono da prostituta capturada ganhava dinheiro com isto. Aqui uma mulher nunca abandona sua saia de capim, mesmo nos momentos extremos do parto. Entre marido e mulher o sexo é assunto momentâneo, encoberto e vergonhoso, e o adultério é punido severamente pelos espíritos guardiães, vigilantes e puritanos. O papel do homem e o da mulher têm apenas leves diferenças, pois ambos participam de modo importante no sistema religioso e nos assuntos econômicos. Se o homem é idiota, seus parentes buscam uma mulher inteligente, para compensar suas deficiências. O ato sexual torna-se um tipo de excreção compartilhada, pondo-se em prática atitudes que ambos os sexos aprenderam na infância. Isto não se dá de modo igualitário, porque o papel sexual da mulher é completamente prejudicado, enquanto que para o homem é, numa certa medida, a continuação de uma atividade agradável. Mas a depreciação global do sexo e da atração sexual é tal que essa diferença é pouco significativa nas imagens formadas por homens e mulheres. Uma certa sodomia entre os homens jovens é um concomitante natural nesse sistema de aprendizado.

Alternativamente, um povo poderá demonstrar pouco interesse em ambos os extremos da região gastrointestinal. Poderão alimentar seus bebês de um modo informal, considerar a eliminação como um fenômeno natural, comunicar-se com eles do mesmo modo como os carregam, confinando seus braços e pernas, fazendo pressão na sua pele e padronizando assim o intercâmbio entre criança e acompanhante. Os Balineses representam um povo que transmite alguma comunicação pela boca, mas a parte marcante da comunicação dá importância ao alimento pré-mastigado (e por analogia, pré-digerido), uma mistura de bananas e arroz colocada em quantidade razoável na boca do bebê e rapidamente empurrada para dentro sempre que ele abre a boca para protestar. Esse assalto ao órgão é seguido, não sem razão, por uma grande tendência a cobrir ou manter fechada a boca na vida posterior. A alimentação é acompanhada de grande vergonha, enquanto a bebida, cujo protótipo é a sucção do leite de um seio voltado para cima e acima do qual a criança é carregada, é assunto de prazer ocasional. A vida balinesa se estabelece a partir de uma dicotomia fundamental entre o ameno e o sério, comida pesada e defecação de um lado, comida leve e micção de outro; por um lado, dormir com a mulher e, por outro lado, dormir com uma estranha recentemente aparecida. A criança de pouca idade presencia pela primeira vez a dicotomia na alimentação. Mas diferentemente dos quatro povos que apresentei, os Balineses colocam uma ênfase muito prematura na genitália. O pênis do menino é continuamente excitado, puxado, mexido e revirado por sua mãe, pela ama e por aqueles que o cercam. Num sussurro, as palavras se sucedem: belo, belo, belo, um adjetivo somente aplicado ao sexo masculino. A vulva da menina é espalmada afetuosamente junto com as palavras: bonita, bonita, bonita. Há muito pouca diferença no modo pelo qual uma mulher segura uma criança do sexo masculino e a maneira pela qual ela segura o pênis de seu filho. Os mesmos movimentos, a mesma excitação ocorre seguidamente enquanto os circunstantes seguram o bebê nos braços, do mesmo modo como seguram o pênis de uma criança pequena.

Mas a maior parte do aprendizado da criança balinesa se acha focalizada no corpo como um todo, na medida em que sua mãe a carrega como parte de seu corpo; ela é passiva e relaxada balançando-se na faixa que a ampara, enquanto a mãe pesa o arroz ou trabalha com movimentos rápidos e rítmicos; ela desenvolve uma relação com o mundo parte-todo, na qual cada parte de seu corpo é um todo e ainda assim, cada uma é parte do todo. O valor da sexualidade é primordialmente a valoração do pênis. A homossexualidade masculina não é uma questão de aceitação complementar, mas uma busca de tanta masculinidade quanto possível. E onde havia homossexualidade feminina, como nos palácios dos velhos Rajás, zombar do falo fazia parte das atividades. Quando uma criança pequena põe os dedos na boca de maneira exploratória, a ênfase parece estar na sensação da superfície dos dedos e não nos lábios ou na cavidade bucal. Os casos amorosos se fazem com os olhos e o prelúdio se concentra especificamente no olhar. A expressão para o jogo do olhar é a de dois galos de briga que se encaram e o sentido de tensão aparece claramente a partir da primeira chama de sentimento.

Mesmo essa exploração esquemática do modo pelo qual membros de diferentes culturas comunicam algumas de suas atitudes culturais históricas elaboradas a seus filhos deve indicar o processo infinitamente complicado de construção de um quadro do papel sexual do adulto para seres humanos que têm de estar por tantos anos sujeitos a pressões tão elaboradas. O corpo da criança com seus orifícios é um caminho aberto a pressões, estímulos, proibições e ênfases. Poderá ser manipulado apenas por mulheres, por homens e mulheres, por meninas ou ainda por meninos. Poderá ser tratado como parte da mãe, como uma pessoa total em separado, como parte de uma pessoa, como um inseto ou como um deus. Mas quaisquer que sejam as elaborações durante o aprendizado, o ato sexual adulto em si permanece um ato complementar: o homem penetra e a mulher é penetrada, apesar do quanto desses fundamentos anatômicos possam ser superados ou modificados. Cada criança constrói um quadro de seu próprio corpo e do corpo do sexo oposto a partir do modo pelo qual os adultos de cada sexo o manipulam. Isso será parte de sua capacidade e seu papel sexual maduros. Provavelmente a ênfase na boca, como uma zona de intercomunicação entre adultos e crianças, fornece uma imagem muito viva do ato sexual, mas ao mesmo tempo é portadora de imensos perigos, na medida em que uma apreciação por demais vivida da recompensa da receptividade é incompatível com o papel sexual adulto, podendo mesmo levar à inversão. Uma ênfase demasiada nos aspectos de asserção e solicitação da boca poderão criar uma mulher superativa, superdominadora e ameaçadora. Nas discussões conjugais entre os Iatmul o homem reclama amargamente que as suas esposas exigem demais de sua força na cópula.

    Assim, vimos como a ênfase na boca ou na genitália é basicamente complementar em seu caráter e tende a construir atitudes com respeito a atividade-passividade, iniciação-resposta, entrada--recepção. Vimos também como a ênfase na eliminação pode construir rapidamente uma ênfase na reciprocidade, em tomar, reter e expulsar, em um doar medido e um receber também medido. Para organizar tal conduta de modo simétrico é necessário ignorar ou destorcer essas relações parciais, sendo todas essencialmente assimétricas. Onde a distorção é ativa, encontramos situações como as discussões entre as mulheres iatmul em que uma diz "eu vou copular contigo" e a outra responde com igual fúria: "com quê?" O homem balinês preserva relações simétricas através de recusas específicas de situações complementares. Ele tapa a boca, fecha os ouvidos, nega sua responsividade e receptividade, recusa-se a modificar por efeito de palavras. Ele se submete, mas se um que é superior em *status* tenta algo como uma conduta complementar altamente estilizada, ele repentinamente exagera sua própria conduta em termos complementares e apresenta a seu superior o perigo da queda. O superior, para restaurar seu próprio equilíbrio, deve abandonar sua parcela de arrogância complementar.

Mas como um importante conjunto que será mais tarde elaborado na própria visão da criança de seu papel sexual, o aprendizado é oferecido a ela através das diferenças de tamanho num mundo que a cerca. A diferença de estatura entre pais e filhos parece estar fixa na superfície, e, portanto, é imutável; contudo, as diversas culturas usam-na diferentemente. O adulto poderá afirmar a semelhança da criança com o pai, vestindo-a como um pequeno adulto, minimizando a diferença em tamanho e maximizando a diferença em sexo. Em regiões do velho Japão um menino de 4 anos, pelo fato de ser do sexo masculino, poderia aterrorizar as mães e outras mulheres da casa por causa de seu sexo. Sua masculinidade superava a diferença em tamanho que poderia ter possibilitado a qualquer das mulheres presentes dar-lhe um bom empurrão. Todas as vezes que a semelhança sexual é afirmada às custas do contraste no tamanho, há uma ênfase no significado e no caráter complementar dos dois sexos. Mas quando as crianças são unificadas num *status* inferior ou como possuidoras de uma força inferior à dos adultos de ambos os sexos, as diferenças sexuais são minimizadas. Algumas culturas jogam primordialmente com uma faceta, outras com ambas. Entre os Iatmul, onde havia uma preferência notável pela conduta simétrica, sempre que não era possível esta conduta, havia recursos elaborados para manter as possibilidades de uma conduta complementar sob controle, entre os indivíduos do sexo masculino. A criança pequena aprende simultaneamente as possibilidades da passividade e da receptividade no modo pelo qual sua mãe a amamenta receptivamente e as vantagens da autoafirmação, porque ela não é alimentada até que se afirme dessa forma. As mães não só tratam os recém-nascidos como se fossem seres separados, cheios de vontade, como é comum ouvir-se uma mãe implorando sua vontade a uma criança de 2 anos que foge aterrorizada da varinha de surrar, que, no final das contas, nunca será usada. Às crianças é permitido escapar quando solicitadas ao máximo, enquanto a mãe retorna a seu trabalho interrompido murmurando contra sua força e teimosia. Homens adultos jogam chuvas de pedras nos pequenos, pais irados irrompem na aldeia imprecando contra meninos de 8 anos por terem talvez queimado um valioso monte de sagu. De dezenas de maneiras um adulto poderá dizer a uma criança: "Você é muito forte, mais forte do que parece, mais forte do que sente, tão forte que você é nosso provável rival bem-sucedido". Quando a mãe apanha o alimento para comer, a criança se debate raivosamente e exige o primeiro pedaço.

A despeito dessa valorosa recompensa à força, os meninos são classificados com as meninas e as mulheres face aos homens, que são os mais fortes ou que desejam assim acreditar. Os meninos sentam-se com suas mães nas casas de lamentação com suas costas curvando-se graciosamente como a de qualquer menina diante de utensílios de cozinha de brinquedo e carregam os bebês afetuosamente. Escutam algumas palavras sobre a sodomia na aldeia, seja qual for o sexo de quem a praticou, mas se dois meninos tentam agir segundo o que ouviram, os meninos mais velhos os armarão de pedras e forçá-los-ão a lutar um contra o outro. Na vida adulta, uma característica frequente da vida cerimonial são os rituais elaborados em que os homens se vestem como mulheres caricaturando sua inferioridade, enquanto as mulheres se vestem como homens caricaturando seu orgulho bombástico.

E ainda em cada sociedade os homens são superiores às mulheres, mais fortes que elas e os adultos mais fortes e superiores às crianças. Um menino poderá ser levado a sentir que sua masculinidade está profunda e definitivamente posta em dúvida por ser muito mais baixo que o homem adulto, ou poderá sentir que sua masculinidade é uma posse inalienável e absoluta porque lhe dá uma posição de dominação e preferência sobre uma mulher de maior estatura. Uma menina poderá passar sua infância brigando com meninos, dos quais muitos são menores e mais fracos do que ela; enquanto as crianças de ambos os sexos são vistas em oposição ao mundo do adulto, a menina aprende a sentir-se tão ou mais forte que um menino. Ela poderá ser tratada com tal cortesia exagerada enquanto ainda for pequena, valorizando seus encantos femininos que não poderiam ser apreendidos se não lhe fossem outorgados pelos homens, tão maiores em tamanho e importância.

Assim, estes três itens – complementaridade, reciprocidade e simetria – desaparecem e voltam a surgir num longo processo de aprendizado, interpenetrando-se e informando-se mutuamente, até que um lado da complementaridade seja ressaltado a ponto de tornar-se uma forma de conduta simétrica; ou proporcionando com a diferença de idade a única assimetria, como entre os Arapesh, onde os maridos são idealmente muito mais velhos que as mulheres por serem tão ressaltadas sua receptividade e responsividade. Ou ainda poderá ser o lado assertivo e usurpador da conduta nutriz que predominará entre mãe e filhos, tornando-se ambos os sexos insistentes e solicitadores. É através do corpo que são aprendidos os caminhos do corpo.

4
PADRÕES IGUALITARISTAS, MERCENÁRIOS E DE INVEJA UTERINA

No capítulo anterior, acompanhamos os modos pelos quais se estabelece a comunicação da criança com o restante da sociedade humana, em particular com a mãe lactante, e como se formam as primeiras expectativas e compreensões do caráter complementar das relações entre os sexos. Vimos como esses sete povos dos Mares do Sul padronizaram ritual e cerimonialmente os papéis relativos ao homem e à mulher; como valorizaram ou desvalorizaram as diferenças sexuais anatômicas básicas.

Há duas maneiras de se conseguir elucidação sobre os registros das casas dos homens com colunas em torre, de mulheres pescando enquanto os homens fazem discursos, de homens guiando os bois, enquanto as mulheres fazem oferendas; de homens que usam cachos, enquanto as mulheres são enérgicas, calvas e ocupadas e de mulheres que caminham com suas saias de ramos quase se dissolvendo em torno delas, enquanto homens envelhecem de tanto educar crianças. Não somente obtemos assim chaves para as possibilidades de nossa própria sociedade ou qualquer sociedade que nos seja bem conhecida, como também nos possibilitam ver mais claramente algumas relações básicas entre homens e mulheres, obscurecidas pela complexidade e diversidade de nossos costumes modernos. Muros nos separam uns dos outros nos momentos mais importantes de nossas vidas, as escolas separam as idades, as roupas nos separam de nossos corpos tanto quanto dos corpos alheios. As poucas ocasiões em que derrubamos as muralhas, por exemplo, o enterro de alguém ao qual é impossível deixar de comparecer, o casamento de alguém, cujo significado é ainda de certa forma imposto à consciência embriagada dos convidados que choram, se ressentem do choro ao mesmo tempo que desconhecem sua razão, o nascimento de uma criança, onde há confusão suficiente para cem bebês samoanos pelo menos, camuflam o despreparo com que pai e mãe inauguram essa condição. Tudo isso serve para elaborar um quadro de nós mesmos e do sexo oposto mais para o fantástico, e menos para o imediato.

Talvez na metade do século XX nos Estados Unidos seja mais difícil pensar sobre os contornos básicos de nossa humanidade do que em períodos anteriores, porque vivemos dentro de um daqueles movimentos temporários do pêndulo de um relógio quando refletem a violenta promiscuidade da guerra passando cada vez mais profundamente para a falta de decoro na propaganda e no discurso. Mas a *pin-up girl*, apesar de suas pernas longas, não faz com que o homem que prega sua foto na parede se sinta mais à vontade com o corpo dela e o seu próprio. Nossa sociedade nos treinou para mantermos o corpo fora do pensamento. Ainda temos que fazer um esforço considerável quando nos confrontamos com quadros de mulheres sedutoras parcialmente vestidas em toda parte. O puritano nos seus momentos de lazer poderá pecar mais frequentemente, mas não mais facilmente. A proximidade de um ser corporificado é ainda inevitavelmente sentida como uma ameaça aos padrões de controle, responsabilidade e decência, construídos sobre a negação do corpo. A solução para as dificuldades específicas de uma sociedade puritana não está numa série de *pin-up girls*, cujos seios talhados para o *amor* são feitos de fato para o aleitamento afetivo dos filhos. Ao contrário, a solução está na maior informalidade para com nossos corpos vestidos, o ato de despi-los somente aumentaria nossa ansiedade.

Quando estudamos povos exóticos, onde todo um modo de vida foi elaborado de maneira diversa e que vive além do mais num clima social onde a nudez é uma adaptação e não simplesmente uma falta de capacidade para fazer vestimentas ou calçados, surge a oportunidade de acompanhar o corpo no seu desenvolvimento, apreciar adultos e crianças se comunicando através do modo pelo qual o corpo da criança é tratado e ainda assim nos mantermos vestidos. Sem referência direta a nossos próprios seres, suficientemente longe do sutiã e do modo pelo qual nossa avó olhava sua neta usá-lo, os caminhos do corpo podem ser seguidos através de um esboço cuidadoso e distanciado e talvez se possa apreender uma nova compreensão do que são os seres humanos e do que podem potencialmente ser, como não se conseguiria despindo nossa pele sensível em nossa sociedade. No século XVIII a busca do "nobre selvagem", a busca dos habitantes do Éden, intocados pela vileza das serpentes, pode ser visto como uma fuga, um momento visionário, uma fuga de compreensão. E mesmo o mais endurecido e antissolidário homem de negócios, que é um modelo de conduta em casa, tem um ataque de devassidão quando vai à grande cidade; e quando foi a Bali perguntou a propósito dos bustos expostos na propaganda: "Por que está o povo tão satisfeito?"

Se voltamos ao menino e à menina que vivem num mundo em que os corpos das mulheres e dos homens de todas as idades que estão sumariamente vestidos e são naturalmente aceitos, vemos que a menina aprende que ela é mulher e que, se esperar simplesmente, um dia se tornará mãe. Um menino aprende que é homem e que, se for bem-sucedido nos feitos masculinos, um dia se tornará adulto e poderá mostrar o quanto é másculo. Quando ele olha as meninas e mulheres e compara seus corpos ao seu, tem a possibilidade de dizer simplesmente e em condição de igualdade: "Eu sou macho e ela nunca poderá sê-lo". Ou então: "Eu sou macho mas poderei transformar-me em fêmea". Ou então: "Será que as mulheres também não são machos?" Parece possível que a presença de tantas mulheres solteiras ou que não são mães na sociedade ocidental seja um dos fatores que emudecem o sentido masculino de que a mulher gera crianças e ele não e aumenta o seu sentimento de que as mulheres são homens imperfeitos, castrados, incompletos, machos parciais que nunca serão tão importantes como ele, porque não possuem seu equipamento global. Semelhantemente, na sociedade moderna, a menina, vendo as mulheres que a cercam, não têm tanta certeza para afirmar: "Porque sou menina, um dia poderei ter um bebê". As diferenças entre os sexos a que são forçadas no lar as crianças de nosso mundo cheio de muralhas e apartamentos têm a ver com diferenças na ocupação, no vestuário e nos privilégios. Nem todas as mulheres têm bebês, mas a maioria dos homens não tem de lavar pratos. Os homens são aviadores, *gangsters*, comandantes de navio, policiais; são os homens que ganham no salto de esqui e tornam-se presidentes. Significativamente, os Estados Unidos mostraram-se ineptos em encontrar um papel aceitável para os filhos e mulher do presidente, pois ambos são temporários e derivativos.

Mas nas sociedades em que toda a mulher se casa e mesmo as que são estéreis tendem a adotar e mesmo amamentar uma criança, a gravidez é um evento obrigatório e de interesse, os meninos aprendem que não podem ter bebês por mais que brinquem que podem, ou que expressem esses desejos mais tarde em cerimônias coletivas em que se imitam a gestação e o parto. Verdadeiramente, no cenário social a organização de homens e mulheres em famílias, as palavras do parentesco, dizer-nos que serão pais, e ser pai é mais difícil de aprender do que ser mãe. A garotinha coloca sua mão firmemente no ventre inchado da sua mãe onde há um bebê e um dia, dentro de seu próprio corpo moldado como o de sua mãe, haverá também uma criança. Ela corre e vai brincar na areia, junta areia até cobrir sua vulva, fechando-se dentro dela; ela que se tornará um barco para a nova vida. Ela pode esconder-se com uma boneca, um cachorrinho ou um pepino de brinquedo ou sua irmãzinha menor e projetar-se de alguma forma no futuro. Sua atual capacidade sexual é negativa naquilo em que a de seu irmão é positiva. Ele pode gabar-se de sua masculinidade, tudo o que ela pode fazer é esperar pela maternidade.

O equipamento para o amor está manifesto no menor dos meninos — mas o que é ser pai? É algo que sai de seu próprio corpo para o corpo de outra pessoa. Além disso, leva muito tempo. Uma das razões pelas quais é tão difícil convencer as pessoas da importância da nutrição comparada à importância da mera alimentação é que os efeitos da deficiência de vitamina C levam tanto tempo para se manifestar, que muitos adultos acham impossível acreditar. As crianças pequenas, para quem a medida do tempo, muito menor, e a apreensão do futuro é ainda mais precária, toda a questão, da concepção seguida por tantos meses em que se espera o nascimento, é mais difícil de apreender do que a gestação e o nascimento. Uma análise simbólica e detalhada das brincadeiras das crianças pequenas sugere que os meninos que imitam nos seus jogos os adultos na cópula brincam com a gravidez, mas brincam menos com a concepção, numa sequência em que um inicia e outro deve acabar. O homem, amante e realizador que prova sua masculinidade, a mulher, a procriadora de crianças que algumas vezes parece uma realizadora menor, outras vezes, maior — eis o que cativa a imaginação do menino. "Por que não copula você com sua esposa em vez de bater nela?", grita um menino manu de 6 anos. Suas noções do ato sexual são muitas e variadas, tanto quanto as práticas e emoções que os adultos de nossa sociedade permitem expressar. Mas sua ideia de paternidade é vaga e invalidada por seu próprio corpo. Se os adultos mostram um interesse proibitório ou ativo na genitália infantil, as crianças tornam-se conscientes dela de modo diverso. Ambos os sexos experimentam momentos de excitante prazer erótico, que os meninos parecem associar mais facilmente a seus órgãos genitais do que as meninas. Ambos os sexos aprendem gradualmente e às vezes subitamente que os nomes e expressões diferentes e as condutas que lhes foram incutidas como sendo de menino ou menina, de "pequeno macho" e de "pequena fêmea", de "coisa de homem" e de "coisa de mulher" são específicas para seus órgãos genitais. Entretanto, este aprendizado terá significado diverso, na medida em que a criança pequena estiver apta a experimentar diretamente a continuidade entre seu corpo infantil e o do adulto.

Na onda das primeiras tentativas de varrer tabus não mais apropriados a uma sociedade que tinha mudado radicalmente desde que se desenvolvera, houve recentemente nos Estados Unidos uma tentativa epidêmica dos pais de proteger seus filhos de princípios errados, que a psicanálise havia descoberto em pacientes neuróticos, deixando que seus filhos os vissem nus. Quando uma nova massa de neuróticos, desta vez crianças, chegou aos consultórios, deu-se um novo alarma, porque os clínicos afirmaram que esta não era necessariamente a panaceia que se esperava. As crianças continuavam confusas, assustadas e sem aceitar seu sexo.

Esses reformadores bem-intencionados haviam esquecido um elo importante na cadeia do aprendizado: o que uma criança pequena recebe numa sociedade primitiva (e está cada vez mais próxima de receber nas nossas praias de hoje) é a confiança de que há uma série contínua de níveis entre o corpo da criança e do adulto. O menino necessita ver a mudança na forma do corpo e nos pelos e a genitália em progressivo crescimento, o crescimento dos pelos nos braços e no peito, os primeiros pelos faciais que nenhuma lâmina apanha, para ligar esta condição de si próprio, ainda tão pequeno e não desenvolvido, ao homem que ele irá se tornar. E a menina, para estar igualmente confiante, deve ser uma de uma série de meninas desde jovem núbil com seios em crescimento à jovem mulher madura, em seguida, com uma gravidez incipiente, e depois com uma gravidez adiantada, depois parturiente e por fim lactante. É isto que acontece naquelas sociedades primitivas em que o corpo está parcialmente coberto apenas em que a maioria das mudanças corporais fundamentais se dão à vista das crianças. O adulto pode ser recatado no sentido mais profundo do recato, nunca mostrando a olhos despreparados alguma parte exposta do corpo capaz de chocar ou embaraçar, tal como o homem balinês que, depois de banhar-se nu, caminha protegendo seus órgãos genitais levemente com uma das mãos. Mas para os olhos infantis, quando estes foram deixados livres para ver, nunca assustados ou castrados até a cegueira, o cenário total do crescimento humano, da tenra infância à maturidade plena, é visível. As comparações preocupadas e amedrontadas entre o menino e seu pai – única exibição de masculinidade jamais permitida nos refinados lares modernos – não são os fatores característicos de tal experiência.

Tais experiências podem, é claro, tornar-se amedrontadoras, mesmo na sociedade onde não há roupas. As sociedades primitivas podem produzir medos muito profundos num menino em crescimento. A imaginação do homem desenvolveu tantos mecanismos sutis de sombrear as condições misteriosas de sua existência, que na América do Sul, na África e nos Mares Meridionais há tribos nas quais o antagonismo dos velhos com a sexualidade nascente dos jovens induz a medos que são mais tarde reduzidos na pantomina, em ritos de iniciação cruéis em que os jovens são circuncidados, seus dentes quebrados e de muitas formas eles são humilhados, inferiorizados e modificados até que se lhes permita serem homens. O contraste entre o pequeno e o grande, especificamente quando ligado a reconhecimento de que alguma ação diária será exigida, é algo que sempre acontece tanto para uma cultura como um todo quanto para imaginação desordenada e ultrassensível de uma única criança.

Mas consideremos aquelas sociedades nas quais a criança de pouca idade experimenta o crescimento e a expressão normal do corpo do adulto e na qual os ritos de iniciação não vêm acompanhados de nenhum sentimento excessivo de castração. Um menino nu caminha pela aldeia com passos incertos e equilíbrio precário. Quando escorrega, suas mãos apreendem o pênis para manter seu equilíbrio. Ou, depois de ter caído, suas mãos procuram o pênis para assegurar-se de que ele continua lá e também para buscar um apoio. Não existem lacunas na linguagem que impeçam qualquer um de chamar o pênis por qualquer nome, que o menosprezem ou que o deem como desaparecido, como acontece com aquelas línguas em que o pudor roubou da boca humana quaisquer palavras referentes aos órgãos e atos de procriação, geralmente através de uma superassociação infeliz com os atos da excreção. As pessoas se referem ao pênis do menino como se estivessem falando de braços, pernas, olhos ou nariz. É algo que ele possui definida e indubitavelmente. Ele é homem. É pequeno, mas pelos caminhos que vê serem percorridos pelos que estão em crescimento, sabe que um dia será adulto. Ele será um homem e não será uma mulher.

O leitor bem versado na literatura sobre os neuróticos de classe média da sociedade ocidental contemporânea poderá perguntar-se por que não discuto primeiramente a experiência da menina, sua experiência dolorosa de ser menos equipada que seu irmão na batalha da vida. Mas esta experiência ocidental, que sem dúvida ocorre muito constantemente para se tornar uma característica frequente da mulher que busca o divã do analista, ocorre contra o pano de fundo de uma pudica sociedade vestida, uma sociedade que super-recompensou tanto as posições masculinas, que a inveja do papel desempenhado pelo pai poderá ter uma ligação com a observação do equipamento anatômico mais notório do irmãozinho ou do companheiro do sexo masculino por parte da menina. Como veremos mais tarde numa discussão sobre as elaborações do papel do sexo que a sociedade desenvolveu, a inveja do papel do sexo oposto é quase inevitável em alguns indivíduos de qualquer sociedade. Mas a profunda inveja da anatomia do sexo oposto é um outro assunto que poderá ou não se desenvolver.

Para as crianças despidas, que correm informalmente sob o sol e as palmeiras, o sexo da menina é tão claro quanto o do menino, mas a menina tem menos o que fazer com ele. Quando ela escorrega e cai, segura sua cabeça ou tenta cruzar seus braços sobre o peito. Sua feminilidade está entranhada nela, não é nada que possa tocar ou ver, depender ou envaidecer-se. Naquelas sociedades onde a filiação sexual das crianças é reconhecida pelos adultos, em que os homens tratam as meninas com uma atenção de flerte e as mulheres provocam e desafiam os meninos, as meninas respondem por movimentos de corpo inteiro, que se ondula e se apruma na deliciosa indulgência da resposta feminina. O menino se envaidece algumas vezes, concentrando-se mais no pênis, mas mais frequentemente carregando machadinhas, facas, paus e estacas em posição vertical enquanto marcha, detém-se ou executa uma ação. Sua conduta, embora simbólica, na medida em que é masculina está concentrada no exagero fálico, enquanto o de sua irmã é mais difusa e envolve o corpo como um todo. O menino está seguro quanto à sua masculinidade específica, mas não parece estar certo da adequação ao uso. Ele a suplementa com vários objetos simbólicos. Comumente, fala em voz alta, adicionando o vigor de sua voz ao da postura.

A menina nessas sociedades também encara a gravidez com grande abertura e simplicidade. O nascimento mesmo poderá estar restrito aos olhares adultos: as crianças poderão ser afastadas, como em Bali, porque se assustaram com histórias de bruxas que vêm apoderar-se dos recém-nascidos; poderão ser firmemente mantidas fora do local, como entre os Arapesh; poderão ser enxotadas com uma chuva de pedras retornando para ouvir os gemidos no escuro, como em Samoa. Mas em nenhuma destas sociedades a gravidez é escondida e sem dúvida é preciso muita roupa pesada, casas fechadas e um sistema econômico que retire a mulher de qualquer trabalho produtivo, para tornar possível a ignorância da gravidez aos olhos do mundo, como aconteceu em certas classes sociais da Europa do século XIX. "Eu, Wajan, estou grávida e algum dia você estará grávida também. Nossa! que barriga durinha você tem! Será que você engravidou?" Em Bali meninas de pouca idade em grupos caminham estufando propositalmente as barrigas e as mulheres mais velhas dão um tapinha informal quando passam. "Grávidas", elas provocam. Assim as meninas aprendem que, embora os sinais de seu sexo sejam leves, seu busto nada mais é que um pequeno botão róseo igual ao de seu irmão, seus órgãos genitais uma simples dobra de pele, um dia elas engravidarão e se tornarão mães. Ter um bebê significa, em poucas palavras, um dos acontecimentos mais excitantes e sérios que podem ser apresentados aos olhos de uma menina nesses mundos simples, nos quais os prédios mais altos terão apenas cinco metros e os barcos mais compridos seis metros e meio. Além do mais, a menina aprende que terá um bebê não porque é forte, enérgica ou iniciada, não porque trabalha, luta e tenta e no fim realiza, mas simplesmente porque *é* uma menina e não um menino e como tal tornar-se-á mulher e, se protegerem sua feminilidade, terá filhos. Sua sociedade poderá prescrever cuidados para as meninas mais velhas: elas talvez observem tabus alimentares ou esfreguem seus seios com urtigas ásperas para assegurar-lhes o crescimento, mas através do tempo a ênfase será a de proteger um crescimento natural, no máximo um pequeno realce do busto e sem esforço ou lutas. A sua filiação sexual poderá não ser tão evidente agora como a de seu irmão, mas tudo quanto ela deve fazer é esperar, pois um dia terá um filho.

Enquanto isso, o que significa o papel masculino atual e futuro para um menino em uma sociedade em que o papel procriador das mulheres é tão perceptível? Aqui poderemos assinalar diferenças profundas entre as sete sociedades. Não entre aquelas sociedades em que as realizações masculinas são as mais notáveis, se comparadas com aquelas em que o são menos. Porque as grandes casas de homens do Rio Sepik representam criações das mais caracterizadamente notáveis de qualquer uma destas sete sociedades. As distinções não dividem as sociedades em que o físico do homem e da mulher foram claramente diferenciados. Em Bali, se é que existe alguma inveja sexual, é a masculinidade anatômica que é valorizada, e os dois sexos se parecem extraordinariamente. Os homens quase não têm um grande desenvolvimento muscular, mas têm um tórax muito desenvolvido. As mulheres são pequenas com os bustos pequenos e altos. O que encontramos nestas sete sociedades é que aquelas que deram ênfase na amamentação, que é a relação mais caracteristicamente complementar de toda a experiência de aprendizado do corpo, há uma preocupação simbólica maior com os diferenciais homem e mulher, maior inveja, supercompensação, ou mímica ritual do sexo oposto, e assim por diante. Com a ênfase na relação de amamentação, caminha juntamente maior preocupação na relação entre mãe e filho ou pelo menos entre a lactante e o lactente. O bebê não será deixado por muito tempo nas mãos do pai, do avô ou de uma ama, pois a ligação com o seio é forte e capital. Quando, além disso, a separação do homem da mulher tornou-se uma instituição forte, como a existência da casa dos homens e cerimônias de iniciação masculina, então o sistema como um todo torna-se progressivamente reforçado, pois cada geração de meninos cresce entre as mulheres, identificado com as mulheres, invejando as mulheres, para então confirmar para si próprio a certeza ameaçada de sua masculinidade, isolando-se da mulher. Seus filhos desenvolvem-se novamente confrontando-se com mulheres e necessitam de modo semelhante de um cerimonial supercompensatório para se libertarem.

Pois, apesar de toda a certeza que um menino possa ter sobre sua masculinidade, de que um dia ele será homem, ainda permanece o problema de identificação com o adulto. Ele poderá saber que será um homem, mas não terá uma garantia maior de que quer sê-lo do que na nossa sociedade ocidental igualmente parcial, onde o conhecimento de uma menina sobre sua condição não é uma garantia de que ela *quer* ser uma mulher. De fato, existe uma forte possibilidade de que a insatisfação sobre o nosso próprio papel sexual como adulto será mais marcada se o sentido de ser do sexo for claro e inequívoco na idade em que somente os aspectos salientes e evidentes do papel sexual oposto podem ser percebidos: mulheres podem gerar bebês, enquanto homens montam cavalos e matam inimigos. Só mais tarde a menina aprenderá que o temor de que alguém não mate o leão faz com que a caça dificilmente valha seu preço e o menino por seu turno concluirá que a gravidez é um preço lento e paciente de nove meses de duração a ser pago por poucos momentos de excitante experiência.

Essas sete sociedades dos Mares do Sul nos oferecem praticamente todas as variações nesse tema específico. Em Samoa e Bali, onde a ênfase está em manipular a criança como um todo e a relação de sucção é específica e não difusa, onde não há praticamente nenhuma preocupação com a eliminação, a criança cresce num mundo de dois sexos, num mundo em que nem o homem nem a mulher são tratados de modo que não sejam significativos e igualitários. Em Samoa a criança aprende a respeitar o cabeça da casa, não porque ele é um homem, mas porque ele é um *matai*. Tanto os meninos quanto as meninas são igualmente enxotados mas voltam escondidos para apreciar uma festa ou um par de amantes sob o luar. Nos cerimoniais, os homens têm suas comemorações, enquanto as mulheres têm as suas, mas as festas maiores são aquelas em que a princesa cerimonial *taupou* e o alto chefe *manaia,* seu herdeiro aparente, dançam juntos, ambos usando capacete com cabeleira humana. Nem meninos nem meninas são apressados ou pressionados. O menino que tem que escapar de uma excessiva pressão no começo de sua maturidade quase não existe em Samoa. A menina ambiciosa e hábil tem muitas escapatórias na vida ocupada e igualitariamente organizada dos grupos de mulheres. A certeza do sexo de alguém, a separação entre cuidado, disciplina e amamentação, a falta de ênfase na eliminação que cubram de vergonha as relações sexuais e um quadro do mundo adulto no qual homens e mulheres têm papéis satisfatórios, tudo isso se combina para tornar possível aos samoanos tornarem-se seres humanos informais e equilibrados, e mesmo anos longe de Samoa não rompem essa simetria essencial.

 Bali contrasta profundamente com Samoa em muitos aspectos. A vida samoana é caracterizada pela informalidade, pela falta de elaboração, por longas noites de lua em que o povo dança as mesmas danças simples e aplaude sem esforço uma piada já muito ouvida. A religião cristã foi tomada simplesmente como uma forma social agradável e satisfatória na qual os coros cantam e as mulheres casadas usam chapéus e os pastores oram e pregam na língua mais bela que existe. A vida balinesa, ao contrário, é um fio de navalha altamente elaborado no qual as pessoas cujas emoções durante a infância foram tensas e depois afrouxadas passam de relações pessoais a formas religiosas e artísticas entrelaçadas e complicadas, nas quais as mulheres levam dias e dias fazendo intrincadas oferendas, os homens praticam uma peça orquestral durante meses para aperfeiçoar-se, as crianças de pouca idade são treinadas a dançar em êxtase no carvão em brasa e todos vivem uma vida tão dependente do conhecimento de sua exata colocação no tempo, no espaço e numa casta, que mesmo um distanciamento de alguns quilômetros torna-se traumática. Apesar disso, os homens e mulheres não são segregados entre si, exceto quando os primeiros têm cerimônias exclusivas e as mulheres também. Como em Samoa, a mulher do chefe falante é também uma chefe falante, em Bali a mulher do alto sacerdote Brama poderá ser uma alta sacerdotisa também e o chefe ancião do rito do templo da aldeia poderá ser substituído por sua esposa. A divisão do trabalho é definida, mas ninguém se incomoda quando ela é trocada. A leve ênfase superior na masculinidade, acompanhada do papel levemente mais importante desempenhado pela mãe em comparação ao pai na criação da prole, está mais num simbolismo anatômico através de uma supervalorização e um superinteresse no tipo de responsividade dos órgãos masculinos do que num interesse nas maiores realizações do homem.

Entre os Manus existe também um grau satisfatório de igualdade na vida econômica e religiosa da aldeia. O comércio é mais enfatizado que a guerra – que foi primariamente utilizada para adquirir propriedades e ocasionalmente para vingar uma morte – e em ambas as coisas a mulher pode desempenhar um papel proeminente. O mais significativo na cultura manu é uma desvalorização do sexo e do vínculo marido-mulher. O pudor, a ligação do ato sexual com a excreção, a ligação estreita entre mulher e propriedade, a dependência dos arranjos econômicos no casamento, de modo que o adultério é sempre uma ameaça ao sistema econômico, tudo isso serve para tornar a mulher menos atraente que o homem. Como representante das atividades proibidas do corpo, como o sexo que mais produz com o corpo, as mulheres estão cercadas de maiores barreiras. Se as mulheres falam mal, os fantasmas masculinos ficarão muito zangados. Se ela peca com alguém, os fantasmas trarão problemas. Os homens manus pecam livremente fora das fronteiras da tribo, longe de suas mulheres da tribo, tão economicamente importantes. Tudo isso se reflete nos filhos. Quando se pede às crianças para desenhar homens e mulheres, os primeiros têm pênis e as segundas saias de palha. Quando uma mulher dá à luz um filho ela é isolada do marido por um mês até que ele possa redimi-la com um generoso pagamento ao irmão dela. Enquanto isso, o homem está livre para brincar com a criança desapossada pela aldeia afora. Os laços entre pai e filho são calorosos e constantes nos primeiros anos, mas a menina torna-se primeiro ligada a seu pai até que, aos 5 ou 6 anos, deve retornar à proximidade das mulheres, porque as proibições e tabus ligados aos casamentos prometidos poderiam trazer embaraços aos homens e meninos entre os quais se acham também o pai e o irmão dela. Sua identificação com o grupo feminino nunca é tão completo ou alegre quanto o de seu irmão com o grupo masculino. Quando mulher desenvolvida, ela anda sem mexer os quadris e os pesados ornamentos colocados sobre ela, como noiva ou nos aniversários de casamentos posteriores, são mais dinheiro que adorno. Ela poderá cansar-se de tanto carregá-los, correndo para casa antes, sem notar se os cordões de dinheiro de concha já foram contados. O núcleo da festa matrimonial é a troca de propriedades e não a noiva.

 Este exemplo manu é muito instrutivo porque representa um caso no qual as mulheres não gostam de ser mulheres, não porque as recompensas públicas dadas aos homens lhes sejam negadas – pois influência, poder e riqueza estão abertos também às mulheres –, mas porque o significado sensual criador do papel feminino de esposa e mãe é muito desvalorizado. O sentido de toque físico é regulado e estipulado. A mulher cujo busto o homem poderá tocar tem que ser prima cruzada feminina e com ela ele não poderá ter relações de ternura; a ternura é reservada à sua irmã, com a qual ele não pode copular. Nas nossas teorizações ocidentais correntes omite-se muitas vezes que a inveja do papel sexual masculino poderá advir tanto da desvalorização do papel de mulher e mãe quanto de uma supervalorização dos aspectos públicos de realizações, que estão reservados ao homem. Quando toda a valorização se dá fora do lar, as mulheres de empresa e iniciativa detestam que se lhes diga que elas devem confinar-se a casa, mas quando a casa é desvalorizada então as mulheres não terão mais a alegria de serem mulheres e os homens nem invejarão nem valorizarão o papel da mulher.

Na parte continental da Nova Guiné, a maioria dos povos pratica algum tipo de iniciação masculina, com padrões formais semelhantes. Trabalhei em quatro dessas culturas iniciatórias: arapesh, mundugumor, tchambuli, Iatmul, sendo instrutivo comparar o que sucedeu com quatro diferentes grupos humanos que atuaram dentro dos contornos comuns. Uma cultura iniciatória, com casa de homens onde estes se reúnem para o cerimonial e da qual se excluem mulheres e meninos não iniciados, é uma instituição social de muita força, tão interligada com todos os outros aspectos da cultura que geralmente quando este sistema se desintegra, como acontece, por exemplo, com a influência missionária, dá-se também um colapso do sistema cultural. Grupos de pessoas através do tempo poderão, por um incidente de personalidade ou por uma epidemia ou por um efeito de contato com seus vizinhos, desviar-se da cultura original com a qual o sistema de iniciação específico é congruente para muitas direções. Como resultado, o registro do modo pelo qual as diferentes sociedades guineenses, vivendo próximas umas às outras, alimentando-se das mesmas comidas, falando línguas que mostram sinais aproximados de semelhança, modificam e mudam a instituição altamente integrada da Casa dos homens e da iniciação, dá-nos valiosos elementos sobre a relação entre uma instituição social e o desenvolvimento de atitudes com respeito ao sexo e aos papéis sexuais. Podemos tomar como exemplo a cultura iatmul do curso médio do Rio Sepik, com suas enormes casas, notáveis aldeias, sua arte esplêndida, suas canoas, e com um tipo de cultura em que o sistema de iniciação está estabilizado pela grande complexidade e ecletismo da própria cultura. Cada clã paternal tem sua própria faixa de terra na aldeia com suas moradias altas escondidas entre as árvores, os telhados cobertos com grandes faces esculpidas e escadas bem construídas para os andares superiores. Próximo ao rio grande e vagaroso, que na época das enchentes inunda a aldeia de modo que as pessoas usam canoas, está a casa dos homens, que é tabu para as mulheres, e nas margens do rio, alinhadas no lodo, estão as canoas usadas por ambos os sexos. Em adição às casas dos homens pequenas, cada aldeia se gaba de possuir uma ou mais casas dos homens construídas com o esforço de vários clãs, suficientemente sólidas para atravessarem muitas décadas, se não forem incendiadas por um ataque inimigo, com seu sótão cheio de grandes gongos trabalhados ao comprido, flautas, suas máscaras e toda a impressionante parafernália ritual do culto dos homens. No interior da casa cerimonial ocorrem todos os acontecimentos importantes deste elaborado ritual, do problema da guerra, dos debates e também aqui ocorre o prelúdio da caça ao crocodilo e a festa da guerra. Geralmente, o andar de baixo é permitido a mulheres e crianças de modo que, desde que mantenham uma distância respeitosa, poderão ver algumas das atividades cotidianas. Contudo, levanta-se um muro de folhas sempre que haja iniciações ou outras cerimônias. Para dentro dele, muitas vezes através de um portão que tem a forma de um crocodilo, os noviços são finalmente conduzidos após admoestações, escarificações e humilhações, para tomar lugar na casa dos homens junto com os adultos. Ela é apropriadamente chamada de ventre. Os mitos de iniciação narram como os zumbidores sagrados foram originalmente descobertos pelas mulheres, fornecendo depois o segredo aos homens, chegando mesmo a exigir destes que as matassem, de modo que eles pudessem guardar o segredo para sempre. Enquanto isso, nas grandes e espaçosas moradias o dia da aldeia continua. As mulheres vão e vêm, pescando ou confeccionando cestos, movendo tropas, e com elas vão os meninos e as meninas. Quando os homens voltam a seus lares, não têm papéis especiais. Eles discutem com as mulheres e elas respondem com refinada e simétrica fúria. Frente ao grupo de homens, as mulheres, exceto em ocasiões especiais, são espectadoras que admiram, mas individualmente são notáveis viragos. O pai, dentro de seu lar, muitas vezes segurará um filho ao colo, colocando sobre sua perna o de 2 anos com os mesmos gestos e o mesmo tom de voz da mãe. O pai grita com os filhos tal como ela, faz de conta que eles são mais fortes do que ele, empurra-os até o limite de sua força, recompensa-os pela combatividade e ajuda-os a criar a capacidade de apreciar a passividade, uma parte do caráter iatmul a que não devem ceder como homens. Este é o momento em que os meninos gozam uma vida integral com as mulheres, mesmo pela assistência e cerimônias de lamentação, das quais os homens estão excluídos, vendo a vida dos homens como uma versão pálida da vida de suas mães, quando seus pais estavam em casa, ou vendo-a a distância – um espetáculo fantástico e magnífico. Mais tarde, depois de iniciado, a memória consciente que o menino tem da infância se diluirá. Ele dirá: "Minha mãe provavelmente me levou às lamentações pelos mortos, porque as outras mães levam os meninos também, mas eu não me recordo". Apesar disso, quando demos aos meninos de 11 e 12 anos jogos para brincar, foram os jogos de lamentação os que eles mais apreciaram, voltando em fantasia à infância, quando acompanhavam suas mães, e não para o esplendor e violência da vida pública masculina. Os meninos tomam conta dos bebês tanto quanto as meninas e mesmo os jovens adolescentes passam uma boa parte do tempo brincando com bebês. São surpreendentemente femininos e delicados nas maneiras, dando muito pouca ideia da conduta bombástica, altaneira e dura que os caracterizará como adultos.

Sua identificação primeira foi inevitavelmente com as mulheres, pois estas tratam os bebês do sexo masculino e feminino de maneira idêntica, simetricamente como pequenos seres zangados cheios de vontade e simultaneamente como objetos cujas bocas podem ser caladas introduzindo-lhes um bico de seio. Mais tarde, depois dos 10 anos, muito antes de assim o desejarem, eles são arrebanhados para a iniciação passando depois alguns miseráveis meses ou talvez anos durante os quais as mulheres os enxotam tal como um grupo de pudicas ninfas enxotaria um intruso da piscina de mulheres enquanto eles relutam bastante em unir-se aos homens[23]. Enquanto isso, no grupo dos homens há uma conduta masculina ostentatória e hiperdefinida, contínuo uso de verbos que constroem suas imagens a partir do ataque fálico tanto ao homem quanto à mulher. Há também um forte tabu sobre qualquer exibição de passividade, não havendo o desenvolvimento da homossexualidade masculina nessa sociedade. A mais leve mostra de fraqueza ou receptividade é vista como uma tentação e por causa disso homens perambulam comicamente carregando uma placa de madeira firmemente fixada às nádegas. Uma criança do sexo masculino de qualquer outra aldeia ou tribo torna-se uma vítima disponível, pois diz-se que os meninos iatmul tornam-se homossexuais ativos quando encontram homens de outra tribo no

---

23 Esta descrição se refere ao povoado de Tambunum. O costume de se afastar da família e ir trabalhar como aprendiz nas plantações baixou a idade da iniciação, pois os rapazes que voltavam desse trabalho eram considerados muito velhos, especialmente para os ritos de iniciação.

trabalho. Mas, dentro do grupo, o sistema sustenta e demonstra claramente como é possível destorcer a educação de cada homem a ponto de que sua capacidade e tentação em colocar sexo no seu relacionamento com outros homens é muito forte, mas ainda assim mantido sob rígido controle. As relações sexuais com as mulheres são ativas e vigorosas. As técnicas de sedução da mulher vão desde um questionamento da virilidade do homem, que pode ser feito pelo envio de símbolos amorosos através de perguntas irônicas como "Você tem ossos?", "Você é homem ou mulher?", através de terceiros, até a apresentação da mulher em postura ofensiva. O equilíbrio entre a defesa, o ataque e a rapidez do ataque permeia toda a educação das crianças. Elas estão tão vigilantes que, para conseguir que o objetivo da educação seja alcançado, as palmadas devem ser dadas sem nenhum aviso. À mínima tensão no corpo de um adulto, as crianças fogem como ratos. Para forçar os homens a qualquer tipo de atividade é necessário a insistência e o desafio, seja da outra metade ou de um outro clã, enquanto a mulher do indivíduo cuja despensa está vazia se enraivecerá ao máximo contra o marido cuja preguiça, imprevidência e falta de energia acabam trazendo vexames para ela, ele e seus filhos perante os cunhados dele.

 Quando seguimos essa mesma estrutura iniciatória que separa os homens das mulheres e crianças em culturas guineenses ainda menores e menos envaidecidas de si próprias, encontramos elementos valiosos tanto quanto os caminhos pelos quais a instituição pode ser modificada.

 As aldeias tchambuli, daquele maravilhoso lago escuro cor de ébano a sudeste do Rio Sepik, têm superficialmente a mesma estrutura das iatmul, com grupos de casas de clã, com casas de homens próximas ao lago, a iniciação e o elaborado cerimonial posto em prática pelos homens iniciados para o encantamento e admiração das mulheres. Mas o caráter feminino tchambuli é feito de coisas mais concretas e duras do que entre os Iatmul. Enquanto a mulher iatmul trata seu filho como alguma coisa tão forte, capaz de vontade, afirmação e raiva objetiva quanto ela própria, a mulher tchambuli reafirma sua própria força. Ela alimenta seu bebê levemente, alegremente, tanto de seu próprio seio quanto de toda uma variedade de guloseimas, raízes de lírio, sementes doces e frutas. Onde a mulher iatmul busca seu bebê errante de apenas 2 anos com um remo de 3m com que ameaça matá-lo quando o alcançar, o que nunca chega realmente a fazer, a mãe tchambuli simplesmente retém os pequenos molestadores sob seu braço aconchegante. Entre os Iatmul são as mulheres e crianças que usam cordões e ornamentos. Entre os Tchambuli são os homens e as crianças, enquanto as mulheres são calvas, não usam adorno e estão realmente ocupadas com seus afazeres. Entre os Iatmul, o homem é o senhor de sua própria casa, embora tenha que brigar com uma esposa praticamente tão forte quanto ele; enquanto suas mulheres discutem, sua dominação torna-se mais praticável. Entre os Tchambuli, o homem desposa a filha de um dos irmãos de clã de sua mãe, de modo que esta moça entra como noiva na casa da irmã de seu pai. Como tia e sogra, a mãe do rapaz trata a jovem esposa muito bem. As mulheres de uma casa compõem uma sólida massa, sempre próxima, que trabalha arduamente enquanto os meninos perambulam entre elas e os homens mais moços, sentam-se alegremente próximos ao seu grupo e de repente se retiram para a casa dos homens. Ao invés de grandes iniciações coletivas, como as dos Iatmul, os meninos tchambuli são iniciados e escarificados um de cada vez num cerimonial familiar, cuja ênfase está no próprio cerimonial e na troca de valores, e não nos iniciandos. Os meninos iatmul tornam-se homens e seu estado feminino pré-masculino é duramente relembrado. Figuras mascaradas são agressivamente colocadas em suas bocas e vulvas gigantescas são pressionadas contra suas cabeças. Mas os meninos tchambuli são simplesmente escarificados e mantidos numa espécie de *purdah* por vários meses.

Os adultos do sexo masculino entre os Tchambuli são desconfiados e mutuamente defensivos, interessados na arte, no teatro e numa miríade de insultos e fofocas. Machucar sentimentos é comum, não através das respostas violentas do homem iatmul ameaçado no seu ponto mais vulnerável, mas através da petulância para com os que se sentem fracos e isolados. Os homens usam belos ornamentos, fazem as compras, esculpem, pintam e dançam. Anteriormente ao controle britânico, a caça de cabeças já havia sido reduzida à matança ritual de cativos comprados. Não opunham resistência efetiva às pilhagens dos vizinhos iatmul e se deslocaram para o interior, voltando somente quando a *Pax Britannica* tornou possível. Os homens cujos cabelos estivessem suficientemente longos usavam cachos, enquanto outros faziam cachos com os anéis da folha de uma palmeira.

Esta é a única sociedade em que trabalhei onde as meninas de 10-11 anos tinham uma inteligência mais viva e eram mais dinâmicas do que os meninos. As confusões na educação da criança iatmul não evitam que os meninos sejam mais impulsivos e mais mentalmente curiosos que as meninas, mas entre os Tchambuli o pensamento dos meninos provocados, negligenciados e isolados tinha, contudo, uma qualidade alternativa imediata: uma incapacidade de entrar em luta com situações.

O culto iniciatório da Nova Guiné é uma estrutura que parte do dado de que os homens se tornam homens somente quando os próprios homens ritualizam o nascimento e comandam coletivamente as funções que as mulheres desempenham naturalmente. Contudo os Tchambuli modificaram seu culto de modo a se ajustar a uma ênfase específica de um povo que perdeu o interesse no ideal guerreiro. Só parcialmente adaptaram sua sociedade ao interesse primordial: as artes. O homem tchambuli torna-se um artista enquanto a mulher se torna fortemente prática, além de mimá-lo e conduzi-lo. As máscaras pretas e brancas de longos narizes que ele esculpe são das coisas mais lindas de toda esta região, mas recordam, inevitavelmente, os lobisomens.

Enquanto isso, a 80km de distância, perto dos rios Mundugumor e Yuat, o sistema iniciatório toma um caráter bem diverso. Sobre os padrões de parentesco da área que sempre parecem hesitar entre a ênfase em laços maternos e laços paternos, construiu-se um sistema que separa cada homem de outro homem mais fortemente do que qualquer outro sistema de parentesco conhecido. As linhagens são denominadas cordas e consistem de um homem, suas filhas, os filhos de suas filhas, as filhas dos filhos de suas filhas e assim por diante. Todos os bens, incluindo os objetos sagrados que pertencem ao culto masculino, seguem esta linha. Mesmo quando uma menina foge para casar, ela tenta roubar a flauta sagrada e trabalhosamente decorada que pertence a seu pai. Se uma mulher tem dois filhos, que pertencerão, portanto, à mesma corda, um tabu os separa afirmando que nunca poderão comer do mesmo prato, nunca poderão falar-se, a não ser zangados. Os meninos e as meninas crescem conjuntamente num mundo hostil e dividido. Ensinam-se aos meninos seu lugar na sociedade, seus termos de parentesco e os elaborados conjuntos de proibições de parentesco. Os meninos aprendem com a mãe e as meninas com o pai. Ambos os sexos são independentes, hostis e vigorosos e tanto os meninos como as meninas desenvolvem personalidades muito semelhantes. Não existe uma casa dos homens em que todos se encontram. Dois homens não se sentam confortavelmente juntos. A unidade da sociedade é a casa familial, onde as esposas de um homem mantêm uma difícil cooperação e suas filhas possuem um certo grau de solidariedade, enquanto cada mãe transforma seus filhos em inimigos de seu pai e de seus meio-irmãos. A iniciação não é mais um ato coletivo em que os homens estão unidos, mas uma exibição oferecida por um homem importante, em que aqueles que não foram iniciados, quaisquer que sejam suas idades, podem ser machucados e ameaçados pelos já iniciados. Às meninas se permite a iniciação pela mera observância de tabus. Em tal sociedade, as mulheres têm menos vantagens em função de suas qualidades femininas. A gravidez e o aleitamento são odiados e evitados sempre que possível e os homens detestam a gravidez de suas mulheres. Os homens veem as mulheres como uma espécie de seres humanos com os quais se deve lutar e através dos quais poderão ser injuriados. Se um homem não possui irmã para trocar, alguém terá que pagar uma esposa com uma valiosa flauta. E com isso chegamos à posição curiosa das flautas, aqueles símbolos tão masculinos do culto dos homens, que em qualquer lugar não podem ser vistos pelas mulheres sem que com isto se ponha em perigo toda a sociedade masculina, e que aqui são igualadas às mulheres, quase tão valiosas quanto aquelas e algo que as mulheres têm permissão de ver com menos tumulto que os meninos. A concepção global do menino sobre sua identidade é que os homens lutadores se ligaram precariamente, através de mulheres, a outros homens lutadores. As mulheres são a tal ponto masculinizadas que cada uma de suas características femininas é uma desvantagem, exceto sua sexualidade genital específica, a tal ponto que cada uma das características de sua personalidade que tenha qualquer eco feminino e maternal é uma fraqueza e uma limitação. A divisão da sociedade em dois grupos, homens adultos de um lado e mulheres e crianças de outro, foi praticamente desintegrada a um ponto que, como nos Tchambuli, ameaça a sobrevivência do grupo. Pois os hábitos mundugumor de hostilidade eram tais que tinham começado a comer seres humanos de seu próprio grupo linguístico. Não há aqui virtualmente solidariedade tribal, e foi provavelmente um mero acidente da história a capitulação à missão religiosa antes que fossem destruídos por pilhagens dos vizinhos.

Os Arapesh da montanha são o quarto grupo estudado, cuja vida social está construída sobre uma divisão entre homens e mulheres nos quais os primeiros se tornam adultos pela iniciação ao grupo masculino adulto. Os Arapesh possuem a mesma parafernália do culto masculino que as outras tribos já descritas: o mugidor (instrumento que imita o mugido do touro), as flautas sagradas, as máscaras, o compartimento no qual o noviço é escarificado e uma relação especial entre o iniciador e o iniciando. Mas onde o sistema tchambuli desintegrou-se sob uma reversão no *ethos* do homem e da mulher e o sistema mundugumor foi invadido e desintegrado por uma ênfase num *ethos* hostil comum que não possuía contrapartida ou qualquer caráter complementar além dos simples fatos da anatomia sexual, o sistema arapesh tornou-se inócuo pela ênfase nos aspectos maternais e paternais. Tanto o homem como a mulher arapesh são carinhosos no lar em suas pequenas cabanas da montanha, cuidando juntos de seus filhos. Eles não têm função para a casa dos homens, exceto nos cerimoniais, e estas enormes construções são difíceis de serem erguidas. O trabalho é sempre escasso e deve estar voltado para a alimentação dos filhos. Todos os ritos são sublinhados como protetores e os homens evitam que as encarnações agressivas do guardião sobrenatural do culto dos homens mostrem sua ferocidade às mulheres e se possível aos iniciados.

Nessa sociedade os meninos e meninas crescem juntos com os pais de ambos os sexos sempre próximos servindo de modelos. Os meninos reconhecem seu sexo por seus corpos, nomes e habilidades que aprendem. As meninas também se reconhecem por seus corpos, nomes e pequenas bolsas que suas mães colocam sobre suas cabeças. Ambos os sexos sentam-se alegremente em torno das fogueiras nas manhãs frias, fazendo bolhas com os lábios. As meninas observam suas mães carregarem objetos de madeira em bolsas de rede enquanto os meninos observam seus pais fazerem o mesmo pendurando os objetos em varas.

Mais tarde, os meninos sabem que participarão nos assuntos dos homens e que talvez façam discursos, ou se engajem em lutas. Estes são os deveres atribuídos aos homens e eles veem o cansaço dos homens nas poucas ocasiões em que as flautas tocam na aldeia e os homens têm que passar a noite tocando-as. As mulheres têm que fugir para a periferia da aldeia quando as flautas estão sendo instaladas ou quando o monstro mítico do culto dos homens caminha em torno da aldeia deixando marcas gigantescas no chão onde seus testículos arrebentaram. Os homens, por seu turno, devem manter-se fora dos limites da aldeia quando as mulheres dão à luz e imaginam com ansiosa curiosidade, nunca satisfeita, como é o parto. Tanto os meninos como as meninas têm que acompanhar seu crescimento de modo que ambos se tornem bons pais; ambos perderão energias com a paternidade: "Você devia ver como ele era um rapaz bonito antes de ter todas aquelas crianças!"

Nenhuma complicação na identificação perturba esse ritmo, mas certamente significa uma provável grande modificação da conduta inata da maioria de homens e mulheres. Mesmo aqui, onde a casa dos homens foi virtualmente substituída por um lar em que os pais educam as crianças de ambos os sexos, a alteração na instituição básica do culto iniciatório não se faz sem algum preço no ajustamento ao papel sexual.

Depois de acompanhar estas quatro variações do tema iniciatório, seria útil examinar agora a sua estrutura subjacente, na medida em que oferece uma contrapartida convincente às nossas ideias ocidentais a respeito do relacionamento entre os sexos. No nosso modo de vida ocidental, a mulher, saída da costela do homem, pode no máximo imitar sem sucesso o poder superior e as altas vocações masculinas. No entanto, o tema básico do culto iniciatório é o de que as mulheres detêm os segredos da vida, em virtude de sua capacidade de gerar crianças. O papel do homem é incerto, indefinido e talvez desnecessário. Com grande esforço, o homem conseguiu um método de se compensar desta inferioridade básica. Equipados com um sem-número de objetos barulhentos e misteriosos, seu poder está em que sua forma é desconhecida daqueles que ouvem o ruído, isto é, mulheres e crianças. Elas nunca devem saber que são realmente flautas de bambu ou toras ocas ou pedaços de madeira elipsoide amarradas em barbantes. Assim, podem afastar os meninos das mulheres, chamá-los de incompletos e depois transformá-los em homens. Verdadeiramente, as mulheres fazem seres humanos, mas só os homens podem fazer homens. Às vezes de modo mais aberto, às vezes mais sutil, sucedem-se imitações do nascimento, quando os iniciados são engolidos pelo crocodilo que representa o grupo dos homens e aparecem como novos seres humanos no outro extremo do animal. Assim, eles são gerados em ventres, alimentados com sangue, engordados e cuidados por "mães" masculinas. Subjacente ao culto está o mito que diz que de algum modo tudo isso foi roubado às mulheres e que muitas vezes se teve de matá-las para conseguir obter. Os homens devem sua masculinidade a um furto e uma mímica teatral que se reduziria a pó no momento em que as simples cinzas dos elementos constituintes fossem conhecidas. É uma estrutura precária, protegida por inúmeros tabus e precauções, reforçada pela vergonha da mulher entre os Iatmul, pelo medo incerto em função das suas qualidades geradoras entre os Arapesh, pela indulgência bem-humorada da vaidade masculina entre os Tchambuli e pelos infortúnios e surras e a curiosa identificação invertida da flauta e da mulher entre os Mundugumor. Ela sobrevive porque se mantêm as regras. Os homens iatmul, que veem a sua ordem social total ameaçada pela chegada dos europeus, ameaçam num choro irado completar a ruína, mostrando as flautas às mulheres e o missionário que conseguir mostrá-las terá desintegrado a cultura com sucesso.

Para o ocidental, educado numa sociedade que exalta os feitos do homem e deprecia o papel da mulher, tudo isso se mostra irracional, talvez ainda mais quando se perceba que os homens que dependem, para sua afirmação, de masculinidade, da estrutura fantasiosa das flautas de bambu tocadas em recônditos de folhagem que imitam ventres "masculinos", não são pastores pacíficos, mas valentes e ferozes caçadores de cabeça, homens de quase dois metros de altura, às vezes bem-lançados e capazes de uma ira grandiosa. Mas se sociedades inteiras podem construir seu cerimonial a partir da inveja do papel da mulher e um desejo de imitá-lo, então deverá ser mais fácil explorar a possibilidade de que a inveja do outro sexo ou a dúvida da autenticidade do próprio sexo são possibilidades na história de vida do homem e da mulher, possibilidades que podem ser fortemente favorecidas por arranjos culturais, além de estarem sempre presentes.

5
OS PAIS, AS MÃES E OS IMPULSOS DO CRESCIMENTO

Em toda sociedade, a criança em crescimento presencia mudanças não só em seus próprios sentimentos – a respeito de si mesma ou de outros seres humanos – mas também nos sentimentos que outros seres humanos, especialmente os seus pais, nutrem por ela. Quando a criança atinge 4 ou 5 anos de idade, aumenta sua preocupação e a dos adultos para com seu sexo. Isto incluirá uma desaprovação rígida de tocar a área genital e uma insistência inicial em vestir roupas, especialmente com as meninas. Altera-se a conduta dos adultos com relação às crianças. O fato de em todas estas sociedades estarem as meninas permanentemente vestidas é também uma manifestação de que são mulheres em perspectiva, enquanto a condição adulta dos meninos ainda está para ser atingida. Os meninos mais velhos e os homens acham as meninas de 4 e 5 anos de idade realmente femininas e atraentes, e essa atração deve ser escondida e guardada tanto quanto o olho masculino deva ser protegido da atração da mãe e das irmãs mais velhas. Parece que, quanto mais completamente se reconhece a feminilidade da mulher como um dado positivo e não como a mera negação da masculinidade, mais se ensina a protegê-la. A menina de pouca idade, elegante e sedutora, é uma tentação suficiente para o homem adulto, de modo que as sociedades geralmente usam recursos para protegê-la, circunscrevê-la e ensinar-lhe a não exibir seu sexo, coisa que sozinha não saberia como fazer. O menino, por outro lado, por mais que sua mãe o trate como homem, é menos tentação à sua feminilidade que uma extensão de sua maternidade, além de já ter sido construída nele uma forte proteção à atração pela mãe. O incesto de mãe com filho é o mais raro do mundo, dependendo de elaborados arranjos culturais tornar genuinamente atraentes as relações entre mulheres mais velhas e homens jovens com idade para serem seus filhos. Sem dúvida, as sementes de maior atração da fêmea jovem pelo macho de mais idade e do macho de mais idade pela fêmea mais jovem são firmemente lançadas na primeira infância.

Com o menino há uma outra ênfase. Tem-se somente que apreciar o menino atormentado de Bali que prudentemente acompanha um grupo de homens que, do contrário, poderiam dar-lhe um puxão no pênis quando ele passasse, ou o furioso menino iatmul sendo cerimonialmente maltratado pela irmã de seu pai, para compreender que os contatos sexuais com adultos o amedrontam e que devem recordar – se é que o fazem de algum modo – a sua passividade, evocando lembranças do que aprendeu na infância quando receptiva e passivamente aceitou o seio materno. Qualquer contato faz surgir nele múltiplos medos, de perder seu pênis, de nunca ser um homem adequado, de tornar-se novamente um passivo dependente do seio tal como em criança. Quando o medo da passividade está também presente na mente dos adultos, isto é, quando a homossexualidade é reconhecida numa sociedade com aprovação ou desaprovação, exacerbam-se esses medos. Os pais começam a preocupar-se com a criança, com sua conduta, e submetê-la a provas ou lamentar sua delicadeza. Por que um menino balinês, Gelis, de 8 anos de idade, sentava-se o dia inteiro com as mulheres e crianças com a cabeça tombada sobre o joelho de alguém, ao invés de levar os bois para os campos? Seus pais, camponeses da vila balinesa de Bajoeng Gedé, provavelmente nunca tinham visto um homossexual travesti em pessoa, um *Bantjo*, como se diz em Bali, e ainda assim se preocupavam. Com uma iniciativa e responsabilidade que os pais balineses raramente demonstram, treinados para tratar a vida como um livro já conhecido e cujas páginas são viradas no seu devido tempo, eles acharam que provavelmente a passividade de Gelis tinha alguma conexão com a tenda de um comerciante estabelecida em frente de sua casa e que sempre enchia sua boca de doces. Um dia persuadiram o comerciante a se mudar. Quando há uma delicadeza e passividade exageradas num jovem, ele não se tornará um homem. Os índios americanos das planícies, valorizando a coragem em batalhas acima de qualquer outra qualidade, observavam seus filhos numa desesperada tensão e aconselhavam a um número considerável deles a abandonar a luta e vestir roupas de mulher.

Parece que há razões em afirmar que, com exceção dos ocasionais hermafroditas, que são tipos anatomicamente confusos, a homossexualidade é uma combinação de expectativas e medos do adulto e de uma possibilidade latente em muitas crianças que nunca se expressará plenamente, a não ser que haja reconhecimento social ou que não haja lugar para a conduta complementar, como entre os Iatmul. A preocupação de que os meninos não crescerão como homens é maior do que a preocupação com as meninas. Em nenhuma sociedade dos Mares do Sul este medo em relação a elas foi percebido. Na medida em que a mulher é vista como mãe e não como uma rival potencial em algum campo de atuação e uma possível esposa sem o querer, um toque de masculinidade na menina poderá ser um dos modos pelos quais ela está protegida da interferência de um adulto do sexo masculino até crescer um pouco mais.

Os índios americanos realmente se preocuparam muito com isso e em alguns casos temiam que as mulheres manifestassem uma conduta masculina, mas pagavam um preço por isso. Uma menina da tribo Omaha deixada a sós era uma vítima fraca e rendida. Como contrapartida de ter insistido nessa submissão da menina, os adultos tinham que acompanhá-la enquanto os homens interpretavam essa vantagem das mulheres promiscuamente submissas como a da mulher de virtude duvidosa, que estava sujeita ao estupro por grupos de homens.

Assim, quando os meninos e meninas atingem uma idade em que vivenciam sua própria sexualidade se desenvolvendo, eles também vivenciam uma crise nas suas relações com os adultos, definida na teoria psicanalítica como situação edipiana, adaptada do mito grego de Édipo, que matou seu pai casando-se com a mãe. Dito de maneira mais geral, este é o período de desenvolvimento das crianças em que elas são capazes de um sentimento intenso e de capacidade para o prazer, mas sem um grau de amadurecimento necessário às relações procriadoras do adulto. Elas têm que chegar a um acordo tanto com seus pais como com sua própria imaturidade. O menino deve abandonar parte de sua menina, sua inclinação para com o pai e a rivalidade para com a inclinação apaixonada para com sua mãe e de sua rivalidade com o pai e a mãe. Cada um deve aceitar seu pai do mesmo sexo como um modelo para sua própria conduta no futuro. Ao mesmo tempo, devem aceitar um adiamento da satisfação sexual plena, que inclui o reconhecimento de que os pais se pertencem mutuamente e não aos filhos. Quando as formas sobreviventes de tal conflito são exploradas em sonho e por livre associação, as imagens expostas são difíceis de o adulto combater. O termo "conflito de Édipo" assumiu uma aura de não aceitação porque tomou o nome de um fracasso – do desafortunado Édipo que foi vencido na solução do conflito – e não de um sucesso, embora muitas vezes controvertido, das soluções concedidas ao problema por diversas civilizações[24].

Em todas as sociedades conhecidas encontramos nos meninos algumas manifestações que os psicanalistas denominam latência, um período em que o interesse no sexo se apresenta descontínuo e os meninos vivem num mundo que é seu, indiferentes ou abertamente hostis às meninas, preocupados em ganhar força e domínio uns sobre os outros. Eles ultrapassaram as sensações impetuosamente aceitas na infância, embora ainda não estejam prontos para os prazeres mais complexos da maturidade. A existência de algum mecanismo psicológico interno que faz uma criança "entrar em latência" é coisa que não conhecemos.

Mas certamente a idade de 5 a 6 anos apresenta à criança um dilema quanto ao que ela desempenhará nos próximos sete ou oito anos no seu relacionamento com adultos, com o outro sexo e com seu próprio corpo. Esse dilema é aguçado quando a criança vive numa família biológica pequena, onde a única companhia feminina é uma mãe que o alimentou e amparou amorosamente e

---

24 É interessante lembrar o depoimento de um poeta americano anterior a Freud, não totalmente convencido de que se tratava de um problema que os homens dominaram ("A um usurpador"): "Ah! Temos um traidor neste lugar, / Um rebelde estranhamente audacioso, / Um sujeitinho gago, risonho e de passos hesitantes / Que não tem mais que 4 anos de idade. // E lembrar que eu que governei sozinho / E orgulhoso no passado / Tenho que deixar meu trono / Para meu próprio filho, enfim! // Ele anda daqui para ali, traidor, / Como só os bebês sabem ser / E diz que quando for um "homem bem grande" / Vai ser a beleza da mamãe...! // Garoto mesquinho! Você teve sempre / Um pouco do coração dela, / Será que deixou para seu pobre papai / O menor cantinho? // A mamãe, tristemente vejo, / Inclina-se por sua parte / Como se uma dupla monarquia / Devesse governar seus sentimentos. // Mas quando os anos da juventude vierem / O barbado esquecerá, aposto, / Que um dia prometeu / Ser o tesouro de mamãe. // Renuncie à traição, filhinho, / Deixe para mim o coração de mamãe / Pois alguém há de haver no futuro / Exigindo a sua lealdade. // E quando ela chegar até você / Deus mandará um amor que brilhará / Por toda a vida – belo e verdadeiro / Como brilha hoje o meu por sua mãe!" (FIELD, E. "To a Usurper". In: *Poems of Childhood*. Nova York: Scribner, 1904, p. 80).

que desenvolveu nele uma forte dependência e um companheiro masculino, o pai, que embora amigo, é um rival do amor materno. Vem o momento em que o menino é mandado para o colégio interno, que é um hábito na classe alta anglo-saxônica, ou quando nasce um novo filho na família, ou ainda quando ele perde seus dentes de leite, ou quando sua relação com a mãe não pode mais ser definida em termos de ele ser bebê e ela a mulher que ampara.

Quanto mais os adultos enfatizam a masculinidade e a feminilidade, mais aguda será a pressão da situação para os meninos, a rivalidade com o pai e o seu contraste sexual potencial com a mãe. Acostumada a ter homens adultos como parceiros sexuais, a mãe mais vontade terá de deixá-lo partir para a vida. Trata-se de algo diferente quando se ressaltam feminilidade da mulher e masculinidade do homem. A mãe poderá ligar-se ao menino em crescimento e sua masculinidade tem que se desenvolver mais como uma contrapartida à sua maternidade do que a uma rivalidade com o pai. Onde a masculinidade do homem é rígida e seus sentimentos paternais pouco desenvolvidos, aumenta sua capacidade de ver um rival no menino da mais tenra idade. E o pai tratará o seu filho de modo calculado para diminuir seu próprio medo da rivalidade, geralmente forçando-o a agir mais como homem do que como uma criança, que é um outro modo de dizer: "Saia de perto de sua mãe". Assim, mesmo antes do nascimento, uma criança é uma ameaça e um rival potencial aos pais mundugumor, preocupados como estão com sua masculinidade ou feminilidade e desgostosos com a paternidade. Os tabus pré-natais em outras sociedades próximas protegem os bebês e os pais. Mas entre os Mundugumor, se o marido copula com a esposa grávida, ele poderá ter furúnculos, gerar outro bebê ou defrontar-se com a dupla catástrofe dos gêmeos. Mas entre os Arapesh os papéis paternais encobrem a sexualidade; a relação sexual e a gravidez coexistem por muito tempo, enquanto o bebê cresce pouco a pouco e só quando se acha que ele está completamente formado é que o marido para de dormir com a esposa, como uma proteção ao filho desejado. Muito antes de o bebê ter nascido, as formas da situação edipiana já são pressentidas e já há uma indicação de como será tratada a rivalidade potencial entre pai e filho e entre mãe e filha.

A criança na idade de 5 ou 6 anos já está num estágio de consolidação de tudo que aprendeu até então e de reelaboração de sua ligação com um mundo mais amplo. Ainda próxima à mãe, em cujo colo existe um outro filho, seu ou de um vizinho, acompanhando irmãos e irmãs mais moços que ainda não têm controle certo sobre a eliminação, enfrentando o reconhecimento do seu próprio sexo, a conduta da criança agora moldará os contornos profundos de sua vida posterior. Esta necessidade existe no longo período da vida de seres humanos, que vai da capacidade de sentir emoções sexuais até a aptidão de fato para a paternidade. Mas está também profundamente colocada na natureza da família humana, na circunstância de que os pais um dia também foram crianças, e de que a maturidade é construída sobre as experiências de infância. Assim, em qualquer sociedade, a maneira pela qual uma criança de 5 anos tem contato com sua sexualidade nascente, imatura e socialmente sem função, está inserida no caráter paternal. Quando o pai aprecia seu filho de 5 anos apontando o arpão, atirando uma flecha no alvo exato, implorando o seio da mãe ou sendo agressivamente empurrado por ser suficientemente grande para tal indulgência, ele revive novamente seus sentimentos naquela idade, quando era tratado assim.

Nas sociedades homogêneas e em lenta mudança, a lembrança de tais fatos atua de modo satisfatório, porque os adultos com os quais o menino convive tiveram experiências continuamente relacionadas entre si. Entre os Mundugumor o pai terá sido tratado asperamente por seu próprio pai e mãe e terá sido alvo de alguma indulgência por parte de membros do sexo masculino tais como meninos de mais idade, irmãos da mãe e de mulheres da vizinhança. Ele está preparado a tratar seu filho de modo idêntico e assim perpetuar o padrão. Nenhuma condescendência inesperada confundirá o menino lutando com um mundo que ele aprendeu ser hostil no momento em que ele conheceu o seio materno, tão invejável. As crianças mundugumor com 5 anos já são enviadas como hóspedes, por muitos meses, de aliados temporários de outra tribo. O menino, cuja vida estará ameaçada se os planos de guerra se modificarem, tem de estar apto a odiar o povo com quem ele passou esse tempo e cuja língua conheceu tão bem e a espionar seus caminhos, porque se eles se tornarem inimigos de sua tribo original, ele será um elemento valioso na estratégia. Nenhuma ternura e proteção interferiram em sua capacidade de aguentar este teste. Quando seu irmão mais moço nasceu, sua mãe talvez o tenha admitido novamente no seio. Pela primeira vez sem invejas, pelo prazer de apreciar a luta entre dois meninos pequenos. Contra o pai, a mãe é sua companheira. Ela tenta guardar a irmã do pai para ele, seu filho, trocá-la por uma esposa e assim evitar que o pai troque a irmã por outra esposa para si próprio. Por outro lado, o pai vigia ciumentamente a filha e se puder, enquanto seu filho é jovem demais para opor-se a ele, troca a filha por uma esposa jovem. Os objetivos estão claramente colocados e a situação edipiana é solucionada de um modo que joga todos os homens uns contra os outros. O mundugumor cresce para um mundo áspero, mas sua disposição é vigorosa; ele ri entre dentes enquanto descreve uma mordida na carne do adversário. A lenda que conta como a morte veio ao mundo diz que a humanidade perdeu o segredo de como estancar o sangue e assim a ferida se torna mortal. Ele possui uma hostilidade contra todos os homens, uma rapacidade em relação às fêmeas que o colocaria em sérias dificuldades na sociedade moderna ou que encontraria significado em costumes sombrios e provavelmente criminosos tão próximos entre si que vêm desafiando a reeducação, a conversão e a psicanálise. Mas entre os Mundugumor esses padrões se mantêm, e cada pai, revivendo a raiva ardorosa de sua própria infância, educa seu filho de modo a enfrentar os rigores da vida a um tempo irado e sorridente. Assim, nas sociedades primitivas estudamos o papel do pai, não a partir das lembranças dos indivíduos bastante atrapalhadas a ponto de se manifestarem no consultório de um psicanalista ou assistente social, mas observando, aprovando ou vetando as ações de seus filhos, observando como as crianças correspondem e analisando os tabus que definem seu inter-relacionamento. Concluímos que o papel do pai com relação à criança, o papel da mãe e o da esposa são suficientemente estilizados de modo a que cada pai individualmente, seja ele jovem e forte, velho e fraco, ou velho e forte, cada mãe individualmente, sejam seus seios generosos ou somente capazes de algumas poucas gotas de leite a ponto de depender de uma ama que a complemente, coloca-se dentro de um quadro estilizado. Assim é possível descrever com algum detalhe a forma que tomará a solução edipiana. É comum ouvir em nossa sociedade: "Se o pai fosse um outro tipo de homem, os problemas teriam sido bem diversos". Mas seria mais verdadeiro comentar também: "Se tivéssemos nascido numa sociedade em que há uma forma diferente de paternidade..." Onde o estilo de paternidade requer um grande poder e uma forte dignidade contida, um pai fraco ameaça o desenvolvimento do filho de modo que este terá menor chance que seus companheiros. Mas onde o estilo de paternidade requer um pai amigo, informal e aliado, então aquele que assume características de poder, contenção e força torna-se a ameaça. Mesmo em nossa sociedade altamente diversificada em que cada pequena família está tão isolada das outras que ninguém sabe quão comuns e gerais são os sentimentos e as condutas nos bastidores, há ainda um estilo ao qual se referem as ações individuais ainda que com erros.

As culturas diferem muito na extensão em que as crianças têm permissão de demonstrar e experimentar sua sexualidade e como se colocam as restrições. Em Samoa, a personalidade desejada é de um tipo para o qual o sexo será uma deliciosa experiência, sabiamente integrada, não sendo excessivamente abrangente a ponto de ameaçar a ordem social. Os Samoanos perdoam casos de amor ligeiros, mas repudiam atos de escolha passional e não dão lugar para aquele que insiste continuamente, a despeito de experiências sociais em contrário, em preferir uma mulher ou um homem em lugar do que é um companheiro mais socialmente aceitável. A exigência de ser a um tempo receptivo aos avanços de muitos amantes e ainda assim capaz de mostrar sinais de virgindade no casamento são bem compatíveis. Isto se solucionou colocando o ônus da virgindade não na totalidade da população feminina da aldeia, mas na *taupou*, a princesa cerimonial da aldeia. Mais protegida que as outras moças, está assim livre de tentação. Como proteção adicional, o sangue da virgindade sempre pode ser simulado. A *taupou* que fracassou em advertir suas acompanhantes de que ela não era uma *taupou* e envergonhou sua aldeia na noite de núpcias corre até o risco de morrer, não por sua fraqueza, mas por seu fracasso em armazenar uma provisão suficiente de sangue de galinha. Os casamentos são arranjados entre as famílias com alguma atenção aos desejos dos nubentes; em troca, estes ligavam-se a companheiros adequados para as longas relações que redundavam em gravidez, vistas como uma preparação apropriada ao casamento. Também reservavam encontros rápidos "sob as palmeiras" para aqueles companheiros que não fossem tão convenientes. As relações pré-conjugais e extraconjugais eram conduzidas com suficiente discrição de modo a não ameaçar as relações sexuais legalizadas dos casais, relações sexuais tão dignas de confiança que agora asseguram um dos maiores aumentos populacionais registrados no mundo contemporâneo.

Quando examinamos esta capacidade de respostas sexuais seguras, que entretanto não ameaçam ou corrompem a ordem social que é construída sobre casamentos bastante estáveis, vemos que o relacionamento entre criança e pai se difunde bem cedo entre a maioria dos adultos. A mãe samoana alimenta seu filho generosamente e se não tem leite escolhe uma ama para substituí-la. O aleitamento é uma relação frouxa, ainda que fisicamente muito específica. Contudo, todas as mulheres das casas dão comida, consolam e conduzem as crianças, que mais tarde são conduzidas por amas que se aproximam umas das outras com suas cargas nos quadris. A criança é alimentada quando tem fome, carregada quando se cansa, é-lhe permitido dormir quando tem vontade. Se ela faz algo errado, como por exemplo grilar e perturbar a dignidade de uma consulta entre os mais velhos, se ela defeca dentro da casa ou tem um ataque de agressividade, não será ela a punida, mas a ama, cujo dever é o de mantê-la fora de dificuldades e levá-la para longe quando chora. As crianças são pequenas demais para saberem como se comportar, mas espera-se que desenvolvam o juízo – *mafaufau* – em tempo adequado. Enquanto isso a sociedade adulta está protegida delas e elas não precisam temer que com um controle esfincteriano inadequado, com gritos ou com exigências inoportunas, estejam perturbando a ordem normal da existência. Quando se desenvolvem um pouco mais, os mais velhos poderão gastar um tempo considerável dizendo-lhes para fazer o que já estão fazendo. Eu ficava impaciente quando os meninos de 10 anos diziam aos de 4 ou os de 20 aos de 10: "Soia! Soia! Soia!" (Cale-se! Cale-se! Cale-se!) as crianças em questão já estavam sentadas em silêncio com as pernas cruzadas e os olhos fixados numa atitude de respeito. De fato, muitos preceitos positivos que se impõem são desnecessários, de modo que a criança num certo sentido se debate um pouco dentro desta moldura que ela habita com espaço suficiente. Ela dificilmente passa pela experiência de lhe pedirem para fazer algo muito difícil ou que exija um longo período de estar assentada ou com pernas e braços cruzados ou um excessivo autocontrole sem se mover um segundo mesmo com perturbações em torno de si. Ao invés disso, ela está quase privada de fazer aquilo que faz bem, como se esta margem fosse usada não só como uma margem de segurança, mas como um tipo de exigência que está acima da perfeição de seu desempenho. Todos os adultos compartilham de algum modo a dignidade de cabeça da casa em cuja presença se come muito formalmente e não se faz ruído de tipo algum e nem mesmo se ri. Mas fora do círculo da vida formal, fora da casa e mesmo dentro dela quando nenhum acontecimento formal esteja ocorrendo, é permitido comer entre as refeições com toda a informalidade e barulho, com arranhões, cócegas, risos e boca mole. A marcada formalidade entre pais e filhos nunca se desfaz completamente; os primeiros nunca discutem sexo com as crianças, embora pais e filhos possam juntos fazer parte da assistência de uma dança de evidente desinibição. A formalidade é, pois, espacial e por um longo tempo a criança não recebe essa responsabilidade. Os pais não repelem e não exigem que os filhos se inibam e a ama das crianças simplesmente enxota aquelas que mostram que vão gritar na presença de adulto cuja dignidade seria ameaçada pela gritaria. A criança aprende: "Você tem um corpo e um conjunto de impulsos capazes de fazer coisas não apropriadas, mas isso é um problema dos seres jovens; ninguém se zanga com você por isso, mas ficaremos zangados com suas pequenas guardiãs se elas permitirem que você, inocente, faça coisas erradas". A qualidade "não ainda" da emoção infantil é reforçada a cada momento por um sistema que encara a prematuridade essencial da criança como natural e desejável. Os caminhos para a maturidade são percorridos tão sutilmente que a teimosia é pouco desenvolvida. Quando a criança samoana aprende a assentar-se silenciosamente, podendo permanecer, portanto, onde quiser, ela mostrará pouca vontade de balançar as pernas, gritar, perturbando a dignidade da ocasião.

Em torno de 5-6 anos as crianças ultrapassam o estágio de proteção contra os danos de suas exigências exorbitantes e impulsos malregulados, capazes de infligir a dignidade da vida. As meninas tornam-se acompanhantes dos mais novos, devendo elas mesmas levar as crianças para longe. Os meninos passam a acompanhar os maiores, aprendendo a pescar, nadar, manejar uma canoa, subir em árvores e realizar outras tarefas menos caracteristicamente masculinas. A atenção das meninas se dirige para o papel de facilitar a vida doméstica e tomar conta dos bebês que são tidos como muito exigentes, sendo mais um peso do que uma responsabilidade. A atenção do menino passa da vontade de ter muitas habilidades e virtudes para a de ser aceito pelos rapazes mais velhos. A permissão de acompanhá-los parece ser um forte incentivo à boa conduta e acontece o milagre da transformação de adolescentes exigentes, temperamentais e descontrolados em sóbrios acompanhantes dos menores, sóbrios carregadores de água e coletores de iscas.

É particularmente forte nesse período a quebra do relacionamento do grupo dos meninos com o grupo das meninas, sendo robustecida pelo tabu mais arraigado da sociedade samoana, irmão e irmã. Isso inclui não somente a própria irmã do indivíduo, mas as primas e evidentemente todas as meninas de uma casa. Os irmãos e irmãs não se devem falar casualmente ou delicadamente, não devem caminhar juntos, nem tocar um no outro, nem participar do mesmo grupo informal de lazer. Como uma quarta parte e mesmo uma terça parte das meninas de uma aldeia podem ser chamadas de "irmãs", isso divide efetivamente os grupos das crianças mais velhas que antes se uniam pelas disputas e brincadeiras em grupos de um sexo somente. Isto quebra também o elo entre a ama e o pequeno fardo, se era do sexo masculino. O termo *tei*, de *sbling*, mais novo, é muito usado pelas mulheres. A relação entre irmão e irmã é o núcleo do rompimento que a criança do sexo masculino efetua com uma primeira infância, vigorosa e indulgente com as emoções, na qual havia uma irmã mais velha próxima, e a entrada para uma infância posterior, onde é um indivíduo muito pequeno, muito pouco importante e sem habilidades para o atual grupo de rapazes mais velhos. A imposição do tabu é deixada em suas próprias mãos. "Quando se sentir envergonhado ou tímido", ele gradualmente deixará de ficar perto de sua irmã mais velha, prima ou tia jovem, que o acudiam tão informalmente em suas necessidades infantis. Nada se exige com pressa; o menino simplesmente aprende apreciando os outros com as retificações dos outros, olhando e apreendendo o que acontece em redor. Ele terá atingido a idade em que constrói por autoiniciativa uma barreira entre si próprio e sua infância impulsiva e irresponsável e declara a vigência do tabu. Através de todo o período da infância e primeira adolescência, os meninos e meninas se movimentam em grupos separados, mantendo essa separação por um certo grau de hostilidade cerimonial, algumas vezes verbal, algumas vezes com pequenas batalhas de misseis leves... Mais tarde, na época certa, as meninas são escolhidas para os primeiros casos amorosos pelos meninos mais velhos, que já foram iniciados nas experiências sexuais plenas pelas meninas de mais idade. Em cada casal, espera-se que um já seja seguro e acostumado. O único desajustamento sério que observei em Samoa foi o de dois adolescentes inexperientes que no seu primeiro caso amoroso ficaram traumatizados com sua própria falta de jeito.

O desajustamento sexual do samoano adulto pode ser considerado dos mais leves em todo o mundo. Paixão e responsabilidades estão tão mescladas que as crianças são amadas, cuidadas e criadas em famílias enormes e estáveis que não dependem de uma tênue ligação entre os pais para sua segurança. A personalidade do adulto é estável o suficiente para resistir às formidáveis pressões exteriores e manter sua serenidade e confiança. O preço pago por esse sistema suave, harmônico e generosamente gratificador é a sua incapacidade de usar dons, inteligência ou intensidade especiais. Em Samoa não há lugar para homem ou mulher capazes de grande paixão, de complicado sentimento estético ou de uma profunda devoção religiosa. O preço pago pelo abandono de todas essas energias que acompanham a recompensa de uma certeza calmamente desenvolvida parece refletir-se numa certa presença de malícia, de comentários, calúnias e intrigas políticas de baixo nível, mas muito astutas. Os desajustados seriam os dotados, aqueles cuja energia poderia enfrentar toda a força de uma situação edipiana que os pais apresentam como drama principal. Mas o drama não existe, o pai samoano está por demais ocupado com relações harmônicas, com seu grupo social total, sua emoção está por demais difusa sobre o grupo familiar para poder sentir o desejo insistente de seu filho para com a mãe como algo que o ameaça ou chama atenção. Ele não tem medo de sua sexualidade, de sua habilidade em satisfazer a mulher e não vê sua mulher como exigente e instável. Assim, nenhum impulso originalmente autoprotetor surge nele para desafiar ou proteger seu filho. Do mesmo modo, as mulheres não passam de uma vida insatisfatória com seus maridos, para os quais trouxeram exigências nunca satisfeitas, para uma súplica desesperada que seus filhos talvez pudessem satisfazer. Talvez de maneira mais aguda do que em qualquer outra sociedade conhecida, a cultura samoana demonstra o quanto a solução fácil ou trágica da situação edipiana depende da relação entre pais e filhos, não sendo criada do nada pelos impulsos biológicos das crianças muito pequenas.

Se Samoa e Mundugumor fossem comparadas, veríamos duas sociedades que preparam seus filhos para a idade adulta em que a primeira aplaina todos os sentimentos intensos entre pais e filhos e a outra superenfatiza as hostilidades e especificidades sexuais entre eles. Ambas preparam seus filhos para a idade adulta de modo a poderem atuar na sociedade em progresso. Mas as duas sociedades não têm o mesmo grau de viabilidade. Os samoanos fizeram um dos ajustamentos mais eficazes ao impacto da civilização ocidental. Da tecnologia europeia eles aproveitaram roupas, facas, lanternas, querosene, sabonetes, amido, máquinas de costura, papel, canetas, tinta, mas mantiveram seus pés descalços, seus sarongues curtos, suas casas construídas com material nativo, unidas com cordas de fibra de coqueiro. Quando os furacões chegam, as proteções de metal das casas dos brancos são arrastadas e a casa fica avariada, muitas vezes matando pessoas; enquanto isso, as casas samoanas desmoronam graciosamente antes do temporal, para mais tarde serem reconstruídas sobre as mesmas estacas. Eles aceitaram a cristianização protestante, mas remodelaram sutilmente alguma de suas expressões mais duras. O sacerdote samoano diz: "Por que arrepender-se tão amargamente se Deus te espera sempre para perdoar quantas vezes seja preciso?" Nem a alfabetização, nem as missões, nem a tecnologia moderna perturbaram a igualdade e flexibilidade com as quais esse grupo de pessoas, com essa cultura baseada em relações humanas difusas mas cálidas, adaptou-se à mudança. Os Mundugumor vivem sempre o perigo de não se reproduzirem, de se atomizarem em pequenos grupos nos quais a cultura desapareceria, negligenciando muitas cerimônias que assim acabariam esquecidas. A solução do conflito edipiano, que coloca cada homem contra o outro, pode ser uma solução perfeitamente tolerável para o indivíduo. Os Mundugumor passam todo o tempo em hostilidade contra todo mundo, mas eles são alegres e riem amiúde. A diferença entre os dois estilos torna-se marcante quando consideramos a sociedade a partir do ponto de vista da capacidade de enfrentar as emergências e mudanças e construir unidades sociais mais amplas.

Os Mundugumor enfrentaram novos acontecimentos de maneira frágil. Lutaram mais do que se adaptaram. Uma criança que aos 5 anos desafiou seu pai e abandonou a casa, aos 6 anos era um hóspede entre os inimigos e aos 15 teve uma esposa que devia defender contra homens adultos, não se inclina facilmente nem mesmo a acontecimentos naturais. Eles dizem que, quando o rio, em cuja margem vivem, mudou seu curso, dividindo o povo Mundugumor em dois grupos, eles continuaram a odiar e a temer a água, e também a utilizar desajeitadamente as canoas[25]. Não adaptaram os métodos de educação das crianças à vida nas dunas de um rio de curso rápido e a vida da aldeia foi dificultada pelo esforço cansativo de manter as crianças de pouca idade longe da água ao invés de ensinar-lhes como proteger-se dela. De tempos em tempos, cedia-se ao impulso e puxava-se o filho ou um dependente fraco de alguém para a água, afogando-o. Ninguém reclamava que as crianças deviam proteger as outras, mas era inconveniente ter de buscar água em outro lugar e porque depois de um afogamento a água do rio era tabu para bebida. Eles afirmam que, quando a água os separou em dois grupos, passaram a se ver menos. Alguém teria dito que talvez fosse até possível comer membros do próprio grupo linguístico sem correr perigo. Os

---

25 A reconstrução de acontecimentos passados, quando se trata de um povo pré--letrado, é sempre insatisfatória. A mudança de curso de um rio que os Mundugumor afirmam ter acontecido e que está ligada a grande parte de sua conduta com as canoas é válida em termos do comportamento dos rios guineanos. É também possível que a enorme falta de jeito de manejar as embarcações, a incapacidade de nadar, o medo de as crianças se afogarem, a divisão dos habitantes da tribo, uns morando numa margem e outros na outra, tenham ocorrido sob a forma de um grosseiro ajustamento a um ambiente não modificado. Poderá também ser o simples resultado de uma migração não registrada ou esquecida. Os Mundugumor podem ter se aproximado progressivamente do rio, cruzando-o finalmente, passando a acusá-lo mais tarde de ter dividido seu território, complicando suas vidas. Em ambos os casos o núcleo do argumento permanece o mesmo: se a mudança se deveu ao rio ou à própria migração eles enfrentaram desajeitadamente a nova situação.

Mundugumor podem ser vistos como um povo cujo ajustamento está dentro da cadeia de ajustamentos suportáveis para o indivíduo, mas que se expressam em instituições que requereram condições ambientais muito favoráveis para sua sobrevivência. A sociedade continuou sempre que os Mundugumor puderam pilhar seus vizinhos menos agressivos, que também faziam a maior parte do artesanato que lhes era necessário, e na medida em que o alimento era abundante e especificamente coletado pelas mulheres, que podiam expressar seus impulsos agressivos ativos pescando e comendo mais que os homens ou servindo pratos mais apetitosos que o de outras coesposas do marido.

Quando os europeus chegaram, tentaram subjugar os Mundugumor através de expedições punitivas. Eles se riram diante das aldeias queimadas ou diante de um membro baleado pelo grupo punitivo. Era assim que os homens deviam morrer. Foi somente quando grandes homens – aqueles com muitas esposas – foram presos que eles se submeteram ao controle do governo. Porque a inatividade somada a um violento ciúme em relação aos que ficaram com suas esposas era algo que grandes homens dominadores não podiam suportar.

A solução dos Arapesh para a situação edipiana é tão especializada quanto a dos Mundugumor e também se enquadra numa sociedade dependente de um ambiente extremamente favorável para sobreviver. Onde os Mundugumor enfatizam uma forte ligação intersexual entre pais e filhos, resultando no ciúme e na competição entre todos os membros do sexo masculino e entre todas as mulheres, os Arapesh emudecem qualquer interesse nesse tipo de ligação entre adultos e crianças. É bom que as crianças sejam de ambos os sexos e os pais tratam-nas de maneira virtualmente idêntica. Uma criança que possua maior intensidade de sentimentos pode tentar criar uma relação mais profunda com o pai. Mas só se houver por parte dele a mesma atitude é que ela poderá chegar a alguma coisa concreta. Tanto os meninos como as meninas estão inseridos numa rede de famílias muito relacionadas. Cada família deseja conseguir alimentos, alimentar os porcos e os filhos e corresponder aos planos dos outros. As crianças de 5-6 anos poderão ter acessos de raiva se lhes recusam comida. Os adultos acalmam-nos ao invés de tentar refrear repentinamente ou retaliar. Esses ímpetos de raiva da criança, cujas exorbitantes exigências não foram satisfeitas, voltam na vida posterior colocando a sociedade adulta em perigo. O adulto, irritado porque seu pedido de ajuda para uma festa ou de um empréstimo de comida foi negado, roubará objetos pessoais do parente que o ofendeu, mandando-os para o feiticeiro. As crianças aprendem que estas agressividades são intoleráveis e também desintegradoras. O adulto se une na punição de um homem que provoca o outro e não em defesa do que responde com violência. Com a ênfase interpessoal contínua no alimento, na requisição alternada de alimentar e ser alimentado, a diferença dos papéis entre o pai e a mãe, tão suaves, amorosos e também irracionalmente agressivos, é muito pequena. É a adolescência dos filhos que os Arapesh veem com alguma preocupação e não a sua conduta aos 5-6 anos, quando são tidos como muito pequenos, muito fracos e verdadeiramente trabalhosos.

Caracteristicamente, não há formalização da latência. Os meninos não são tirados do lar no qual a mãe é superprotetora e superexigente de sua masculinidade ou na qual o pai insiste em tratá-los como rivais ou vítimas potenciais; ao contrário, a criança caminha sempre com uma ou duas pessoas, meninos mais velhos, homens e mulheres, dependendo do caso. Somente quando se aproxima a adolescência eles se retiram um pouco mais, enquanto as meninas aprendem os ritos do fluxo menstrual e trocam confidências em voz baixa sobre o crescimento dos seios, enquanto os meninos se encarregam da tarefa séria de observação do tabu de certos alimentos, de modo a proteger o crescimento de seus órgãos genitais. É na adolescência que se modificam os tabus através dos quais os pais moderam sua sexualidade para proteger os filhos. Os adolescentes devem proteger seus pais e, especialmente depois que seus casamentos complicadamente arranjados são consumados, devem ter cuidado em não oferecer a seus pais e sogros alimentos preparados ao fogo, próximo ao qual tiveram relações sexuais. Nesta sociedade onde o nexo entre os homens não é a competição pelas mulheres, mas sua empresa comum de alimentar pessoas de todas as idades e de ambos os sexos, a atenção se desloca da especificidade da luta edipiana para a batalha interna que cada indivíduo trava com seus próprios impulsos, para que ele (ou ela) se torne fértil e apto para gerar seres humanos. Os pais permanecem aliados na batalha do filho, não exigindo proibições pesadas, não disputando ou estimulando a criança com oponentes fortes e perigosos. Qualquer luta na vida de um indivíduo pode ser transmudada numa atividade em benefício das crianças, como quando os irmãos tribais Wabe e Ombomb, ambos bastante intratáveis e possuidores de personalidades fora do comum, cessavam a discussão com suas esposas com planos para ajuda de seus sobrinhos com o fito de lhes conseguirem esposas. No caso de Wabe isto se fazia com planos de adotar uma criança[26]. Assim, entre os Arapesh as crianças de 6 anos são tratadas gentilmente, seu sexo é minimizado ao passo que se ressalta sua necessidade de alimento e abrigo até que possam tornar-se guardiãs de seu próprio crescimento: no caso do menino, guardião de sua esposa jovem que ele deve alimentar; e da menina, guardiã de seu corpo e de seus futuros filhos.

O sistema é vulnerável. Não comporta suficientemente o acidente e as mortes. Os Arapesh são gentis e industriosos, galgando

---

26 Descrições pormenorizadas da divergência de personalidades são feitas no cap. 6 (Sexo e temperamento), Arapesh Montanheses (seção do cap. 3). Cf. tb. Apêndice II.

e descendo montanhas nas manhãs frias para se ajudarem e mutuamente se alimentarem. Eles restringem seus próprios impulsos e voltam sua atenção para o próximo. Em tal sistema não há lugar para "maus acontecimentos". Quando qualquer pessoa quer alimentar os filhos deve sempre haver alimento, mas nem sempre isto acontece. A terra é pobre e o sistema de horticultura muito rudimentar. Quando um homem deseja que sua mulher se desenvolva e espera pacientemente muitos anos até que ela amadureça de modo que sua capacidade para a maternidade esteja assegurada e que ela, por seu turno, deseje reconhecer pela obediência este débito da espera e do alimento, é evidentemente mau que ele morra e desintegre assim toda a estrutura. A morte é ininteligível, a não ser para os muito velhos e para as crianças com defeito congênito. A combinação de uma explicação inadequada para a morte e para os ódios impulsivos que surgem na infância em função da recusa do alimento, justamente por aqueles que afirmam desejar oferecê-lo, torna os Arapesh vulneráveis. Não é suficiente que os pais sejam carinhosos e gentis, preocupados com suas funções especificamente paternais num mundo como a Nova Guiné onde o alimento é escasso e a fome e o frio são os companheiros diários da vida. Não basta que os pais devam tentar convencer os filhos de que a irritação em suas vozes quando lhes recusam o alimento nada tem a ver com as próprias crianças, mas que resulta do fato de que não há alimento – pois suas vozes trarão também aquela raiva infantil contra os seus próprios pais quando eles não o obtinham. O mundo exterior, os feiticeiros da outra tribo, homens duros com seus rostos fechados, comerciam facilmente com esta má vontade infantil ou com a conduta indisciplinada dos tolos ou desajustados entre os Arapesh, seguindo-se assim as divergências. Se suas terras fossem férteis e suas florestas cheias de caça, estariam aptos a alimentar seus filhos. Nenhuma criança repousaria escondendo o rosto banhado em lágrimas na poeira da praça da aldeia gritando por um coco que deve ser guardado para a rara e mísera festa à qual seus próprios parentes, como anfitriões, irão com fome. Mas também se suas terras fossem férteis e suas florestas abundantes, é quase improvável que estas pertencessem a um povo como os Arapesh montanheses. Através de toda a Nova Guiné, as planícies férteis, os rios piscosos, as terras altas onde nascem os coqueiros, os pântanos de sagu que se reproduzem a cada momento pertencem aos grupos mais agressivos. A própria conduta parental, que torna a escassez de alimento nas montanhas uma ruptura na sua muralha bem construída de defesas sociais, também os torna impotentes para competir com seus vizinhos mais aguerridos, cuja escolha está entre chantageá-los ou atacá-los diretamente. A chantagem que consegue por um preço exorbitante a hospitalidade para os homens da planície nas suas longas caminhadas para a costa paga melhor aos seus vizinhos; e os Arapesh sobrevivem num mundo tão menos satisfatório, que seus sonhos são um constante pesadelo de que a cada geração as crianças, tão dificilmente alimentadas, estejam se tornando cada vez menores em estatura.

Uma outra solução para a situação edipiana é o sistema de três filhos, através do qual cada criança de um e outro sexo é primeiro preferida, depois preterida, vendo em seguida a situação reproduzir-se entre os irmãos[27]. Esse sistema de educação infantil centraliza a atenção das crianças que deve finalmente retirar-se da situação edipiana tomando um lugar de espera no mundo da infância dentro de um drama complexo em que tanto os pais quanto os irmãos mais moços desempenham papéis. Tanto em Iatmul

---

27 MEAD, M. "Age Patterning and Personality Development". In: *American Journal of Orthopsychiatry*, vol. XVII, 1947, p. 231-240. • BATESON, G. & MEAD, M. *Balinese Character*, quadro 74. • MEAD, M. "The Family in the Future". In: ANSHEN, R.N. (ed.). *Beyonde Victory*. Nova York: Harcourt/Brace, 1943, p. 6-87.

como em Bali há "criança de quintal", a terceira, que é o foco de um drama entre o mundo de seus pais e o seu próprio. Enquanto os Mundugumor e os Arapesh começam a definir a relação entre pai e filhos antes do nascimento, surgindo uma tensão demorada no período de desmame quando nasce um segundo bebê, em Bali e Iatmul as crianças desmamadas permanecem próximas à mãe, compondo um quarteto de mãe e três filhos, no qual a criança mais velha desempenha o papel de ajudante na criação dos mais moços. Há muitas outras soluções além das encontradas entre estes sete povos. Entre os Ba Thonga os meninos podem ser enviados a conviver com seus avós maternos nos anos entre a primeira infância e a iniciação e então, depois desses anos indulgentes, longe dos pais cuja atitude é severa, serão bruscamente chamados às realidades da vida adulta pelas cerimônias de iniciação. A disponibilidade sexual das crianças pode ser ocasionalmente explorada pelos adultos, como acontece entre os Kaingang do Brasil. Nenhuma sociedade conhecida pode ignorar completamente este aspecto mais que notável de nossa humanidade, este duplo florescimento prematuro do sentimento sexual, ainda que incompleto para a procriação[28]. Cada adulto traz consigo prontas à lembrança, ou mesmo na ponta da língua, suas próprias recordações de infância e estas em conjugação com os impulsos da criança provêm a dinâmica para o drama dentro do qual cada geração nova deve viver. A natureza do drama é diferente em cada cultura. Numa sociedade em mudança, as partes do sistema tornam-se arrítmicas; uma infância que prepara para uma adolescência significativa poderá ser substituída por uma experiência restrita, enquanto uma infância restritiva poderá deparar-se com a exigência de uma adolescência

---

28 BATESON, G. "Sex and Culture". In: *Annais of the New York Academy of Sciences*, vol. 47, 1947, p. 603-664.

expressiva. Então os padrões tornam-se confusos e mais as crianças fracassam na experimentação da sequência de acontecimentos, que naquela cultura são o prelúdio apropriado à condição de adulto. A tarefa pela qual as sociedades humanas, mudando ou conhecendo outras sociedades que mudam, devem-se reajustar através dos ajustamentos dos seres humanos que as compõem é contínua e recorrente. A capacidade de efetuar tais ajustamentos tanto quanto a capacidade de cristalizar em cultura um conjunto de hábitos de nutrição viáveis é parte de nossa herança humana, parte de um mecanismo de evolução, dado ao homem por seu cérebro singular. Quando utilizada sem visão, é uma capacidade duvidosa, temerária e grosseira, produzindo algumas vezes civilizações de grande beleza e força e outras que se pervertem, tornam-se distorcidas e não admitem aspectos de nossa humanidade que são expressões aceitas em toda parte. Mas temos ainda que provar que podemos desenvolver uma abordagem que, disciplinada pela fé numa humanidade livre, pode compensar o fim da era da inocência e ainda assim construir não um cinismo defensivo, mas uma nova inocência que não estará fundada no sacrifício humano.

6
SEXO E TEMPERAMENTO

A maneira pela qual o menino ou a menina aceita sua condição sexual dependerá em grande parte da solução da situação edipiana. Não é suficiente que a criança decida simples e profundamente que pertence a seu próprio sexo, que é anatomicamente masculino ou feminino, com um papel reprodutor determinado na vida, pois as crianças em crescimento enfrentam outro problema: de que modo sou homem, de que modo sou mulher? Elas ouvem homens serem chamados de femininos, mulheres condenadas como masculinas, outros enaltecidos como homens verdadeiros ou mulheres verdadeiras. Ouvem que certos tipos de ocupação estão mais ou menos ligados à masculinidade ou mais ou menos vinculados à feminilidade. Elas aprendem que certos tipos de responsividade, tédio, sensibilidade, coragem, estoicismo, paciência pertencem a um sexo ou ao outro. Em seu mundo não veem um único modelo, mas vários com os quais se podem medir, de modo que se poderão julgar sentindo-se orgulhosas e seguras, preocupadas, inferiores, incertas ou desesperadas ou ainda prontas a abandonar estas exigências.

Em qualquer sociedade humana é possível agrupar homens e mulheres numa escala de tal modo que entre o grupo mais masculino e o mais feminino haverá outros que parecem estar no meio, possuindo características físicas pronunciadas que sejam mais típicas de um sexo do que de outro. Isto sucede se lidamos somente com caracteres secundários tais como formato dos pelos púbicos, barba, camadas de adiposidade e assim por diante, ou com caracteres sexuais primários como seios, medidas pélvicas, proporção do tronco. Tais diferenças são ainda mais notáveis se consideramos a sensibilidade da pele, profundidade da voz, modulação do movimento. Também encontramos na maior parte dos grupos de tamanho diverso alguns indivíduos que insistem em desempenhar o papel do sexo oposto, no trabalho, na roupa ou nas atividades intersexuais. Se acontece a dissimulação integral, eis uma questão de reconhecimento cultural da possibilidade. Em muitas tribos indígenas americanas havia os *berdache*, homens que se vestiam e viviam como mulheres, reconhecidos como instituição social, contrapondo-se à ênfase excessiva na bravura e rudeza dos homens. Em outras partes do mundo, como no Pacífico Sul, embora haja muitas mudanças rituais do sexo em ocasiões cerimoniais, muitas tribos existem onde não há expectativa de que um indivíduo se transforme completamente. Há povos que concedem papéis de inversão a ambos os sexos, como os aborígines siberianos, fato que está associado ao xamanismo. Eles poderão permitir tal mudança ao homem mas negá-la à mulher, ou talvez não concedam um padrão a nenhum dos dois. Mas quanto à inversão caracterizada como existe entre os índios Mohave[29], entre os quais os travestidos fazem mímica da gravidez e do parto, abandonando o acampamento para parirem pedras cerimonialmente, e os Samoanos, que não reconhecem a inversão, mas onde eu encontrei uma vez um menino que preferia sentar-se entre as mulheres e fiar esteiras, há um contraste claro de padronização social. A sociedade pode

---

29 DEVEREUX, G. "Institucionalized Homosexuality of the Moahave Indians". In: *Human Biology*, vol. 9, 1937, p. 498-527.

prover papéis elaborados que atrairão muitos indivíduos sem que estes os busquem espontaneamente. O medo de que os meninos se tornem femininos na conduta pode levar muitos a se refugiarem numa feminilidade explícita. A identificação do pouco pelo no queixo ou um traçado de busto mais reto, como favorecendo alguém para um sexo diferente, poderá criar desvios sociais; para interpretarmos esta experiência que toda criança tem, devemos buscar uma teoria de sua significação.

Despojamos toda uma superestrutura quando mencionamos a presença ou ausência, o reconhecimento e a tolerância de instituições sociais da inversão, ou uma supressão explícita da prática homossexual, embora ainda encontremos diferenças que mereçam explicação. Depois de unirmos todos os *insights* de histórias de caso pormenorizados na sociedade ocidental, que mostram como os incidentes de educação, as identificações defeituosas com o pai errado ou um medo excessivo do pai do sexo oposto podem conduzir meninos e meninas à inversão sexual, ainda permanecemos com o problema básico. De ponta a ponta, numa linha precisa, os homens de qualquer grupo mostrarão uma faixa de masculinidade explícita na aparência tanto quanto na conduta. As mulheres de qualquer grupo mostrarão uma variação comparável e talvez maior se tivermos radiografias que complementem seus perfis pélvicos, pouco evidentes por si e que não revelam acuradamente a capacidade reprodutiva feminina[30]. Será que esta faixa deve ser organizada sobre as diferenças de equilíbrio endócrino, sobre nosso reconhecimento de que o sexo depende tanto dos hormônios masculinos como dos femininos e da interação entre esses hormônios e as outras glândulas endócrinas para um funcionamento pleno? Todo indivíduo teria um potencial bissexual que

---
30 GREULICH, W.W. & THOMS, H. [com a colaboração de TWADDLE, R.C.]. "A Study of Pelvic Tupe and Its Relationship to Body Build in White Women". In: *Journal of American Medical Association*, vol. 112, 1939, p. 485-493.

pudesse tornar-se fisiologicamente patente por uma deficiência ou excedente hormonal ou manifestar-se psicologicamente por anormalidades no processo de maturação individual? E mais, que poderá manifestar-se sociologicamente pela educação de meninos pelas mulheres somente ou pela segregação completa delas, ou prescrevendo e encorajando várias formas de inversão social? Quando seres humanos ou ratos são condicionados por circunstâncias sociais a responder sexualmente como adultos a membros de seu próprio sexo e, de preferência, a membros do sexo oposto, este condicionamento se estará desempenhando sobre uma base bissexual real da personalidade, capaz de variar grandemente na sua estrutura, tal como acontece entre o membro de um grupo e o de um outro?

À primeira vista parece altamente viável avançar com algumas hipóteses. Se observamos um grupo de meninos, será obviamente mais fácil condicionar aqueles que têm traços "de menina" a um papel invertido e num grupo de meninas, destacar as "masculinizadas" para uma identificação com o sexo oposto. E a expressão "mais fácil" significaria aqui um grau maior de bissexualidade física? Contudo, os dados existentes exigem uma pausa. As pesquisas mais cuidadosas fracassaram na ligação entre equilíbrio endócrino e conduta homossexual de fato. Aquelas raras criaturas que apresentam tanto órgãos sexuais primários masculinos quanto femininos evidentemente apresentam anormalidades e desordens mais graves. E forneceram pouca luz ao problema geral. A falta de correlação notável entre o físico observado como hipermasculino e hiperfeminino e uma reprodução bem-sucedida é fato marcante em todos os grupos humanos. Um homem que apresente acentuadas características masculinas poderá não gerar crianças, enquanto um homem pálido e de traços femininos poderá ter uma grande prole. Uma mulher com seios fartos e quadril largo pode ser estéril. Se gerar filhos, poderá ser incapaz de aleitá-los.

Ainda assim nos confrontamos continuamente com o que parece ser uma correlação entre a tendência para a inversão sexual de homens e mulheres que se desviam de maneira extrema na direção de um físico identificado com o sexo oposto. Na tribo primitiva que não reconhece a inversão, o menino que decide fazer tapetes assemelhar-se-á mais ao tipo feminino do grupo, o oposto se dando com a mulher que vai à caça. Será que esta correspondência física aparente significa alguma coisa? Ou será um simples incidente na faixa normal de variação? Se a tribo estabelece que a pilosidade é uma característica desejável no homem, isso levará os mais glabros a uma confusão sobre o seu papel sexual? Por outro lado, se esta tribo acredita que a pilosidade é simplesmente uma característica brutal, os muito pilosos poderão ser postos no ostracismo sexual e os menos pilosos serão considerados menos masculinos? Esta seria uma resposta extremamente ambientalista, enquanto a evocação de variação estrutural e funcional muito sutil e ainda vaga sobre a base biológica dos sexos seria uma resposta extremamente genética.

Sugiro outra hipótese que me parece corresponder melhor à conduta desses sete povos que estudei. O homem balinês é bastante glabro, de modo que pode extrair o pelo das costeletas com uma pinça. Suas mamas são consideravelmente mais desenvolvidas que as de um ocidental. Qualquer homem balinês colocado entre uma série de europeus pareceria "feminino". Uma mulher balinesa, por outro lado, tem cadeiras estreitas e pequenos seios altos e qualquer uma delas colocada entre um grupo de mulheres europeias pareceria "masculina". Muitas delas seriam suspeitas de impossibilidade de aleitar os filhos e talvez fossem acusadas de terem úteros infantis. Mas deverão esses fatos ser interpretados como sendo os Balineses mais bissexuais ou menos sexualmente diferenciados que os europeus ocidentais, que os homens são menos masculinos e as mulheres menos femininas, ou simplesmente que o tipo balinês de masculinidade e feminilidade é diferente? Os defensores extremos de um equilíbrio bissexual variado afirmariam que em algumas raças os homens são menos diferenciados ou mais femininos do que em outras e assim por diante; aplica-se o mesmo argumento às mulheres. Mas em geral concordar-se-ia pelo menos que aqueles aspectos em que um homem balinês parece feminino em nada afetam realmente sua masculinidade, seja o peso, sejam as proporções do tronco, a pilosidade e assim por diante. Assim, poder-se-ia prontamente admitir que entre grupos raciais que variam grandemente como os Balineses e os europeus do norte, pigmeus andamaneses e gigantes núbios os critérios estabelecidos para a masculinidade e feminilidade são inoperantes, e também que pode haver uma correspondência cruzada na medida em que os homens andamaneses estariam na faixa de estatura feminina se comparados a um grupo mais alto.

Mas todos os grupos humanos dos quais temos algum conhecimento mostram uma considerável variação na sua herança biológica. Mesmo em grupos menos mesclados e isolados há diferenças marcantes no físico e no temperamento. E a despeito do alto grau de uniformidade das práticas de educação infantil em muitas tribos primitivas cada adulto parecerá mais ou menos masculino, mais ou menos feminino, de acordo com os padrões específicos. Por outro lado, haverá ordens de variação que parecem passíveis de serem aplicadas de um grupo a outro, pelo menos à primeira vista, pois não temos registros detalhados. Embora a maioria dos Balineses recaísse na configuração geral que é tecnicamente classificada de astênica, o balinês astênico ainda contrasta com um indivíduo de seu grupo de estrutura óssea mais pesada ou ainda mais baixo e mais largo. Dentro dos limites dados pelo tipo geral, as mesmas diferenças ocorrerão tanto nos homens como nas mulheres. Só quando tivermos métodos bem mais delicados de mensuração que nos permitam conhecer não só a constituição individual mas os grupos ancestrais será possível saber se existe alguma correspondência real, no nível da conduta, entre os Arapesh, Tchambuli, Swede, Esquimós, hotentotes esbeltos e de corpos estreitos, ou se sua conduta, embora de algum modo constitucionalmente fundamentada, não tem relação ao que se pensa terem eles em comum. Até que se desenvolvam tais medidas e que os estudos sejam feitos, só é possível especular através de observação cuidadosa, sem nenhum instrumental melhor que o olho humano. Mas o uso de tal instrumento entre estes sete povos sugeriram-me a hipótese de que em cada grupo humano se pode encontrar, provavelmente em diferentes proporções e talvez nem sempre, representantes dos mesmos tipos constitucionais que começamos a distinguir em nossa própria população. Creio que a presença de tipos constitucionais contrastantes é um dado importante na avaliação por parte da criança da plenitude da sua condição sexual.

Se reconhecemos a presença de grupos comparáveis de tipos constitucionais nas sociedades humanas, qualquer *continuum* específico que estabeleçamos para o mais masculino e o menos masculino poderá mostrar-se desorientador, especialmente aos olhos da criança em crescimento. Deveríamos, ao invés disso, definir várias séries que continuam distinguindo os homens mais masculinos e os menos diferenciados sexualmente em cada um desses vários grupos. O homem esbelto, sem barba ou músculos, que gera uma enorme prole, não seria visto como anômalo mas como uma versão masculina de um tipo humano, em que ambos os sexos são esbeltos, pequenos e relativamente desprovidos de pelos. A jovem alta cujos seios são pouco perceptíveis mas que está apta a aleitar seu bebê de modo satisfatório com leite jorrando do peito não será vista como uma mulher adulta imperfeita, um diagnóstico posto em contradição por sua maneira bem-sucedida de gerar e aleitar e por sua gravidez normal, mas como uma mulher de um tipo constitucional particular que tem seios menores e pouco acentuados. O homenzarrão com pelos no tórax cuja masculinidade é constantemente comentada por ser fraca e insuficiente será simplesmente visto como uma versão menos masculina de um tipo em que os músculos e pilosidade são a tônica. A mulher cuja pouca fertilidade contrasta com seus seios e cadeiras bem desenvolvidos será vista como uma das que pertence ao tipo de mulher em que estas partes do corpo estão bem marcadas. Sua baixa fertilidade é notável somente porque a maioria das mulheres com as quais ela é comparada tem seios pequenos e quadris estreitos. A aparente contradição entre raio-X pélvico e medidas pélvicas externas também poderá ser superada se a considerarmos a partir desse ponto de vista.

Assim, tanto quanto no tipo físico também em outros aspectos da personalidade se passa o mesmo. As mulheres ardorosas e principiantes poderão ser classificadas somente junto com homens do mesmo tipo, não sendo definidas como leões mas apenas como leoas no cenário apropriado. Quando o pequeno e meigo Caspar Milquetoast[31] foi colocado não ao lado de um boxeador profissional mas de uma versão feminina mais suave do que ele próprio, pôde mostrar que era bem mais masculino. O homem robusto com uma camada macia de pele toráxica, queixo duplo e nádegas protuberantes ao qual só faltaria um xale para assemelhar-se a uma mulher, quando colocado lado a lado com uma mulher em condições semelhantes, não parecerá ambíguo. Sua masculinidade é ainda indubitável quando contrastada com uma mulher do seu próprio tipo, ao invés de sê-lo com um homem de outro tipo. E os dançarinos esbeltos de ambos os sexos, sem quadris e sem busto, não parecerão homem feminino e mulher

---

31 Personagem de desenho animado criado por H.T. Webster. Personifica o tímido por excelência [N.T.].

masculina mas homem e mulher de tipo especial. É impossível identificar o sexo de um coelho macho comparando a sua conduta com a de um leão, um veado ou um pavão, embora seja possível fazê-lo comparando-o com sua fêmea, o leão com a leoa, o veado com a corça, o pavão com a pavoa. Do mesmo modo, será melhor se pudermos extrair de nossas mentes o hábito de juntar todos os indivíduos do sexo masculino e todos os do feminino, preocupando-nos com a barba de um e o seio de outra. Propomos, ao invés disso, observar mulheres e homens de tipos diferentes, apresentando às crianças um problema mais inteligível.

Um grande número de intrincadas questões teóricas surge também aqui. Tome-se, por exemplo, a questão de grau de atividade sexual e a maior atividade registrada pelos homens que amadurecem cedo. Serão eles mais masculinos ou simplesmente um tipo de homem? Tomem-se, por exemplo, as mulheres arapesh que não possuem uma concepção de orgasmo feminino que são ativamente exigentes no sexo e específicas nos seus apetites sexuais. Ou tome-se o caso das mulheres de um povo como os Mundugumor, que se consideram sexualmente típicas e antimaternais, mas que mesmo assim são difusamente responsáveis e maternais. Tais desvios não mais seriam vistos como sinais de maior ou menor feminilidade, mas como tipos femininos diversos, tão definidos biologicamente que todo aparato cultural condicionador é insuficiente para moldá-las completamente no perfil que uma cultura específica define como realmente feminino ou masculino.

Em qualquer sociedade o indivíduo em crescimento se confronta com adultos, adolescentes ou crianças, classificados em dois grupos: homens e mulheres, a partir de seus caracteres sexuais primários mais evidentes, mas que de fato apresentam grande diversidade e variedade, tanto no físico quanto na conduta. As diferenças sexuais primárias são de muita importância, moldando tão decisivamente a experiência infantil para com o mundo através do próprio corpo das crianças e das respostas dos outros à sua condição sexual, que a maioria delas toma a masculinidade ou a feminilidade como a primeira identificação consigo mesmas. Uma vez feita esta identificação, a criança começa a se comparar não apenas fisicamente mas, o que é mais importante, em termos de impulsos e interesses. Serão seus interesses os pertinentes a seu sexo? Por exemplo: "Eu sou um menino, amo as cores, mas as cores são algo que interessa somente às mulheres". "Eu sou uma menina, mas adoro caminhar e gosto de correr e pular, mas correr, pular e lançar flechas é coisa de meninos e não de meninas". "Eu sou um menino, mas gosto de sentir coisas macias passarem por minhas mãos, mas o interesse no fato é feminino e gostar disso nega meu sexo". "Eu sou uma menina, meus dedos são desajeitados, sou melhor conduzindo um arado do que enfiando contas, mas os arados são coisas para homens". Assim, a criança se testa e é forçada a rejeitar partes de sua herança biológica específica que contrastem de forma aguçada com o estereótipo sexual de sua cultura.

Ademais, um estereótipo sexual que decrete interesses e ocupações a cada sexo não é totalmente desprovido de bases. A ideia de homem numa sociedade dada poderá estar muito próxima do temperamento de um tipo de homem. A ideia de mulher poderá conformar-se ao de uma mulher específica, ou, ao invés disso, a um tipo oposto. Quanto às crianças que não pertencem a esses tipos selecionados, somente os caracteres sexuais primários definitivos poderá ajudá-las a se classificarem. Seus impulsos, preferências e, mais tarde, muito de seu físico serão aberrantes e elas estarão condenadas a se sentarem a vida inteira entre os membros do mesmo sexo, sentindo-se menos homens ou menos mulheres, simplesmente porque o ideal cultural está baseado num conjunto diverso de características não menos válidas, mas pelo menos diferentes. E o miúdo homenzinho senta-se triste, comparando-se com um homem avantajado que não o considera um igual. Pela mesma razão desejará viver eternamente atrás de uma mulher corpulenta. Enquanto isso, a mulher nessas condições, convencida até a alma de sua falta de feminilidade quando se compara às fêmeas miúdas, ficará desesperada, acabando por encontrar um marido frágil. Ou ainda este homem frágil que fosse tão gentilmente agressivo e definitivamente masculino e que estivesse apto a buscar uma companheira, lutar por ela e mantê-la, se crescesse numa cultura que o reconhecesse como homem pleno, poderia abandonar sua condição e passar a ver-se como mulher, tornando-se um invertido verdadeiro e ligando-se a um homem que possua as qualidades magníficas que a ele foram negadas.

Algumas vezes tem-se a oportunidade de observar dois homens de físico e conduta comparáveis, ambos artistas ou músicos, um dos quais se identificou com o masculino completo e que, com seu cabelo brilhante e olhos vivos, pode fazer com que uma plateia de mulheres se sinta mais feminina quando ele entra em cena. O outro se identificou como adorador dos homens: seus olhos não têm brilho e seu passo é incerto, e sofre uma adaptação defensiva quando entra num grupo de mulheres. Mas ainda assim, em termos físicos, em termos de gostos, na qualidade da mente, os dois homens são comparáveis. Um é apresentado como possuindo características de um limite extremo e o outro como um europeu cosmopolita. Um é representante de um mundo em que o homem só tem em mãos uma espingarda, uma faca para caçar ou uma rédea e o outro é representante de um mundo em que os homens tocam os mais delicados instrumentos musicais. Quando se estudam duas pessoas nestas condições será mais frutífero não buscar alguma possível diferença endócrina, mas sim a discrepância entre as necessidades pessoais e as que a sociedade prescreve para os indivíduos do sexo masculino. Essa discrepância era marcante num desses homens.

Se existem tais diferenças genuínas entre tipos constitucionais de modo que a masculinidade para um indivíduo será bem diversa para um outro, que poderá parecer que tem atributos femininos tal como descrevemos, há implicações profundas não somente para a interpretação das variações num mesmo sexo, para as formas de inversão e fracasso sexual que ocorrem em qualquer sociedade, mas também para o padrão de inter-relacionamento entre os sexos. Algumas sociedades simples e certas castas das sociedades complexas parecem ter encontrado ideais sexuais para ambos os sexos a partir de um mesmo tipo constitucional. O aristocrata, o pastor, o comerciante poderão compartilhar o ideal de um tipo delicado e frágil e sensível tanto para mulheres como para homens ou, em contrapartida, o de homens e mulheres fortes, enérgicos, infinitamente vaidosos ou dotados de sensibilidade nervosa sexualizada, ou ainda gordos e flácidos. Mas não sabemos se os ideais masculino e feminino numa cultura dada se complementam desta maneira. Quando os ideais para ambos os sexos parecem estar consistentemente inter-relacionados é provável que uma relação biológica direta e profunda possa ser estabelecida através de um tipo de casamento ideal e as formas de casamento terão maior coerência. Quando homens e mulheres não integram esse tipo ideal e tentam usar as formas de casamento – que incluem a delicada aproximação, o orgulho reservado ou aquele gesto de servir leite quente após as refeições – eles pelo menos enfrentam um padrão coerente, embora estranho, que poderá ser mais fácil de aprender.

Imaginemos, por exemplo, uma aristocracia em que o ideal de homens e mulheres seja o tipo alto, de temperamento enérgico, orgulhoso, específica e sensivelmente sexuado e que dela nasça um menino gordo, condescendente, pantagruélico e difusamente sexuado. Por toda a sua infância ele será treinado na conduta apropriada a um tipo muito diverso do seu, que incluirá a aceitação do ideal feminino de temperamento enérgico, reservado e especificamente sexuado. Se vier a desposar uma moça nessas condições ele terá aprendido uma boa parte de seu próprio papel que ela, por seu turno, aprendeu a esperar dele. Se vier a desposar uma moça que se desvia tanto quanto ele dos parâmetros previstos, cada um sem dúvida terá aprendido um papel coerente, ele por tratá-la como se ela fosse sensível e orgulhosa, e ela tratando--o como se ele fosse sensível e orgulhoso. Suas vidas poderão ter mais artificialidade do que as daqueles que de fato se aproximam dos tipos para os quais os papéis culturais estão designados. Mas a própria clareza dos padrões dos papéis masculino e feminino poderá conceder-lhes papéis que poderão ser desempenhados. Em quadros rigidamente padronizados como esse, haverá sempre o rebelde, o suicida – se o suicídio for uma saída culturalmente reconhecida –, o promíscuo, o frígido, os banidos e os loucos. Se forem dotados, poderão tornar-se inovadores de alguma variação do padrão, mas no geral a maioria aprenderá o padrão estabelecido por estranho que pareça.

Assim, em cada uma dessas sociedades que estudei, foi possível distinguir aqueles que se desviaram de forma mais profunda da conduta e físicos previstos, efetuando tipos diferentes de ajustamento dependentes da relação entre seu próprio tipo constitucional e o ideal cultural. Um menino que cresça, orgulhoso e pertinaz, e cujo orgulho o torne sensível e exposto à confusão, sofrerá de um destino diferente em Bali, entre os Samoanos, Arapesh ou Manus. Entre os Manus, ele se refugia nos vestígios de uma camada social que a cultura possui. Desenvolve um interesse maior no cerimonial do que no comércio, mistura as polêmicas sobre as invectivas aceitáveis de comércio com uma raiva mais profunda. Em Samoa, esse homem é visto como um tipo por demais violento para que se lhe confie a chefia de uma família e a aldeia espera até que decline com os anos sua predisposição para a raiva e sentimentos intensos; esta espera age como se fosse uma resistência passiva destruidora às suas ênfases excessivas. Em Bali, esse homem terá unicamente mais iniciativa que seus camaradas para ser atirado ao tédio e à confusão, incapaz de ir adiante. Entre os maori da Nova Zelândia, é provável que esse homem tenha sido um ideal cultural, com a capacidade de orgulho combinada com a exigência de orgulho, sua violência com a exigência de violência e sua capacidade de arrogante meiguice como tendo expressão perfeita, posto que a mulher ideal lá é tão orgulhosa e energicamente gentil quanto ele. Mas nas sociedades complexas modernas não há tais expectativas claras. Elas não existem para cada um dos sexos especificamente, nem para uma classe, grupo ocupacional ou região rural. Os papéis estereotipados do homem e mulher não se correspondem necessariamente. E qualquer que seja o tipo ideal de homem, há pouca possibilidade de que o tipo correspondente na mulher seja também o ideal. Incidentes de migração ou de casamentos entre classes diferentes, de situações de fronteira poderão fazer com que se elaborem as características da mulher ideal num tipo diferente do ideal masculino. O próprio estereótipo poderá misturar-se e confundir por diferentes expectativas, fragmentando-se outra vez, de modo que o amante ideal não será o irmão ou o marido ideal. O padrão de inter-relacionamento entre os sexos, de reserva e intimidade, avanço ou contenção, iniciativa e resposta, poderá ser uma mistura de tipos biologicamente congruentes de conduta, em vez de um único. Necessitamos de muito mais material sobre até onde essa gama de tipos constitucionais poderá ser de fato identificada e estudada antes de se fornecer resposta às próximas questões sobre a força, estabilidade e flexibilidade diferenciais das culturas, nas quais o ideal é uma mistura com um compósito ou um único tema lírico e que é tão inclusivo que cada homem e mulher encontram lugar mais ou menos definido dentro de si próprios. Ou tão estreito e limitado, que muitos homens e mulheres têm de desenvolver padrões paralelos.

O reconhecimento dessas possibilidades mudaria em grande parte as práticas atuais de educação infantil. Acabaríamos com as descrições da conduta do menino que mostra interesse em ocupações tidas como femininas ou que tem uma sensibilidade maior que seus camaradas ou de que ele estaria no "lado feminino", perguntando-nos, ao invés disso, que tipo de homem ele será. Tomaríamos o fato primário de seu sexo como uma classificação ampla em termos constitucionais, exatamente como numa escala mais aberta o fato de que o sexo, usado para classificar conjuntamente coelhos, leões e cervos, não permite obscurecer as características essenciais do coelho, do leão e do cervo. A menina que mostra maior necessidade de separar suas coisas do que a maioria das outras meninas não necessita ser classificada como uma mulher de tipo especial. Nesse universo, nenhuma criança seria forçada a negar sua autoidentificação sexual por ser alta ou baixa, magra ou gorda, mais provida ou menos provida de pelos, nem teria de pagar com uma perda da sua condição sexual natural a manutenção de dons especiais que possui. Isto valeria tanto para o menino que tem um refinado sentido de tato quanto para a menina que monta um cavalo com enérgica confiança.

Se queremos criar o ímpeto para superar os impedimentos e obstáculos desse difícil período na história, devemos estar apoiados numa visão do futuro tão compensadora, que nenhum sacrifício seja grande demais para a continuação da jornada. Em tal quadro do futuro torna-se algo extremamente importante o grau de naturalidade que os homens e as mulheres poderão atingir para com seus próprios corpos e a informalidade no relacionamento com o próprio sexo e com o sexo oposto[32].

---

32 Nossas obrigações na escolha de hipóteses a respeito da humanidade são profundas e absorventes. Como cientistas comprometidos na busca de melhores hipóteses temos certas obrigações claras. Como membros da sociedade humana em 1948 temos também evidentes obrigações de explorar ativamente aquelas hi-

póteses que parecem abrir outros campos importantes de pesquisa. As hipóteses sobre tipos constitucionais são como que facas de dois gumes. Na medida em que enfatizam que pode haver diferenças profundas e inalienáveis entre os indivíduos levam a generalizações perigosas em grupos raciais. É tão fácil identificar um certo tipo de ser humano e confundi-lo com algum grupo localizado, tais como os europeus do norte, porque o tipo A é esbelto e alto, e atribuir estas características a um povo que, como grupo, calha de ser mais alto e mais esbelto do que outro grupo. O próximo passo desse arrazoamento falacioso é o recrudescimento de um racismo de novo tipo com todos os seus perigos usuais. A direção da verdade neste período da história parece ser melhor encontrada pela ênfase na modificabilidade do homem e não em características imutáveis. O estudioso de tipos constitucionais terá de fazer somente dois erros: confundir a instituição cultural de conduta desejável com um tipo específico de temperamento inato ou confundir um físico relativo num grupo com a posição relativa na raça humana e terá aportado na terra falaciosa do racismo inadmissível. Esse perigo é tão grande que na escolha das linhas de uma pesquisa a busca de implicações das diferenças constitucionais deve ser efetuada com um senso de responsabilidade mais do que apurado.

7
REGULARIDADES BÁSICAS NO DESENVOLVIMENTO SEXUAL HUMANO

Apesar de serem variadas as maneiras pelas quais as diferentes culturas padronizam o desenvolvimento de seres humanos, há, contudo, regularidades básicas das quais nenhuma cultura conhecida escapou. Após incursões nos métodos educacionais contrastantes de sete diferentes culturas pudemos unificar regularidades que têm de ser consideradas por todas as sociedades. Todas as tentativas de compreender o que se está passando na nossa sociedade bem como em outras de nos compreendermos ou de construir uma vida diferente para nossos filhos devem tomá-las em consideração.

Assim, vimos que o entendimento infantil sob sua própria condição sexual e o modo pelo qual a importância daquela condição é avaliada devem ligar-se a um conjunto de condições. Há a estrutura do corpo no qual a menina vê que a reinterpretação da fecundação, da gravidez e do nascimento se ligam naturalmente com as experiências passadas, como a ingestão de alimento, enquanto o menino com a mesma experiência inicial poderá no máximo utilizá-las para compreender o papel feminino, mas sentir-se-á muito confuso se tentar tais experiências para compreender o seu próprio papel. A menina que recebeu o seio materno alegremente não precisa fazer qualquer ajustamento novo ou estruturalmente diverso para aceitar o relacionamento sexual adulto. Gerar é um tipo de conduta que se integra no ritmo biológico essencial de seu ser. Porque cada parte de seu corpo pode facilmente substituir uma outra na imaginação, se sua conduta é congruente, a menina poderá desenvolver soluções não congênitas se, além de seu desejo humano de correr e pular, explorar e tocar, se tornar por demais interessada no seu pênis vestigial, o clitóris. Contudo, a evidência tirada de muitas sociedades não sustenta a suposição comum dos estudiosos cujas pesquisas limitadas a nossa sociedade mostram que o estágio "fálico" nas meninas é uma barreira comum contra a qual devem lutar. Afirmam que tal fato traz uma dificuldade sistemática no ajustamento sexual pleno tanto quanto acontece com a permanência de uma atitude receptiva nos meninos, inicialmente associada à alimentação. Quando estes distúrbios ocorrem, nem a ênfase imprópria do menino na recepção ou da menina na inserção[33] podem ser referidas diretamente ao corpo humano. Ambas devem ser vistas como interpretações da experiência corporal de duas pequenas criaturas que vivem num mundo bissexuado, em que as pessoas têm várias idades e no qual a cópula e a gravidez, o nascimento e o aleitamento são condutas que exigem especialização sexual e são tão significativas quanto comer, beber, digerir, eliminar, as quais não requerem especialização.

As soluções que o próprio corpo da criança fornece nas suas tensões e costumes, na sua capacidade para assimilar, manter, abandonar e interagir, seja parcial, complementar ou simetrica-

---

33 *Intrusion*: introdução, intromissão, imposição à força. *Inception*: começo, criação. *The Oxford English Dictionary* fornece também o sentido de entrada, recepção (terceiro significado possível da palavra). Creio acompanhar o sentido da autora traduzindo o primeiro por *inserção* (masc.) e o segundo por *recepção* (fem.) [N.T.].

mente com todos os demais seres humanos ou reciprocamente, nunca poderão ser vistas isoladamente como uma simples sequência de desenvolvimento. Ao lado da criança que está experimentando a sensação de morder com os dentes recentemente nascidos, sempre está o adulto que desenvolveu sentimentos altamente padronizados sobre morder, rasgar, cortar, seccionar e analisar. A criança morde inocente e explorativamente uma maçã. A mão do adulto se comprime empaticamente, lembrando-se do ruído da polpa da fruta entre os dentes; apreensivamente numa primeira compreensão de que breve o bebê terá condições de morder e atacar os outros; furtivamente no gozo de uma lembrança varrida da consciência por muitos anos. O toque tenso do braço materno, o pequeno gesto de molhar os lábios, o som de seus dentes quando se encontram, a contração de sua mão, tudo isso surge para mostrar à criança qual é a natureza do ato de morder. Algumas vezes as fantasias do adulto se afastaram tanto das realidades observadas, que o próprio corpo da criança insere em sua consciência alguma parte do corpo ou algum hábito que os adultos que a circundam tentaram negar totalmente. Assim, achamos importante voltar a enfatizar o fato de que qualquer coisa que o adulto diga, sinta, reprima, a criança tem seu corpo, uma boca que suga e que mais tarde morde, que é capaz de cuspir e de remoer comida por toda a noite, de que a criança não é uma "tabula rasa" mas um organismo vigoroso e em maturação e com condutas apropriadas à sua idade e força. Não é um organismo amadurecendo numa caixa de vidro ou num consultório. A artificialidade do cubículo bem-iluminado, no qual a criança é fotografada em seis diferentes poses, é a maneira apropriada de se conseguir um quadro abstrato do padrão de conduta que a criança desenvolve enquanto cresce entre outros seres humanos. Os outros seres humanos poderão ser apartados e a criança será vista como um organismo em desenvolvimento que se lança para a maturidade. Mas na totalidade da experiência humana isso nunca acontece. Nenhum menino é solicitado a interpretar sua masculinidade, a não ser em relação a outros seres humanos de ambos os sexos. Nenhuma menina jamais se preocupa somente com o ritmo de seu próprio coração. Se a mãe que segura um filho em seus braços está tão consciente de que um dia ele poderá mordê-la a ponto de sentir que o vigor de sucção do recém-nascido é quase *como se ele estivesse mordendo*, a criança possivelmente aprenderá o que é morder antes de ter dentes. A criança não terá aprendido a morder com suas gengivas ou pelo desejo latente de comer a mãe, mas sim pela maneira pela qual a mãe, que tem dentes, interpreta o que sente com a boca de um outro ser humano pousado sobre ela ou sobre qualquer objeto. Ou então terá aprendido com a resposta que a mãe dá à simples tensão de seu corpo reprimido.

Quando se ignora a dependência da criança em relação a outros seres humanos para interpretação dos costumes do seu próprio corpo, os relatos de um clínico de nossa sociedade poderão parecer histórias fantásticas. O clínico conta o caso fora do comum do menino que acreditava que as pessoas nasciam do ânus e sustentava tais dados com brincadeiras ao vivo, afirmações verbais e talvez pesadelos no qual o menino acha que está tendo um bebê. O leitor ou ouvinte que tenta compreender tal caso pensa que o que o clínico falou (e muitas vezes o próprio clínico pensa que falou) foi que, fora de nossas experiências corporais de alimentação, digestão, eliminação, o menino desenvolveu a refinada fantasia do nascimento anal. De fato, não aconteceu algo tão simples assim. A partir de experiências globais com homens e mulheres de todas as idades e com os dados que ele consegue compreender com seu próprio corpo, o menino elaborou as suas próprias fantasias. Quanto mais a sociedade obscurecer estas relações, quanto mais camuflar o corpo humano com roupas e cercar de vergonha e de mistério a eliminação e a cópula, quanto mais silenciar sobre a gravidez e impedir a presença de homens e mulheres no ato do nascimento e esconder a alimentação ao seio materno, tanto mais individuais e bizarras serão as tentativas da criança em compreender e agrupar seu conhecimento imperfeito sobre o ciclo de vida de ambos os sexos e a compreender o estado específico de maturidade de seu corpo. Mas mesmo nas sociedades onde ocorrem poucas dessas condições obscuras, em que a criança vê o corpo humano em todas as idades e estágios, incluindo a morte, os modos específicos de aceitação ou rejeição ou uma mistura de aceitação-rejeição do próprio sexo que o adulto desenvolveu serão comunicados à criança, repetindo-se assim a cada geração o padrão esperado de caráter ou sua distorção sistemática. Cada um desses sistemas possui não só um padrão central ou talvez diversos padrões para diferentes classes ou castas, mas também limites de um possível desvio. O menino manu poderá crescer e tornar-se raptor de mulheres estrangeiras, visionário e um sátiro e ainda assim ser sadio. Mas não se tornará gentil e preocupado como amante. Tais possibilidades não estão contidas dentro dos limites do que aprende dos adultos que o cercam. O arapesh poderá tornar-se um homossexual passivo em contato com os membros de uma outra tribo ou tornar-se impotente; poderá desenvolver rituais higiênicos que nele se tornam um ritual autoerótico. Mas o estupro e a homossexualidade ativa estão fora do padrão, a não ser que ele seja completamente doente.

Assim, podemos conceber as crianças como indivíduos que continuamente reinterpretam a experiência, enquanto seus corpos se desenvolvem entre outros em desenvolvimento, maduros ou em declínio. Assim fazendo, quando sempre pensamos num mundo bissexuado de seres humanos de diferentes idades e tamanhos, vemos que há certas regularidades biológicas que não deixam de desempenhar sua parte nessas interpretações.

A primeira dessas regularidades é que meninos e meninas são aleitados pela mãe, o que significa que um sexo se apercebe de uma conduta complementar para com seu próprio sexo, enquanto o outro, o menino, vive inicialmente uma relação complementar com o sexo oposto. Não obstante o pouco ou muito que uma criança de três meses possa entender da diferença entre os sexos, a mãe é um ser plenamente capaz disso e com seu sorriso, seus braços, a posição de seu corpo, ela está consciente desse contraste, ainda que de diferentes modos, nas diferentes sociedades e em temperamentos diversos. A menina é uma pequena réplica dela própria. "Tal como ela sente agora, assim eu senti", eis um comentário mudo da mãe facilmente comunicado à criança. Na menina ela constrói as bases para uma identificação com seu próprio sexo que é simples e informal, como algo que já existe, que não requer elaboração e que pode ser aceito simplesmente. Mas para o menino, o comentário materno será inevitavelmente: "Isso é diferente para ele". A recepção não é a mesma coisa para o homem do que para a mulher. Dito em termos adultos, é uma reviravolta no papel feminino-masculino a mãe dizer "eu insiro e ele recebe". Antes de ser um homem, ele terá que abandonar essa receptividade passiva, através de uma mudança. Assim, a experiência primeira da criança do sexo feminino é de proximidade de sua própria natureza. A mãe e a filha mulher integram-se no mesmo padrão; o conhecimento da mãe de que seus pulsos batem o mesmo ritmo proporciona uma mediação ao desenvolvimento da criança. A menina diz: "Eu sou". O menino contudo aprende que deve começar a se diferenciar da pessoa que lhe é mais próxima e que, sem fazer isso, ele nunca será completamente ele; deve descobrir, diz o sorriso da mãe, a coqueteria suave, talvez agressiva, em seus braços ou a passividade a mais com que ela lhe concede o seio, ou seja, de que ele é um menino e não uma menina. No início mesmo da vida, o esforço e tentativa de maior autoidentificação já é sugerida ao menino, enquanto uma tranquila aceitação de si própria é apresentada à menina.

O assunto anteriormente abordado sugeriu alguns modos pelos quais diferentes sociedades modificaram, distorceram, supervalorizaram ou desvalorizaram a condição de um ou outro sexo. Neste capítulo contudo estou dando ênfase às regularidades biológicas que estão na base destas imensas diversidades. Se as mulheres gostam de seu sexo, ou têm ressentimento dele, elas ensinarão sua filha que ambas são do mesmo sexo, seja isto bom ou mau; e que os meninos pertencem a um sexo diferente. Esta regularidade fundamental está de fato ligada à lactação e à continuidade dos padrões sociais; as mulheres aleitam as crianças e também cuidam delas. Se o aleitamento fosse completamente suprimido por outra forma de alimentar os bebês, possibilidade sempre presente em nossa sociedade mecanicamente orientada, pais e irmãos tomariam a si igual responsabilidade pela criança e talvez esta lei biológica viesse a desaparecer. Ao invés de meninas aprenderem simplesmente que "foram" e meninos, que "deverão tornar-se", a ênfase passará a temas tais como força e tamanho relativo. As preocupações com o desenvolvimento da criança alterar-se-iam e talvez mesmo a psicologia do sexo. Presentemente os subprodutos da fase de aleitamento ainda possuem validade universal, porque em todas as sociedades o lidar com bebês é tido mais como trabalho feminino do que masculino. Não temos, pois, meios de dizer se o fato de o homem caminhar para a afirmação de sua masculinidade, diferenciando-se das mulheres pelas suas realizações, tem outra razão além desta primeira citada. Culturas, como a dos Arapesh, mostram quão facilmente esta tendência do homem pode ser sustada, na medida em que os pais não discriminam de maneira profunda o sexo de seus filhos e os homens tomam a si tarefas maternais. Mas esta decisão parece muito custosa, de modo que é válido perguntar se não há outras raízes para afirmação do masculino humano, quiçá mais filogeneticamente determinados. Seja como for, a situação mãe-filho no presente proporciona um contexto de ensinamento perfeito no qual as meninas aprendem a ser e os meninos aprendem a necessidade de agir. No próximo passo do desenvolvimento, no estágio em que a relação com o seio se torna ativa, a criança buscando-o e a mãe oferecendo menos ou mesmo negando-o, a situação do aprendizado se modifica em certo grau. A mãe poderá interpretar como conduta masculina a busca ativa do seio por parte do seu menino, encorajando-o nesta atitude de solicitação e exigência ou poderá estar suficientemente preocupada com uma interpretação oposta visualizando a busca como um furto que esvazia mais do que completa a sua feminilidade. O bebê de sexo feminino poderá ser tratado de modo semelhante caso sua avidez seja inaceitável na sua condição, ou poderá ser simplesmente considerada como uma fase da receptividade feminina natural. Neste período em que o bebê passa da receptividade passiva para a ativa, para a busca ávida do seio, é possível haver confusão nos termos das relações básicas entre o desenvolvimento bucal e o seio oferecido. Não é surpreendente que aqui se desenvolvam muitas elaborações das relações mãe-filho, diversas complicações nas atitudes para com os outros, e que uma exploração detalhada da situação de amamentação dos seis meses até o desmame poderá mostrar-se sempre recompensadora.

    Depois vem o desmame, sempre debaixo de alguma emoção, seja quando a criança está ainda mais preocupada na sucção, pequena demais para andar, ou depois de a criança estar andando, falando e se defendendo sozinha. Sobrevindo a suspensão, a menina abandona a relação mãe-filha, embora um dia volte a repeti-la. Mas o menino abandona-a para sempre, revivendo-a somente se as relações sexuais expressarem simbolicamente sua reentrada no útero. Entre as relações possíveis entre homem e mulher, a de mãe e filho no período de amamentação poderá ser aquela que as mulheres consideram mais recompensadora. Quando isto acontece o sentimento é comunicado à criança. "Ainda mais um mês" – esta relação tão preciosa estará implícita na voz materna sempre que repele as advertências dos circunstantes de que "ele está crescido demais para mamar". O menino por seu turno compreenderá que esta é a relação que as mulheres mais valorizam e como homem esperará que sua mulher prefira amamentar o bebê a dormir com ele e assim repetir o ciclo. Para a menina a situação diagramática é "está na hora de mudar – deixares de ser um bebê mamão e compenetrar-te do teu papel de mulher nutriz".

Entre os Arapesh as meninas aprendem a compartilhar com as mães a extrema valorização do aleitamento e são tão rebeldes ao desmame quanto os meninos. Entre os Manus as mães comunicam sua falta de entusiasmo no papel materno às filhas e a menina trata o seio materno com uma leve arrogância zombeteira, no que diz respeito ao aleitamento. Mas qualquer que seja a atitude, para o menino ela significa o fim de um tipo de relacionamento, enquanto para a menina significa o fim de uma etapa do padrão complementar e o começo de uma preparação para outro.

O período no qual as crianças estão aprendendo a regular a eliminação provê novamente uma base natural para a interpretação de sua condição sexual. Há certos costumes em que os tipos de conduta do ânus estão relacionados às condutas aprendidas pela boca. Embora uma eliminação pela boca seja devido à doença, a uma conduta de emergência ou a uma emoção desagradável, ela é ainda um costume que a boca pode praticar. A reversão de direção do esôfago que resulta no vômito tem a mesma qualidade convulsiva de uma defecação violenta e súbita e a não aceitação do vômito pode ser transferida às atitudes para com a defecação. Se a criança aprendeu no período de lactação a definir atitudes quanto à ingestão, a defender a boca do ataque de pessoas ou coisas, ou hábitos de guardar o alimento na boca, recusando-se a engolir, isto poderá ser reinterpretado na conduta da eliminação.

Nas culturas em que há extremada preocupação com a vergonha da eliminação, há uma tendência a obscurecer o reconhecimento de que o sistema gastrointestinal é único, aberto em dois extremos, no qual o alimento deve mover-se numa direção, mas que também poderá mover-se no sentido contrário. Assim, o interesse da criança na ingestão, manutenção e expulsão do alimento quase sempre surgidas de certo modo com a passagem do leite para o alimento e pelas exigências sanitárias – pois todas as sociedades humanas têm regras sanitárias – é outro ponto em que a concepção de masculinidade e feminilidade e o significado de pertencer a um sexo ou a outro são alvo de grande ênfase mais uma vez. O reconhecimento de que os objetos não são somente ingeridos, mas depois de sê-lo devem ser transformados, sendo expelidos de forma diferente, é algo que pode afetar profundamente a atitude de alguém para com a concepção, gestação e o nascimento. Quando a ênfase no produto é de fato um interesse pela produção de alguma coisa, em que se permite à criança sentir alguma identificação e interesse, a ligação com o nascimento pode ser grande. Mas se o pudor geral insiste em retirar da experiência os produtos da digestão, então a ênfase na maneira pela qual a comida é destruída ou transformada em um produto inaceitável será tão grande que somente permanecerá a natureza destrutiva da ingestão. Homens e mulheres revestirão de um caráter perigoso e destrutivo todos os órgãos de ingestão, sejam vulvas ou bocas. Ou então, o problema poderá ser resolvido totalmente em nível cultural por uma negação de que a transformação dos alimentos possua qualquer significação ou de que o corpo nada aproveita da comida que ingere.

Os Trobriander, conhecidos por negarem o papel biológico do pai na procriação, negam também qualquer utilidade do alimento que simplesmente entra no corpo, saindo outra vez de forma menos agradável. A outra elaboração extrema, que é a identificação da alimentação com a cópula, poderá surgir com a fantasia de adolescentes do sexo feminino da nossa sociedade que se recusam a comer por causa de um medo profundo inconsciente de que isto poderia levar à gravidez[34].

O duplo caráter dos órgãos de eliminação também fornece uma base para uma ênfase exagerada ou deficiente nas diferenças sexuais. Se todos os tipos de eliminação são tratados do mesmo modo, o que ocorre onde existe uma vergonha extrema tanto da micção quanto da eliminação e que a primeira deve ser privada e fortemente cercada de tabus como a segunda, as diferenças sexuais quanto à cópula podem ser silenciadas, enquanto as que se referem ao nascimento poderão ser exageradas. Aumentará assim a semelhança estabelecida entre as fezes e o recém-nascido. Onde existe uma atitude mais informal em relação à urina, a diferença estrutural entre homens e mulheres talvez seja mais evidente. Embora, sob tais circunstâncias, as mulheres urinem de pé, não havendo a conhecida expressão de inveja feminina encontrada no Ocidente de a menina que deseja urinar de pé embora não o faça, ainda assim os meninos tenderão a exibir-se, mostrando suas proezas entre si ou às meninas, se a cultura permitir. Indubitavelmente, está aqui um dos pontos nos quais o simples orgulho masculino de posse de um pênis pode desenvolver-se ou prejudicar-se. Na menina poderá engendrar-se a amargura, o desespero ou a sensação de que é inútil tentar.

Em qualquer análise sobre o modo pelo qual as atitudes para com a eliminação padronizam atitudes atinentes ao sexo é necessário qualificá-la, muito mais do que na análise sobre o aleitamento, em termos das diferentes possibilidades culturalmente permi-

---

34 RAHMAN, L.; RICHARDSON, H.B. & RIPLEY, H.S. "Anorexia Nervosa with Psychiatric Observations". In: *Psychosomatic Medicine*, vol. I, 1939, p. 335-365.

tidas. Todo conjunto de atos de alimentar, digerir e eliminar é bastante complexo e pode ser interpretado de diferentes maneiras. A diferença de estrutura entre um menino e uma menina poderá ser silenciada por convenção cultural e não há uma maneira clara e simples pela qual se possa afirmar que este estágio da infância contribuirá para um sentido de masculinidade e feminilidade, embora se possa esperar uma contribuição relevante.

Contudo é importante ressaltar que o sistema gastrintestinal como um todo é aquele com o qual o corpo se relaciona mais a objetos do que a pessoas, no qual o alimento é tomado e absorvido e de onde os elementos supérfluos são expelidos. Por outro lado, as primeiras relações de alimentação da criança são primordialmente com uma pessoa, embora a discriminação que a criança faz entre si própria e o seio materno possa ser tão sutil quanto afirmam muitos estudiosos desse período da vida. Quando a mãe oferece alimento além de aleitá-la, a relação da criança com o objeto e com a pessoa terá um caráter, enquanto a lactação sem alimentação complementar terá outro. O uso de dentes poderá intensificar as diferenças. Entre os Iatmul nota-se que a criança corta seus dentes, colocando-os em grandes conchas brancas e redondas, e que depois são penduradas no pescoço da mãe. Quando as dores da dentição infantil levam a criança a morder, esta não tem que despersonalizar sua relação completamente para proteger o seio destas mordidas, ela poderá simplesmente colocar a boca do bebê próxima ao colar. Mas em Bali o objeto que se dá para a criança morder é uma caixa prateada que se pendura em seu pescoço e dentro da qual se mantém tradicionalmente um pedacinho de seu cordão umbilical. Quando ela quer morder aprende, na medida em que vivencia um ato pessoal, que ele é pessoal no sentido de uma extensão da própria criança e não na direção dos outros. Depois de a mãe tê-lo superestimulado pela provocação, o bebê vai muitas vezes preferir sugar seu próprio dedão do pé, mesmo que possa utilizar o seio materno.

Qualquer que seja a transição, a distinção entre o corpo da mãe e o corpo da criança é muito importante seja ela satisfatória ou insatisfatória em termos interpessoais e em termos pessoa-objeto. Onde a amamentação não é enfatizada e o processo global de alimentação e eliminação é o centro da comunicação adulto-criança, esta última poderá formar uma imagem do mundo em que as coisas são mais importantes que as pessoas e em que as relações com os outros são primordialmente vistas como intercâmbio ou reciprocidade e em que a procriação de filhos se equaciona com a produção de qualquer outro objeto. Dessa forma, o nascimento torna-se um tipo de externalização. Nas imagens de nossa sociedade industrial o corpo humano torna-se uma fábrica que manufatura seres humanos em vez de a fábrica ser considerada um modelo imperfeito do próprio corpo humano. Os produtos do corpo são identificados como não pessoais e a orientação do indivíduo para o mundo exterior passa a ser predominante à medida que diminui a relação com o próprio corpo. É esta a estrutura de caráter dos Manus tanto quanto a que se desenvolve frequentemente na sociedade moderna. Mas a sua ocorrência no nível primitivo, como entre esses povos da idade da pedra guardados por espíritos, morando sobre estacas nas Ilhas do Almirantado, sugere que enquanto essa conduta é congruente com a máquina e com a fábrica a sua dinâmica se situa em nível profundo na relação dos indivíduos com seus próprios corpos. Esta externalização evidencia claramente, de maneira viva, o modo pelo qual os Manus tratam os abortos, provocados ou não, em que o embrião é tratado como se fosse um indivíduo com vida. Anos depois, a mãe não distinguirá entre um aborto aos três meses, um natimorto e uma criança que morreu vários dias após o nascimento. Todos emergiram para o mundo, a propriedade foi trocada em seus nomes e eles são idênticos nas recordações que se têm deles. Assim, para interpretar seu sexo através de seus próprios órgãos sexuais, a criança traça suas primeiras experiências através das quais seu relacionamento com os outros reforçou os sinais do próprio corpo. Se os adultos diferenciaram e diferenciaram de maneira feliz os dois sexos, o menino sentirá orgulho ao concluir que é homem, passando a achar a estrutura de seu corpo expressiva, passível de exibicionismo e vaidade. A menina estará consideravelmente menos segura de que a estrutura atual de seu corpo seja algo passível de orgulho. Ela tem de fato uma genitália menos evidente por si que seu irmão. Embora tenha uma identificação com sua mãe, como mulher, ela não tem seios, seu ventre é muito pequeno, ainda que o estufe quando caminha ou que enfrente a confusa experiência de ser apalpada e de perguntarem "se ela está grávida". E quanto ao menino, talvez sinta uma certeza global de que ele é um homem na medida em que mantenha seu pensamento voltado para a existência do pênis, não pense excessivamente nos problemas de paternidade, que estão além de sua imaginação. A menina, por seu turno, deve ter fé no fato de que *será* mãe. A maternidade é mais facilmente apreendida do que a paternidade. As recompensas da simples masculinidade anatômica são mais positivas do que as recompensas da feminilidade. Quanto mais biologicamente precisos forem os primeiros anos, tanto mais a mãe terá feito com que seu filho menino sinta sua masculinidade e a menina, sua feminilidade. E tanto mais esse período terá sido de segurança para os meninos e de insegurança para as meninas.

Mas, ao que parece, isto torna a solução edipiana global algo diferente para meninos e meninas. Do alto do seu sentido de masculinidade, o menino tem que levar em consideração o fato de que ele é atualmente incapaz de tomar uma mulher para si, seja ela adulta ou não. Ele deve enfrentar a necessidade de crescer, aprender, dominar um grande número de habilidades e poderes antes de competir com os homens adultos. Ele poderá assustar-se se o pai sente sua masculinidade incipiente como uma ameaça ou se ele comunica seus receios acerca do perigo de nunca ser másculo de fato. Pode ser irritante para o menino se os homens adultos lhe forem apresentados como criaturas de tão pouca importância e que a competição com eles seria algo fácil. Poderia ser terrivelmente desencorajador se estes homens adultos de sua sociedade o vissem como criatura de força, bravura, agressividade e instinto incomparáveis, como fazem os índios da planície. Crescer poderá ser entendido em termos de crescer fisicamente, capturar um inimigo ou ter acumulado suficiente propriedade para trocar uma esposa, mas geralmente a obtenção de plenos direitos de homens aos favores da mulher torna-se condicionado a seu aprendizado de costumes específicos, alguns dos quais lhe parecem difíceis. Algumas sociedades não fazem proibições a jogos sexuais ou de exibicionismo com outros meninos ou a brincadeiras de casamento com as meninas. Mas tenha ou não permissão de participar nesses jogos de sexo, o menino aprende, algumas vezes explícita outras implicitamente, que existe um longo caminho a percorrer entre a segurança ditada pela valentia e o exibicionismo dos 5 anos e o homem que poderá vencer e manter uma mulher no mundo onde há outros homens.

Aqui novamente a explicação que os indivíduos recebem sobre o crescimento inverte a posição dos meninos e das meninas. O menino aprende que deve fazer um esforço para entrar no mundo dos homens, que seu primeiro ato de diferenciação de sua mãe, de compreensão de seu próprio corpo como sendo diferente do dela, deve continuar através de longos anos de esforço, que poderão ou não ser bem-sucedidos. Ele ainda traz consigo um conhecimento de que o nascimento é algo que as mulheres podem desempenhar, como sua irmã, por exemplo, o que é um estímulo latente para outro tipo de realização. Ele inicia seu longo percurso de crescimento e de prática, cujo resultado é incerto caso se mostre inapto não só a possuir uma mulher como a tornar-se pai. A menina não passa por tal desafio. Os tabus e a etiqueta colocados nela são modos de proteger sua feminilidade, que desponta, dos homens adultos. Ela aprende a cruzar as pernas, a esconder seus tornozelos sob o corpo ou sentar com suas pernas juntas, fechando-as. Ela é vestida de modo a proteger suas partes mais íntimas contra a violação ou o defloramento prematuros. Estão implícitos, nas numerosas regras que lhe são ditadas, as proibições de privilégios, exibicionismo, vadiagem ou pilhagem que são permitidos a seu irmão. A mensagem é "poderá acontecer cedo demais; espere". E isto advém exatamente no tempo em que seu irmão tem permissão para se expor muito mais em público, em que ele pode caminhar nu, desarrumado, despreocupado e sem problemas, proclamando em voz alta a negligência do mundo adulto que nada irá acontecer *da parte dele* que possa incomodar quem quer que seja. Entre os Iatmul, os Arapesh, os Mundugumor e os Tchambuli o menino põe uma tanga quando quer, mas a menina veste uma saia de capim cuidadosamente atada à cintura, ainda pequenina. E quando sua adolescência se aproxima, aumentarão as prescrições que a cercam: aumentará o número das acompanhantes nas sociedades que valoram a virgindade e aumentará o interesse de homens mais velhos naquelas sociedades que não a valoram. Sobre a insegurança inicial de seu papel maternal constrói-se uma curva ascendente de certeza, finalmente coroada nas sociedades primitivas e simples onde todas as mulheres se casam com o nascimento do filho, como uma experiência que é tão real e válida que somente muito poucas mulheres que estejam doentes, criadas em sociedades que desvalorizam a maternidade, negam-na por completo. Assim, a vida da mulher começa e termina com a certeza: primeiro com a simples identificação com sua mãe, e depois a segurança de que tal identificação é verdadeira, posto que gerou um novo ser humano. O período de dúvida e inveja de seu irmão é breve e prematuro, seguindo-se longos anos de segurança. Para o homem, contudo, a certeza é oposta. A experiência principal de seu eu é aquela para a qual é forçado a se compreender e a se ver como criatura diferente em relação à sua mãe, diferente daqueles seres humanos que pelo uso de seus corpos geram filhos de modo direto e inteligível. Assim, ele tem que sair de si próprio, entrando e explorando e produzindo no mundo exterior, buscando sua expressão através dos corpos de outros. O breve período de certezas tranquilas de que ele está completamente armado para o combate visto como uma simples cópula ou como uma simples façanha de força e poder é posto a perder pela consciência de que ele ainda não está pronto para agir. Essa incerteza imposta, este período de luta e esforço nunca acaba realmente. Ele crescerá, arranjará uma vítima ou tentará buscar para si um *bride-price*; ele poderá casar e sua esposa dar à luz um filho, mas a criança que ela fizer nascer não será nunca uma certeza absoluta para ele tal como é para ela. Possivelmente, culturas como os Arapesh que associam a criação de uma criança com o trabalho contínuo e árduo de ambos os pais, na medida em que a criança é formada com inoculações contínuas de sêmen do pai e do sangue da mãe, chegam o mais próximo possível de uma concessão de um sentido ao pai, de que ele construiu alguma coisa com seu próprio esforço. Mas a versão arapesh de paternidade é no final das contas um mito, um mito congruente com um grande valor concedido à paternidade pelo grupo. No nível mais simples da sociedade humana, os homens não tiveram meios de estabelecer a relação entre a cópula e a paternidade. Na medida em que o relacionamento de observações vinculadas e exatas foi aumentando, o papel do pai se especificou como sendo o de um único ato copulatório bem-sucedido. Enquanto a moderna teoria genética voltou a dignificar o papel paterno por uma contribuição genética semelhante à materna, não aumentou contudo nossa possibilidade de provar que um determinado homem é de fato o pai de uma determinada criança. Esta teoria simplesmente aumentou nossa capacidade de provar que um determinado homem não poderia ser pai de uma determinada criança. Ela poderá proteger um homem contra um processo legal e ajudá-lo a verificar sua suspeição de infidelidade da mulher, mas não aumenta sua certeza da paternidade. Ela continua a ser, como todo o moderno conhecimento biológico, algo que se infere como sempre aconteceu no passado, e bem menos confirmável do que pareceu ser em certos momentos da história. Assim, enquanto as mulheres, em sociedades nas quais sempre se casam, acabam resolvendo todas as dúvidas a respeito da sua condição sexual implantada no curso natural de sua longa infância, o homem necessita reafirmar, continuar tentando e redefinindo sua masculinidade.

Em cada sociedade humana pode-se reconhecer a necessidade de realização no homem. Os homens podem cozinhar, tecer ou vestir bonecas ou caçar beija-flores. Se tais atividades são apropriadas a eles, a sociedade como um todo e ambos os sexos considerá-las-ão importantes. Quando as mesmas ocupações são desempenhadas pelas mulheres, elas são tidas como menos importantes. Num grande número de sociedades humanas, a certeza do homem sobre seu papel sexual é conseguida através do direito ou habilidade de praticar alguma atividade não permitida às mulheres. Sua masculinidade deve ser reafirmada de fato pela proibição às mulheres de penetrar em alguma área ou de realizar algum feito. Aqui poder-se-á encontrar uma relação entre masculinidade e orgulho, isto é, uma necessidade de prestígio que excederá o prestígio que é concedido a qualquer mulher. Não há evidência de que é necessário para o homem superar a mulher de maneira específica, mas sim de que os homens realmente necessitam encontrar uma afirmação nas realizações, e por causa de tal convicção as culturas julgam a realização como algo que as mulheres não conseguem ou não podem conseguir, em vez de explicitamente algo que os homens efetuam a contento. O problema permanente da civilização é definir o papel do homem de modos suficientemente satisfatórios, seja o de preparar a horta, criar o gado, caçar ou matar inimigos, construir pontes ou manipular ações bancárias, de sorte que possa ele, no curso da vida, alcançar um sentido sólido de realização irreversível, que seu conhecimento de infância sobre as satisfações de gerar um filho não dava uma ideia clara. No caso das mulheres é somente necessário que se lhes permita preencher seu papel biológico, pelos arranjos sociais dados, para conseguir esse sentido de realização irreversível. Se as mulheres devem ser incansáveis e curiosas mesmo em face ao nascimento de crianças, devem elas alcançar essa condição através da educação. Se os homens devem alguma vez ficar em paz, certos de que suas vidas foram vividas como deveriam ser, eles devem ter formas elaboradas de expressão em adição à paternidade, que sejam duradouras e seguras. Cada cultura desenvolveu a seu modo formas que tornam os homens satisfeitos nas suas atividades construtivas, sem distorcer seu sentido seguro de masculinidade. Um número menor de culturas encontrou também meios de provocar na mulher um grande descontentamento que exige outras satisfações além da geração de filhos.

PARTE III

OS PROBLEMAS DA SOCIEDADE[35]

---

[35] Nesta seção usei observações antropológicas para lançar luz sobre problemas gerais sobre família e inter-relacionamento entre os sexos – problemas de fertilidade e esterilidade, homossexualidade e heterossexualidade – em relação a uma fase de experiências recentes em endocrinologia, psicologia comparativa, fisiologia humana e desenvolvimento. Meu método de trabalho tem sido o de confiar profundamente nas discussões entre indivíduos em cada campo, cuja abordagem conhecia e creditava, lendo tais estudos individuais, sempre que recomendados a mim como especialmente eminentes. Não tentarei aqui apresentar uma bibliografia sistemática, não me proponho a sumariar esses campos nem estou em condições para tal. No preparo deste livro tentei fazer perguntas a cientistas selecionados, de tal modo que eu seria levada a matérias que contradiziam ou iluminavam os problemas nos quais estava trabalhando. Muito devo a Lawrence K. Frank e sua ampla orientação nessa literatura e a Earl T. Engle, William Greulich, Gregory Bateson e Evelyn Hutchinson, bem como ao trabalho publicado de Kingsley Noble, Frank Beach, A. Maslow, R. Carpenter, S. Zuckerman e T.C. Schneirla.

8
Ritmo de trabalho e lazer

Agora passaremos da consideração dos modos pelos quais as crianças aprendem seu papel sexual para uma abordagem de todo o problema de um ponto de vista diferente. Se qualquer sociedade, simples ou complexa, baseada nas formas mais rudimentares de caça e pesca ou numa intrincada troca global de produtos manufaturados, quer sobreviver, ela tem de possuir um padrão de vida social que integre a diferença entre os sexos. Se olhamos para todo o mundo humano conhecido, podemos perguntar quais são os problemas a serem resolvidos para que a sociedade sobreviva? Um deles é saber organizar um ritmo de atividade e descanso que em muitas sociedades se transforma também no modo pelo qual se alternam trabalho, atividade que é proposital e dirigida para fins que estão fora dela própria, e lazer, atividade autorrecompensadora.

A relação entre ritmos fisiológicos nos seres humanos e a maneira pela qual a humanidade padronizou dia e noite, meses e anos, visualizou a existência como um contínuo permanentemente subdividido em vários ciclos de vida e de morte, põe em relevo as contribuições diferentes dos dois sexos. Podemos apreciar os ritmos fisiológicos e notar os contrastes entre a vida da mulher com suas transições agudamente definidas de menarca, defloração, gravidez, nascimento, lactação, menopausa, e a vida do homem, evoluindo imperceptivelmente da infância à juventude, da juventude à maturidade, com seu primeiro sonho de polução ou sua primeira cópula, que não deixam marcas no seu organismo, a não ser o significado que o indivíduo concede. Ou podemos apreciar as expressões culturais elaboradas pelas quais o tempo foi padronizado em intrincadas periodicidades de matemática ou de música, nas quais a mulher quase não desempenhou um papel criador. Podemos apreciar o ciclo mensal das mulheres, que mostra maior ou menor tensão e receptividade, na medida em que o corpo se prepara sem descanso para a fertilização que poderá vir ou não, comparando-o aos estados peculiares de cansaço e mau humor no homem, que não parece ter nenhum ritmo a partir do qual se possa construir um calendário, a não ser que se faça referência à periodicidade de suas mulheres. Finalmente, temos as afirmações dos estudantes de endocrinologia de que a mulher tem maior capacidade para o trabalho monótono contínuo, enquanto os homens têm uma capacidade para mobilização de súbitas explosões de energia, seguida de uma necessidade de repouso e recuperação dos recursos.

    Estes contrastes são tão marcantes que se pode ver num simples relance se uma cultura foi construída à base de especificações e capacidades rítmicas de um sexo, tornando-se padronizada de um modo que integra desigual e toscamente o outro sexo. E também que em todas as culturas em que o homem e a mulher compartilham as tarefas do mundo deve haver como que um compromisso entre as periodicidades rítmicas do homem e as da mulher. Mas as formas pelas quais as diferentes culturas chegaram a estes compromissos são variadas e diversamente compensadoras.

    Considere-se primeiro a questão de trabalho monótono e repetitivo comparado ao trabalho que demanda esforço e descanso. A capacidade de esforço pode ser ligada profundamente ao nosso conhecimento endocrinológico do homem. Pode-se conceber que o esforço seja fisiologicamente induzido na fêmea, ao preço de uma masculinização dos caracteres sexuais secundários. O restante das afirmações, de que os homens sejam mais capazes de trabalho que envolva força física, que os trabalhos monótonos sejam menos compatíveis com eles, e as mulheres biologicamente mais adaptáveis a tarefas monótonas contínuas e sem esforço psíquico, parece não ter nenhum fundamento em material de pesquisa.

Os Balineses são os que manifestam menos fadiga, entre todos os povos sobre os quais possuímos registro. Dia e noite, as estradas estão cheias de homens e mulheres caminhando com cargas pesadas que necessitam de muitas pessoas para colocá-las no ombro ou na cabeça dos caminhantes. Dia e noite, o ar está cheio de música que os homens praticam incansavelmente após tantas horas de trabalho em que permaneceram com os pés submersos na lama dos campos de arroz. As atividades continuam hora após hora, modificam-se embora sem pressa, geralmente mais marcadas por um ritmo leve do que por fortes ímpetos de energia. Os braços dos homens são quase desprovidos de músculos pesados tal qual as mulheres, conquanto exista a possibilidade de desenvolvimento desses músculos. Quando os Balineses trabalhavam como *coolies* nas docas sob a insistente supervisão de europeus, seus braços se desenvolviam e enrijeciam. Mas em suas aldeias eles preferem arrastar a erguer e utilizar muitas mãos para cada tarefa, de modo que uma casa pode mudar de um lugar para outro, ou uma torre crematória gigante pode ser levada ao cemitério com cem homens destacados para a tarefa, ninguém se esforçando demais. Para a construção de uma casa, para uma festa no templo, para uma cerimônia há sempre mais trabalhadores do que o necessário e sobra sempre tempo. Sem pressões, em tarefas divididas e subdivididas de modo a haver trabalho para todos, homens e mulheres têm tempo para fumar, mastigar bétel, dar uma volta, brincar com um bebê, tocar algumas notas de um instrumento musical próximo às mãos e voltar ao trabalho novamente. Não existe uma palavra para "cansaço", mas uma que pode ser definida como "muito cansaço" usada em ocasiões em que há tensão, como nas comemorações da lavragem da terra. Altamente exibicionistas, nestas comemorações cada homem aposta uma corrida, com seus bois enfeitados, através dos campos de arroz altos e secos das montanhas, voltando para casa para dormir por muitas horas, exausto com esse ímpeto de esforço que os ocidentais acreditam ser congênito no homem. Aqui em Bali a capacidade para essas explosões, para um esforço subitamente mobilizado, capaz de erguer um grande peso ou de uma corrida violenta, é pouco habitual. Os homens e mulheres que arrastam objetos e fazem oferendas, que caminham longas distâncias com cargas que não podem erguer, que mantêm sob elas um ritmo levemente apressado, que trabalham muitas horas nos campos, após descansarem por alguns minutos praticando o que chamam "andar para esquecer", continuam dançando por muitas horas ou cortam folhas e carnes para as oferendas. Se não conhecêssemos qualquer outro povo além dos Balineses, nunca saberíamos que os homens têm possibilidade de desenvolver músculos pesados, alternando períodos de esforço altamente enérgicos e períodos de recuperação.

    Mas assim como o ritmo de trabalho de Bali não desenvolve nos homens a capacidade de fazer um esforço especial, assim também o calendário não tem compromissos com a periodicidade feminina. Menstruação e gravidez são cerimonialmente desqualificantes. Uma mulher menstruada não poderá entrar no templo, nem mesmo no que há no próprio quintal de sua casa. As mulheres grávidas ou puérperas não podem entrar na casa de alguns deuses especiais nem se aproximar demais de um sacerdote cuja pureza cerimonial deve ser preservada. Mas o calendário, um intrincado padrão no qual semanas de um, dois, três e até dez dias se superpõem e cada parte recorrente marca uma certa conveniência para uma cerimônia, não tem nenhum reajuste que integre os ritmos femininos. Chega o dia da festa e as mulheres menstruadas não podem comparecer. Nasce uma criança e seus pais, que seriam uma parte importante de alguma festa de data fixa, não podem participar. Organiza-se uma dança e um dia antes do acontecimento uma das pequenas dançarinas de transe fica menstruada pela primeira vez e é retirada para sempre do elenco. Sem concessões, essas vidas prosseguem fixadas pelo calendário e as mulheres e os homens através delas são impedidos de participação. Talvez não seja surpresa o fato de as mulheres definirem comumente a menstruação como sendo a impossibilidade de entrar num templo e a gravidez como semelhante a uma ferida ou mutilação que lhes impede a vida cerimonial. Mas quase como se o fracasso de chegar a um ajustamento dos clímax possíveis dos dois sexos, dos clímax cíclicos da maternidade, da cópula, da capacidade de desempenhar intenso esforço físico no caso do homem, tivesse de ser encarado de outra maneira, vamos encontrar no cerimonial religioso balinês violentos ataques paroxísmicos. São extremamente violentos, embora sem manifestações sexuais específicas. Homens e mulheres, armados de *krises*[36], colocam-nos contra si próprios e depois de furiosos autoataques simulados tombam contorcendo-se em espasmos. Depois que o transe termina, o cabelo das mulheres é novamente penteado como se faz durante o parto para acalmá-las e a água sagrada fria é derramada nos rostos dos homens e mulheres. Eles voltam à vida cotidiana, cujo ritmo é sem pressa e sem clímax, uma vida em que homens e mulheres se movem silenciosamente ocupados pelos dias infinitamente subdivididos por um sistema artificial que ignora o ano lunar, conhecido mas não observado. Talvez um rit-

---

36 Do malaio. Espadas com lâminas onduladas [N.T.].

mo por demais natural para satisfazê-los, como o ciclo de 210 dias em que se baseia o calendário.

É só passarmos para uma outra cultura, e encontramos um ritmo diferente. Nas montanhas selvagens e abruptas da Nova Guiné, onde a comida é escassa e as hortas estão longe umas das outras, os homens e mulheres arapesh, todos subalimentados, cruzam para baixo e para cima as ladeiras íngremes, as mulheres com seus maxilares fechados com força pela carga que prendem à testa. Quando há festa, há trabalho demais para poucos durante longas horas nos pântanos de sagu, dos quais chegam homens e mulheres com os olhos vermelhos, exaustos e desestimulados para qualquer atividade. Todo o trabalho é pesado, as estradas íngremes e longas demais, as cargas sempre pesadas para carregar. As mulheres fazem o carregamento diário; suas cabeças são tidas como mais fortes. Os homens carregam porcos e toras compridas. Os seus ombros somem debaixo dos troncos que levam. Na aldeia, num dia de repouso ocasional, homens e mulheres sentam-se com as mãos vazias e desocupadas e as mulheres colocam seus bebês nos seios dizendo: "Hoje estamos exaustos, todos vão dormir na aldeia". Como as mulheres compartilham dos pesados e exigentes trabalhos, assim também os homens compartilham as pequenas rotinas da vida diária, segurando os filhos ao colo, acendendo fogo, buscando lenha no bosque. Mas, no geral, o ritmo de trabalho está mais de acordo com o tipo supostamente masculino. Caracteristicamente, o trabalho que ocupa as mãos industriosas das mulheres em tantas sociedades está ausente. As mãos femininas jazem inertes tanto quanto as mãos dos homens, depois das subidas e descidas durante o dia.

Não há calendário para estabelecer os dias que passam, nem um esquema nascido do padrão imaginativo de tempo ou advindo de uma observação cuidadosa da lua e das estreias por parte do homem. O movimento da plêiade é marcado, mas sem nenhum propósito estabelecido. A colheita dos inhames, feita segundo o calendário, de modo que em certas épocas há abundância e em outras fome, entre os Arapesh das montanhas é plantada durante todo o ano. O ritmo de trabalho que definimos como feminino, o trabalho que nunca é criação, mas é voltado para as exigências recorrentes de alimento e cuidado da prole especialmente, acha-se aqui combinado com o ritmo de trabalho que denominamos masculino e no qual as exteriorizações irregulares de energia se alternam com os períodos também irregulares de descanso. Tanto os homens quanto as mulheres ajustam-se à periodicidade feminina.

Durante a menstruação, a mulher descansa num abrigo pequeno, malconstruído, próximo à falda de um morro, e os homens têm que se cuidar, olhar as crianças e se abster de entrar na plantação de inhames, onde é proibida a presença da mulher. Assim, durante a gravidez, ele compartilha dos tabus da mulher e quando a criança é posta ao lado da parturiente, ele também descansa do trabalho de parto, pois este envelhece o homem e a mulher. Observando tão somente os Arapesh e os Balineses, seria ainda difícil construir um quadro da diferença biológica no ritmo dos dois sexos. Vendo os Arapesh individualmente, julgaríamos que as mulheres são capazes de ímpetos enérgicos para o trabalho e que os homens são sujeitos, de certo modo, ao incômodo biológico da menstruação e do parto.

Para os Balineses não existe também uma diferença marcante entre trabalho e lazer. A distinção entre um tipo de trabalho e outro é principalmente relacionada ao sagrado, de modo que cortar carne num templo é trabalho para os deuses; cortar em casa é somente trabalho. Os Manus, pescadores das Ilhas do Almirantado, que moram em palafitas, fazem distinção entre trabalho e lazer semelhante à dos nossos ancestrais puritanos. Ambos os sexos trabalham muito, os homens pescando, construindo casas, comerciando em longas viagens e as mulheres cozinhando, defumando peixe, comparecendo ao mercado local, fazendo colares e saias de capim. O ócio é um pecado permissível somente quando proveniente por um trabalho particularmente rude, como quando os homens se deitam perto da aldeia após uma longa noite de pescaria na lagoa, com água até a cintura. Ou quando as mulheres se sentam temporariamente imobilizadas com seu recém-nascido, enquanto o marido acumula sagu suficiente para resgatá-la do irmão dela. Mas aqui, a apenas um grau do Equador, os homens e mulheres trabalham rudemente, ocupados e atribulados por muitas coisas, compelidos pelas exigências de fantasmas capciosos e exigentes, onde cada doença é explicada como uma punição desses fantasmas, por algum fracasso econômico, em pagar uma dívida, construir uma casa ou iniciar novo empreendimento. A menstruação é vista como algo tão vergonhoso que deve ser escondido. A mulher nem é castigada, nem tem licença para descansar. Os tabus de um jovem pai lhe permitem um período de ócio parcial, enquanto se acumula a comida necessária para completar as trocas pelo recém-nascido. No cômputo geral, o quadro social manu é de bastante igualdade quanto aos sexos. Maridos e mulheres se associam, embora separadamente, num curto período de ócio após o nascimento do filho. As mulheres desempenham um pouco mais as tarefas rotineiras da vida, mas os homens são tão industriosos que os contrastes não aparecem. Onde o trabalho é um dever, dever reforçado por sanções religiosas pesadas, a capacidade possivelmente maior da mulher para pequenas tarefas monótonas e a capacidade possivelmente natural do homem para momentos irregulares de trabalho podem ser afastadas por um tipo de atividade que retira seu padrão de um dever aprendido para ser laborioso.

    Entre os caçadores de cabeça iatmul, do curso médio do Rio Sepik, encontramos uma divisão de ritmo de trabalho que se aproxima muito das atuais teorias sobre diferenças sexuais. Ali as mulheres trabalham de forma constante mas alegremente, em grupos, sem nenhuma sensação de estarem sendo excessivamente dirigidas. Elas são responsáveis pela pesca diária, pelos peixes que são levados ao mercado, pela coleta de madeira para o fogo, pelo carregamento de água para cozinhar e pela trançagem de grandes cestos cilíndricos para evitar mosquitos, que são como quartos em miniatura que protegem os seres humanos contra os vorazes insetos. As horas passadas em claro estão praticamente ocupadas. Eles mostram pouca irritação ou fadiga nas contínuas exigências da tarefa doméstica e da pescaria. O trabalho masculino, contudo, é quase episódico: construção de casas, de canoas, caças coletivas do crocodilo na estação seca ou de pequenos roedores, queimando uma área de capim em volta ou ainda a inventar locais teatrais para cerimônias. Dificilmente qualquer dessas atividades necessita de um tempo estipulado e tudo é feito em resposta a longas arengas, ameaças, desafios, ousadias e contraousadias, sob a pressão das quais o grupo de homens finalmente desempenhará alguma atividade, tornando-se excitado e agressor o suficiente para trabalhar com vontade. Há muitas tentativas abortadas de trabalho em larga escala, que a própria vontade de trabalhar agressiva e exibicionista não foi suficiente para pôr em prática. Quando as tarefas são desempenhadas há um grande desperdício de energia e esforço; o corpo todo é envolvido e os homens reclamam muito de cansaço após estes esforços.

    Quando os meninos e meninas brincam em conjunto, eles fazem mímica da vida adulta: os meninos caçam pequenos pássaros e as meninas os cozinham; eles fazem mímica de cerimônias funerárias ou de eventos shamanísticos. O narrador muitas vezes dirá: "Voltamos à aldeia" e as meninas dizem: "Vamos brincar outra vez amanhã", enquanto os meninos respondem: "Não, estamos muito cansados, vamos descansar amanhã". A capacidade das mulheres iatmul de trabalhar monotonamente em tarefas pouco atraentes sem embotamento e distúrbios sérios em seu ritmo e a falta de inclinação dos homens iatmul a quaisquer tarefas podem ser satisfatoriamente ilustradas por um episódio acontecido quando estivemos pela primeira vez na aldeia Tambunum. Pedimos a Tomi, um dos homens nativos que trabalhava para nós como informante, que conseguisse um pouco de barro da beira do rio para tapar as fendas entre a cesta contra mosquito e o chão de cimento malfeito do nosso cômodo. Tomi conseguiu o barro e prazerosamente começou a fechar os orifícios. Depois buscou suas cinco esposas, dividiu o barro em duas partes e deu uma parte a suas esposas para continuar o trabalho útil e tedioso de tapar os buracos. Com a outra parte, ele modelou um belo crocodilo para adornar o degrau da porta.

Assim o teórico sobre os ritmos naturais do homem e da mulher que baseasse suas teorias nos Iatmul voltaria com uma visão do masculino como descendente linear do caçador nômade, capaz de um grande repente de esforço mas exigindo longos períodos de recuperação e uma visão da mulher como sendo melhor aquinhoada pela natureza para as tarefas rotineiras da vida diária, resistindo pacientemente ao mundo no qual o seu trabalho nunca estava de todo acabado e suas mãos poucas vezes em descanso.

Os Iatmul aceitam a menstruação com simplicidade. Uma mulher menstruada não deve cozinhar para seu marido a não ser que esteja zangada com ele e lhe deseja fazer algum mal leve. Mas devido ao modo pelo qual as casas iatmul se organizam, com duas famílias morando em cada extremo de uma única moradia, e geralmente com muitas mulheres em disponibilidade – esposas extras, viúvas, filhas solteiras –, este trabalho não é dificuldade para ninguém. Quando uma criança nasce, a mãe pode retornar à sua própria família onde se recuperará dos trabalhos de parto, mas sem que recaiam tabus pesados sobre o marido. A pressão social é principalmente dirigida contra a iniquidade de chegar a ter mais de uma esposa grávida ao mesmo tempo e os homens poderão ser publicamente rechaçados pelos mais velhos de seu próprio clã. "Quem você pensa que é para ter três mulheres grávidas ao mesmo tempo? Quem é que agora vai trabalhar na casa? Quem vai trazer lenha para o fogo? Você, imagino!" Os homens são forçados a trabalhar no campo de sagu, mesmo se for para alimentar as próprias famílias. Os ares das aldeias estão cheios de vitupérios das mulheres tratando seus maridos com insultos e injúrias para que vão trabalhar no sagu e o tragam para casa.

Entre os Samoanos, os ritmos de trabalho estão novamente mais igualmente divididos. Embora os homens tenham desejos ocasionais de pescar tartaruga ou tubarão – o que lhes arrebata todas as energias – tanto eles quanto as mulheres executam a agricultura rude e dura e uma pescaria exaustiva. Os dois sexos cozinham, fazem trabalhos manuais e mesmo as mãos de um chefe da camada mais alta dificilmente ficam paradas. Quando ele senta entre seus conselheiros, suas mãos estão ocupadas enrolando uma corda de fibra de coco na sua perna ou trançando as centenas de jardas necessárias a arrastar casas ou canoas. As mulheres gastam seu tempo tecendo esteiras tão finas quanto o linho, que serão os dotes das filhas das famílias dos chefes ou servirão de camas para toda a aldeia. O trabalho é mais propriamente determinado por idade e *status* do que por sexo. Homens e mulheres são fortes e musculosos, sobem ladeiras fazendo transporte; ambos alternam um trabalho exigente com períodos de plácida industriosidade e longas horas informais de canto e de dança. A vida ocupada, contente e laboriosa é contrabalançada por períodos em que toda a vila vai à celebração de casamento ou simplesmente por uma sucessão de festividades. Então, talvez por dois ou três meses não se faz nenhum trabalho e todo o tempo será devotado a festas que deverão mais tarde ser pagas em espécie, resultando em muito trabalho árduo. Mas homens e mulheres, velhos e novos, dividem os trabalhos nas festividades. Não há sentido de pressa ou tensão, embora algumas vezes exista uma excitação nos assuntos de etiqueta e cerimonial e as crianças de 5 anos corram de um lado para outro exclamando: "Nossa! quanta complicação lá em casa!" Assim, mesmo uma vista de olhos sobre cinco sociedades mostra o quanto são arbitrárias as sistematizações dos ritmos de trabalho do homem e da mulher. Se a pesquisa finalmente demonstra qualquer diferença genuína na capacidade de tolerar a monotonia ou de se beneficiar pelo trabalho, de ímpetos irregulares de energia, nós ainda teremos de considerar se os resultados mais bem-sucedidos são os obtidos construindo uma sociedade na qual o trabalho da mulher, além de mais monótono e solicitativo, está também ligado ao ciclo da menstruação e da gravidez, enquanto o trabalho masculino, menos monótono e exigente, pode atender a qualquer emergência na medida em que os homens não estão sujeitos a nenhum ascenso e descenso periódico nas capacidades. Veremos talvez, ao invés disso, que se todo trabalho é suficientemente vinculado, de modo que as mulheres não sofrem solicitações indevidas durante suas flutuações periódicas de capacidade, os homens também não deixam de elaborar "crises" se crerem necessário. O ganho com a adaptação de ritmo entre os sexos será maior do que qualquer perda, que adviria por não se apreender o ritmo de trabalho de cada sexo de modo perfeitamente relacionado às suas distintas periodicidades.

Na medida em que estivemos considerando a distribuição de esforço no tempo e as possíveis diferenças entre ambos os sexos na capacidade inata e na conduta aprendida, mas também um outro contraste entre os sexos, tão marcante quanto seus ritmos diurnos e mensais diversos ou como a presença ou ausência de gravidez, é o controle da trama de suas vidas.

A carreira biológica da mulher tem uma estrutura de clímax natural que pode ser abafada, emudecida, camuflada, publicamente negada, mas que permanece um elemento essencial na visão que os sexos têm de si próprios. Pois não se pode afirmar decisivamente que as crianças de cada sexo constroem quadros de seus papéis sexuais a partir da experiência com *ambos* os sexos. Qualquer que seja a natureza peculiar do outro sexo, ela será identificada como algo "que eu não sou", "algo que eu nunca poderei ser", "alguma coisa que eu gostaria de ser", "algo que eu poderei ser". A estrutura específica do clímax feminino tem em si a possibilidade de ênfase maior em estados de *ser* do que o homem. Uma menina *é* virgem; depois do rompimento do hímen, fisicamente se for o seu caso ou simbolicamente no caso de seu hímen ser estruturalmente pouco significativo, ela *não* será virgem. A jovem balinesa a quem se diz "seu nome é I Tewa?" e que responde "Eu sou Men Bawa" (mãe de Bawa) está falando de modo absoluto. Ela é a mãe de Bawa; Bawa pode morrer amanhã mas ela continua sua mãe. Somente se ela tiver morrido sem nome é que seus vizinhos a chamarão de *Men Belasin* (mãe despojada). Passo a passo nas histórias das vidas femininas, isso permanece irrevogável, indisputável e completo. Fornece uma base natural para a ênfase da menina em *ser* mais do que *fazer*. Aprendendo que deve agir como menino, fazer coisas de menino, o menino estará provando mais e mais vezes sua condição, enquanto a menina aprenderá que ela *é* menina evitando proceder como um menino.

No conjunto de certezas físicas que constroem o quadro biológico da vida de uma mulher, a virgem e a mulher sem filhos são postas em forte relevo, o que só pode ser feito com a vida dos homens às custas de uma elaboração cultural precisa.

A menina é virgem; após a defloração, ela não o é mais. Algo de definitivo e identificável ocorreu e muito diferente da experiência gradual do menino com a cópula. Somente em sociedades que adiam a experimentação sexual até muito tarde, de modo que o menino nunca tenha tocado o corpo de uma jovem até a idade adulta e então tente ter relações com ela, é possível ver o seu primeiro ato sexual de modo equivalente, em termos de conteúdo dramático, à defloração nas meninas. A puberdade para a menina é dramática e indubitável enquanto que para o menino há uma longa série de eventos que chegam lentamente: irregularidade e depois aprofundamento da voz, crescimento do pelo corporal e finalmente as ejaculações. Não há um momento exato no qual ele possa dizer: "agora sou um homem", a não ser que a sociedade interfira fornecendo uma definição. Uma das funções que cumpre a variedade de cerimônias de iniciação masculina, que ocorrem em todo o mundo, quando os adultos do sexo masculino fazem incisões, subincisões, circuncisões, escarificações ou então mutilam ou ironizam os jovens adolescentes, é que os rituais servem para marcar uma sequência do crescimento que é originalmente vaga. Se existe ou não algum desejo desta acentuação, desta definição, sem a irreversibilidade aguda da menarca feminina, não o sabemos. De qualquer maneira, a primeira menstruação na menina marca uma linha divisória entre a infância e a maturidade. Assim como certas culturas efetuaram uma padronização do evento, nenhuma cultura conhecida jamais chegou a padronizar sua não existência[37].

A menarca é alvo de uma importante cerimônia entre os Manus puritanos, que depois passam a ocultar todas as menstruações até o casamento. Não há uma palavra para virgem na sua língua e o sangramento proveniente da ruptura do hímen é igualado à

---

37 A partir de nossa experiência, com a extrema ingenuidade pela qual os homens remodelaram sua fisiologia, podemos, é claro, imaginar os meios pelos quais isso poderia ser feito. Uma menina pequena poderia ser ritualmente sangrada todos os meses desde o nascimento, de modo que a menarca se integraria suave e tranquilamente numa conduta já estabelecida. Uma prática social ainda mais artificial é a restauração da virgindade em bordéis, registrada em certas partes da Europa. Em qualquer consideração sobre a relação entre o inato e o culturalmente padronizado deve-se levar em consideração essas possibilidades bizarras, mas elas não devem ser excessivamente acentuadas.

menstruação, que se imagina ser reativada pelo casamento. É tão extrema a pudicícia das pessoas – as mulheres nos últimos estágios de uma doença jamais tiram suas saias de capim – que jamais se pensa em uma inspeção visual da genitália, de modo que as chances de descoberta do hímen são poucas. A expressão para uma menstruação é *kekanbwot* (perna/possessivo da terceira pessoa/quebrada), de modo que a menarca contém a ideia de ferida, que entre alguns povos é reservada às suas atitudes para com o defloramento. Na primeira menstruação, a menina manu é alvo de uma grande cerimônia, dormindo as outras moças da aldeia em sua casa, ocasião em que há uma ampla troca de alimentos em meio a cerimônias e festas aquáticas na lagoa. Os homens estão excluídos e as mulheres se divertem em conjunto. Segue-se então um absoluto segredo sobre a menstruação seguinte da moça. Mas a cerimônia correspondente para os meninos, na qual se cortam as orelhas e se pronunciam frases mágicas comparáveis às das meninas, é um acontecimento inexpressivo. Algo aconteceu *na* menina que fez com que passasse de um estado físico a outro; algo foi feito *ao* menino, que o coloca num *status* social diferente.

Entre os Arapesh, a primeira menstruação ocorre vários anos após a jovem prometida em casamento estar vivendo com a parentela de seu marido. Lá, ele e sua parentela caçarão e cuidarão da horta, de modo a prover alimentos para que ela cresça. Sua primeira menstruação é uma ocasião de cerimônia e seus irmãos chegam a fim de construir a choupana da menstruação para ela, colocando-a a salvo, na periferia da aldeia, protegendo todos da força sobrenatural e perigosa ligada às mulheres menstruadas. A menina é proibida de sentar-se com as pernas para a frente, com os joelhos levantados. Sua velha saia de capim, os velhos adornos dos braços lhe são tirados, distribuídos ou destruídos. As mulheres mais velhas de sua família assistem-na e a ensinam a enrolar folhas de urtiga, inserindo-as em sua vulva para que seus seios se desenvolvam. Esta prática explica por que não haverá experiência de defloração, a não ser que o jovem marido "furte" sua esposa antes da sua primeira cerimônia da puberdade. A menina jejua por cinco ou seis dias, quando então reaparece para ser pintada e decorada. A moça coloca sobre a cabeça sua velha bolsa de rede decorada recentemente com folhas *wheinyal*. Coloca-se uma folha vermelha brilhante em forma de coração em sua boca. Essa folha é também usada pelos noviços na cerimônia *tamberan*. Pediu-se a seu marido que trouxesse uma cadeia de pequenos ramos de coqueiro e um pouco de *mebu*, um perfumado pó sulfúrico, sobre um par de folhas de *aliwhiwas*. Ele a espera no meio do *agebu*; ela se aproxima lentamente com os olhos abaixados, os passos lentos por causa de seu longo jejum, as mulheres sustentando-a pelas axilas. O marido se coloca à sua frente e põe o polegar do seu pé no polegar do pé dela, toma a cadeia de ramos de coqueiro e enquanto ela o olha no rosto derruba a velha bolsa de rede da cabeça dela, a velha bolsa que seu pai tinha colocado lá quando ela era criança e ele lhe conseguiu o noivo prometido. Agora a moça cospe a folha vermelha fora e expõe sua língua seca e pesada por causa do jejum. O marido esfrega a língua dela com o pó de mebu. A jovem se senta sobre um pedaço de tecido de casca de árvore de sagu cuidadosamente, agachando-se com a ajuda de uma mão, pondo as pernas retas à sua frente. O marido lhe oferece uma colher enrolada numa folha e a cacimba de sopa que ele fez. Para a primeira colherada ele deve segurar a mão dela para equilibrá-la, o mesmo se dando com a segunda colherada. Na terceira, ela já estará forte o suficiente para fazê-lo por si. Depois da sopa ele toma um inhame *wabalal* e parte-o em dois. Ela come uma metade enquanto ele coloca a outra nas vigas do teto da casa. Isto é a convicção de que ela não o tratará como um estranho nem o submeterá à feitiçaria. Temendo que ela faça isso a tradição concede a ele parte da personalidade dela também. O pedaço de inhame é mantido até que a jovem engravide[38].

Os povos Sepik – Iatmul, Tchambuli e Mundugumor – fazem pouco das cerimônias menstruais, por estarem mais ocupados com ritos iniciatórios masculinos do que em garantir a fertilidade feminina.

Em Samoa não há ênfase social na menarca, mas um elaborado reconhecimento cerimonial da defloração. Combina-se uma atitude permissiva para com o sexo, com um orgulho fora do comum das prerrogativas de *status* e a filha de uma família de camada mais alta deve ser virgem quando se casar. O conselheiro oficial do noivo deve estar apto a mostrar aos convidados sua mão envolta no lençol branco manchado de sangue; e um enorme pano branco feito de casca de árvore manchado de sangue deve ser pendurado fora da casa. Mas se a menina não é virgem, ela deve ter coragem de relatar o fato às mulheres mais velhas da família, que lhe fornecerão a quantidade apropriada de sangue de galinha. Aqui as pessoas que se mostram especialmente habilidosas na combinação das solicitações do corpo com as formalidades de um modo de vida graciosamente ordenado encontraram um modo de interpretar a defloração como social e até psicologicamente repetível e reversível.

Em Bali, a ênfase recai novamente sobre a menstruação: ficando menstruadas muito cedo, escondem as meninas o fato com medo de se casarem com pessoas escolhidas por seus pais. Aquelas cuja menstruação aparece tarde, especialmente nas castas altas, onde há belas e elaboradas cerimônias, tornam-se superansiosas e se sentem profundamente compensadas com a chegada da menarca.

---

38 MEAD, M. *Sex and Temperament in Three Primitive Societies*. Nova York: William Morrow, 1935, p. 94 [reeditado em *From the South Seas*. Nova York: William Morrow, 1939].

Em Bali, a passagem para a não infância é assimilada a um sentido de escolha de diferentes caminhos. Uma menina brahman pode tornar-se uma sacerdotisa virgem, não podendo assim casar-se, ou então pode casar-se e mais tarde tornar-se uma sacerdotisa. Nas aldeias montanhesas os homens e mulheres que não têm filhos podem chegar a um *status* próximo ao mais alto na hierarquia social, mas se têm filhos, então um tem de ser menino, senão o *status* estará socialmente ameaçado. Pode-se chegar quase ao mais alto *status* pelo fato de não se terem filhos. E a mulher que permanece solteira é denominada como "a que está buscando o céu". Mas para ter *status* completo neste mundo o homem deve ter um filho que seja homem. Os Manus esforçam-se por proclamar que ter filhos requer mais vontade do que participação corporal. As mulheres adotam filhos e proclamam-nos como seus, negando qualquer detalhe sobre a origem biológica da criança, tanto quanto abafam suas recordações de abortos com o mínimo de dados possíveis, como se tivessem sido crianças completas.

Mas embora muitas culturas possam remodelar os fatos da geração de filhos, a gravidez permanece visível, incapaz de ser escondida, exceto dentro da área das grandes cidades ou das sociedades complexas. E mantém-se, de forma absoluta, a diferença entre a mulher que deu à luz um filho e a que não deu. Algumas sociedades podem classificar qualquer concepção, mesmo um aborto de duas ou três semanas, como capaz de colocar a mulher no lado daquelas que são férteis, outras sociedades poderão insistir no nascimento de uma criança viva. Outras ainda poderão classificar os filhos que morreram em diferentes idades como parte de seu lado estéril. Mas a distinção permanece absoluta e irreversível.

Com a menopausa dá-se uma mudança profunda e radical. Onde a reprodução era vista como impura ou cerimonialmente desqualificante, como em Bali, as mulheres trabalham junto com as virgens após o climatério de cujas cerimônias estão proscritas as mulheres férteis. Onde o recato da palavra e da ação é exigido das mulheres, tal conduta não será qualidade da mulher mais velha, que poderá usar linguagem obscena tão livremente ou talvez mais ainda do que qualquer homem. Novamente algo sucede à mulher, e definitivamente, de um modo que não sucede aos homens.

Assim, a vida da mulher está ordenada em passos nítidos e descontínuos, onde a ênfase está quase inevitavelmente em ser virgem, deixar de ser virgem, ser uma mulher sem filhos, ser mulher-mãe, ser mulher que após a menopausa não é mais fértil. Suas vidas não podem ser infinitamente subdivididas em graus de virgindade perdida, menarca parcial ou toda uma série de tentativas progressivamente bem-sucedidas de gerar um filho no ventre até a época certa, sem esforços enormes, sem elaborações culturais negando a fisiologia da reprodução.

Para se conseguir sequências decisivas idênticas na vida de um homem, algo tem que ser feito em seu corpo: circuncisão, incisão, subincisão, excisão dentária, escarificação, tatuagens, nas quais os membros da cultura, armados de ferramentas culturais, e sem estar seguindo um ritmo evidente de sua herança biológica, alternam, deformam ou embelezam o corpo. Ou então a sociedade deve introduzir distinções sociais artificiais, requerendo do homem solteiro que ele permaneça para sempre associado aos mais jovens, como nas aldeias montanhesas de Bali, ou recusando-lhes licença para a pesca e para a caça[39], como faziam nos dias pioneiros os canadenses de origem francesa, que desejavam construir uma sociedade com uma taxa de nascimento satisfatória.

Algumas culturas vão tão longe que criam uma menstruação masculina artificial, um sangramento no homem, com o qual se pode livrar de seu "sangue ruim", tornando-se assim tão saudá-

---

39 MINER, H. *St. Denis, A French-Canadian Parish*. University of Chicago Press, 1939, p. 5.

vel quanto a mulher. Vimos como as sociedades da Nova Guiné construíram todo um sistema ritual imitando os homens a gestação e o nascimento, através de sistemas artificiais, criações da imaginação de um sexo, para o qual a experiência do outro sexo pareceu decisiva e desafiadora. Quando aumenta a expectativa da vida, a menopausa, não registrada entre os primatas, provavelmente por ser seu tempo de vida curto, torna-se cada vez mais visível. Encontramos novamente uma tentativa de enfatizar a situação análoga no homem, porque enquanto somente um homem em cem experimenta uma analogia física à "mudança de vida", um climatério com tensões típicas e crises de conduta é admissível em qualquer presidente de banco.

Quando os seres humanos visualizam sua herança biológica e levam em consideração até que ponto estão a ela ligados, as mulheres se apresentam como o material mais obstinado. A concepção e o nascimento são condições tão teimosas quanto a morte. Integrar-se nos ritmos da vida feminina significa integrar-se na própria vida, aceitando mais imperativos do corpo do que os de uma civilização artificial, obra humana, quiçá transcendentalmente bela. A ênfase no ritmo de trabalho masculino é uma ênfase sobre possibilidades infinitas. A ênfase no ritmo feminino é uma ênfase num padrão definido, na limitação. O imigrante que venha para a América de um pequeno país europeu no qual as possibilidades de reconstruir estão totalmente definidas pelo que é para ele um irrevogável passado na medida em que cada nova estrada deva acompanhar uma rota pré-histórica, encontra nas planícies virgens do Kansas o desafio excitante no qual tudo pode ser construído. Os seres humanos poderão definir a biologia menos padronizada do homem como um desafio aberto. Não é surpreendente que a época que viu os continentes se abrirem, a terra ser cavada e os céus se tornarem ordenadas vias de tráfego tenha achado os ritmos da mulher principalmente um incômodo ou uma deficiência que devem ser varridos, transcendidos e ignorados. Não é surpreendente que em tal época, tão preocupada com o parto sem dor para a jovem mamãe, com as pílulas que a mantêm "no seu melhor estado mesmo naqueles dias", com a televisão que substitui a babá das crianças e com a alimentação artificial, a mulher "pareça menina embora já seja avó". Quando os seres humanos se fascinaram com a batida dos seus próprios corações, o padrão biológico mais intricado da mulher passou a ser modelo para o artista, o místico e o santo. Quando a humanidade se volta para o que pode ser feito, alterado, construído, inventado num mundo exterior, todas as propriedades naturais do homem, dos animais ou dos metais tornam-se mais deficiências a serem alteradas do que caminhos que devem ser percorridos. A maioria das demonstrações agressivas contra as mulheres que caracterizam a literatura popular dos últimos anos é uma tentativa de encontrar um caminho para uma relação mais equilibrada entre nossos seres biológicos e o mundo que construímos. Assim, as mulheres são repreendidas tanto por serem mães quanto por não o serem. Por desejarem abocanhar sua parte já possuindo-a ou por não desejarem abocanhá-la ainda que a possuam. Como diria alguém: "o que foi feito do irreversível, que pelo menos dava parte da razão para a vida humana?"

9
A PATERNIDADE É UMA INVENÇÃO SOCIAL

Os homens e as mulheres de todas as civilizações sempre estiveram de algum modo preocupados com o que seriam os valores específicos da humanidade, de que maneira, quão irrevogavelmente e até que ponto realmente os seres humanos se acham separados do resto do mundo animal. Esta preocupação poderá tomar a forma de uma insistência no parentesco do homem com os animais que ele caça ou dos quais depende para o alimento, como entre os povos primitivos que, quando cercam suas fogueiras, vestem máscaras dos animais caçados. Ou poderá envolver profundo repúdio ao elo animal, tal como acontece no cerimonial balinês, segundo o qual um par incestuoso é forçado a arrastar-se de quatro no chão, carregando as cangas de madeira dos porcos domésticos no pescoço, depois de se alimentar da comida desses animais com a boca diretamente no cocho, abandonando os deuses da vida para viver na terra da punição, servindo somente aos deuses da morte. Nos costumes muito difundidos e tecnicamente denominados de totemismo, a divisão em sociedades, clãs e outros grupos organizados assinalam diferenças de um indivíduo em relação a outro no grupo a partir de ligações de parentesco específicas com um animal que poderá ser tratado como mascote, como alimento exclusivo ou um tabu definitivo. Em quase todos os povos, o mundo animal é interpretado livremente consoante se maltrata ou se ama uma pessoa. Os pais maltratam a criança por comportar-se como um porco ou um cachorro, informalmente chamam-na de gatinho ou de pomba, ou reprovam-na por se comportar como um animal selvagem ou ainda se admiram de sua ferocidade ou rapidez, tal como se fosse um ente da floresta. Muito antes de Darwin codificar o parentesco entre homem e fera em termos evolucionários, que repugnaram muitos de sua geração, tanto quanto aos Balineses verem uma criança arrastar-se como um animal, os homens se defrontaram com o reconhecimento de suas semelhanças e diferenças com os demais seres vivos.

A questão foi ventilada nas grandes religiões, traduzida em poesia como quando São Francisco pregou aos pássaros o sentido de uma vida plena, ou quando o Jaino[40] se recusou a beber da água que talvez tivesse algum micróbio; dramatizada nos processos contra animais da Idade Média, e já provocou muitas torções e mudanças na sensibilidade daqueles que, embora cruéis com outros homens, são ternos com os animais. As crianças dormem e acordam se debatendo com sonhos de animais estranhos e terríveis que querem destruí-las, em contrapartida do reconhecimento, por parte dos pais, de impulsos animais nas crianças. Sob a poesia e o simbolismo, a beleza evocativa dos grandes símbolos sacrificais, nos quais o Cordeiro de Deus sofre pelos homens ou pela descendência humana, reafirmando-se todas as coisas viventes além do profano e do abuso que podem degradar os homens acusando-os de serem animais ou de seguirem as práticas sexuais destes, subsiste a pergunta insistente: "Em que consiste a singularidade do homem e o que se deve fazer para mantê-la?" Muito an-

---

40 De jainismo: religião indiana que combina elementos do hinduísmo e do bramanismo [N.T.].

tes de haverem os filósofos pensado sistematicamente tal questão, homens com a cabeça e o corpo cobertos de lama percebem que sua humanidade era de certa forma algo que podia ser perdido, algo frágil a ser guardado com oferendas, sacrifícios e tabus; algo para ser compartilhado com cada geração sucessiva. "Que devo fazer para ser humano?", eis uma pergunta tão velha quanto a própria humanidade.

Nesta pergunta está o reconhecimento do homem de que sua humanidade física, sua estatura ereta, seu corpo quase desprovido de pelos, seu polegar altamente flexível e a capacidade potencial de seu cérebro ainda não constituem o segredo completo de sua humanidade. Nem mesmo no longo período da gestação, durante o qual um pequeno ser humano é levado gradativamente ao nascimento, que o faz emergir ainda insuficientemente formado para receber a marca completa de uma civilização, está a garantia de uma humanidade continuada. Falamos na nossa linguagem folclórica corrente da besta-homem, da frágil capa de civilização e em ambas as afirmações estamos simplesmente dizendo que não acreditamos numa humanidade que seria continuamente humana.

Porque nossa humanidade repousa numa série de condutas aprendidas e é organizada em padrões que são infinitamente frágeis e nunca diretamente herdados. A formiga que encontramos incrustada numa pedra de âmbar do Mar Báltico, que um geólogo afirma ter vinte milhões de anos, parece reproduzir sua conduta típica onde quer que sobreviva. Isto é aceitável por duas razões: primeiro, porque a complexa conduta, pela qual sua sociedade pode ser dividida em pequenas castas que desempenham tarefas predeterminadas, é construída a partir da própria estrutura de seu corpo. E secundariamente porque, mesmo que aprenda algo novo, ela não poderá ensinar a outras formigas. O padrão de repetição, pelo qual um sem-número de gerações da mesma espécie retoma padrão mais complicado do que os sonhos do utopista tecnocrático, é protegido por estas duas circunstâncias: a conduta inserida na estrutura física e a incapacidade para a comunicação de novos aprendizados. Mas o homem nem mesmo traz consigo as formas mais simples de sua conduta, de modo que jamais se pode esperar que uma criança humana reproduza espontaneamente, sem outros seres humanos, qualquer item cultural. Muito antes que seu pequeno pulso seja suficientemente forte para atacar, os gestos zangados da criança humana mostrarão não a marca de seu longo passado mamífero, mas sim do uso da clava e os hábitos de atirar lanças de seus pais. A mulher deixada a sós na criação de seu filho não utiliza qualquer padrão instintivo de confiança capaz de guiá-la através das complicações do corte do cordão umbilical e da limpeza dos traços do nascimento do bebê, mas procura ajuda, desamparada, entre os trechos de folclore ou histórias de mulheres velhas que está cansada de ouvir. Ela poderá agir de acordo com a lembrança do que viu nos animais, mas sua própria natureza não fornece qualquer caminho digno de confiança.

Podemos ser bem aquinhoados de nariz e lábios proporcionados, corpos relativamente sem pelos, braços ágeis, mãos longas, mas quando mergulhamos numa deformação humana que faz com que o humano mais pareça um animal, quando repudiamos outras raças e as identificamos aos traços típicos de animais, por exemplo, os lábios e a pilosidade dos caucasianos, os narizes chatos de alguns mongoloides e a pigmentação do tipo negroide, sob o medo manifesto da miscigenação, percebemos que todas as formas de conduta cultural podem ser perdidas, de que elas são carinhosamente conseguidas e carinhosamente guardadas. Sempre que o medo do homem se expressa em termos sociais, nas cerimônias grupais que pedem que o sol brilhe outra vez, ou como no Ano-novo balinês quando todos os homens ficam silenciosos um dia todo deixando a vida correr, ou quando uma vez por ano os homens saem de seus sonhos, confessam seus pecados e mergulham nus em rios gelados, a mandado da fantasia, como entre os iroqueses, a expressão de medo torna-se uma maneira de abrandá-lo também. Esses rituais são meios de reafirmar que somente em conjunto os homens *podem* ser humanos, que sua humanidade não depende do instinto individual mas da sabedoria tradicional de sua sociedade. Quando os homens perdem o sentido de dependência própria da sabedoria, seja porque são atirados entre outros cuja conduta não é para eles uma garantia de continuidade da civilização, ou seja porque não podem utilizar mais os símbolos de sua própria sociedade, ficam loucos, retiram-se gradativamente muitas vezes lutando na retaguarda, o que lhes dilacera o coração à medida que perdem pouco a pouco sua herança cultural aprendida com tanta dificuldade e nunca suficientemente a ponto de a próxima geração estar em segurança.

Este é um medo que pode em verdade ser visto no homem como sabedoria e não como resultado de uma irracionalidade peculiar. É tão profundo que pode incluir cada minuto e as ações mais irrelevantes. O detalhe mais comezinho dos costumes, a maneira pela qual o alimento é ingerido, quando o é, com que, em que formato de prato, pode tornar-se as condições sobre as quais os homens têm que apoiar sua humanidade. Em sociedades de casta, como a Índia e o sudeste dos Estados Unidos, onde uma humanidade culturalmente definida está inextrincavelmente ligada ao vínculo, a seu grupo de casta, associar-se a outras castas por formas proibidas poderá significar a perda de sua identidade. O sentido de vínculo ao sexo numa pessoa está profundamente imbuído de tais atitudes. Assim, a mulher cossaca da novela de Sholokov, praguejando contra as maneiras que as mulheres turcas incutiram nos cossacos, afirmava: "Eu vi com meus próprios olhos: elas usavam calça; quando vi aquilo meu sangue gelou". Nas culturas onde as maneiras da mesa são distintivo da condição humana, alguém poderá considerar-se impossibilitado de comer com alguém que o faz de maneira diferente, especialmente se as maneiras à mesa estão ligadas à classe ou à casta. Nesses casos, a presença de alguém que se alimente de modo diferente classifica automaticamente as duas pessoas. Os fortes homens da Europa Ocidental sentem-se envergonhados quando encontram gente da Europa Oriental que se agacham para urinar. E na Austrália moderna, as mulheres sentem-se embaraçadas quando uma americana pede aos maridos que busquem os coquetéis. Qualquer pequena cortesia, impedimento ou deferência de um para com o outro é compartilhado como algo laboriosamente aprendido e fácil de perder.

Neste quadro, podemos ver as instituições em torno do relacionamento entre sexos que foram essenciais para a preservação da sociedade humana. Além dos milhares de símbolos irrelevantes e passageiros, como o chapéu levantado do cavalheiro, os olhos inibidos da senhora, o gerânio na janela do burguês alemão ou os sapatos escovados dos trabalhadores dos moinhos do Midland inglês, haverá o núcleo de uma prática comum que todas as sociedades humanas aceitam para os aspectos carinhosamente adquiridos e aprendidos da humanidade?

Quando descrevemos todas as sociedades humanas, encontramos sempre alguma forma de família, algum conjunto de organizações permanentes no qual os homens assistem às mulheres na educação de crianças pequenas. A diferença crucialmente humana dessa empresa não está na proteção que os homens proporcionam às mulheres e aos mais jovens. Isto compartilhamos com os primatas. Nem está na possessividade senhorial dos homens e mulheres cujos favores eles disputam com outros homens, porque também compartilhamos isto com os primatas. A distinção está na conduta nutriz do homem, que ajuda na busca de alimentos para a mulher e a prole. As imagens sentimentais do discurso do mundo ocidental em que abelhas e formigas e flores são invocadas para ilustrar os aspectos mais discutíveis dos seres humanos obscureceram o nosso reconhecimento do quanto há de invenção na conduta dos homens. Sem dúvida, o pai pássaro alimenta sua prole, mas os homens estão muito longe desta árvore evolucionária. Peixes machos fazem ninhos de bolhas e só capturam a fêmea o suficiente para extrair os ovos dela e depois ela parte e ele se devota, um pouco sem sucesso, a recuperar os ovos que caem do ninho; se eles não se alimentarem dos ovos, que são os próprios filhos, alguns novos seres poderão sobreviver. Mas estas analogias do mundo dos pássaros e dos peixes estão longe do homem. Entre os primatas, os análogos mais estruturalmente próximos, o macho não alimenta a fêmea[41], sobrecarregada com a prole; abrindo seu próprio e árduo caminho no trabalho, ela se arranja sozinha. O macho poderá lutar para protegê-la ou possuí-la, mas não a alimentará.

Algum dia, na aurora da história humana, fez-se a invenção social através da qual os homens passaram a alimentar sua fêmea e sua prole. Não temos razão de acreditar que eles tivessem qualquer conhecimento da paternidade física, embora seja bem possível que a alimentação fosse uma recompensa para a fêmea, que não era inconstante demais nos seus favores sexuais. Em toda a sociedade humana conhecida, em todas as partes do mundo, o homem jovem aprende quando cresce que uma das coisas que deve fazer para ser membro pleno da sociedade é dar alimento para a mulher e os filhos. Em todas as sociedades simples, poucos homens fogem dessa responsabilidade, tornando-se vagabundos, vadios ou misantropos que vivem na selva solitários. Em sociedades complexas, um número razoável de homens pode escapar à sobrecarga e alimentar a fêmea e a prole, entrando para um convento onde todos proporcionam alimento entre si ou tornan-

---

[41] Devo meu reconhecimento dessa importante distinção e de suas implicações sociais a ZUCKERMAN, S. *Functional Affinities of Man, Monkeys, and Apes.* Brace: Harcourt, 1933.

do-se profissionais que têm o direito de serem alimentados, como o exército, a marinha ou as ordens budistas da Birmânia. Mas a despeito de tais exceções, qualquer sociedade humana se calca firmemente na conduta nutriz aprendida do homem.

Essa conduta, essa luta pela mulher e pela prole, em vez de levar os homens a lutar por si próprios, como fazem os primatas, poderá tomar formas muito diversas. Em quase todas as sociedades, as mulheres também desempenham tarefas de coleta e de cultivo. Mas entre aqueles povos que vivem quase inteiramente da carne ou da pesca, as atividades femininas poderão reduzir-se a tirar o couro, limpar, cozinhar e guardar a presa. Onde a caça supre apenas uma pequena parte da dieta e o papel principal do homem na busca de alimento é a própria caçada, nove décimos da tarefa da mulher será a de coletar alimentos vegetais para consumo. Em algumas sociedades em que os homens vão trabalhar nas grandes cidades para ganhar dinheiro, todo alimento será conseguido pela mulher que ficou na zona rural, enquanto o homem adquire ferramentas e objetos feitos a máquina com o dinheiro que recebe. A divisão do trabalho poderá ser feita por dezenas de modos e numa sociedade o homem pode ser muito preguiçoso ou as mulheres podem ser deixadas desproporcionalmente livres de esforço, como nos lares urbanos americanos que não têm filhos. Mas o núcleo permanece. O homem, herdeiro da tradição, provê bens para a mulher e para os filhos. Não há indicação de que o homem animal, o homem não padronizado pelo aprendizado social, faria alguma coisa desse tipo.

Que mulheres e que filhos serão sustentados, isso depende inteiramente da organização social, embora o padrão central pareça ser o do homem que sustenta a mulher da qual é parceiro sexual e os filhos que têm em comum. Se o homem acredita que os filhos lhe pertencem, ou se são simplesmente filhos de um homem do mesmo clã, ou simplesmente filhos legítimos de sua mulher num casamento anterior, tudo isso pode ser muito pouco relevante. Poderão também ter sido adicionados à sua unidade familial por adoção, escolha ou orfandade. Poderão ser as esposas-crianças de seus filhos. O lar compartilhado por um homem ou homens e suas parceiras para as quais eles trazem alimento, que elas preparam, é um quadro comum e básico em todo o mundo. Poderá ser modificado e as modificações dão a prova de que o padrão em si não é algo profundamente biológico[42]. Entre os Trobriandeses cada homem mantém a dispensa de inhame de sua irmã e não de sua mulher. Na Ilha de Mentawie, cada homem trabalha para o lar de seu pai, até que seus filhos, sub-repticiamente gerados, tenham idade suficiente para trabalhar para ele. Enquanto isso, seus filhos são adotados pelo pai da mãe deles e os irmãos da mãe os alimentam. O resultado social líquido é o mesmo; cada homem gasta uma parte de seu tempo nutrindo mulheres e seus filhos, e no caso suas irmãs em vez de suas esposas. Em formas extremas de matrilinearidade, um homem poderá trabalhar para a linhagem materna da esposa e em caso de divórcio tem que retornar à sua própria casa materna, como entre os Zuni, subsistindo às custas do alimento cuidado pelos maridos residentes de suas irmãs. Mas mesmo neste caso, em que se poderia argumentar que a responsabilidade social de mulheres e homens foi praticamente desintegrada, os homens ainda continuam a trabalhar para alimentar mulheres e crianças. Uma forma mais extrema de sociedade, em que os homens continuam a trabalhar para alimentar os filhos, embora o relacionamento com a mãe deles se tenha tornado bastante fraco, é encontrada nas modernas sociedades industriais, onde um número razoável de crianças vive em lares desfeitos, sustentados por impostos pagos pelos homens e pelas mulheres de renda mais alta,

---

42 Como referência de alguns destes contrastes cf. MEAD, M. "Contrasts and Comparisons from Primitive Society". In: *Annais of the American Academy of Political and Social Science*, vol. 160, 1932, p. 22-28.

de modo que membros da sociedade bem empregados e trabalhadores se tornam pais provedores de milhares de crianças que são pensionadas públicas. Aqui outra vez vemos como é tênue a exigência de o homem sustentar seus próprios filhos, na medida em que pode ser tão facilmente abolida por ajustes sociais diversos. O elo nutriz da mãe com a criança parece tão profundamente estabelecido nas condições biológicas presentes da concepção e da gestação, do nascimento e do aleitamento, que somente ajustes sociais bastante complicados podem desfazê-lo integralmente. Onde os seres humanos aprenderam a valorizar mais o *status* do que qualquer outra coisa na vida, e onde ganhar *status* é uma decisão mais valorizada do que qualquer outra, as mulheres poderão estrangular seus filhos com suas próprias mãos[43]. Naquelas sociedades que têm um ritual de legitimidade ultraelaborado, de modo que os homens se mantêm como bons provedores somente ao custo de um ostracismo social da mãe solteira, a mãe de uma criança ilegítima poderá abandoná-la ou mesmo matá-la. Onde gestar crianças é marcado pela desaprovação social e o sentimento de erro do casal, como entre os Mundugumor, as mulheres farão um grande esforço para não serem mães. Se o sentido de pertencer a seu sexo foi profundamente distorcido no caso da mulher, mascarando-se a expulsão da criança com uma anestesia que a impede de tomar consciência de que deu à luz, onde sua atividade nutriz foi substituída por uma fórmula prescrita pelo pediatra, lá também poderemos encontrar sérios distúrbios nas atitudes maternais, distúrbios que poderão difundir-se em toda uma classe ou região, podendo tornar-se de tanta importância social quanto pessoal. Mas a evidência sugere que devemos colocar o assunto diferentemente para as mulheres e os homens. Os

---

43 Isso era feito por mulheres-membro da sociedade Areois e no antigo Taiti e por uma parcela das mulheres na sociedade indígena de Natchez, que podiam assim aumentar seu *status*.

homens têm que aprender a querer sustentar outros e sendo esta conduta aprendida frágil pode desaparecer tanto mais facilmente naquelas condições sociais onde não é mais ensinada de maneira efetiva. Poder-se-á recomendar mulheres a serem mães, a menos que tenham sido ensinadas a negar as qualidades da geração. A sociedade deverá distorcer o sentido de si mesma, perverter seus padrões inerentes de criação, perpetrar uma série de exorbitâncias de aprendizado, antes que elas cessem de querer sustentar pelo menos por alguns anos a criança que já alimentaram por nove meses dentro do círculo seguro de seu próprio corpo.

Assim, na base das formas tradicionais com que aprendemos a preservar nossa humanidade aprendida está a família, algum tipo de família dentro da qual os homens nutrem e cuidam permanentemente da mulher e das crianças. Dentro dela, cada nova geração de homens jovens aprende a conduta de provisão apropriada e superimpõe à sua masculinidade biologicamente dada seu papel paternal aprendido. Quando a família se desfaz, como na escravidão e alguns tipos de trabalho e servidão forçados, em períodos de extrema inquietação social, como nas guerras, revoluções, fomes e epidemias, ou em períodos de transição abrupta de um tipo de economia para um outro, parte-se essa delicada linha de transição. Os homens poderão sofrer duramente nesses períodos, durante os quais a unidade primária poderá ser outra vez mulher e prole, fato biologicamente dado. As condições específicas sob as quais o homem guardou suas condições sociais em confiança apresentam-se violadas e distorcidas. Até aqui em todas as sociedades humanas conhecidas sempre se restabeleceram as formas temporariamente perdidas. O negro escravo dos Estados Unidos foi criado como um boi de carga, os filhos vendidos; as marcas de sua responsabilidade paternal perdida são ainda encontráveis entre os negros operários americanos, onde a unidade primeira de sustento é a mãe e a mãe da mãe, unidade à qual se juntam os homens sem fazer muitas vezes qualquer contribuição econômica. Mas tão logo a educação e a segurança econômica são alcançadas, esse modo de vida é abandonado e o pai americano negro de classe média é talvez mais do que responsável. Muitas vezes, a colonização de uma nova região num país é primeiramente feita por homens e nos primeiros anos as poucas mulheres existentes serão prostitutas. Depois vão sendo trazidas outras mulheres, com as quais a família se restabelece. Até agora nenhuma quebra do padrão familiar se prolongou a ponto de erradicar da memória do homem o quanto ele é valioso.

A continuação da família hoje em dia e seu restabelecimento após uma destruição catastrófica ou ideológica não é, porém, uma garantia de que sempre será assim, de modo que nossa geração possa ficar descansada de que sempre se dará o mesmo. Os seres humanos aprenderam laboriosamente a sê-lo. Mantiveram suas invenções sociais através de milhares de pequenas vicissitudes, parcialmente porque isolados em pequenos grupos, separados por rios e montanhas, oceanos, línguas estranhas, espiões de fronteira hostis, algum grupo sempre podia compartilhar uma sabedoria dificilmente aprendida, de que outro grupo zombava, como se uma epidemia que varresse rapidamente os demais os poupasse ou como se os erros de nutrição enfraquecessem e dizimassem os demais à exceção deles. Não é sem significação que as descontinuidades em larga escala por que passaram as famílias mais bem-sucedidas ocorreram nas grandes nações e impérios, onde os recursos são amplos, as populações numerosas e o poder quase ilimitado, e não entre os simples selvagens vivendo próximos do limite da subsistência. No Peru antigo, o Estado conduzia o povo como queria; tirava as jovens de suas aldeias, tornando-se as desfavorecidas ferreiras em grandes ferrarias-conventos e as mais favorecidas, concubinas da nobreza. Na Rússia anterior a 1861, os servos se casavam fora da propriedade por ordem dos latifundiários, tratados, como eram, mais como gado do que como seres humanos. Na Alemanha nazista a ilegitimidade era recompensada com creches ensolaradas para mãe e filhos, desempenhando o Estado o papel de provedor do sustento do homem. Não temos razão para duvidar que tais procedimentos possam prevalecer se persistirem por longo tempo nas nações, isolando seus membros do conhecimento de qualquer outro modo de vida prévio ou contemporâneo. A Rússia soviética, após um breve experimento de afrouxamento dos laços de matrimônio e uma redução das responsabilidades paternais, voltou a insistir na família, mas isso ocorreu num contexto mundial de competição com o resto do mundo. As tentativas abortadas na história de construir sociedades em que o *homo sapiens* não seria como o ser humano que conhecemos, mas como uma criatura mais comparável a uma formiga ou abelha, ainda que com costumes aprendidos e não herdados, são como que novos tipos de advertência, mais severas do que as analogias que o primitivo percebia entre sua conduta e a de outras criaturas peludas da floresta, de modo que mantemos nossa forma atual de humanidade em confiança, sabendo que é possível perdê-la.

Se reconhecemos que a família, como organização padronizada de dois sexos, em que o homem desempenha um papel de mantenedor da mulher e da prole, tornou-se uma condição primeira de sua humanidade, podemos explorar os problemas universais dos seres humanos que vivem nas famílias, além do principal que é o da existência de homens com hábitos e padrões de sustento. Primeiramente, deve-se estabelecer alguma continuidade, alguma certeza de que os mesmos indivíduos trabalharão juntos e planejarão pelo menos durante uma colheita, geralmente na expectativa de que a associação dure a vida toda. Não importa quanto o divórcio seja livre, com que frequência se desintegrem os casamentos, pois na maioria das sociedades o ponto de partida é o vínculo permanente, a ideia de que o casamento deve durar enquanto vivam as partes. As mulheres poderão ser devolvidas se forem estéreis ou poder-se-á exigir uma outra mulher do mesmo clã da primeira. Os irmãos poderão ceder suas esposas a seus irmãos mais novos com os quais se derem melhor, as mulheres poderão abandonar os maridos e vice-versa pela causa mais insignificante. Mas mesmo assim a afirmação permanece. Nenhuma sociedade conhecida jamais inventou uma forma de casamento suficientemente poderosa para estabelecer-se sem a proposta de "até que a morte nos separe". Por outro lado, muito poucas sociedades primitivas chegaram a ponto de recusar-se a reconhecer toda uma variedade de fracassos conjugais. A insistência legal de um casamento para a vida, sob quaisquer circunstâncias, se ajusta melhor àquelas sociedades que estão de tal modo organizadas, que o grupo pode impessoalmente exercer coerção sobre o indivíduo, quaisquer que sejam as relações de fato entre os sexos. Até hoje, uma das condições para o estabelecimento e manutenção da família como forma tem sido o oferecimento de um padrão normal e durável. Em alguns casos, é um relacionamento com a irmã e não com a mulher, mas o padrão de continuidade permanece.

Para assegurar estabilidade e continuidade das relações que constituirão a família, cada sociedade deve resolver os problemas de competição entre homens por mulheres, de modo que não haja banimento total de uma das partes ou que um indivíduo monopolize várias mulheres em detrimento de muitos homens. Outras consequências a serem evitadas: a expulsão de muitos homens jovens da disputa e os maus-tratos proporcionados às mulheres e à prole durante a ligação competitiva[44]. Quando imaginamos dois homens se enfrentando com clavas pela obtenção de uma mulher desar-

---

44 SELIGMAN, B.Z. "Incest and Descent, Their Influence on Social Organization". In: *Journal of the Royal Anthropological Institute of Great Britain and Ireland*, vol. LIX, 1929, p. 231-272. • FORTUNE, R. "Incest". In: SELIGMAN,

mada, pensamos no problema de competição como pertencente a nosso passado essencial e não como característica da sociedade moderna. Mas os padrões que regulam a competição na escolha de parceiros sexuais são padrões aprendidos e podem ser quebrados a qualquer momento; e mais, devem poder ser continuamente reajustados para não serem rompidos por falta de adaptação. Diz-se que um dos fatores que levou ao crescimento do Partido Nazista foi a prática autodestruidora da República de Weimar de propiciar trabalho aos mais velhos, deixando os jovens sem condição de competir pelos favores femininos. Na Segunda Guerra Mundial o pagamento diferente do QI americano em relação ao Tommie inglês foi de importância primordial na Inglaterra porque deu ao primeiro grupo uma vantagem sobre o segundo no namoro e solicitação. Sempre que há uma mudança violenta num padrão de vida, na divisão do trabalho, na proporção entre os sexos – como nas brigadas do exército nas ilhas do Pacífico durante a última guerra – o problema recorrente da competição volta a aparecer. Ele poderá não conduzir a batalhas individuais com pedras e facas, como quando dois homens lutam por uma única companheira. Mas poderá, ao invés disso, levar a distúrbios na moral do grupo, no agravamento das preocupações de trabalho, na formação de partidos revolucionários. Poderá piorar as relações entre os aliados ou as chances de sucesso de uma revolução democrática.

Em sociedades modernas, onde a poligamia não é mais sancionada e as mulheres não se acham mais enclausuradas, surge novo problema – a competição das mulheres por homens. Temos aqui o exemplo de um problema cuja origem é quase que inteiramente social, um produto da civilização se impondo sobre um outro, biológico, mais antigo. No nível humano mais simples, o

---

E.R.A. & JOHNSON, A. (eds.). *Encyclopedia of the Social Sciences*. Vol. 7. Nova York: Macmillan, 1932, p. 620-622.

homem com sua atração persistente sobre as mulheres, sua maior força física, sem os abalos da maternidade, estava na posição ofensiva natural. As mulheres, ainda que não necessariamente passivas ou desinteressadas da batalha, eram em larga medida reservas do jogo. Mas como a civilização substituiu primeiro os punhos e dentes por seixos de pedra, facas e espingardas, depois pelas armas mais sutis de prestígio e poder, o problema da competição entre dois membros de um sexo ou de membros de sexo oposto desprendeu-se progressivamente de sua base biológica. Assim, naquelas sociedades onde há mais mulheres do que homens, que é a média sexual ocidental, e nos quais a monogamia é regra, vemos a luta do homem pela mulher tornar-se uma luta da mulher pelo homem também. Talvez não haja demonstração mais clara de algo que possa ser socialmente adquirido do que esta mudança específica, capaz de colocar o sexo inferiorizado biologicamente numa batalha onde seu papel competitivo é ativo.

Existe uma grande variedade de soluções humanas para o problema de quais homens devem ter quais mulheres, sob que circunstâncias e por quanto tempo, além do problema menos comum mas moderno de quais mulheres devem ter quais homens. Algumas sociedades permitem períodos de licença, nos quais aqueles que se sentem em condições de se ligar a mais de um membro do sexo oposto, do que o normalmente permitido, tem chance de satisfazer seus romantismos sem romper a ordem social. Algumas sociedades praticam o empréstimo de esposas, troca de mulheres entre amigos, de modo que a cooperação entre os homens é reforçada pelo elo sexual. Algumas sociedades permitem que todos os homens que pertençam a um mesmo clã tenham acesso a todas as mulheres de um mesmo grupo, encontrando-se o estranho conselho de que, durante a gravidez, a mulher somente deverá ter relações sexuais com seu marido. Entre os povos Usiai das Ilhas do Almirantado, os rapazes e moças obtêm permissão de se divertirem em conjunto por um ano, sob vigilância. Cada qual deve escolher um companheiro para uma única noite e em seguida as meninas jovens casam-se com homens mais velhos, ao passo que os jovens rapazes acabam casando-se com viúvas proprietárias e experientes. Em algumas sociedades, os homens mais fortes, como os guerreiros, caçadores, agricultores ou repositórios de conhecimentos tradicionais, obtêm permissão de possuírem mais mulheres do que os outros homens. E em todas essas sociedades é necessário não só lidar com situações reais tais como a diminuição relativa de homens ou mulheres, como também com fantasias nascidas de uma organização social particular. Um homem mundugumor tratará sua única esposa como se ela fosse uma dentre muitas porque o tipo ideal de homens naquela sociedade é o que possui várias mulheres, embora ele, fraco e pouco dotado, tenha somente uma, coxa e doente, enquanto seu irmão mais velho possui oito ou nove. Mas um homem arapesh com duas esposas, uma das quais herdou devido à morte do irmão ou a uma fuga dos povos da planície mais agressivos, continuará a tratar cada esposa como se fosse somente uma, a esposa com quem ele compartilhou a existência e alimentou durante uma longa promessa de matrimônio. Os Manus, monógamos e puritanos, embora cercados de alegres polígamos, acreditam que haja uma terrível escassez de mulheres no mundo e não só prometem seus filhos em casamento tão cedo quanto possível, como relatam uma disputa indecorosa que os espíritos fazem de cada alma de mulher recentemente falecida. Os Kiwai papua praticam ritos mágicos complicados para assegurar a seus filhos o sucesso no casamento, enquanto os esquimós praticam o infanticídio feminino, sob alegação de que existem meninas em excesso, e a poligamia, que inclui a tomada de mulheres de outros homens, porque são poucas as disponíveis.

    Todas estas situações competitivas afetam os adultos a despeito de o foco da questão ser a luta dos homens mais velhos e mais fortes contra os mais moços e mais fracos, ou ser a de mulheres mais jovens e mais atraentes contra outras mais velhas e menos favorecidas. Uma outra situação competitiva pode ser a luta entre aqueles em posição equiparada. Mas ainda há outro problema que cada sociedade humana deve resolver: a proteção do sexualmente imaturo que, no seu núcleo, é o problema do incesto. Vimos as várias formas pelas quais a sexualidade em desenvolvimento da criança é controlada, como a criança samoana que inicia seus anos de inatividade sexual invocando o tabu de irmão e irmã, como a identificação de uma criança com o pai de seu sexo que traz tipos específicos de exigências e proibições na relação com o pai de sexo oposto. A proteção da criança pelos pais, uma vez estabelecida na forma desejada, supõe a necessidade de proteção de si própria em relação a eles. A proteção da menina de 10 anos contra os avanços de seu pai é condição necessária da ordem social, mas a proteção do pai contra a tentação é uma condição necessária do seu ajustamento social continuado. As proteções desenvolvidas na criança contra o desejo de seu pai tornam-se a contrapartida essencial da atitude do pai na proteção da criança. Geralmente os tabus de incesto primários se estendem por vários pontos, de maneira que a criança imatura esteja protegida dos adultos, embora esta proteção possa ser mínima, como entre os Kaingangues, onde todas as crianças recebem uma grande parcela de estímulo sexual dos adultos, ou máxima, como é o caso da educação tradicional de uma *jeune fille* francesa. Essas proibições transformam-se em tabus informais contra o "furto da infância" e numa definição legal da "idade da concessão", na qual as mães de uma geração passada explicam a suas filhas o período em que "uma menina cede para sua própria ruína".

As regras básicas do incesto abrangem as três relações primordiais na família: pai-filha, mãe-filho, irmão-irmã. A necessidade social de regras que evitem a competição dentro da família acha-se ilustrada claramente nas condições existentes entre os Mundugumor. O tabu do casamento entre diferentes gerações desfez-se, pressionado por um sistema de casamentos ultracomplexo, deixando assim muitos homens livres para trocar suas filhas por esposas jovens adicionais. Isso colocou pai e filho em competição pela filha e irmã, ambos desejando trocá-las por uma esposa. A sociedade mundugumor tornou-se uma selva, onde cada homem lutava contra o outro, sobrevivendo somente através da lembrança de formas sociais antigas que alguns homens se esforçavam ainda por observar, mas ao mesmo tempo sem condições de ajustamento por causa de tais lembranças. Como a tarefa primeira de cada sociedade é manter os homens trabalhando em conjunto em algum tipo de cooperação, torna-se fatal qualquer situação que coloque os homens uns contra os outros. Se o homem deve continuar a ser um pai que sustenta a família, ele deverá nutrir e não competir com seus filhos, sobrinhos e outros dependentes. Se ele tem que cooperar com outros homens na sociedade, deve formar padrões de relacionamento com eles sem que haja uma competição sexual direta.

As sociedades que deram ênfase à cooperação entre os homens, em detrimento da competição, puderam redefinir os tabus de incesto de modo a dar ênfase à necessidade de estabelecer novos laços através do casamento, em vez de se preocupar em evitar que os homens lutem entre si. "Se você se casasse com sua irmã", dizem os Arapesh, "não teria cunhado". Com quem você trabalharia? quem iria ajudá-lo? e o ódio se dirige para o homem antissocial que não casará sua irmã e sua filha, ainda que seja dever do homem criar laços através das mulheres jovens em sua unidade doméstica. Mas conseguir um cunhado para caçar, como entre os Arapesh, ou uma cunhada para dominar como entre os japoneses ou mesmo permitir o incesto real, como entre os antigos havaianos e egípcios, tudo isso são elaborações das regras de incesto. Tão exigentes são as normas em certas tribos australianas que alguns jovens só obtêm permissão para casar-se após vários e complicados ritos. No âmago das regras de incesto existe um caminho no qual a unidade familiar pode ser preservada e a relação dentro dela personalizada e particularizada. A extensão das regras de incesto e toda uma variedade de proteções para os imaturos — as crianças de uma sociedade — contra qualquer tratamento espoliativo ou desumano é um dos exemplos do modo pelo qual as invenções que visam à conservação e proteção de nossa história humana servem de modelo para a conduta social mais ampla.

10
POTÊNCIA E RECEPTIVIDADE

Embora a família humana dependa de invenções sociais que tornem cada geração masculina desejosa de alimentar a mulher e a prole, estas invenções estão baseadas em relações entre os sexos, especificamente físicas, biologicamente determinadas. Sem um período de acasalamento, sem a receptividade explícita da fêmea, que periodicamente floresce e murcha, os seres humanos não poderiam manter relações sexuais contínuas à base de uma associação permanente. Entre os primatas, a atividade sexual plena está ainda sujeita à disponibilidade periódica da fêmea. O interesse do primata macho na fêmea é de pouca valia, exceto em períodos em que ela está receptiva. Existe alguma evidência que sugere que este ciclo de disponibilidade tem vigência ainda na fêmea humana sem ter, contudo, os mesmos efeitos para a cópula e a procriação[45]. Quando os antropólogos começaram a estudar cuidadosamente as sociedades primitivas, descobriram aquelas em que havia uma grande liberdade sexual pré-marital, sem praticamente nenhuma ilegitimidade. Contudo, depois do casamento, as mulheres que

---

[45] BENEDEK, T. & RUBENSTEIN, B. "Correlations between Ovarian Activity and Psychodynamic Processes – I: The Ovulative Phase; II: The Menstrual Phase". In: *Psychomatic Medicine*, vol. I, 1939, p. 245ss., 461ss.

tinham levado uma vida de completa liberdade concebiam e procriavam filhos e assim sucessivamente. Samoa e Trobriand são dois dos exemplos melhor estudados desta alegre liberdade pré--marital, sendo ambos povos férteis. Como uma primeira explicação, sugeriu-se que haveria para alguns grupos étnicos em alguns climas e para alguns segmentos da população uma defasagem entre menarca e ovulação, de modo que as meninas poderiam mostrar-se maduras um ou dois anos antes de estarem aptas de fato a conceber[46]. Essa é uma explicação parcial, de modo algum completa. Talvez mais importante seja a passagem do controle do ajustamento da cópula que surge com o casamento, da mulher para o homem, fato que é simbólico também do que parece ter acontecido na história humana. Entre os povos primitivos, antes do casamento, é a menina que decide se vai ou não encontrar seu amado sob as palmeiras ou recebê-lo com as precauções necessárias em sua casa ou em sua cama em casa das pessoas jovens. Ele poderá murmurar, suplicar, enviar presentes e palavras amáveis por um intermediário, mas a escolha final está nas mãos da moça. Se ela não o escolhe e não vem, se não ergue a ponta de sua esteira, ela não o esperará sob as palmeiras. Um mau humor, um capricho, uma leve indiferença, e o rapaz fica desapontado. Mas com o casamento tudo se modifica. O homem e sua mulher compartilham cama e mesa. A cama poderá ser uma esteira no chão, uma rede na selva, um mosquiteiro no Sepik, um décimo do saco de dormir da família, mas o homem tem acesso à sua mulher, por direito, ainda que sujeito a várias regras de etiqueta e tabu. É seu

---

46 Esta hipótese da esterilidade do adolescente foi trazida até mim por Earl Engle e meus dados sobre Samoa foram a primeira tentativa de checá-la. Ashley Montague tem continuamente se interessado pelo problema (cf. "Adolescent Sterility". In: *Quarterly Review of Biology*, vol. 14, 1939, p. 13-34, 192-219). Meus comentários são feitos aqui com plena consciência das hipóteses sobre os efeitos mutuamente esterilizantes do sêmen de vários homens, mas não considero isso uma hipótese que coincida com os fatos das sociedades primitivas.

desejo contínuo e insistente que define as coisas. Não os humores dela, tão diferencialmente espaçados nas diferentes mulheres, de modo a nunca poderem ser mencionados como uma regularidade no sexo feminino. Muitos autores estudiosos do sexo da família humana colocaram grande ênfase no fato de que o macho humano é capaz de estupro. Esta é uma forma abrupta de colocar um problema que é de fato mais sutil. Nas espécies humanas o macho é capaz de copular com uma fêmea relativamente desinteressada e distante. Não há evidência que sugira que o estupro no seu significado pleno, que é possuir uma fêmea sob sua recusa, tenha sido alguma vez reconhecido como prática social. Poderá desenvolver-se como uma forma de desvio dentro de uma variedade de condições sociais específicas, quando os homens estão segregados das mulheres em condições capazes de gerar extrema hostilidade, em situações de casta que não tem sanções adequadas e suficientes para tornar tais situações toleráveis, ou quando o estuprador ou a vítima é demente total. Mas para uma mulher ser de fato estuprada, isto é, ser violada contra sua inteira vontade consciente ou inconsciente por um homem sadio desarmado, são necessárias circunstâncias especiais tais como: diferenças de estatura considerável, diferenças de cultura, de modo que a mulher fique paralisada e o homem transtornado pela não familiaridade da situação, ou que qualquer outro elemento exótico ou inesperado esteja presente no conjunto da situação. De modo geral, dentro de uma situação social homogênea um homem forte normal não poderá estuprar uma mulher sadia e forte. Existem muitas sociedades primitivas nas quais o estupro é um devaneio de um sexo ou de outro ou de ambos. Mas existem medidas sociais adequadas para impedir sua prática na realidade. Mesmo em nossa sociedade, no tempo em que uma mulher sozinha na rua no meio da noite seria vulnerável a um ataque, isto é, sugerindo mais disponibilidade que a não disponibilidade, existiam freios numerosos. O homem dobuano sonhava com estupro e a mulher dobuana tinha técnicas bem desenvolvidas para evitar seu sucesso. Os homens iatmul falam constantemente em estupro e sonham com situações em que a visível vulnerabilidade da mulher oferece possibilidades, mas na verdade eles têm que chamar à disciplina pelo estupro mulheres cujos maridos decididamente fracassaram em mantê-las na linha.

O estupro acontece também em sociedades modernas onde há muitos níveis e setores sociais com costumes sociais diferentes, nos quais alguns membros de ambos os sexos estão virtualmente sem condições de interpretar a conduta de membros do outro sexo que veem de um meio diverso ou onde são inadequadas as técnicas para diagnosticar e institucionalizar o criminalmente doentio. Mas trata-se de um ato muito diferente de qualquer conduta que possa ser postulada para os pequenos grupos de criaturas que na aurora da história estavam apenas começando a inventar padrões sociais.

Contudo, dá-se uma grande modificação no intercurso dos primatas, que é simples e periodicamente determinado, no qual os machos devem competir uns com os outros e obter favores aos olhos da fêmea no momento preciso em que ela está fisiologicamente receptiva, se o comparamos com a família humana, na qual cada homem tem condições de pressionar os desejos da mulher opondo-se a seu desinteresse, embotamento, fadiga, aversão ou mesmo repugnância e rejeição. Quando se faz a passagem da disponibilidade feminina à masculina, a responsabilidade por essa depende do macho, coisa que não se conhece nos níveis animais anteriores. Na horda primata, as fêmeas mostram receptividade periodicamente e os machos que correspondem, se aceitos, copulam com elas. Nada acontece com o macho que não ficou excitado. Naquele dia, ele não briga com outros, preferindo resmungar pacificamente. Ou talvez consiga melhor quota de comida, porque seus companheiros sexualmente mais ativos estão ocupados em outro lugar. Ele não necessita de uma mulher. À parte de suas atividades sexuais ele é extraordinariamente autossuficiente, busca e consome seu próprio alimento e cata sua própria caspa. Ele não necessita, como o esquimó, de uma mulher para amaciar-lhe as botas ou, como o papua, de uma companheira que lhe alimente os porcos, ou ainda como homens de outras sociedades, de alguém que lhe dê um lugar no cotidiano social, conserte as meias ou vista a pele da caça que ele traz para o lar. Ele não precisa, evidentemente, de uma mulher que cuide dos filhos. Nesse sentido, ele não tem filhos. As mulheres é que os têm e deles tomam conta. Assim, enquanto os machos ultra-ativos lutam com os companheiros pelo acesso a fêmeas receptivas, os machos menos ativos podem repousar contínua ou temporariamente. Ninguém o reprova, nenhuma mulher caçoa dele. Possivelmente viverá mais do que os companheiros mais ativos. Ele não está preocupado com a impotência.

Mas a partir do momento em que se desenvolvem longas relações entre os seres humanos, de modo que o homem e a mulher vivem juntos e sendo a receptividade dela de tal ordem que a mantém acessível ao desejo do homem em qualquer momento, toda uma série de novos problemas aparecem. A realização do homem como amante torna-se ligada à sua necessidade de uma companheira e seu vínculo com a prole que ele aprendeu a nutrir e à sua posição na comunidade. Enquanto o primata necessita de uma fêmea por razões físicas imediatas e nada mais, o macho humano, no nível social mais simples que conhecemos, necessita de uma mulher. E ela é sempre vista, em todas as sociedades e em todas as circunstâncias conhecidas, como algo que é mais do que um objeto ou meio de satisfação para o desejo físico. Toda uma variedade de condutas derivadas aprendidas entram em cena, complicando e padronizando as atitudes do macho humano com respeito às fêmeas. Despido de qualquer convenção social ou cercado por um conjunto de convenções que a definem como um objeto sexual imediatamente disponível sem nenhum outro atributo social, a fêmea humana receptiva ainda desperta na maioria dos machos humanos o tipo de resposta que encontramos entre os primatas. O macho sexualmente ativo responderá ativamente. O macho vagaroso, mais vagarosamente ou talvez nem isso. Mesmo entre os ratos brancos, existem machos ativos e inativos. No momento em que as relações humanas são padronizadas com as implicações do namoro, casamento, prestígio, trocas afins, uma boa localização residencial, a escolha sexual espontânea, intrínseca ao macho, está comprometida por estes outros desejos seus. Ele quer manter a esposa, podendo isto significar dormir mais ou menos vezes com ela. "Vocês mulheres acreditam", desabafa um exacerbado marido iatmul, "que eu sou feito de pau-ferro para poder copular com vocês o quanto vocês queiram?" "A cópula é revoltante", dizem as mulheres manus. "O único marido suportável é aquele cujos avanços a gente quase não sente". Cada cultura estiliza as preferências de homens e mulheres em termos de esposas, maridos e amantes, permitindo o desenvolvimento de maiores ou menores diferenças individuais. Os homens e mulheres que cresceram juntos na mesma cultura compartilharão os mesmos ideais sexuais. O homem sabe que tipo de homem é tido como bom amante, sabe sob que circunstâncias a mulher pode jogar-lhe algum objeto na cara, dar palmadas num bebê, machucar um cachorro, chutar a escada da casa, de modo que o marido não possa ir à sua cabana ou sugerir que ele durma no seu quarto de vestir. Ao invés de uma solicitação sexual sem complicações, controladas pela periodicidade da fêmea, como entre os primatas, o macho humano constata as suas necessidades bastante complexificadas por outras considerações. Mas o funcionamento sexual masculino parece que se dá mais facilmente quando é mais automático, quando é a resposta a um simples conjunto de sinais que foram definidos como sexualmente excitantes, sejam eles a exposição do corpo, um perfume especial, a reputação de condescendência de uma mulher ou simplesmente uma mulher que está sozinha num jardim ou apartamento vazio. Sempre que o funcionamento sexual do macho fica complicado por um conjunto de ideias sobre amor sentimental, prestígio, dúvidas morais ou teorias de relação entre atividade sexual, a capacidade atlética ou vocação religiosa, ou entre a virilidade e a criatividade, ele se torna bem menos automático e seguro. Não é mero acidente que nos grupos de elite, na aristocracia, entre intelectuais e artistas de todas as culturas, se tenha desenvolvido uma variedade de práticas subsidiárias e complementares capazes de estimular o desejo masculino, seja através de perversões, de uma concubina por noite, de homossexualidades ou dramatizações de fantasias vagas. Isto ocorre com fantástica regularidade, embora nas faixas da população onde existe menos escolha, menos gosto e menos ideias confusas, a cópula é assunto mais simples.

Visto a partir de seu *background* mamífero, o homem parecerá ter frente à mulher poderes de iniciativa infinitamente maiores do que os primatas. Mas talvez, como um dos dilemas de escolha que guarnecem a história das coisas vivas, a circunstância mesma que consolida sua iniciativa, a instituição do casamento humano, introduz novas e diferentes complicações. Sucintamente, quanto mais ele pensa, menos poderá copular, a menos que cópula e pensamento estejam habilmente integrados em seus respectivos níveis[47]. Naquelas culturas em que todos os bens são tidos como limitados, o investimento de "energia" na atividade

---

47 Comparar com os regulamentos judaicos antigos, segundo os quais um homem que mostre pouca aptidão para o pensamento deveria dormir com sua mulher somente uma vez por semana e resguardar suas energias para tornar-se mais meditativo. Mas no sábado deveria dormir sempre com sua esposa, de modo a livrar sua mente de seus estudos. Construções como esta poderão descrever um outro tipo de potência, uma parcela de conduta aprendida não mais automaticamente, mas tão bem-integrada na totalidade da estrutura do caráter que poderá ser

sexual poderá ser facilmente concebido como uma perda e como algo antitético ao sucesso em algum outro campo. Por outro lado, onde a masculinidade plenamente ativa é enfatizada, como no caçador, no lutador e no amante, a potência poderá ser significativa. Em geral, contudo, pode-se dizer que quanto mais interpessoais se tornem as relações sexuais, mais a personalidade real de cada parceiro, seu humor, seu estado de fadiga, seu sentimento sobre o mundo e sobre a outra pessoa serão levados em consideração; haverá mais possibilidade assim de ocorrer alguma redução na atividade sexual de fato. Alguns índios das planícies americanas desenvolveram uma ligação entre marido e mulher de um modo mais explícito e mais pessoal do que em qualquer outro grupo primitivo de que se tenha registro. A corte durava vários anos em certos casos e a noiva era alvo de galanteios várias semanas antes que a relação fosse finalmente consumada. Os velhos guerreiros lembravam nostalgicamente aquelas noites de casamento em que se mantinham acordados toda a noite apenas conversando placidamente com suas jovens esposas. E foi entre os índios americanos que se desenvolveu a fantástica instituição do cobertor da castidade que tinha um orifício e que deveria ser obtido de um mais velho da tribo sempre que um casal desejasse manter relações sexuais. Aqui também os casais poder-se-iam orgulhar do hiato de tempo entre seus vários filhos.

Muito dos pensamentos sobre a disposição do outro implícitos nos casamentos em que há forte ênfase interpessoal podem evidentemente ser cristalizados em formas culturais que retiram dos indivíduos o ônus do pensamento e do autocontrole restritivo ou outras atividades. Todas as culturas do Pacífico aqui citadas, à exceção de Bali, possuem um tabu de relações sexuais duran-

---

bem e confiantemente desempenhada. Cf. *Babylonian Talmud*: Seder Nashin – Vol. 1: Tractate Kethuboth. Londres: Soncino, 1936, cap. V, p. 369-372.

te a gravidez. O homem precisa avaliar a disposição da esposa. O intercurso é simplesmente tabu, com toda uma variedade de pesadas sanções. Quando os homens de uma aldeia Iatmul estão preparando uma caçada de cabeças, dormem juntos na casa dos homens, longe das tentações. As mulheres menstruadas, entre os Arapesh, são isoladas em abrigos longe da aldeia e, se têm que caminhar, utilizam trilhas pouco conhecidas. Em várias aristocracias, marido e mulher têm quartos de dormir separados, de modo que a dignidade da senhora não necessite ser levada em consideração de minuto a minuto, estando ela protegida das perturbações impróprias a seu *status*. As atividades de competição, da criação, da geração de filhos, de aleitamento, caça, pesca, luta, oração, confecção de produtos artísticos, cujo resultado é incerto, têm sido padronizadas como períodos de abstinência, de modo que a pressão da escolha entre atividades sexuais e outras atividades foi retirada aos indivíduos.

É assim bastante fácil a uma cultura regular a conduta ativa dos machos humanos, estilizá-la, isolá-la e confiná-la a certos períodos e lugares; tendendo tudo isso a reduzir a parcela de atividade sexual de fato. Mas é muito menos fácil lidar com a perda de espontaneidade quando a atividade sexual é gozada a despeito do desejo individual num dado momento. Alguns padrões positivos devem evidentemente ocorrer. Os homens de cada sociedade devem aprender a modular sua potência, abreviar ou alongar o tempo do intercurso em relação à conduta esperada tanto para homens como para mulheres, no contexto em que foram criados e das quais dependem as relações sexuais bem-sucedidas numa sociedade específica. Mas se a cultura está padronizada de modo que se *exige* aos homens que tenham ligações sexuais com uma mulher específica num tempo e lugar igualmente específicos, então poderá haver uma rebelião. O costume folclórico de uma noite de núpcias, em que a consumação do casamento está submetida a um escrutínio e aprovação pública, cairá por terra quando as exigências impostas à espontaneidade do homem forem fortes *demais*. De fato, o homem tem a capacidade de resistir ou recusar padrões que regulem excessivamente a sua espontaneidade, comprometendo ao mesmo tempo o bem-estar do indivíduo e o bem-estar da raça. O homem poderá honestamente afirmar que uma cultura que não protege sua sexualidade espontânea acabará perecendo, porque não haverá crianças concebidas para levá-la adiante. Ele poderá exigir veementemente e com responsabilidade social plena que as formas sociais que impedem ou que burilam excessivamente seus impulsos devem ser alteradas. A necessidade de formas culturais em que o impulso sexual espontâneo possa ser alegremente expresso é um ponto crítico em todas as sociedades humanas. Esta é talvez uma das razões pelas quais os homens são tantas vezes vistos como o elemento progressista na história humana. A fêmea humana, distinguindo-se da fêmea primata, ganhou no controle sobre sua sexualidade e aprendeu a substituir simples impulsos por muitas outras formas de conduta.

A fêmea primata é criatura de seu ciclo sexual; quando ocorre o florescimento periódico de sua atividade sexual, ela se torna receptiva. Sem isto, nada sucederá. Ela poderá ocasionalmente oferecer-se ao macho jovem em troca de alimento e proteção. Mas isso poderá parecer a mais grosseira prostituição. Mas a fêmea humana, que aprendeu através de uma longa educação infantil a valorizar uma grande variedade de recompensas e temer uma grande variedade de castigos, percebe que sua receptividade, embora retendo talvez ainda um pequeno grau da periodicidade típica, está de fato sujeita a uma forte modulação. Onde a receptividade exige muito menos dela própria, simplesmente um abrandamento e um relaxamento de seu corpo como um todo e nada da prontidão específica do desejo prolongado que se requer do homem, ela poderá aprender a juntar uma simples condescendência a dezenas de outras considerações de como vencer e manter um amante ou um esposo, equilibrando o humor do momento contra o humor de amanhã e adaptando sua receptividade ao padrão global da relação. Parece haver pouca dúvida de que o homem que aprendeu vários modos mecânicos de estimular sua especificidade sexual, de sorte a copular com uma mulher que ele não deseja no momento, estará fazendo maior violência à natureza do que uma mulher que necessita somente de receber um macho a quem ela faz várias outras concessões, ainda que não possivelmente a de um desejo ativo.

A instituição do casamento em todas as sociedades é um padrão pelo qual os freios postos nos homens e mulheres pela civilização devem ser sintetizados, um padrão pelo qual os homens devem aprender recebendo em troca toda uma gama de recompensas elaboradas, novas formas em que a espontaneidade sexual é ainda possível. As mulheres deverão aprender a disciplinar sua receptividade em função de várias outras considerações. Nas sociedades monógamas, o freio imposto aos homens é a monotonia do leito sempre com a mesma mulher, mas nas sociedades polígamas o homem reclama contra a exigência de esposas excessivamente numerosas. Nas sociedades monógamas, a mulher reclama das exigências excessivas do marido; nas polígamas, cada esposa estará tentando fazer com que o marido venha para sua cabana. Nas sociedades em mudança rápida, o articulista e o interessado quererão começar a escrever novelas e desenvolver filosofias sobre o modo pelo qual o equilíbrio se mantém no momento. Assim, redescobrirá que continua a existir a marca básica, introduzida pela civilização, que é tanto o acesso contínuo possível do homem à companheira, quanto a receptividade controlada da mulher.

Em certas sociedades e em certos períodos da história, há uma forte ênfase nas limitações impostas ao homem. Numa cultura era que os indivíduos são tão cristalinamente impessoais como em Bali, de modo que mesmo as pessoas que compõem a assistência de um concerto que todos apreciam não têm contato entre si nem com os dançarinos, o problema da impotência torna-se muito importante. A anedota do casamento consta de uma pantomima de uma espada que verga ante uma esteira de folhas delicadamente tecida. Os homens se preocupam por medo de haver um nexo sutil entre as convenções pelas quais tomam uma esposa e o ritmo de seus corpos, de maneira que nunca possam ter filhos. Apropriadamente, existem pesadas sanções para fazer com que os homens se casem, punindo socialmente aqueles que não têm filhos. A potência é vista em Bali como o problema da flutuação da resposta masculina, com o homem sempre voltando atrás, desencorajado pela fêmea medrosa, apto a responder inicialmente à sua beleza, mas sem condições de sustentar a relação. Isto porque, frequentemente, ela não se torna a irmã bonita mas a irmã feia que se veste para o teatro do mesmo modo que sua mãe e sua sogra.

Entre os Arapesh o problema não é visto como manutenção da potência, mas como resistência à sedução por parte de mulheres fortes e positivamente sexuadas. "Ele segurará suas faces, você segurará seus seios, sua pele se arrepiará, vocês dormirão juntos, ela roubará parte do fluido de seu corpo e mais tarde ela o dará ao feiticeiro e você morrerá". Além das fronteiras seguras do lar, além dos lugares de parada na jornada em que alguém encontra uma tia, um primo ou a prometida de um irmão, há um mundo de mulheres estranhas que poderão facilmente seduzir alguém até a morte. Nenhum arapesh veio à porta da clínica do acampamento pedindo remédios para restaurar a potência. Ao invés disso, buscavam vomitórios para desfazer os males que a feitiçaria, que se seguira à sedução, lhes tinha proporcionado. Mas esta potência digna de confiança não é necessariamente uma satisfação para todas as mulheres arapesh. Isto porque aquelas que, a despeito do quadro cultural, são ativas e especificamente sexuadas provavelmente se ajustarão no padrão suspeito das mulheres que querem seduzir para matar.

Os manus, tantas vezes confundidos pela expressão comum de que a cópula é uma fórmula de excreção (ou de "saída", como prefere o Dr. Kinsey)[48], tem pouco prazer em relações sexuais maritais. A ordem caseira ideal, do ponto de vista tanto do marido como da mulher, é aquela que tem dois filhos, um para dormir com o marido de um lado do fogo e o outro para dormir ao lado da esposa, em outro canto. Quando homem e mulher começam a envelhecer juntos, seus filhos já estão meio crescidos e eles poderão relaxar e conversar entre si e mesmo comerem juntos, descansando e comentando, livres da sobrecarga insossa de uma relação que é colocada em termos de repugnância e vergonha para ambos. A taxa de natalidade manu *é* muito baixa. Novamente, a potência não é um problema reconhecido. Não há insinuações declaradas de que se espera muito dos homens e a não inclinação de suas mulheres para o sexo age possivelmente como um estímulo suficiente para superar o peso da vergonha, portanto, do mesmo modo pelo qual uma prostituta capturada e partilhada por um grupo de homens é símbolo de uma aventura sexual satisfatória.

Entre os povos que estudei, os samoanos têm a mais límpida e simples atitude para com o sexo, colocando toda a ênfase na interpessoalidade específica do ato sexual. O amante bem-sucedido é definido como aquele que tem possibilidades de tornar uma mulher sexualmente satisfeita e também se sente satisfeito por assim agir. O orgulho de um homem poderá ferir-se fundamente se a jovem recebe um segundo amante na mesma noite; ele não vê seu fracasso em termos de potência, mas em termos de inabilidade pessoal. A ênfase característica dos samoanos na lentidão faz

---

48 Em inglês, "*outlet*". Talvez "alívio", "descarga", também em português [N.T.].

com que fazer o amor seja algo do qual as pessoas se aproximam gradualmente, em que se prepara o corpo da moça para gozar o amante, e a atenção deste passa de uma inspeção ansiosa de sua própria adequação para a relação de fato com ela. O desajustado sexual em Samoa é o *moetotolu* (insetos, parasitas etc. que rastejam sobre o corpo humano durante a noite, enquanto dormem), o homem que deve roubar sub-repticiamente aquilo que ele não pode ganhar para si, o homem que se aproveita da jovem que espera o seu namorado e se adianta na escuridão para tirar vantagem da sua receptividade. Mas esta informalidade samoana no que diz respeito às relações sexuais se torna possível por todo um sistema de educação infantil, já descrito, pela ampliação do círculo de relações pessoais dentro do qual a criança é educada até que suas emoções infantis estejam diluídas mais do que destruídas, como acontece em Bali. A competição é neutralizada e controlada. Tanto a mulher como o homem se fazem poucas exigências severas de sucesso individual. O amor entre os sexos é uma dança alegre e prazenteira na qual se poderá exercer atrativo ou demonstrar inibição... e mesmo ficar sem companheiro. Mais tarde na vida ter-se-á uma boa refeição tomada em conjunto continuamente com informalidade e bom humor sem as complicações do pudor ou de esforços ou uma possibilidade de preocupar-se ou mesmo perscrutar a alma do outro. No ar de Bali nunca falta música. Em todas as aldeias os rituais e as oferendas ocupam o tempo das pessoas, o escultor trabalha os relevos do templo parcialmente pronto, as torres crematórias, que levam semanas para serem terminadas, erguem-se no seu perecível esplendor acima das palmeiras. Em Samoa as danças das quais seus participantes nunca se cansam são simples, mais dependentes da graça do que da trama, mais do esplendor da cútis humana do que de uma fantasia. Na cultura samoana cada criança aprende a pedir coisas simples, dando-lhes meios de satisfazer completamente seus desejos.

Chamei este capítulo de "Potência e receptividade", de modo a pôr em relevo a diferença dos problemas que homens e mulheres enfrentam numa cultura humana. O homem civilizado sempre corre o risco de que a civilização se imponha demais e assim reduza sua espontaneidade. A capacidade da mulher para a receptividade pode em regra ser aumentada pela civilização, por sua capacidade de planejar, por sua necessidade de lar, casamento, filhos, alimento, companheirismo ou continuidade de uma relação que não está expressamente ligada à sua manifestação de desejo físico. Um fracasso no ardor feminino pode ser evidentemente crucial em algumas circunstâncias em que as condições de uma sociedade não humana são temporariamente reproduzidas, não havendo um relacionamento genuíno mas apenas uma associação ocasional entre homens e mulheres. Isto pode suceder tanto em uma sociedade ocupada em tempo de guerra como nas relações amorosas extramaritais, construídas sobre a paixão. Em tais circunstâncias, o ardor ativo de uma mulher conta de fato somente porque a potência do homem não tem complicações, das centenas de senões que intervém na vida humana normal. O soldado que encontra uma mulher fria buscará uma que é menos fria, se ela existe. O amante apaixonado abandonará a amante fria, mas um homem como marido de fato ou em potencial sempre tem outras coisas em mente, o que parece acontecer no maior número dos casos pela natureza da civilização humana. Ele não está buscando uma mulher para relacionar-se atendendo a uma exigência de mamífero em perfeito funcionamento tal como a fêmea primata receptiva tem condições de oferecer ao macho, mas está buscando uma esposa cuja receptividade acompanhará depois de algum tempo sua potência não periódica que pode aumentar ou diminuir com a presença de simples condições como vergonha, esperança ou orgulho, sucesso ou poupança, prestígio e poder, em função de suas vitórias na casa dos homens, numa caçada de porcos ou reunião de comitê.

Há muitas sociedades primitivas nas quais a receptividade da mulher é tudo que é requerido ou esperado. Nelas, a menina aprende de sua mãe e do modo pelo qual seu pai acaricia sua cabeça e a segura sem preocupações próxima a seu corpo que se espera que ela seja receptiva, não ativa ou ofensivamente sexuada. O fato de que sociedades inteiras ignorem o orgasmo como um aspecto da sexualidade feminina deve estar relacionado com uma base biológica muito menor para tal clímax. É verdade que é possível para a sociedade humana construir sistemas culturais viáveis bastante separados de sua base biológica. Muito de nossa conduta de reflexo que é seu protótipo cultural desapareceu[49] e Gesell, que acreditava nas consequências virtualmente inevitáveis da maturação humana, aceitou como possível a história do menino-lobo que corria sobre quatro patas entre lobos[50]. Toda nossa conduta de alimentar está completamente dissociada de qualquer conhecimento específico sobre o corpo e cada padrão artificial de nutrição, no qual a alimentação adequada poderá depender de um ou dois alimentos especiais, que são os únicos portadores de propriedades realmente nutritivas, tem de ser reforçado por aprendizado social de hábitos profundamente arraigados nos quais certos alimentos servidos de certos modos são corretos em certas horas do dia. Conhecemos a partir de experimentação que as crianças, frente a uma variedade de alimentos, todos adequados do ponto de vista nutritivo, fará seleções equilibradas mais individuais, compensando num dia o uso excessivo do dia anterior, uso excessivo este que é compreendido pelo nutricionista que analisou aquele alimento cientificamente[51]. Sabemos que os ratos que se alimentam artifi-

---

49 McGRAW, M.B. *Growth*: A Study of Johnny and Jimmy. Nova York: Appleton Century, 1935.
50 GESELL, A. *Wolf Child and Human Child*. Nova York: Harper, 1941.
51 DAVIS, C.M. "Self-Selection of Food by Children". In: *American Journal of Nursing*, vol. 35, 1935, p. 403-410.

cialmente de vitaminas e minerais em tubos de vidro transparentes farão melhor escolha que o bioquímico no sentido de planejar sua dieta[52]. Também sabemos que os ratos mantidos sem alimento e água terão suficiente lucidez de dirigir-se mais à água do que à comida, se ambas estão fora de seu campo de visão e olfato. Mas se ambas estão colocadas *lado a lado*[53] escolherá o alimento que aumenta seu estado de sede e desconforto em vez da água mais neutra e mais necessária. Podemos presumir, a partir da pouca evidência existente, que os seres humanos têm capacidade de escolher entre vários alimentos os que contêm substâncias nutrientes essenciais, de modo a construir um padrão de nutrição biologicamente correto, mas que tal capacidade não se colocará em prática, senão sob condições muito especiais que não haviam existido até o século XX, quando ocorreram as análises nutritivas e o isolamento de elementos nutritivos. Enquanto isso, as crianças aprendem a alimentar-se daquilo que por um longo processo de experimentação e incidente social quase fora do alcance racional tornou-se o padrão da dieta de sua própria sociedade. A criança aprende a alimentar-se de certas coisas e não de outras, não confiando na sensibilidade bioquímica latente a uma vitamina, embora tal sensibilidade signifique uma base biológica para descobertas cruciais. Ela o faz através dos pais, que demonstram desgosto ou prazer, recompensa e castigo, toda uma bateria de sanções e elementos para o aprendizado. A criança finalmente aprende que "isso é alimento para mim; não é para os outros mas para mim", "aquilo é comida para animais e não para seres humanos", "isso é intragável". Os dentes, a forma da pelve, a resistência a um certo

---

52 RICHTER, C.P.; HOLT JR., L.E. & BARELARE JR., B. "Nutritional Requirements for Normal Growth and Reproduction in Rats Studied by the Self-Selection Method". In: *American Journal of Physiology*, vol. 122, 1938, p. 734-744.
53 YOUNG, P.T. "Appetite, Palatability and Feeding Habit: a Critical Review". In: *Psychology Bulletin,* vol. 45, 1948, p. 289-320.

tipo de doenças, a capacidade de cicatrização de feridas em toda uma população depende da meticulosidade com que utilizam capacidades aprendidas e não específicas ou inerentes.

É pois perfeitamente viável, dados os elementos que conhecemos da cultura humana, que as condutas aprendidas absolutamente essenciais à reprodução devem ter substituído as biologicamente dadas. A fêmea humana mostra capacidade de estímulo sexual e se poderá argumentar que a menor frequência de masturbação entre mulheres jovens, que é registrada em nossa sociedade e característica de todas as sociedades dos Mares do Sul que estudei, é um assunto puramente estrutural. A genitália da criança do sexo feminino está menos exposta e menos sujeita à manipulação maternal e automanipulação. Se a masturbação não é socialmente reconhecida e ensinada, seja pelos pais às crianças ou pelas crianças mais velhas às crianças mais novas, ela poderá escapar ao aprendizado da criança do sexo feminino. Pondo de lado esta parte do argumento, não há dados para ligar na mulher a capacidade de conceber com o orgasmo, do mesmo modo que no homem a capacidade de fertilizar se acha ligada à capacidade de ejaculação. A potência física sadia, embora dissociada ou estimulada artificialmente, é essencial à gravidez. Se a sociedade inventasse métodos de educação infantil que inibissem completamente a capacidade eréctil e ejaculatória de todos os homens, nós simplesmente não nos reproduziríamos. Parece, contudo, que nada faz crer que o orgasmo nas mulheres seja de importância comparável para a concepção, pelo menos na maioria delas. Assim, parece ter base razoável afirmar que a capacidade da fêmea humana para orgasmo deve ser encarada mais como uma potencialidade que pode ou não ser desenvolvida numa cultura ou na história de vida específica de um indivíduo do que como uma parte inerente de sua plena humanidade. A necessidade de adequação para engravidar é tão indubitável quanto a necessidade do homem de fazê-la engravidar. A capacidade do homem para a inserção parece ser melhor comparável à da mulher em conceber, portar e dar à luz uma criança através de uma sequência produtiva do que à capacidade feminina presumível para o orgasmo. Experiências feitas com cobaias, em que o investigador tomou uma simples cópula como unidade de comparação e desempenho de macho e fêmea, provaram que a capacidade de copular e aperfeiçoar-se estava definitivamente relacionada aos machos, sem nenhuma relação com as fêmeas[54]. Algumas interpretações tenderam a dar ênfase ao fato de que o ato copulatório masculino era afinal muito mais complicado e preciso do que o feminino. Contudo, quando os experimentos vão um pouco mais longe e a capacidade de aprendizado da fêmea é comparada não a seu desempenho na cópula, mas como mãe, a mesma ordem de relacionamento pôde ser encontrada, tal como o foi entre copulação mais perfeita e capacidade de aprendizado superior no macho. A contribuição biológica feminina está nas funções maternais como um todo e não somente no ato sexual, que requer apenas a capacidade de manter-se imóvel.

Mas ainda enfrentamos certas evidências conflitantes. Existem sociedades nas quais as mulheres são bastante ativas sexualmente. Elas reconhecem e buscam o orgasmo com a mesma liberdade que os homens. A mulher que não tem essas qualidades sofre sanções. Uma das sociedades que mais conheço é a mundugumor, na qual as mulheres devem obter o mesmo tipo de satisfação do sexo que os homens. O fato de que algumas mulheres não encontrem essa satisfação poderia ser explicado em termos de pouco tônus ou situações desfavoráveis de aprendizado e assim por diante. Mas há também sociedades, como os Arapesh,

---

54 BEACH, F.A. *Hormones and Behavior* [com introdução de Earl T. Engle]. Nova York: Paul B. Hoeber, 1948.

na qual a despeito de as mulheres não apresentarem orgasmo e o fenômeno não ter um nome ou um reconhecimento social, algumas sentem de fato um desejo sexual muito ativo capaz de ser satisfeito somente pelo orgasmo. Se toda propensão inata para o orgasmo foi negada a toda a humanidade feminina, o que aconteceu a essas mulheres? Serão elas, como acusam algumas teorias, mais masculinas no sentido de terem um padrão diferente de funcionamento endócrino? Certamente quando comparadas a outras mulheres da mesma sociedade, as mulheres altamente sexualizadas poderão parecer mais próximas do tipo masculino. Terão aprendido por algum acidente da experiência de infância que o orgasmo é uma potencialidade em todos os corpos humanos, desenvolvendo então um apetite específico, tal como desenvolvem pessoas de ambos os sexos para com modos específicos de preparar alimentos, embora tais padrões alimentares não tenham nenhuma relevância biológica original? Também isto é possível e algumas dessas teorias ficam acima nas afirmações puritanas sobre diferenças entre mulheres boas que estão "adormecidas" e mulheres más que foram "despertadas". Mas o teórico que acredita que o orgasmo é uma resposta primária da mulher afirmará facilmente que a mulher "adormecida" é uma distorção produzida pela civilização puritana.

Uma teoria alternativa sugeriria que a capacidade de aprender a resposta orgástica total se apresenta diferenciada nas mulheres e que estas diferenças são talvez muito sutis, dependendo de detalhes como sensibilidade relativa de várias zonas erógenas. É possível que na padronização muito mais difusa da receptividade sexual da mulher, uma parte do corpo agora outra depois, agora o bico dos seios, depois os lábios e assim por diante, poderão ser sensíveis o suficiente para desenvolver um efeito inicial. Sociedades como Samoa que enfatizam um tipo altamente variável e difuso de jogo amoroso incluirão no repertório masculino atos que despertarão efetivamente quase toda mulher, em que pesem suas diferenças de constituição. Mas naquelas culturas em que muitas formas de preparação são proibidas ou simplesmente regulamentadas por instituições que insistem que ambos os sexos se mantenham vestidos ou na obscuridade ou que se reduzam todos os odores corporais por desodorantes perfumados, esta potencialidade, que todas as mulheres desenvolvem sob circunstâncias suficientemente favoráveis, poderão ser ignoradas por grande parte ou por quase todas elas. É importante também dizer que nem sempre essa potencialidade irrealizada será sentida como uma frustração.

Seria útil considerar aqui algumas outras potencialidades e variações do ciclo reprodutivo feminino que poderão manter-se ignoradas ou se desenvolver através de ênfases culturais. O mal--estar matinal na gravidez pode ser completamente desconhecido ou esperado em todas as mulheres e assim aquela que não sente náusea será uma exceção. Poder-se-á esperar que a náusea ocorra somente com o primeiro filho. Mas naquelas sociedades em que se ignoram estes dados poderá haver ainda aquelas mulheres que guardam muito desse sintoma. A náusea poderá ser um sinal de rejeição da criança recém-concebida. Mas numa sociedade como a nossa, em que a expectativa social conta com o mal-estar matinal e em que as amigas de uma mulher grávida imediatamente entram em cena para dizer-lhe o quanto de mal ela vai sentir, uma hipótese simples de que indica uma rejeição inconsciente da criança será provavelmente abandonada. A náusea com regras atrasadas pode ser um sinal de grande vontade de engravidar, sendo nesse caso um símbolo reconhecido socialmente e imposto ao corpo por um pensamento que expressa um desejo. Nas sociedades em que não se reconhece a náusea como apropriada às mulheres grávidas ou nas quais somente é esperada na gravidez do primeiro filho, ela *poderá ser* uma expressão de rejeição. Uma outra possibilidade seria de que se trata de distúrbio psicológico menos específico, ainda que num quadro de normalidade, mas estatisticamente raro, em que se manifesta a náusea a despeito de qualquer expectativa cultural. (A ocorrência muito rara de fogachos no homem, como fenômeno climatérico, *poderá significar* identificações histéricas femininas, mas também poderá ter sua base num tipo raro de desequilíbrio do organismo.) Assim, pode-se dizer que o mal-estar matinal, onde estiver estilizado culturalmente como próprio de qualquer período de gravidez ou de um tipo de gravidez (como a primeira), um grande número de mulheres terá tal conduta, não se dando o fato em caso contrário. O vômito convulsivo é uma capacidade de todo organismo humano, podendo ser elaborado, negligenciado ou mesmo amplamente desaprovado.

O mesmo tipo de observação pode ser feito quanto à dismenorreia. Os samoanos reconhecem a dor leve como um acompanhamento normal da menstruação e um grande número de meninas acusa sua presença[55]. Os Arapesh não reconhecem de modo algum a dor menstrual, possivelmente porque o extremo desconforto de sentar num pedaço fino de casca de árvore no chão frio e úmido num abrigo de folhas que deixa passar a chuva da montanha, esfregando seu corpo com urtigas espinhosas, obscurece qualquer percepção da dor. Estudos cuidadosos sobre a dismenorreia nos Estados Unidos fracassaram em revelar fatores decisivos em mulheres que manifestam dor menstrual sem terem tido contato na infância com mulheres que mostraram tal sintoma. Embora a possibilidade de uma mudança orgânica não tenha sido excluída, há razões para acreditar que lidando com um fenômeno de atenção, talvez comparável com os fenômenos de

---

55 Cf. MEAD, M. "Table showing length of time since puberty, periodicity, amount of pain during menses, masturbation, homosexual experience, heterosexual experience and residence or non-residence in pastor's household". In: *Coming of Age in Samoa*. Nova York: William Morrow, 1928, Appendix V, Table 1, p. 285.

causalgia, nos quais os circuitos de repercussão são ligados de tal modo que um indivíduo sofre por ter consciência de contrações uterinas que não causam dor em outras mulheres[56]. A expectativa cultural poderá ser um importante fator para despertar esta consciência, tanto quanto as práticas dos iogues que podem acostumar os indivíduos a experimentar conscientemente processos corporais que se acham em geral abaixo do nível da atenção consciente.

Há ainda uma outra hipótese relacionada que pode ser introduzida para explicar a base sobre a qual algumas sociedades desenvolvem na mulher um tipo ativo e solicitador de sexualidade que culmina com o orgasmo, enquanto outras desenvolvem na mulher respostas sexuais com menor clímax e mais difusas. É possível que haja diferenças genuínas associadas ao tipo constitucional, diferenças que poderão ter correlatos estruturais específicos, tal como um clitóris maior ou mais exposto ou ainda mais próximo da entrada vaginal, bicos de seios mais eréteis, e assim por diante. Ou ainda que poderá ser uma questão de tônus mais sutil ou ritmo e ajustamento do sistema nervoso como um todo. Aqui, como em qualquer outra parte, a cultura pode tomar elementos de um tipo e impor a outros tipos constitucionais uma conduta aprendida menos congênita. Assim, no procedimento do aleitamento em Bali, em que o bebê é segurado no quadril da mãe e se inclina para sugar o seio pequeno e alto, ele se adapta ao tipo constitucional prevalecente naquela cultura, sendo estranho e difícil agir assim quando a mulher tem seios mais caídos. Mas naqueles grupos onde as mulheres têm seios que pendem a ponto de ser possível jogá-los por cima dos ombros, a mulher balinesa típica com seios altos e firmes estaria em grande desvantagem.

---

56 FRANK, L.K.; HUTCHINSON, G.E.; LIVINGSTON, W.K.; McCULLOCH, W.S. & WIENER, N. "Teleological Mechanisms". In: *Annals of the New York Academy of Sciences*, vol. 50, 1948, p. 178-278; cf. esp. "The Vicious Circle in Causalgia", p. 247-258.

Em populações pouco miscigenadas, as proporções de um tipo constitucional ou de outro poderão continuamente reforçar um determinado aprendizado cultural. Numa população amplamente heterogênea como a nossa, dificilmente é possível tal seleção. Podem ocorrer formas extremas de aprendizado e interferências externas na forma do corpo, como a solicitação de uma cirurgia plástica no seio das mulheres ou de uma disciplina dietética à qual elas se submetem para se aproximarem do ideal de esbeltez da América contemporânea. Se uma diferença constitucional real na capacidade de orgasmo estivesse associada à constituição, isto forneceria uma chave para interpretações daquelas culturas onde as respostas sexuais femininas são reconhecidamente difusas, ou daquelas em que são agradavelmente específicas e onde os desvios de cada caso se colocam mais ou menos miseravelmente atrás do padrão dominante. O material comparativo de culturas não dá margem a pressupor que o orgasmo seja uma parte integral e não aprendida da resposta sexual feminina, como no caso masculino, sugerindo enfaticamente que a maior parte da conduta da mulher na cópula é aprendida. As teorias que atribuem à sua grande especificidade ou à sua falta de especificidade um caráter "natural", ignorando a grande importância do aprendizado, estão não só sujeitas ao descrédito científico, mas a promover várias atitudes sociais que violentam a natureza da sexualidade feminina, colocando uma sobrecarga desnecessária nas relações entre os sexos.

11
PROCRIAÇÃO HUMANA

Vivemos hoje em sociedades urbanizadas, nas quais os filhos são luxos caros, sociedades tão grandes que muitas vezes se pensa em aumentar ou diminuir as taxas de natalidade, sem se levar em conta o significado da criança individualmente. O problema da procriação parece ter-se tornado para muitos um problema de limitação populacional. Parece haver uma crença bastante estabelecida de que a concepção é quase um processo automático e que, na ausência de medidas drásticas, todo ato sexual resultará numa criança. A história do rei e da rainha que não tinham filhos é substituída por anedotas que contam fracassos de contraceptivos. Mesmo face às taxas de esterilidade crescente e à esterilidade clínica ocasional, a mentalidade popular ainda se volta mais para como evitar filhos do que como tê-los. Nada há de misterioso nesta ênfase unilateral. Qualquer período na história, em que ocorrem mudanças sociais mais rápidas do que possa ser registrado na estrutura de caráter do povo que deve viver nesta ordem dinâmica, apresentará inclinações tendenciosas deste tipo. Nos Estados Unidos, uma população em mobilidade, há duas gerações passadas predominantemente rural, enfrenta a exigência social de pequenas famílias; mas nossa atitude para com a paternidade está amalgamada com uma consagração à mãe de muitos filhos, algumas vezes com todos vivos, outras com alguns perdidos. A mulher moderna é vista como escapando por um fio de uma situação pior do que a morte – dar à luz sucessivamente a umas doze crianças.

Mas embora sendo compreensível, a atitude contemporânea face à reprodução, isto é, que a reprodução sempre ocorrerá desde que não seja evitada, um ponto de vista compartilhado tanto pelos advogados como oponentes da paternidade planejada, ela, contudo, é parcial. Toda sociedade humana lida a rigor com dois problemas populacionais ao invés de um: como gerar e educar filhos suficientes e como não gerar e educar um número grande demais. O conceito de "suficiente" e "numeroso demais" varia muito. Num jovem país colonial ou estado militarista em ascensão não há muitas crianças sadias. Quando a fecundidade ameaça a higidez, as pressões sociais contra a maternidade aparecem. Os povos agrícolas, com quantidades limitadas de terra, lidam automaticamente com a necessidade de manter a população estável ou com a necessidade de fazer com que os jovens emigrem, ou desenvolvendo algum tipo de indústria. Os povos primitivos que vivem em parcelas pequenas e estéreis de terra lutam incessantemente com a questão do equilíbrio: como chegar a uma quantidade correta de meninos e meninas? quantas crianças salvar e fazer crescer? quando se deve sacrificar a vida de uma criança em benefício da vida de um parente? mesmo que em casos raros se dê o bebê a um irmão mais velho como alimento. E no nível primitivo, tanto quanto em nossas modernas sociedades complexas, há o medo de que a taxa de procriação caia a tal ponto que a sociedade desapareça. Enfrentando toda uma gama de situações novas, como a chegada do homem branco ao Pacífico, o desaparecimento do búfalo nas planícies americanas, a introdução de armas de fogo ou até simplesmente a necessidade de conviver junto a um rio quando o grupo viveu anteriormente no bosque, a sociedade poderá encontrar soluções sociais tão alteradas que se torne impossível manter a população movimentando-se numa direção estável ou desejável. Muitas pequenas populações dos Mares do Sul, sem nenhuma prática contraceptiva nova, começaram a desaparecer face ao avanço do homem branco. Quando os grupos eram muito pequenos, morriam algumas vezes quase em conjunto. Grupos mais amplos agonizaram toda uma geração ante o impacto de um novo mundo, retomando a partir de então suficiente estabilidade que lhes permitiu perpetuar-se.

Tais reduções na taxa de natalidade podem ser uma acurada medida de desespero, mas ainda conhecemos pouco sobre os mecanismos envolvidos. Frequentemente não se pode referir a elas como simples condições sociais tais como um casamento tardio ou uma baixa taxa de casamentos. Ou como resultado de práticas evidentes de contracepção, aborto e infanticídio. Atrás destas soluções antigas está um fator mais sutil que o desejo ou não de procriar, profundamente inseridos na estrutura de caráter de homem e mulher. Até que ponto esta vontade ou não vontade relativa funciona de modo que sejam introduzidas barreiras ao processo reprodutivo ainda não sabemos, mas as evidências deixam poucas dúvidas sobre sua existência.

Subjacentes às correntes populacionais registradas nas estatísticas, atrás das ansiedades estipuladas quanto ao tamanho da força de luta de uma aldeia ou um grupo de caça ou das dimensões da terra que diminui para cada filho que nasce, estão as atitudes desenvolvidas por homens e mulheres para com a criação de filhos. Vimos que há boa base para acreditar que o desejo de paternidade dos seres humanos seja aprendido, talvez na maioria dos casos quando a criança é pequena, seja pela identificação quanto pela inveja da mãe como geradora de seres ou pela identificação com o pai no seu papel socialmente definido de geração e sustento dos filhos. Como vimos, também esta pequena parcela de aprendizado é uma das mais básicas para a preservação da sociedade humana. Qualquer sociedade que proveu condições sob as quais os homens desejam a paternidade e a criação de filhos, aqueles que não as possuem sentir-se-ão de certo modo anômalos e desviados de um padrão. Poder-se-á rotular esta ausência de aprendizado como inversão tornando-se homossexual, poder-se-á escolher algum *status* em que o indivíduo continue a ser alimentado e cuidado como se fosse uma criança, vivendo num mosteiro, um colégio interno ou no exército. Se um psiquiatra o examinar, poderá encontrar um profundo desvio da estrutura de caráter esperado para o homem de sua sociedade, sentindo-se vulnerável, não porque ele seja um anormal, mas porque não aprendeu algo que a maioria dos homens da sua idade, classe, nível de inteligência e tipo de sensibilidade aprendeu. Ele não é mais "anormal" do que o intelectual americano que vive de um pequeno salário e insiste em ter um grande número de filhos. Nesse patriarca, uma busca semelhante do exame psiquiátrico provavelmente revelaria fracassos importantes de aprendizado, embora tal homem não hesitasse em deixar de se preocupar consigo próprio e solicitar menos ajuda do psiquiatra, na medida em que tem o exemplo dos mais velhos atrás de si. Tanto o fracasso em aprender quanto o superaprendizado poderão envolver sérias sanções corporais, de quando em quando somaticamente acompanhadas de aberrações na experiência individual[57]. Não temos como conhecer se o custo em sintomas corporais discerníveis pela negação de alguma função biológica básica é mais alto do que o preço que pagam alguns indivíduos quando não lhes é permitido escrever um certo tipo de música ou vestir como se vestem membros de outra classe. O

---

57 MEAD, M. "The Concept of Culture and the Psychosomatic Approach". In: *Psychiatry*, vol. 10, 1947, p. 57-76. • BOOTH, G.C. "Variety in Personality and Its Relation to Health". In: *Review of Religion*, mai./1946, p. 385-412. Nova York. • WOLFF, H.G. "Protective Reaction Patterns and Disease". In: *Annals of Internal Medicine*, vol. 27, 1947, p. 944-969.

mesmo ocorre quando se afirma que o homem não tem um impulso natural para a paternidade, não sofrendo necessariamente com a paternidade recusada, embora devamos reconhecer que a recusa das responsabilidades de paternidade na maioria das sociedades é um custo alto para o indivíduo.

Bali é um excelente exemplo de sociedade em que a riqueza de minúcias com que se recompensa o casamento sublinha uma expectativa que alguns seres humanos não o apreciarão. Nas aldeias de Bajoeng Gedé nega-se ao homem que não se casa um *status* social pleno. Ele permanece para sempre no meio do caminho, como o mais velho dos jovens, é um jovem homem velho em vez da "flor da juventude". Um homem sem filhos nunca chegará ao topo da hierarquia, à santidade plena; deve retirar-se um degrau antes do ápice. Contudo, é ainda pior a penalidade para o homem que tenta a paternidade, gerando somente filhas. Por exemplo, em Bajoeng Gedé, se um homem tem quatro filhas e após um intervalo de quatro anos não tem filhos é retirado da cidadania ativa. Sua posição é, contudo, redimível no momento em que gere um filho homem. No casamento, ele está sempre preocupado em saber se desejará sua mulher suficientemente para poder gerar filhos. Os costumes sociais estão indefinidamente separando marido e mulher, "um vai e o outro fica de guarda do quintal", "um está na aldeia e o outro na fazenda". O casamento é formal, forçado socialmente; é um modo de procriar filhos que têm de vir para que se seja socialmente pleno. Em Bali tanto há homens como mulheres que se recusam a casar. E há pessoas de ambos os sexos que assumem sua falta de filhos ou, mais comumente, sua condição de pais de uma menina morta, por exemplo, de tal forma que se tornam mal-humorados e antissociais, interessadas no jogo, destruindo a estrutura material de suas vidas. É tal a complexidade da situação, que existem pessoas que respondem a ela recusando-se a casar e ter filhos, quanto pessoas que a sentem tão intensamente que suas personalidades se arruínam se não houver a paternidade social bem-sucedida. Não conheço exemplos de resposta tão extrema à condição de pais despojados do único filho morto do sexo masculino; esta é de fato a posição social mais recompensada em Bajoeng Gedé, porque se atingiu tal grau de plenitude como indivíduo, que somente a morte poderá interromper. Homens com filhos vivos têm de enfrentar a saída da vida ativa quando seu filho mais moço se casa ou quando nasce o primeiro neto. Mas o homem e a mulher com um filho morto estão seguros para o resto daquela encarnação. Esta única circunstância dramatiza vivamente a natureza das pressões pela paternidade em Bali.

É também desejável ter um descendente masculino para poder levar adiante uma continuidade de orações ancestrais. Assim, as famílias que têm filhas adotam seus genros e as famílias sem filhos algumas vezes adotam um menino. A necessidade das orações dos descendentes não é tão enfatizada como a necessidade de plenitude social como pessoa nesta encarnação. A noção da plenitude é interessante: primeiro, os não casados, que são por definição incompletos, exceto o caso de uma menina brâmane que se torna sacerdotisa por seu próprio direito, desembaraçando-se assim do casamento (i. é, ela chegou a um *status* adquirido somente por um número limitado de mulheres brâmanes através do casamento e não tem mais altos graus a atingir; neste caso, o casamento num sentido temporal seria descer um degrau). Depois, os casados que somente tiveram filhas, seguidos dos sem filhos e finalmente os casados que tiveram pelo menos um filho do sexo masculino.

Os Marind-anim levaram a violentos extremos o medo que homens e mulheres nunca achassem a atividade heterossexual suficientemente compensadora para entregar-se a ela. Concede-se aos homens jovens um período de experiência homossexual altamente convencionalizada e então, no ritual que prepara todo um grupo iniciante para ser homem, um par heterossexual se abraça e é colocado numa fossa para ser morto como sacrifício necessário. O medo de que ninguém jamais prefira o amor heterossexual é uma atitude muito extremada; dramatiza assim um dos extremos da escala, enquanto aqueles povos que colocam as restrições mais pesadas possíveis na atividade heterossexual (no medo explícito de que de outro modo se estaria fora dos limites) estão no outro polo. Não há povos primitivos conhecidos que não mostrem de algum modo o reconhecimento de que a cópula está relacionada à procriação, mesmo se somente se refiram a ela como algo que favorece o caminho para o espírito da criança penetrar ou para alimentá-la posteriormente no ventre materno. Assim, as atitudes institucionalizadas para com a rebeldia aos impulsos sexuais ou a necessidade de sua estimulação fornecem um parâmetro da atitude para com a procriação. As duas situações podem aparecer muitas vezes contrapostas e as orações pela fertilidade serão acompanhadas de tabus na atividade heterossexual, de modo que as novas vidas terão uma chance, ou as orações e ritos de fertilidade podem ser acompanhados por outros que estimulam o desejo heterossexual. No homem, a relação entre seus impulsos sexuais inatos e a procriação parece ser uma resposta aprendida que se acha testemunhada por uma grande variedade de soluções culturais conflitantes. A sexualidade masculina parece estar originalmente voltada para nada além da descarga imediata. É a sociedade que cria no homem o desejo de ter filhos, de relações interpessoais que ordenam, controlam e refinam seus impulsos originais[58].

Na mulher, contudo, confrontamo-nos com algo bem diferente. O ato sexual masculino é imediatamente autorresolutório e

---

58 Em KINSEY, A.C.; POMEROY, W.B. & MARTIN, C.E. *Sexual Behavior in the Human Male* (Filadélfia: Saunders, 1958) a discussão assume uma simples relação entre o homem e seus impulsos. O Dr. Kinsey toma como unidade de conduta o que chama de "desafogo", a resolução imediata da tumescência, e vê todos os contextos em que isso ocorre como comparáveis.

autossatisfatório, mas o análogo feminino não é uma experiência copulatória única, conquanto pareça autorresolutória, mas sim todo o ciclo de gravidez, nascimento e lactação. Embora as mulheres possam de fato devotar somente metade de suas vidas em sociedades em que morrem cedo e um terço delas em sociedades em que vivem muito à geração de filhos, a maioria das sociedades dá ênfase ao aspecto "geração de filhos" da feminilidade de modo significativo. Em muitas sociedades, as meninas antes da puberdade e as mulheres após a menopausa são tratadas de modo semelhante aos homens. As sociedades que não definiram a mulher como primordialmente designada para gerar filhos têm muito menos dificuldade em abandonar tabus e barreiras sociais. É muito significativo que os Mundugumor, embora tenham um quadro institucional baseado na exclusão das mulheres da iniciação no culto dos homens também repudiam as funções da maternidade, deixando que elas penetrem no mistério das flautas sagradas. Paralelamente, temos o Pueblo indígena americano zuni, entre os quais eram negadas aos homens por instituição cultural quaisquer atividades que não tivessem aspectos ligados à geração, manutenção ou educação de filhos, em que também não havia objeção às mulheres de que fossem iniciadas nas sociedades dos homens. Mas enquanto entre os Mundugumor somente uma menina muito indolente recusaria as pequenas provações da iniciação, entre os Zuni poucas foram as mulheres que tiraram as vantagens desses privilégios. Na Rússia pré-soviética parece ter havido uma pouca valorização da mulher como geradora de filhos. E é interessante notar que os russos têm pouca dificuldade em permitir às mulheres compartilhar ocupações normalmente definidas como masculinas, mesmo o uso de rifles e metralhadoras na guerra. Em Tchambuli, onde as mulheres tomaram a si a maior parte do sustento, os homens se aborreciam com a sobrecarga que a educação de criança trazia às suas mulheres. Os homens jovens nos importunavam pedindo para trazer cabras à tribo, afirmando: "Podíamos ordenhar as cabras e alimentar os bebês. As mulheres são ocupadas e têm outras coisas a fazer". Veremos mais tarde como nos Estados Unidos, onde grande parte da educação da mulher é idêntica à do homem, estando bastante avançado o dogma da oportunidade econômica equânime, ainda se espera que o casamento inclua um papel especializado de criação de filhos e cuidados do lar bastante diferente das experiências semelhantes de rapazes e moças na escolha da profissão.

Dito de maneira simples, os homens aprendem como crianças a desejar gerar e conviver com filhos e numa sociedade em que eles são sustentados e protegidos dos inimigos. As mulheres, por outro lado, devem aprender a querer filhos somente sob condições sociais prescritas. O rapaz olha seu corpo e o de seus companheiros de todas as idades e compreende suas potencialidades a explorar, a separar, a unir, a construir o novo, a penetrar nos mistérios do mundo, a lutar e a namorar. A menina jovem olha seu corpo e o das outras mulheres de outras idades e compreende as suas potencialidades de gerar, de portar, nutrir e cuidar de um filho. A simples lógica "dos seios que não dão leite" somente escapará por fórmulas muito elaboradas de aprendizado cultural. As meninas podem ser colocadas em contextos de aprendizado em que cada uma delas desejará ser menino, ressentindo-se de seu sexo, podem ser colocadas em contextos em que ser mulher, gerar um filho é ter seu corpo invadido, distorcido e destruído. Elas podem certamente aprender a querer não ter filhos, mas isto é algo que parece ser sempre socialmente imposto. Cada delicado detalhe do corpo feminino pode ser evidentemente reinterpretado pela cultura. A vulva poderá ser enfatizada como a parte do corpo imediatamente doadora de prazer, não sendo mais reconhecida como a porta de uma nova vida. Os seios poderão ser rotulados de zonas eróticas, sendo usados e compartilhados somente como suplementos úteis à cópula, mas não como algo capaz de alimentar a prole. A suavidade do corpo da mulher não precisará ser vista como a superfície contra a qual a criança aninha sua pele supersensível e macia, mas como algo capaz de ser superado "por um endurecimento". O ventre não precisará ser visto como um ponto de partida de uma alegre expansão, mas como uma ameaça afastada mais tarde pela ingestão de raízes mágicas, capaz de levar à esterilidade, como entre os Tewara, uma aldeia Dobuana, ou como uma zona a ser isolada do resto do corpo ultrafértil por uma operação que liga as trompas. A beleza da mulher estéril pode tornar-se tão significativa para um povo que a bruxa será definida como a mulher cuja filha é rejeitada no casamento, como em Bali, e que por vingança treina jovens belas e assexuadas para espalharem a morte sobre a terra.

    A figura da bruxa, cuja recorrência é de uma assustadora monotonia em todo o mundo, entre os civilizados e os não civilizados, é no interior das selvas ou nas estradas da Europa uma mulher que desaparece sentada numa vassoura ou numa vara, deixando sua pele sem enchimento próxima ao marido para que ele acredite que ela ainda está presente. Não é de se estranhar, contudo, que não haja recorrência dessa imagem monótona com o homem, que faz o mal magicamente. Os feiticeiros, bruxos e praticantes da magia negra aparecem e desaparecem através da história nas diferentes culturas. A bruxa permanece como um símbolo tão arraigado que parece resistir à deposição na imaginação cultural mais vigorosa.

    Em Bali, a bruxa é a principal figura do drama e a que reúne as armadilhas da maternidade e da maturidade do homem: os seios pendem e têm abundante pelo corporal. As crianças imitam-na, entortando as mãos como garras, como se estivessem prontas a destruí-las, mas na época adulta é a figura do medo, ao mesmo tempo amedrontante e medrosa. Sozinha, movendo-se curiosamente, ela se coloca no círculo mágico que o amistoso dragão masculino desenhou em torno dela e em torno do povo da aldeia.

Ela está dentro da aldeia mas o povo está a salvo enquanto ela não puder chamar outras bruxas para acompanhá-la. E no *djoget*, a atraente dança de rua em que uma pré-adolescente dança para delícia dos homens da aldeia, ela, representando o desejável e irresistível na mulher, toma uma boneca, coloca seu esbelto pé firmemente em sua cabeça, esmagando-a até destruí-la pela morte na poeira e oferece-a à bruxa.

Longe de Bali, no Rio Sepik da Nova Guiné, onde as bruxas são somente um folclore verbal, encontrei certa vez uma menininha dançando sobre seu irmão bebê, que ela tinha colocado num buraco feito na terra. Sem nenhuma lembrança visual, sem os passos de uma dança tradicional para conduzi-la, ela reviveu a cena que em Bali tinha atingido o nível de uma forma dramática. A figura da bruxa que mata as pessoas, que aperta a garganta das crianças até a morte, cujo simples olhar faz as vacas perderem sua cria e o leite fresco talhar, é uma confirmação do medo daquilo que uma mulher, que nega ou é forçada a negar a fecundação ou criação de filhos, pode fazer à espécie humana. Ela é vista como capaz de impedir o desejo masculino e assim dissolver o elo da própria vida. "Ela poderá fugir, deixando sua pele vazia de carne ao lado do marido". As mulheres tanto quanto os homens são criaturas que aprendem; suas condutas como adultos dependem de suas experiências na infância. Podem assim aprender a não quererem filhos, tornando-se perigosas para toda a vida na terra.

Parece não haver evidência segura de que o aprendizado de não querer filhos introduza necessariamente um conflito tão profundo na natureza da mulher que se torna insolúvel, com ela sempre pagando o preço da frustração e do ódio de sua condição, que plasmará aqueles que com ela convivem. Um psiquiatra trabalhando nos Estados Unidos sintetizou assim sua experiência clínica: "Nunca vi uma mulher social e fisicamente apta à maternidade que recusasse ter filhos e que não sofresse psicologicamente com essa recusa". Esta afirmação pode ser interpretada pelos estudiosos mais extremados de nossos dias como a necessidade de a mulher ter filhos ser de tal forma fundamental que uma interferência inevitavelmente produz desordem e até mesmo doença.

Quereriam com isso dizer que tanto quanto os seres humanos não podem ficar sem respirar, comer e dormir, tendo no máximo a capacidade de modular e regular este conjunto de atividades, assim também as mulheres não podem deixar de ter filhos. Mas se examinamos a afirmação do psiquiatra, encontramos novamente o negligenciado advérbio "socialmente". É igualmente fácil interpretar sua afirmação como significando que sofrerão aqueles que, por se colocarem numa situação em que aprenderam a aceitar a solicitação da paternidade, *passam* a rejeitá-la. É o mesmo problema do filho mais velho do rei que não aguenta a responsabilidade do trono ou do piloto que fracassa ao tomar a si o comando do navio, quando o capitão morre em alto-mar, ou ainda do estudante que aceita a bolsa de estudos de música para estudar na Europa e depois abandona-a sem nada aprender. Todos eles apresentarão sérias desordens psicológicas. A sociedade humana tem um grande conjunto acumulado de ensinamentos para os seres humanos e uma bateria de sanções correspondentes, externa e internamente impostos aos que fracassam na prática do aprendizado. As mulheres em nossa sociedade sabem que casamento e maternidade caminham juntos e somente em circunstâncias excepcionais, como doenças hereditárias, má saúde de um dos cônjuges e sobrecargas financeiras difíceis, convivência com os pais, irmãos, irmãs, a suspensão da paternidade deixaria de parecer uma suspensão da responsabilidade. Sob tais circunstâncias, as mulheres e os homens que propositalmente afastam a paternidade mostram sinais de ter escolhido um caminho socialmente desaprovado.

Mesmo as evidências clínicas que sugerem, embora não conclusivamente, que a menopausa é mais severa e que o carcinoma pode assumir formas diversas nas mulheres que nunca tiveram filhos não consubstanciam uma teoria simples do corpo feminino vingando-se da não utilização das funções maternais. Para as mulheres solteiras que quiseram e as mulheres casadas que não tiveram filhos, a menopausa surge como o fim de uma esperança trazendo-lhes desespero e doença. Temos ainda que ajuntar a expressão "que quiseram filhos" à afirmação, de modo a situá-la numa discussão comparativa. Aqueles que aprenderam a querer sofrerão se não virem seus desejos realizados, a não ser que tenham também aprendido a extrair grandes recompensas de sua autoabnegação.

A instituição monacal em que, a serviço de Deus, os homens e as mulheres negam suas potencialidades de procriação serve como exemplo de tradição socialmente aprovada de pessoas que aprenderam a não querer filhos. Onde for possível às meninas sentar sob uma árvore e tagarelar sobre seu futuro e uma afirmar de modo positivo: "eu serei freira, usarei uma touca de pregas e tomarei conta de centenas de bebês, de doentes, darei aulas ou rezarei todos os dias", sabe-se que a sociedade ofereceu um estado em que ela pode negar sua reprodutividade sem dano para os demais. Algumas vezes, uma perda tardia da crença religiosa, ou uma dúvida sobre a própria vocação religiosa poderá perturbar este aprendizado e a então dedicada freira poderá tornar-se uma pobre criatura louca ouvindo vozes, não de anjos mas dos filhos não nascidos. Apesar disto, ainda é possível organizar vocações para mulheres que não incluem a maternidade e nas quais as meninas podem aprender a abraçar soluções humanas plenas para si. Quando estas não são perturbadas por uma negação da feminilidade ou rejeição de filhos e da tarefa maternal, o processo de aprendizado é mais simples do que quando a menina seleciona um modo de vida rotulado como masculino, que exerce forte atração sobre ela. A dinâmica da escolha da profissão de método na União Soviética e nos Estados Unidos é ainda necessariamente diversa, pois aqui a mulher médica é uma exceção desaprovada enquanto na União Soviética é uma maioria aprovada. Mas não temos material para insistir que aqueles papéis em que as mulheres se realizaram mesmo sem filhos devem ser interpretados como sublimações do desejo da maternidade. Não sabemos ainda quão completamente uma menina ou um grupo de meninas poderá aprender a *não* querer filhos.

Nem possuímos qualquer evidência de que não seguir um caminho corporal somaticamente definido seja mais destrutivo do que seguir um caminho socialmente definido mas sem base somática. Se uma sociedade ensina os homens a serem construtivos, pacíficos e suaves às custas do gozo ativo de sua sexualidade, como entre os Zuni e os Arapesh, então aqueles homens pagarão um preço pelo novo aprendizado. Mas os samoanos, igualmente pacíficos e construtivos como povo, não pagaram tal preço. A sexualidade masculina nunca foi definida como uma agressividade a que se deva curvar, mas simplesmente como um prazer ao qual se pode entregar em momentos apropriados, com parceiros apropriados. Parece mais seguro afirmar que em todas as sociedades tanto homens como mulheres aprendem o significado de suas diferenças corporais e o significado de seu equipamento reprodutivo. Durante esse aprendizado, a cultura definirá a conduta exigida de ambos os sexos, impondo fardos leves ou pesados.

Talvez o exemplo mais evidente desta afirmação apareça com o nascimento de crianças. Algumas sociedades a definem como eminentemente perigosa. Os astecas viam o céu vermelho com o sangue dos homens que morriam nas batalhas e com o sangue das mulheres que morriam de parto. Outros verão a geração de filhos como algo tão simples que somente a mãe calculará esperançosamente se seu bebê nascerá no campo, tendo assim chances de sobreviver, ou num pântano frio durante o inverno, onde certamente morreria. Os rigores do parto podem ser exagerados, de modo que o pai os compartilhe, permanecendo ao lado da esposa em repouso após o nascimento ou, depois de explorar todo o assoalho da sala de espera do hospital, fazer uma viagem às Bermudas. As mulheres velhas poderão encher os ouvidos das crianças com histórias de dores e feitiçaria de modo que estas durmam assustadas se houver um nascimento na casa ou então se embrenhem pela aldeia adentro em busca de um nascimento interessante para assistir. As mulheres poderão gemer e gritar de modo a tornar todas as espectadoras jovens desencorajadas para a maternidade ou definitivamente predispostas a gemer quando chegar sua "hora". As mulheres poderão ainda aprender que devem proceder com decoro no trabalho de parto, prestando atenção ao que acontece e certamente tratando de poupar as forças e não trazendo problemas para a família com gritos excessivos. Assim, o nascimento de uma criança pode ser vivenciado de acordo com a ênfase dada pela cultura como algo perigoso e doloroso, interessante e atraente, um fato dado ou ligeiramente acidental ou acompanhado de incidentes sobrenaturais. Se lhes é permitido ou não assistir aos nascimentos, os homens contribuem com sua parte através do modo pelo qual o problema é encarado. E eu já vi muitos informantes masculinos contorcerem-se no chão numa magnífica pantomima de uma *delivrance* dolorosa, sem nunca terem visto ou ouvido uma mulher em trabalho de parto. A expressão de cada parcela da conduta humana, por mais limitada que ela seja sexualmente, recebe da imaginação e especiais inclinações de ambos os sexos a nota predominante. Os homens que sentem a cópula como ato agressivo poderão imaginar os efeitos funestos que o descontrole de seus desejos agressivos causa sobre suas esposas, de modo diverso daqueles que sentem a cópula como algo agradável, compartilhando de uma expressão cultural que afirma que "a criança dorme placidamente até a hora de nascer quando então levanta as mãos acima da cabeça e emerge para o mundo". Já se sugeriu que uma das mudanças mais significativas dos tempos modernos é a diminuição do medo da mulher de morte no parto, porque as estatísticas apresentam números reduzidos de óbito nessas condições[59]. Contudo, considero que à luz do material primitivo trata-se de um ponto de vista culturalmente limitado. Se o parto é visto como uma situação em que há risco de morte ou como uma situação em que se ganha um bebê, *status* social ou direito ao céu, não se trata de um problema de estatísticas sobre mortalidade das mães, mas da visão que a sociedade tem do nascimento. Quaisquer argumentos acerca da conduta maternal instintiva da mulher que insistam haver um substrato biológico mais forte do que qualquer outra experiência aprendida por uma criança do sexo feminino depois do seu nascimento devem contar com esta grande variedade de modos de encarar o nascimento. Não se pode argumentar se o parto é uma dor suportável ou insuportável, se é uma situação em que todas as mulheres tremem de medo ou da qual participam de modo natural, pronta e alegremente, se é ao mesmo tempo um perigo a ser evitado ou uma consumação devotamente desejada. Pelo menos um aspecto deve ser tido como aprendido e parece mais simples à luz do conhecimento atual afirmar que as atitudes femininas para com a criação de filhos e as atitudes masculinas para com o mesmo fato possuem elementos complexos e contraditórios e que a sociedade pode tomar qualquer um deles e elaborar, mesmo resultando num conjunto contraditório dessas mesmas atitudes. No que toca à conduta elaborada e aprendida culturalmente, quanto mais longe estiver da base biológica, mais livre estará a imaginação. Parece

---

59 Sugeridos a mim por Ernst Kris.

haver alguma razão para acreditar que a imaginação masculina indisciplinada e não uniformizada pelos vínculos corporais ou pela experiência corporal imediatos tenha contribuído desproporcionalmente para a superestrutura de crenças e práticas para com o nascimento. É significativo que naquelas sociedades polinésias em que o homem participa do "parto" da mulher como marido e não como mágico ou sacerdote existe uma atitude simples e sem complicações para com o parto; as mulheres não gritam, mas trabalham e os homens não necessitam de atividades expiatórias autoimpostas após o acontecimento.

Mas atrás da aceitação ou rejeição da procriação, da geração de filhos propriamente dita e do sustento e criação das crianças, está sempre uma tradição cultural dentro da qual meninos e meninas aprendem a aceitar um mundo de dois sexos e o papel dos sexos dentro dele. As sociedades podem ser diferentemente bem--sucedidas no ensinamento a cada sexo de seu papel procriador e quando ambos os sexos se colocam contra a procriação, então essa sociedade morre, mesmo sem o recurso de anticoncepcionais.

Assim, através de milhares de anos, povos e mais povos lutaram com os problemas de fertilidade e esterilidade, fazendo uns após outros ajustamentos imperfeitos ou casuais em relação ao número de crianças desejado, de crianças sustentáveis e o de crianças que efetivamente nascerão no contexto das práticas sociais vigentes, a não ser que se desse alguma interferência na prática social de fato. É possível que algum dia se desenvolva uma cultura em que haja uma comunicação tão boa entre os parceiros de uma relação que nenhum outro controle seja necessário além do ritmo mensal natural de fertilidade da mulher. Parece suficientemente claro que a sensibilidade da mulher às mudanças no seu próprio corpo, enquanto que a aconselha com segurança que se afaste dos encontros sob o luar naquela sociedade em que se faz pouco caso do amor, não é suficientemente forte para resistir às dezenas de pressões de uma estrutura social complexa como a nossa, em que os impulsos naturais são distendidos e adaptados a um mundo feito de despertadores, apitos de fábrica, apitos de trens, meses em que o casamento é auspicioso, estações apropriadas para ir às Bermudas, pressões em função do encontro anual de diretores, ou de uma peça que está para ser produzida. Mas quando testemunhamos os expedientes desesperadores de que os povos mais simples tiveram de lançar mão para adaptar a taxa de sobrevivência à sua estrutura social, como quando os bebês do sexo feminino entre os todas são deixados na lama para que os búfalos os pisoteiem até a morte enquanto o excesso de homens vivos compartilha uma mulher comum com precauções elaboradas de modo a tornar o lar e o ambiente amigáveis, compreendemos que não foi só a civilização, no sentido de urbanização moderna, que alienou os seres humanos do ritmo de seus próprios corpos. Entre a época em que nossos ancestrais cuspiam fora uma pequena fruta de mau gosto e hoje, quando começamos a ter conhecimento suficiente para organizar uma dieta autosseletiva apropriada para os bebês, os seres humanos lidam com dificuldade, ávida e imaginativamente, com o problema de integrar o modo de vida construído pelo homem ao organismo que tem a habilidade de criar tal modo de vida sem contudo possuir uma capacidade automática de adaptá-lo. Entre a primeira artificialidade, a primeira cama confeccionada com capim seco, o primeiro muro construído para proteger contra o vento, o primeiro galho que foi transformado em ferramenta, talvez a primeira mulher que se deitou mais aquiescente do que desejosa ao lado do companheiro escolhido, ou o primeiro homem que começou a compartilhar de modo regular a sua coleta de alimentos com a companheira, e os mais modernos inventos da era atômica, a radioterapia, o leite homogeneizado com vitamina D ou a parte de um olho humano que é transplantado de um morto para um vivo, os homens trilharam o mesmo caminho e nenhum deles foi natural. É tolice sentimental falar dos esquimós que se agasalham numa pele cuidadosamente cosida pela agulha da esposa, vestidos de botas que ela amaciou com carinho de esposa, segurando na sua mão enluvada um harpão delicadamente trabalhado enquanto segue uma foca, como algo *natural*. E do homem moderno com botas industrializadas, que sua mulher comprou na liquidação, vestindo um terno industrializado confeccionado com uma fazenda de lã também industrializada oriunda da Austrália e ao mesmo tempo manejando uma máquina de enlatar carne como algo *não natural*. Isso é igual aos argumentos que aparecem entre os nutricionistas contra o reforço do pão com vitaminas porque é um modo não natural de tratar o pão natural, pão que vem do trigo cultivado com ferramentas artificiais, moído num moinho moderno e cozido num forno feito pelo homem. Nosso problema não é ser natural, o que poderia significar, com efeito, dissolver quaisquer vestígios de civilização, abandonar a palavra e retornar à vida animal. Não é também de ser *mais* ou *menos* artificial e aceitar quaisquer simples figuras de linguagem, algum gesto falsamente rústico ou uma caçada em que se usam sacos de dormir, ou um pão de trigo mal-amassado como sendo capazes de nos redimir de uma desagradável situação artificial. Nosso problema é desenvolver e elaborar esse novo método de evolução, esse sistema precioso de invenção e prática social aprendida que o homem iniciou sem ajuda dos demais seres vivos. Não necessitamos de pão "mais natural", feito de um trigo mais semelhante ao alimento dos animais selvagens, embora um pouco pior em função do cultivo e fertilização por centenas de anos seguidos. Necessitamos de pão em que possamos combinar mais *"não naturalidade"* e também mais – e não menos – resultados de pesquisa, habilidade e aprendizado.

    Nossa humanidade depende de nossa relativa esterilidade, de longo período de gestação e dependência, possível somente onde há poucas crianças que podem ser criadas por longo tempo e afetivamente. Depende da presença de respostas humanas calorosas em ambos os sexos, que não estejam ligadas excessivamente ao ciclo fértil da mulher. Mas no sentido de padronizar e disciplinar essa potencialidade para a relação, para equilibrar as crianças a quem aprendemos a querer com aquelas que podemos sustentar, de modo que nenhuma medida abrupta ou incongruente seja necessária e de modo que nenhum setor da população necessite ser educado numa recusa psicológica de ter filhos, de modo que nenhuma vida seja começada somente para ser jogada aos pés dos deuses cegos, necessitamos de mais conhecimento e de um padrão mais refinadamente elaborado de relações humanas do que os concebidos até agora pela humanidade.

Parte IV

Os dois sexos na América contemporânea

12
Nossa complexa cultura americana

Fazendo apreciação da imensa área dos Estados Unidos, sua paisagem complexa e diversificada, as centenas de conjuntos de costumes populares que aparecem nos bolsões das montanhas sulinas ou nos montes despidos da Nova Inglaterra, nas clareiras solitárias das planícies, pareceria quase impossível escrever sobre o povo americano como um todo. Não haveria barreiras instransponíveis entre a mãe imigrante que acomoda seu filho gentilmente no berço que ela trouxe do Velho Mundo e a jovem mãe americana imbuída de ideias de horários e higiene e que simplesmente deixa seu bebê chorar a plenos pulmões porque ainda não está na hora da próxima mamadeira ou ainda a mãe ultramoderna que abandonou horários e alimenta seu bebê segundo suas exigências? Se é verdade que cada parcela do mundo ambiente é quase sempre absolutamente importante na preparação da vida sexual adulta da criança, seja uma pena ou uma flor no cabelo de um menino, um ornamento no nariz feito de contas ou uma faixa colorida na testa de uma menina, ou a pele macia de búfalo novo ou a superfície áspera de uma cesta rudemente trançada, então como dizer realmente alguma coisa sobre os bebês americanos e sobre como eles se tornam homens e mulheres aptos ou não a gerar e amar crianças?" Mas se entramos na mais simples e mais exótica casa americana, seja o abrigo aberto de um trabalhador de parceria com a lenha dos pinheiros ardendo na lareira, seja um abrigo sobre a água, tendo como únicos móveis tapetes do Oriente Próximo, mesmo estes locais que diferem tanto da casa branca de dois andares com janelas verdes que os jornais chamam de "o lar americano", há possibilidades de encontrar se não um berço moderno, pelo menos quadro ou gravura em que ele aparece estampado. Onde os objetos materiais e os novos costumes que os acompanham ainda não penetraram porque os hábitos da família estão fortemente arraigados a uma velha tradição, ou porque a maneira pela qual a família ganha seu pão não deixa o suficiente para que se aproxime do padrão de vida americano, percebe-se que a imagem de novos costumes, dos costumes modernos padronizados já penetrou. Vieram no catálogo de propaganda, pelo rádio, pelo cinema, mesmo que sejam vistos só duas vezes por ano. A mulher poderá usar ainda tão longas saias quanto suas avós, mas suas filhas usam versões baratas mas autênticas da moda da Quinta Avenida e do Boulevard Hollywood. Ao lado do alimento tradicional que a criança rural porta em sua lancheira, haverá um pedaço de pão feito em casa, caso contrário a criança ficará envergonhada e não levará alimento para a escola. Sutil, insistente e continuamente o padrão de cultura americana é apresentado ao rico, ao pobre, ao recém-chegado e até aos aborígenes, cujos ancestrais vagavam pelas planícies antes que os espanhóis trouxessem o cavalo para o novo mundo.

Pode-se perfeitamente perguntar: a mera apresentação dos costumes é suficiente? Certamente a mãe que se encosta num portal e folheia indolentemente as páginas de um catálogo que mostra o melhor tipo de espremedor de laranja a fim de fazer sucos para o bebê, mas que ela mesma acredita simplesmente na colherzinha de açúcar na boca da criança que chora, é certamente um tipo de mãe diferente da dona de casa com seu avental encantador que mede exatamente a quantidade de suco de laranja que dará ao bebê. Os efeitos nutritivos são bem diversos. Uma criança talvez venha a ter uma séria deficiência de vitamina C especialmente se sua mãe fica um pouco mais confusa e a proíbe de comer vegetais crus tirados da horta. A outra provavelmente não terá esse problema. Mesmo se a criança mora numa cabana, ela crescerá e irá para a escola secundária, o que superficialmente não a torna distinguível da criança citadina que vive num apartamento limpíssimo, mas continuará havendo uma diferença. Essas duas crianças quando forem mães poderão seguir a prescrição de um mesmo pediatra para seus filhos, mas uma o fará com a certeza de que faz o mesmo que sua própria mãe. Outra lamentará a negligência que tiveram com seus dentes e tentará afastar de seus próprios olhos as recordações do que sua mãe não fez. Nas sombras do consultório médico as duas terão histórias bem diversas de sua infância para relatar, histórias que são imagens do que foram as relações entre pai e mãe. Uma se lembrará de vozes ouvidas atrás de uma porta cuidadosamente fechada, talvez interrompida por uma chamada telefônica que fez com que a porta se abrisse, permitindo-lhe perceber rostos tensos e parte de uma frase malcompreendida. A outra terá recordações de discussão dos pais que compartilhavam o mesmo quarto e talvez o mesmo cobertor desbotado, onde as brigas e reconciliações estavam presentes aos olhos infantis. A angústia de não ser chamado para a pequena ceia ou de entrar para a associação da escola secundária serão coisas muito diversas nos seus detalhes, mesmo no mais importante, se a história afinal é realmente contada. E nem os *background* de dois meninos que hoje se tornaram maridos serão radicalmente diferentes, embora, e isto é significativo, eles possam ser modificados. Porque a menina da cabana poderá crescer e desposar um rapaz da cidade e o contrário será também verdadeiro. Assim num dos lares haverá um pai que se lembrará vaga e difusamente, mas somente por um gosto doce-amargo em sua boca, da chupeta de açúcar de sua infância, do incômodo das fraldas molhadas que ninguém se preocupou em mudar; mas no outro lar estará a mãe nessas condições. E faz diferença quais pais se recordam de que tipo de vida. O pai poderá sentir-se mais apartado de seu filho pequeno, tão limpo, elegante e engomado na sua roupa de brincar, talvez um pouco feminil, do que de sua filha. Porque os contornos de sua memória o conduzem mais a um menino do que certamente a uma menina muito diferente. A mãe que vive numa cabana sentirá os dedos subitamente ansiosos à medida que passa o ferro elétrico nos babados do vestido de sua filha e se recorda do pálido *jumper* que sua mãe não encurtava por estar muito cansada ou desanimada. Mas a mãe num apartamento urbano, enfrentando um marido que não pode compreender por que o dinheiro deve ser gasto da maneira como ela gasta, apertará seus lábios com ressentimento ao recordar-se dos punhos cuidadosamente rendados de sua infância, tornando seu coração indiferente ao não desejo de o marido propiciar ao filho o que ele tem direito.

Cada lar apresentará um quadro diverso. Na América de hoje, somente nas estradas secundárias, nas montanhas, nas aldeias de onde partem os homens jovens, nas comunidades escondidas de escravos libertados e abandonados ou nas pequenas concentrações de língua espanhola que se apegam aos costumes do século XVI, serão encontrados tipos de relacionamento entre pais e filhos, entre avós e netos como os das sociedades primitivas. Em todos os demais lugares dos Estados Unidos, a característica marcante é que cada casal é diferente do outro, que nenhum tem exatamente as mesmas recordações do outro, de modo que duas famílias não podem ser colocadas lado a lado para afirmar: "Sim, estes quatro pais alimentaram-se da mesma comida, jogaram os mesmos jogos, ouviram as mesmas canções, foram amedrontados pelos mesmos espíritos maus, aprenderam as mesmas palavras como tabus, receberam as mesmas imagens do que significa serem homens e mulheres, foram preparados a transmitir inalterada a tradição recebida total, acabada, viva, das mãos de seus pais". Um lar difere do outro; cada casamento, mesmo dentro da mesma classe, contém contrastes entre os pares, tão notavelmente aparentes quanto as diferenças entre duas tribos da Nova Guiné. "Na nossa família ninguém tranca a porta do banheiro"; "em nossa família nunca se entra no quarto de outro sem se bater à porta"; "mamãe sempre pediu para ver minhas cartas, mesmo depois de crescido"; "o menor pedaço de papel escrito achado é devolvido sem se ler"; "nós nunca tivemos permissão de falar de nossas pernas"; "papai diz que "suor" é palavra mais precisa do que "transpiração", mas é preciso cuidado para não dizê-la quando se vai à casa de tia Alice"; "minha mãe diz que minhas mãos se tornarão ásperas se eu subir em árvores"; "mamãe diz que as meninas devem exercitar as pernas e fazer exercício enquanto são jovens". Lado a lado, vizinhos, filhos de primos, algumas vezes filhos de irmãos e irmãs – esta é a maneira pela qual cada lar diverge –, uma família criando seus filhos com pudor e sem interferências, com os papéis sexuais fortemente delineados, enquanto outras fazem concessões abertamente, de sorte que as meninas pareçam garotos travessos. Surge então novamente o casamento entre pessoas com educação diversa e o choque, a falta de ajustamento, de adaptação nos passos a dar por parte dos jovens pais. Cada lar é diferente de todos os outros. Um casal, mesmo que tenha comido cereais de um prato de prata com o mesmo desenho, nunca foi alimentado exatamente da mesma maneira. Os gestos das mãos que alimentavam, fossem da mãe, da avó, da cozinheira irlandesa, da ama inglesa ou da mamãezinha negra ou da menina criada no campo, não são os gestos estáveis e altamente padronizados dos membros de uma sociedade homogênea. A mão do estrangeiro recém-chegado é insegura quando toca coisas que não lhe são familiares e tenta colocar a colher na boca de uma criança que age e fala estranhamente; a mão dos americanos mais velhos deixou a marca dessas incertezas nas antigas gerações, ela poderá tremer ou apertar-se firmemente ao contato com algum estranho recém-chegado ou pouco compreendido. Mas porque cada lar é diferente de todos os outros, porque nenhum marido ou mulher podem sem esforço lembrar as mesmas canções de ninar, nisto cada lar é semelhante. O antropólogo que estudou uma tribo da Nova Guiné pode muitas vezes prever nos menores detalhes o que vai suceder numa família quando há uma discussão, o que será dito em reconciliação, quem a fará, com que palavras e gestos. Nenhum antropólogo pode prever o mesmo para os Estados Unidos. Como será a discussão, quem fará as pazes diferirá em cada lar. O momento mais crítico entre pais e filhos será diverso. Mas a forma e o tipo de discussão, de reconciliação, de amor e de incompreensão serão semelhantes em sua diferença[60]. Num lar o marido mostrará seus desejos exigentes trazendo flores; o outro, chutando o gato por brincadeira quando entra em casa; um terceiro, brincando com o bebê; um quarto, prestando muita atenção ao que diz o rádio enquanto a esposa mostra sua aceitação ou rejeição, sua expectativa erótica, pintando ou maquilando mais os lábios, dando mais tempo à arrumação de um cômodo ou entregando-se a um sonho suave numa confortável poltrona ou brincando preguiçosamente com os

---

60 Para discussões da questão sistemática nas análises de sociedades heterogêneas e em mudança cf. MEAD, M. "Educative Effects of Social Environment as Disclosed by Studies of Primitive Societies". In: *Environment and Education* [simpósio]. University of Chicago Press, 1942, p. 48-61 [Supplementary Educational Monographs, n. 54 – Human Development Series, vol. I]. • "The Concept of Culture and the Psychosomatic Approach". In: *Psychiatry*, vol. 10, 1947, p. 57-76. • "Implications of Culture Change for Personality Development". In: *American Journal of Orthopsychiatry*, vol. XVII, 1947, p. 633-646. • BATESON, G. "Character Formation and Diachronic Theory". In: FORTES, M. (ed.). *Social Structure*. Clarendon Press.

cabelos de seu filho. Não há um padrão, uma simples palavra ou gesto que tenha sido repetido pelos maridos diante das crianças que serão futuros maridos ou esposas, de modo que, quando crescerem, sejam imitações perfeitas na coreografia da aproximação e do isolamento.

Na América, a linguagem de cada lar é diversa. Há um código em cada família que ninguém mais conhece. É esta a similitude essencial, a regularidade essencial sob todas as diferenças aparentes. Porque em cada casamento americano existe um código especial desenvolvido a partir do passado individual de dois parceiros, ajustado longe dos incidentes da lua de mel e dos sogros, finalmente posto numa linguagem que cada um compreende imperfeitamente. Está aqui uma outra regularidade. Quando um código, uma linguagem, é compartilhado por todos numa aldeia, pelos corteses e grosseiros, pelos pacientes e teimosos, pela voz musical e pela voz estridente, ele se torna belamente preciso; cada som agudo é perfeitamente diferenciado dos demais. A criança recém-nascida primeiramente balbucia alegre todo um conjunto possível de sons belos e feios, escuta e limita seu alcance. Depois de balbuciar uma centena de nuanças de som, ela se limita a meia dúzia, praticando-os com perfeição e certeza para os mais velhos. Mais tarde, ainda enrolando a língua e com os ouvidos pobres, falará o idioma de seu povo, de modo que todos possam compreendê-la. O modelo aperfeiçoado dos lábios e das línguas dos diferentes tipos de pessoas falando a mesma palavra mantém o discurso de cada elemento novo claro e preciso o suficiente, o mesmo se dando com o gesto, com a dosagem de iniciativa, de resposta, comando e obediência. Seus passos hesitantes se ajustam ao ritmo da multidão em torno de si e não falham no aprendizado da sua parte.

Mas numa cultura como a América moderna a criança não presencia nada desta conduta harmoniosa e repetitiva. Nem todos os homens cruzam suas pernas com a mesma masculinidade confiante ou se escondem em plataformas de madeira para proteger-se de um ataque de retaguarda. Nem todas as mulheres dão passos pequeninos ou sentam e deitam com suas pernas bem próximas uma da outra, mesmo para dormir. A conduta de cada americano é um composto, uma versão imperfeitamente compreendida da conduta de outros que, em contrapartida, não tiveram um único modelo a seguir, mas centenas deles, cada qual diferente devido a uma forma individualmente desenvolvida à qual falta autenticidade e precisão de estilo grupal. A mão que se estende para o cumprimento, para reter uma lágrima ou para ajudar uma criança que caiu no chão não tem certeza de que será ou não aceita, ou, se aceita, entendida no sentido com que se oferece.

Onde os padrões de namoro são claros, a menina conhece o que vai acontecer quando sorri, ri ou abaixa as pálpebras ou caminha simplesmente com suavidade por um grupo de jovens que fazem a colheita, embalando uma espiga de milho vermelho. Mas na América, o mesmo sorriso poderá provocar um olhar casual de resposta, embaraço, uma corte indesejada ou mesmo ver-se seguida numa rua deserta na direção de casa, não porque cada jovem que corresponde se sinta diferentemente em relação à moça, mas porque cada um entende de modo diverso a insinuação dada por ela.

Assim, embora cada lar seja diferente, há muito a dizer de cada um deles, especialmente se nos concentramos na grande corrente da vida americana e consideramos, ainda que não seguindo de perto, as pequenas casas, e abrigos das colônias do passado remoto, ou uma estranha novidade. Os detalhes diferirão enormemente e as respostas subjacentes a estas diferenças já assumiram forma e dimensão. A linguagem, os gestos dos americanos reúnem a provisoriedade, a possibilidade de ser malcompreendido sempre que as relações se aprofundam, a possibilidade de construir um código rápido que servirá mal ou bem para um dado momento, a necessidade de sentir a outra pessoa e encontrar uma comunicação superficial e superexplícita, imperfeita e imediata.

Há outra dimensão em que os lares americanos, embora profundamente diferentes, se assemelham num sentido de semelhança que seria diferença na Europa. A família americana está orientada para o futuro, para aquilo que os filhos serão e não para a perpetuação do passado ou a preservação do presente. Numa sociedade de castas, cada pai senta-se mirando um filho que de um modo melhor ou pior repetirá o modo de vida familiar, casando-se com uma moça da mesma casta, andando, vestindo-se, pensando, guardando dinheiro ou gastando, amando ou sendo enterrado do mesmo modo que seus ancestrais. Mesmo que se modifique o modo de vida desse filho, isto se dará num grau semelhante aos outros membros de sua casta, de modo que ele ainda será fiel aos ancestrais, num certo sentido. Numa sociedade de classes, móvel e fluida como a América, os pais que se sentam nos degraus de uma casa de pedras escuras em Hell's Kitchen[61] ou nas casas espaçosas do Illinois, um rancho em Nevada ou numa cidade mineira da Pensilvânia, quando olham o passado, invocam recordações sem detalhes compartilháveis. Mas quando projetam o futuro, têm quase a mesma visão. Filhos trajados identicamente com ternos dos Irmãos Brook, chapéus postos num ângulo recomendado para aprovação da moça mais bela, um talão de cheques no bolso interno do paletó, o sucesso nos olhos, o mesmo carro estacionado na porta. Se seus avós lá estivessem – orgulhosos latifundiários húngaros, fidalgos ingleses, mineiros galeses, habilidosos artesãos suíços ou escoceses com uma visão de perfectibilidade mantida perante os filhos – acenariam a cabeça e, cada um a seu modo, desaprovariam a brilhante cena. "Há milhares de anos ninguém no nosso vale partia, mas morria tentando." "Nenhum membro

---

61 Bairro pobre [N.T.].

de nossa família jamais sujou suas mãos com trabalho manual." "Os homens de nossa família conduzem cavalos, não máquinas".

Mas os bisavós e avós que estão longe, em outro país, em outra cidade, em outra classe, varridos do espírito quando não de fato e os pais de vários tipos, eles próprios sabendo-se constrangidos em se assentarem confortavelmente em torno de uma mesma mesa, sonham contudo o mesmo sonho. Enquanto cada aldeia, casta ou dialeto na Europa ou Ásia foram padronizados pela experiência do passado, inexoravelmente transmitida a cada nova geração pela anterior, o povo da América, no norte e sul, leste e oeste, está sendo padronizado pelo futuro, pelas casas em que todos desejam morar, que não são aquelas em que nasceram, pelas maneiras que desejam ver em suas mulheres e não são as dobras das saias da mãe em que escondiam seus rostos.

Há evidentemente muitas exceções como Beacon Hill em Boston ou Main Line próximo a Filadélfia, onde o nascimento sedimenta a nova geração num mundo em que as vidas daqueles que a circundam são fluidas e em mudança. Há exceções nas cidades mineiras, onde o povo, vindo diretamente da Europa, não aprendeu ainda que o filho do mineiro não necessita sê-lo também. Há exceções entre os plantadores do sudoeste que ouviram com espanto "ajude a campanha da carne durante a primeira guerra mundial", que sugeria que o homem comum consumisse duas libras de carne magra por semana e entre os favelados que tomam seu primeiro trem às seis horas dizendo que é como "quase como um bonde, mas que vai aonde deve ir". Mas o confinamento e o empobrecimento da existência dessas exceções em meio às velhas famílias conscientes de si, os mineiros isolados, os plantadores longínquos, são por si uma referência à fluidez do restante da vida americana. O drama de uma classe alta que não tem mais para onde subir porque na cultura americana não existe um conceito real de simplesmente manter a posição ou a intransigência amarga de milhões de mineiros presos num enclave ocupacional que nega quase todo e qualquer valor manifesto da vida americana, simplesmente serve para trazer à tona a qualidade prevalecente, compulsora do sonho do futuro. Esse sonho é tanto almejado pela criança da cabana, de tornozelos sujos, pela criança da favela com seus joelhos ossudos quanto pelas crianças da classe média com suas bem-nutridas pernas. Todas elas, apesar das deficiências trazidas, pela carência de sol e vitamina, embora deformadas pelo uso de sapatos inconvenientes, esperam usar o *nylon* que brilha na página da revista e do jornal, o automóvel e outros objetos de propaganda. Não é certamente a sensação sensual da lã, da seda ou do ar, do algodão preto ou a pele de foca que dá à menina americana uma noção da superfície de suas pernas em crescimento. Ela não sente como imagem forte e coatora o que veste, não sente o toque do tecido, sua carícia ou seu remendo que a mãe cerziu; ela veste um par de meias que nunca tocou de fato. Não é sem razão que suas pernas se tornam uma imagem visual apreendida pelos seus olhos, antes que a lembrança de uma carne e músculos irritados ou acariciados pelas meias usadas na infância.

Associada à compulsão do sonho, do ideal que os americanos aspiram a partir de seus diferentes *background* e de experiências atípicas e especiais, há uma elaborada insatisfação com a versão de sua própria família ou sua própria infância. Grupos de estudantes reúnem-se para discutir seu passado e os erros de sua própria família, alguns por demais rígidos, inibindo a espontaneidade, o outro mais condescendente, mas não deixando lugar a uma rebelião sadia, e o terceiro tentando ansiosamente expressar a espontaneidade que logo se torna uma sobrecarga. Pela natureza mesma do sonho, ninguém pode atingi-lo e cada caso em particular fica longe do ideal. Cada casa se ressente de um detalhe incluído na casa ideal na qual ninguém mora. Nenhuma mãe pode ser o que a mãe americana deveria ser. Nenhum romance tem todas as qualidades que deveria ter o amor verdadeiro. Isto não se dá porque o ideal é alto demais, mas por ser mais um sonho do futuro do que uma tentativa de reproduzir o passado. Naquelas sociedades que tentam reproduzir fiel e amorosamente os padrões do passado, aqueles poucos que tentam construir suas casas num modelo antigo ficam frustrados por uma série de razões: pobreza, preguiça, má sorte, doença, inabilidade em organizar sua vida; poucos são os que têm a imaginação que vai além do velho modelo, criando um novo. Mas naquelas sociedades que vivem através de um padrão futuro não realizado, o fracasso é de outro tipo. O estilo de vida vivenciado por uma criança em desenvolvimento só pode ser posto em prática por um método de educação infantil baseado naquele novo estilo de vida. Poder-se-á de fato aprender a viver, num tipo específico de casa, sem esforço, graciosamente, só pelo fato de ter sido criado exatamente com aquele tipo de cômodos, aquele arranjo de mobília, aquela luz oblíqua de uma lâmpada, aquela vela tremeluzente. No terraço do Leopoldskron em Salzburgo, no verão de 1947, foram acesos grandes candelabros para que os músicos austríacos tocassem próximo a eles. Os ouvintes americanos só os ouviram parcialmente, preocupados com as velas; e se elas se apagarem, será que os músicos têm capacidade de ver as notas com as chamas tremendo incertamente com a brisa? Hoje em dia não se pode ter velas nas árvores de Natal, pois elas se tornaram mais perigosas na medida em que as pessoas não têm mais o hábito de usá-las com segurança, hábito que incluía uma consciência atenta às cortinas, ao vento, ao cabelo solto de alguma criança. O perfeito relacionamento entre um indivíduo e seu meio, entre uns e outros, depende de uma longa habituação afetiva, primeiramente com olhos de bebê, depois de criança, absorvendo os mesmos padrões parte por parte coerentemente, ainda que contraditórios ou contrastantes na aparência.

Assim, não só é impossível descrever com detalhes consistentes todos os passos dados por todos os diferentes tipos de americanos na jornada para a maturidade, como também é para qualquer um de nós sentir que os passos foram perfeitamente dados. Essa discrepância entre a realidade e o ideal é sentida como a discrepância entre "eu e os outros". Uma perda de ritmo com os padrões do grupo, da classe, dos outros homens do escritório, dos colegas da faculdade é também uma discrepância entre o que deveríamos ser e sentir e aquilo que sentimos. "Eu tenho um marido ao qual me dedico, um belo filho, boa cabeça", queixa-se a jovem mulher, "mas eu não sou 100% feliz". "Parece que não estou conseguindo o que deveria da vida", "é como se a vida estivesse me passando para trás", "sou tão feliz quanto possível?" O velho imperativo puritano, perfeitamente realizável no seu tempo, "trabalha, poupa e nega a carne" passou a ser um conjunto de imperativos irrealizáveis para o futuro: "Seja feliz e pleno, seja o ideal".

É muito difícil viver toda uma vida de um modo para o qual não se foi preparado de fato, desenvolver relações nunca plenamente vivenciadas na infância, levando uma colher aos lábios de alguém que não experimentou tal gesto. É muito difícil que a maioria encare o problema negando sua existência, principalmente os americanos jovens cujos pais e avós vieram como estranhos para estas plagas, aqueles americanos que abandonaram uma posição de classe por outra. Os avós que não se adaptaram, os pais com sotaques estrangeiros são esquecidos, negados e arruinados. Imagens superficiais mais próximas ao ideal americano são frouxamente assentadas sobre memórias precisas, rostos e posturas reais. A cabana de um só quarto, o apartamento que só tinha água fria, os milhares de desvios do lar americano são vistos como incidentes, como algo que nada tem a ver com o quadro em si. Assim, os soldados americanos na Segunda Guerra Mundial olhavam reverentes para as favelas inglesas e diziam: "nenhum americano vive assim". Os britânicos que conheciam retratos de Dust Bowl[62], das áreas marginais de Chicago ou das ruas secundárias das cidades sulinas, achavam é claro que os americanos estavam mentindo. Mas não era o caso; eles estavam simplesmente falando do ideal como sempre aprenderam a fazer, o que para eles é a verdade da América. O povo americano evidentemente vive de várias maneiras, porque alguns são estrangeiros, infelizes, depravados ou sem ambição; há gente que vive assim, mas os *americanos* vivem em casas brancas separadas umas das outras, com janelas verdes. Rígida e cegamente o sonho tem precedência. O processo de negação é contínuo e não foi um grande ato de repúdio ao passado que deixou de levar ao ideal esperado mas sim um reajustamento cotidiano entre a vida como é realmente e aquilo que se crê que a vida deva ser. A sala de estar verdadeira, a mobília usada, os descansos desbotados nos braços das poltronas, a lâmpada com uma medonha cena tropical verde e vermelha impressa sobre o vidro opaco tornaram-se precursores sombrios da "sala de estar do ano" das lojas da cidade. O xale que vovó ainda amarra na cabeça torna-se um meio-chapéu e é transformado completamente no ano em que os lenços entram em moda. A imaginação oscila para dentro e para fora entre o experimentado, com todos os sentidos, e tornado desejável e o que poderia ser visto com os olhos da mente como completo e perfeito.

De acordo com suas constituições físicas específicas e experiências de vida, os americanos enfrentam estas discrepâncias de modos muito diversos. Há aqueles que se recusam a negá-las e que expressam sua percepção fervorosa das discrepâncias ou por uma rejeição cínica de todos os valores, um companheirismo caloroso dos grupos minoritários, ou nos enérgicos esforços

---

62 Região no centro dos Estados Unidos onde as ventanias se transformam em nuvens de terra, empobrecendo a camada superficial dos solos [N.T.].

de melhorar a comunidade e tornar o presente mais próximo do ideal. Estes últimos são os liberais, o núcleo no qual o corpo político da sociedade americana confia para manter seu sonho em construção. Sem eles, poderíamos estar perdidos. Contudo, não nos sentimos confortáveis com sua presença. Porque eles obtêm sua força a partir das discrepâncias no próprio coração da vida americana. Isto não se dá somente porque aqui há de fato nítidas desigualdades sociais, contrastes fantásticos entre ricos e pobres, contradições inacreditáveis entre o ideal e a prática na nossa sociedade. Outras sociedades têm tais contrastes e enfrentaram a mudança social de modo bem diverso. Mas, sim, porque a estrutura do caráter americano está assentada sobre a necessidade de reconciliar o presente com um futuro irrealizável. Na vida pessoal, as discrepâncias sociais trazem uma irritação peculiar. Quando são apontadas, incomodam corações e consciências. Alguns se debatem nervosos no seu sono, contribuem para alguma boa causa, uns poucos, com menor capacidade de tolerar discrepâncias, irritam-se, tornam-se defensivos e organizam um contra-ataque. Estudos recentes na Universidade da Califórnia exploraram o contraste na estrutura de caráter entre aqueles que se mostram partidários ativos de grupos não privilegiados (trabalhadores, judeus, negros e assim por diante) e aqueles que se mostram ativamente antiminorias[63]. No grupo pró-minoria são encontrados aqueles que mereceriam a classificação de neuróticos, isto é, aqueles que enfrentaram e incorporaram em seu próprio caráter as discrepâncias existentes na cultura. No grupo antiminoria encontraram-se aqueles cuja necessidade de coerência é muito grande, que não

---

63 Os contrastes entre tais tipos de estrutura de caracteres, relacionados com a rápida mudança social, estão provavelmente circunscritos aos Estados Unidos. Mas as formas particulares aos Estados Unidos estão relacionadas à natureza da transformação da cultura americana, à combinação de uma ideologia com vistas ao futuro e às circunstâncias de cada migração extensiva de outras culturas, da rural para a urbana e de classe para classe.

toleram ambiguidades, que aplainam sua percepção da realidade, tornando-a uma estrutura coesa e perfeita, que mostram um aspecto suave e ultra-ajustado, mas que têm possibilidade de sofrer um choque psicótico[64].

Estes grupos representam três ênfases na vida americana: os liberais não suavizaram sua visão do presente, de modo a viverem mais próximos do sonho, mas em vez disso aguçaram sua percepção e lutam para fazer do sonho realidade ou abandonar a luta em desespero. Os membros do grande núcleo majoritário desvanecem suas percepções, sacrificam a agudeza de sua experiência, para viver como se tivessem nascido para o sonho. E finalmente há os reacionários, que não podendo aceitar a discrepância nem lidar com meias medidas, negam-nas e mesmo favorecem ações que irão negá-las. Na vida pessoal, este último grupo se refugia em projeções, fantasias e reclamações do alheio; na vida política advogam várias formas de reação que trocariam nossos sonhos políticos tradicionais por uma aceitação da desigualdade social, do sistema de casta racial, da violência e feiura da vida social. A publicação do Relatório Kinsey expôs o contraste entre estes grupos. Os reformadores reduplicam seus esforços para tornar a educação sexual mais ligada ao que o indivíduo terá de enfrentar na prática sexual real; eles não diminuem seus objetivos, simplesmente redobram seus esforços. A vasta maioria sente-se desconfortável por ter que enfrentar dados que sugerem discrepância, que eles próprios praticam ou negam. Mas ela está tão difundida que é difícil ignorá-la de fato. Se um homem sabe que sua própria infidelidade conjugal, da qual se sente envergonhado e culpado, tem de ser codificada num quadro de percentagens dos homens de sua idade e classe, sente ameaçado todo o seu sistema de defe-

---

64 FRENKEL-BRUNSWICK, E. & NEVITT, S.R. "Some Personality Factors in Anti-Semitism". In: *Journal of Psychology*, vol. 20, 1945, p. 271-291.

sa, aquele sistema em termos do qual pecou e arrependeu-se e que por sua penitência tornou possível que o irrealizável ideal sobrevivesse. O reacionário e o cínico fazem causa comum, sugerindo que o que existe é certo, e que as leis e ideais deveriam ser recolocados para se reconhecerem os desvios e discrepâncias entre o ideal e a prática, abandonando-se os esforços de atingir o ideal.

Qualquer tentativa de descrever o modo pelo qual meninos e meninas americanos tornam-se homens e mulheres aprendendo um modo de vida que tanto expressará quanto definirá seus papéis sexuais e eles próprios deve tomar tudo isso em consideração. Para discutir as regularidades do modo pelo qual os americanos crescem, quando cada um cresce diferentemente, significa divisar um caminho para avaliar contando com tais diferenças. Se eu descrevo a não sensualidade de uma criança mundugumor, posso relacioná-la diretamente à falta de contato cutâneo com a mãe ou outros seres humanos, à aspereza de sua cestinha, ao modo pelo qual a criança foi amamentada e carregada. Mas quando se discute a sensualidade sem par das mulheres americanas, não se está referindo ao fato de elas terem ou não sido carregadas quando pequenas enroladas em pano de juta ou numa suave coberta de lã e algodão, acariciadas ou não – porque alguns americanos tiveram tais experiências – mas sim à lacuna que enfrentam todos os americanos na medida em que a experiência sensual deve ser ajustada ao ideal abstrato que lhes é apresentado. Nenhuma sensualidade real se encaixa no sonho. Cada uma delas deve ser negada até certo ponto, apagada ou criticamente abandonada de modo que se possa continuar a viver. A quebra na sensualidade está em outro nível. Não consiste na mera adaptação a superfícies ásperas, seguida da privação de qualquer contato facial nem na mera negação puritana do corpo ou a mera sufocação contra um seio materno por demais insistente. Tudo isso ocorre, e se tornará parte de uma história de caso detalhado de um psiquiatra ou psicanalista. Mas quando falamos da falta de sensualidade cutânea dos americanos como grupo ou da não sensualidade que os europeus comentam ou da não sensualidade que faz com que olhares e aparências valham tanto para o amor e sua prática, a descrição passa da experiência particular de cada americano para as regularidades que surgem na experiência de praticamente todo o povo quando se aproxima de um ideal sexual para o qual cada um carece da necessária conduta antecedente.

Há então um segundo modo pelo qual é possível discutir os papéis sexuais na América, relacionando-os à experiência infantil. Desta vez, com experiências que a maioria dos americanos viveu. Os seres humanos estão aptos a sentir até um certo grau o que deve ter sido os primórdios da experiência de qualquer situação presente. Olhamos para um rosto envelhecido e reconstruímos o sofrimento, o choque que fizeram aquelas rugas; sentimos numa criança truculenta e amedrontada o tratamento rude que a tornou tão desconfiada; vemos por detrás da suavidade e relaxamento do corpo da mulher a prática amorosa que a modificou. Em torno das imagens do americano e da americana ideal, formam-se nas mentes de todas as mulheres e homens existentes imagens de algum tipo de experiência da infância e juventude, que podem ter levado a esse resultado final. Atrás do físico da menina em idade escolar, por exemplo, pode-se fantasiar muitos tipos de condições: um rosto de bebê suavemente lavado por uma toalha macia, o ar fresco atravessando a janela, um aparelho de vaporização que mantinha na atmosfera do quarto a umidade necessária, cremes "sintetizados por nossa própria fórmula secreta", loções que protegiam a pele do bebê contra queimaduras do sol e do vento, uma digestão regular assegurando que o corpo nunca retivesse produtos inúteis além da hora desejável, uma dieta apropriada de pães proteicos, livre de gorduras e doces excessivos e consistindo de alimentos bons para a saúde e bons para se comer, pedaços de pano macio lavados com sabonetes sem compostos irritantes, uma vida sexual livre daquelas concessões que ainda se acredita que afetam fisicamente. Afora os procedimentos hoje recomendados para o cuidado do bebê, da criança e da menina, afora as ameaças, avisos e promessas dos anúncios, afora as desaprovações que se sofrem na infância, elabora-se um quadro de como se deve tratar uma filha para que, quando cresça, tenha um físico tão perfeito quanto o de uma capa de revista. A prática cotidiana, as lições cientificamente apoiadas do pediatra, dietista, fisioterapeuta e higienista, os estilos organizados pela ficção, pelo cinema e pelo rádio, os conceitos subjacentes e as influências dos anúncios entram em coalescência para formar um passado imaginário para este ideal esboçado: o futuro imaginário. E assim no modo pelo qual lava as bochechinhas rosadas de sua filha, a mãe estabelece uma nova relação entre a forma pela qual trata a criança e o que ela se tornará, algo que é bem diverso da educação repetida e fiel das sociedades antigas e estáveis.

Os métodos dessas duas mães serão diversos, contraditórios, duvidosamente relacionados à consecução de um corpo bonito, mas esses terão em comum o desejo de propiciar à criança aquela compleição. O propósito expresso é um tipo de denominador comum de diferentes práticas.

E finalmente os americanos são continuamente confrontados com a imagem de como eles crescem, amam, casam-se, têm filhos, que é o próprio ideal mesmo para o qual seu treinamento lhes serviu tão insegura e desconfiadamente. Enquanto não podemos seguir cada mulher ou homem americano em todos os passos separados e contraditórios que os trouxeram até à maturidade, seguiremos com precisão adequada o quadro desse desenvolvimento presumível: o padrão recomendado, aplaudido e sublinhado pelo filme e pelo educador, pelo comentarista radiofônico ou pelo anunciante. Estas são as imagens pelas quais os adultos estão reajustando as lembranças de seu próprio passado e tentando aproximar de seus filhos. É possível descrever a rotina do dia do bebê naquela casa branca de janelas verdes, na qual dificilmente alguém vive de fato, ou as propostas trocadas entre o menino de calças brancas perfeitamente elegantes e a menina em seu adequado vestido de passeio. Ou descrever que o jovem pai expressa seus sentimentos acerca do novo bebê. Nesse quadro idealizado há lacunas, pois há partes da vida que nunca estão mencionadas nem nas belas artes nem na arte popular. "Por que", pergunta a desinibida criança americana de 1949, "ninguém vai ao banheiro nos livros?" Essas lacunas só podem ser preenchidas parcialmente, em qualquer cultura, mesmo quando se trata de uma que é homogênea e praticamente sem mudanças. Mas a significação das lacunas, a ignorância que cada mulher tem acerca da vida sexual das demais, a ignorância do nascimento, exceto seu próprio parto, o conhecimento dos órgãos sexuais somente do amante, marido ou mulher, as fantasias perturbadoras da vizinha – será que as outras pessoas pensam nestas coisas? –, tudo isso pode ser descrito e colocado em seu próprio contexto para ajudar a construir uma compreensão dos sexos na cultura americana em mudança.

Assim, tentando aplicar abordagens antropológicas do problema dos dois sexos na América, passamos nossas observações por diversos níveis, estudamos as regularidades em meio a grandes contrastes e diferenças aparentes, e descrevemos o impacto do ideal sobre as expectativas dos norte-americanos.

13
A EXPERIÊNCIA INFANTIL PREVISTA

Não há magia na América para determinar o sexo de uma criança que vai nascer. Os pais poderão recusar-se a pensar num nome de menino ou de menina, ou, seguindo a lógica da ideia de que levar um guarda-chuva pode evitar que chova, considerarão somente o nome do sexo que não desejam. Não há razões sociais segundo as quais um sexo deveria ser preferido em relação ao outro. As mulheres não são mais honradas como mães de meninos; os homens, menos respeitados como pouco viris por gerarem somente filhas. É verdade que uma tentativa de uma líder bandeirante de organizar um grupo de "pais de meninas somente" numa comunidade do oeste teve uma aceitação meio tímida, pois é duvidoso se qualquer americano se sentiria honrado de pertencer a um grupo limitado pela palavra "somente", mesmo que fosse "dono de Rolls-Royce somente". A expectativa de que um filho continue a carreira do pai é insignificante, estando ausente a ênfase de outras sociedades sobre a necessidade de um herdeiro da terra ou da tradição artesã familiar.

A diferença na vida americana é simplesmente entre ter ou não ter filhos. E uma rude crítica rotulou o filho único de famílias da classe média de "a criança de *status*", ou seja, aquela que garante aos pais o *status* de "ter um filho". Para isso o sexo da criança é irrelevante. Existe uma tendência maior de o filho ganhar o mesmo nome do pai do que a filha ter o mesmo nome da mãe, perpetuando a tradição patrilineal, reforçada pelas complicações de ter de se referir à mãe como Susana grande ou velha, não sendo nenhum dos adjetivos atraentes à mulher. A preferência altamente difundida de que o primeiro filho seja menino está muito deslocada pelos anúncios que mostram a família americana com dois filhos, sendo a mais velha menina. As irmãs pequenas permanecem uma fantasia masculina, contraposta ao sentimento geral de que as irmãs na América são sempre irmãs mais velhas para seus irmãos, mais provavelmente representando lei e ordem, xarope e laxante, privilégio e manipulação, do que ternas criaturinhas merecedoras de cavalheirismo e orientação.

Mas existe um sentimento de que os sexos devem estar combinados. Aquelas pessoas que têm somente meninos ou meninas se ressentem e há sempre o perigo de que a terceira ou quarta criança de um conjunto de um só sexo perceber que desapontou seus pais. Assim, os simples incidentes da distribuição de um sexo dentro da família fornecem a estrutura na qual uma criança pode sentir-se enjeitada, especificamente por causa de seu sexo. Preservativos ineficientes e tentativas amadoras de aborto fracassadas fornecem o *background* de muitos lares americanos no começo de suas vidas. O amargor do sentimento "eu fui só um acidente", "sou uma criança indesejada", "eu nunca estaria aqui se alguém não estivesse com muita preguiça de ir à farmácia", podem ser sempre adicionados a "eles só queriam o próximo filho se fosse menino", "eles nunca se teriam incomodado de ter outro filho, se estivessem certos de que seria menino". A velha impossibilidade de conhecer o sexo de uma criança arruinou dinastias e perturbava as instituições sociais de muitos povos. Nos Estados Unidos, fornece elementos de uma possível aceitação ou condenação do passado de alguém, seja "porque fui o sexo que eles desejaram" ou "não fui o sexo que eles desejaram". Sem dúvida é o pai rejeitante que diz à criança de seu desejo não satisfeito; mas porque há alguma rejeição em algum momento em quase todos os pais, mesmo sem que se diga explicitamente, a criança pode concluir a partir de uma visão geral da sociedade que a cerca que ela foi um fracasso na expectativa familiar[65]. Nem toda criança tem a segurança de falar como aquela menininha que ouviu a mãe afirmar que sempre quis gêmeos: "Eu queria ser gêmeo; mas como não pude, vim sozinha".

O sexo da criança, marcado por um nome, é o modo pelo qual o fato do nascimento é fixado na mente dos amigos e parentes que não a conheceram. Antes do nascimento, as mães esperançosas poderão planejar o nome da criança, mas somente após o parto a criança passa de impessoal a pessoal e recebe um nome, como indivíduo plenamente sexuado. Em Bali um recém-nascido não recebe um nome e será chamado de rato ou lagarta, sendo que há pouco interesse no seu sexo, a não ser naqueles casos em que o nascimento de um menino torna o pai sociologicamente seguro (i. é, se ele já tem uma filha, um menino é absolutamente necessário). Mas a ajuda ou perturbação sociológica que o sexo de um bebê proporciona ao pai está totalmente dissociada da criança que oficialmente está sem sexo, até que haja uma cerimônia de nominação depois de 110 dias. Mas a prática americana não deixa campo para o sexo ser alcançado; a criança é total e absolutamente nomeada e identificada a partir do nascimento. O aspecto sentimental e permanente da cor azul para o menino e rosa para a menina plasma anúncios, presentes e decoração.

Enquanto isso, o corpo da criança passa por uma longa série de experiências que influirão na sua própria visão do cor-

---

65 Isso pode explicar em parte os resultados um tanto surpreendentes do inquérito da revista *Fortune* no outono de 1946, em que 3,3% dos homens disseram que, se pudessem nascer outra vez, queriam nascer mulheres.

po, do corpo do sexo oposto e das relações entre eles. Um nascimento na América se dá idealmente num hospital. De fato, mais e mais frequentemente isso acontece. Isso significa que, a não ser em casos excepcionais, o pai está ausente e a mãe recebe o cuidado de profissionais, médicos e enfermeiras. Durante meses, antes do nascimento, ela se preparou para abandonar a casa e seu marido, não pela casa do pai ou do irmão, como nas sociedades primitivas, mas por um local estranho e segregado, onde ela e várias mulheres desconhecidas deitam-se lado a lado, dando à luz entre estranhos. Nascida a criança, ela o faz contra a força da gravidade, numa mesa de parto feita não para permitir que o próprio peso dela ajude o nascimento, mas para facilitar os movimentos do obstetra. Ao primeiro choro, a criança recebe uma vigorosa palmada. A mãe, submersa em anestésicos, não escuta seu choro, embora uma pesquisa recente sugira que o choro tem a função de provocar a contração uterina. A criança é levada para um berçário, com seus lábios prontos para sugar, pressionando um contra o outro sem nenhum atendimento. O choro não lhe vai proporcionar nada. As capacidades corporais primárias, com as quais a criança entra no mundo, estão sem recompensa inicialmente. Ela pode mamar, mas nenhum seio lhe é oferecido. Ela pode pedir ajuda, mas ninguém a segura para alimentá-la. Seu corpo é envolvido em roupa macia e a primeira lição é aceitar que a roupa sempre se interponha entre seu corpo e o alheio. A segunda lição virá quando for levado à mãe. Na hora apropriada para a pesagem, será transportada numa mesa móvel e depois colocada de encontro ao corpo inteiramente vestido da mãe, com o seio cuidadosamente esterilizado parcialmente exposto e que lhe persuadem a sugar. Essa persuasão é muitas vezes algo rápido; porque a enfermeira sabe como agir com o bebê, que costuma estar tão exausto de fome que não quer mais comer, e segurando-o em volta do pescoço coloca-o no seio materno. Quer ele sugue ou não, será tirado dali depois de alguns minutos. A mãe é deixada algumas vezes com os bicos do seio magoados de suas bochechas famintas ou talvez preocupada e insatisfeita porque o bebê não quis comer, tendo dificilmente apreciado esta experiência rotineira e separada pela roupa. Durante nove ou dez dias que se seguem pega no bebê vestido e somente em horas regulares. O pai não o segura jamais. A alimentação no peito é muitas vezes também abandonada quando a criança vai para casa. A mãe, e quem sabe também o bebê, aprendem que os contatos entre mãe e filho serão de uma certa forma. A ausência de leite, o fracasso do bebê em mamar, a pressão do obstetra ou pediatra por uma alimentação suplementar são suficientemente naturais numa sociedade onde o recém-nascido é tratado como se saúde e bem-estar dependessem da precisão cronométrica com a qual é alimentado e com quê. A mãe passa a ficar impaciente com seu leite, grosso ou ralo demais, excessivo ou escasso, derramando-se por bicos caídos, magoados, e então, com certo alívio, ela pode passar a usar mamadeira e fórmulas, bicos de borracha cujo orifício se pode aumentar, garrafas graduadas que têm a receita certa, com a temperatura correta e onde tudo pode ser medido. Nenhum corpo humano teimoso e desregulado porá em risco o aumento de peso do bebê, que é o critério principal para sua existência sadia. Repentinamente ou em algumas semanas, a maioria das mães americanas rejeitam seu próprio corpo como fonte de alimento para seu filho e, aceitando a precisão mecânica de uma garrafa, reafirmam a elas próprias e na maneira como cuidam de seus filhos que o bebê estará melhor quanto mais ela aprenda a usar a mamadeira mecanicamente bela, com precisão, no tempo certo e com as quantidades adequadas. Isto quer dizer: tanto mais aceita o ritmo externo e abandona seus ritmos peculiares, com os quais chegou ao mundo. Para a primeira experiência de aprendizado, que é o protótipo físico de uma relação sexual, a relação complementar entre o corpo da mãe e o corpo da criança é substituída pela relação entre a criança e um objeto, que imita o seio, mas que não possui as partes do corpo da mãe ou do bebê. Se a mãe segura a criança e lhe oferece a mamadeira (prática recomendada por dar à criança mais daquilo que se chama imprecisamente de contato corporal), ela se torna um implemento na maioria das vezes, uma extensão de sua mão que porta alimento, mais do que uma extensão de seu seio. Não sabemos a idade em que a criança distingue a diferença exata entre uma mamadeira de vidro e um bico de borracha solto no ar de um seio humano, mas a mãe experimenta esta diferença desde o começo e ela é passada à criança por sua voz, suas mãos, seu próprio ritmo de ser. Ela não está se dando à criança, ela está fiel e eficientemente fornecendo-lhe a mamadeira, externa a ambos, e substituindo a relação direta pela relação mediada por um objeto.

Durante os primeiros meses de vida, a mãe se ocupa constantemente com a saúde e crescimento da criança, fazendo-a comer o que é correto, banhando-a metodicamente, mantendo sua pele livre de assaduras, protegendo-a da superexcitação, dos resfriados e das infecções de qualquer tipo. O banho do bebê é um ritual que poderá predominar sobre o dia todo; ele é mais um ritual de caráter ansioso do que de prazer. Os bebês americanos recebem provavelmente um cuidado físico tão perfeito quanto qualquer criança no mundo. A taxa de mortalidade de recém-nascidos está decaindo e as crianças são na sua maioria fortes, mostrando poucos sinais de deficiência vitamínica. Esse bebê bem-alimentado, limpo, empoado e bem-vestido permanece num berço, bebendo leite pasteurizado de uma mamadeira esterilizada. Depois de chorar, porque ninguém o levará ao colo para mimá-lo, cai num sono regular, um cochilo num lado depois no outro, para manter o formato da cabeça. Ao mesmo tempo, é pesado, observado e atendido[66]. Ele está dentro das normas, sejam elas as normas Gesell, usadas pelas mães que leem, ou resultantes do cochicho de vizinhança das analfabetas. Sua boca, que nunca ou somente algumas vezes procurou o seio materno, merece atenção em função dos primeiros dentes que poderão surgir antes ou depois da época prevista. Depois surge o problema de chupar o dedo. Devemos permiti-lo. O pediatra ultramoderno poderá recomendar uma chupeta, a mesma que insiste em sobreviver na farmácia da vizinhança cheia de gente, situada numa rua secundária. Mas se ele a recomenda, é para que a criança não chupe o polegar. Ele poderá oferecer a chupeta ao próprio bebê satisfeito e alimentado pelo seio, porque está convencido de que satisfazer o reflexo de sucção evita chupar o dedo. O tabu deste hábito é explicado em termos de saúde e boa aparência, mas principalmente de saúde. Ele poderá viciar a respiração infantil, arruinando a organização dos dentes. A boca existe primordialmente para a alimentação e deve ser mantida limpa. Nem brinquedos de borracha do chão, nem o polegar sujo. A criança dormirá sugando um pequeno brinquedo do qual depende para seu conforto e prazer, objeto que não é parte do corpo de ninguém, nem do seu nem do de sua mãe.

Nestes primeiros meses, a genitália é mantida rigorosamente limpa, não devendo ter irritações, porque aumentariam a consciência infantil sobre sua existência, podendo levar à masturbação[67]. E enquanto isso, a criança é ativamente encorajada a crescer, a aprender a mover-se, a usar as mãos e os pés, seguir objetos com seus olhos e responder a sons. A despeito de seu sexo, parti-

---

66 "Women in America". Parte I. In: *Fortune,* out./1946, p. 10.

67 O dado mais significativo sobre os esforços dos especialistas em crianças para acabar com o tabu da masturbação é sem dúvida a aberração que prevalece atualmente. Pais e professores passaram do tabu à insistência de sua prática. É duvidoso afirmar qual método é mais seguro para cessar o simples prazer exploratório da criança para com seu próprio corpo.

cularmente relevante porque existe tal nexo sutilmente específico entre o corpo da mãe e o do bebê, a criança é encorajada a ser ativa e vigorosa. Quando banha seu filho, a mãe põe de lado as diferenças evidentes de sexo. A conduta média da maioria dos adultos não leva a distinções abertas no tratamento de meninos e meninas, mas isso está provavelmente presente porque mesmo crianças muito pequenas mostram diferenças no tratamento de membros de seu próprio sexo e do sexo oposto. Mas todas estas distinções permanecem afastadas desde que a criança é um pequeno ser nas mãos de sua mãe. No ritual do zeloso amor materno não há lugar para um uso diferencial de zombaria e a provocação. Tudo está rotulado negativamente como "superestimulação".

Tanto o menino quanto a menina aprendem que suas bocas, tanto quanto as mãos, são algo que têm como partes ativas do corpo para contato com o mundo exterior com propósitos específicos. A boca não é um modo de estar com alguém, mas um meio de compartilhar um ambiente interpessoal. A mãe está sempre lá para colocar coisas dentro dela, como mamadeiras, colheres, biscoitos, borrachinhas para morder. No quadro inarticulado e profundo das relações entre homens e mulheres está a imagem de sua satisfação original, por colocarem objetos em sua boca. Mais tarde, quando os soldados americanos vão para fora, confundem os estrangeiros que especulam sobre a moral americana, tentando descobrir se é suco de laranja, Coca-Cola ou qualquer produto familiar alimentar ou bebida que é basicamente importante. Pois a relação complementar da criança no seio é substituída por um padrão que pode facilmente tornar-se alternativo: "dê um biscoito ao bebê, dê um biscoito à mamãe", e no qual um objeto de satisfação intervém entre os dois, dissolvendo-se as diferenças estruturais profundas entre seus papéis masculino e feminino. Estudos sobre crianças nos Estados Unidos notaram que tanto meninos quanto meninas de uma certa idade propõem algo a suas mães que seria errado interpretar como proposta sexual no caso do menino, na medida em que a menina também propõe. O que significa a proposta "quando eu crescer, me casarei com você, comprarei uma bela casa, um automóvel bem grande e um casaco de peles"? O jogo "eu lhe dou algo se você me dá também" não é necessariamente intersexual quando mais baseado em mamadeiras e torradas do que numa experiência profundamente pessoal com o seio materno.

No segundo ano de vida vem a nova parte do aprendizado, pois a criança aprende a controlar a eliminação. Aqui as diferenças de estrutura entre o menino e a menina penetram mais agudamente na atenção materna. "É mais difícil fazer os meninos aprenderem", atribuindo a eles algo que seria teimosamente masculino. Ou então, "é mais fácil levar um menino à tarde ao parque, porque ele simplesmente faz atrás de uma árvore". O que ecoa mais tarde no comentário da menina que vê seu irmão urinando: "isso seria bom para a gente levar para um piquenique". O começo de uma valorização egoísta do órgão masculino começa aqui, com algo que não tem contrapartida no corpo feminino e é capaz de fazer coisas próprias, fornecendo uma base para a inveja da menina que será frequente mais tarde. Essa inveja é igual àquela que ela tem da bicicleta ou patins de uma outra criança, é mais a inveja de busca ativa de alguma coisa do que um trauma profundamente narcisista, como se descreve nos casos clássicos de neurose europeus. Mais tarde, expressar-se-á mais intensamente na insistência da mulher em dirigir seu próprio carro ou na forma de um culto de seus próprios seios e pernas, por um lado, enfatizando a atividade e o poder e, por outro, as partes do corpo a serem valorizadas e admiradas. Na vida adulta, a mulher americana típica andará como alguém que é perfeitamente dotada, nem acompanhando seu marido mais atrás com passos apropriados a uma criatura tão diferente, nem usando passadas que induzam algum homem a completá-la. A mulher americana poderá crer que necessita de uma coisa chamada satisfação *sexual*, que qualquer pessoa sadia precisa tanto quanto de "exercício"; desejará um marido, mas nem nos passos nem nos gestos ela sugere que é uma parte e uma parte conflitante de uma possível união de duas pessoas. Mas o menino e a menina, sendo "treinados" por mães tensas e zelosas, aprendem outras coisas além das diferenças na sua estrutura corporal. Aprendem que defecar no lugar certo, na hora certa, é bom, enquanto os produtos da eliminação serão tão ruins que, se mantidos no corpo por mais tempo que o apropriado, causarão uma série de problemas. Aprender a avisar a mãe em tempo útil é algo de vital importância para a criança, principalmente o menino, em quem o controle da bexiga é mais complexo. Previsão mais do que impulso, organização ansiosa prevendo situações inesperadas tais como passeios de automóvel, bonde, cinema, idas à casa da vovó, tudo isso foi planejado e encarado. Um esquecimento é punido com a ausência do amor materno, um amor que a criança já aprendeu que está condicionado por seu desempenho. "Mamãe gosta do nenê quando ele se lembra". Assim, a criança percebe o quão importante é eliminar e pensar muito sobre isso de modo que não haja incidentes. As ruas americanas contrastam com as da França ou Itália, mais indulgentes para com os impulsos imediatos do homem, mas insistentes na exigência de que os impulsos da mulher se restrinjam a casa. As latrinas públicas dos Estados Unidos existem para a emergência, para aquele que não conseguiu planejar e foi detido num problema de tráfego, e não para o alívio indiscriminado do impulso.

A associação da eliminação com a conduta virtuosa sadia é congruente com o caráter peculiar do banheiro americano, no qual os utensílios para limpeza, banhos, eliminação, estão agrupados e são usados concomitantemente. Outras culturas ficaram tão obcecadas por um repúdio aos produtos da eliminação, por dissabores e pelas atitudes de falta de limpeza, que puseram o banheiro longe da casa. Mas a inclusão da eliminação no ritual da saúde significou a troca da latrina úmida e inestética por uma privada eficiente e agradável, que leva para longe esses produtos agora apropriadamente eliminados, deixando a pessoa satisfeita e em condições para um dia de trabalho.

A enorme importância que a mãe concede à *toilette* da criança torna este período um momento em que ela elabora um tipo de arquétipo do que seu corpo pode fazer. No estágio anterior, ela aprendeu a reter, hoje aprende a expelir e não guardar nada impróprio ou danoso. A arquitetura moderna não poupa esforços em transformar o processo sanitário num todo atraente e livre de desconforto. O branco e limpo restaurante bem como o banheiro branco e asseado são partes do ritual, além da voz da mãe que em segundo plano afirma que cumpridas "todas as regras de saúde, pode-se gozar a vida".

Mas enquanto a mãe evita mostrar qualquer favoritismo entre o menino e a menina e através da mediação útil dos objetos está apta a tratá-los quase que exatamente do mesmo modo, com um desagrado ocasional com a maior rebeldia do menino, a sua menor sensibilidade ao padrão, o pai diferencia de fato a sua conduta, na medida em que acompanha o garotinho nas suas brincadeiras violentas, ao mesmo tempo que faz uma suave corte à menina escolhendo jogos mais amenos. Os meninos mais velhos acentuam o reconhecimento do pai, da diferença de sexo, gracejando e provocando-a, importunando-a e desafiando-a pela truculência e pela vingança, ignorando as meninas como não sendo parte do jogo. Com enormes diferenças de classe e região, há ainda uma tendência de os meninos aprenderem sobre a masculinidade com jogos violentos, com seus pais e irmãos mais velhos, que é caminho depois para uma aprovação dessas brincadeiras, pelos insultos irônicos e zombarias sem fim dos grupos masculinos. De sua mãe aprendeu que a recompensa vem sob a forma de carinho e reconhecimento quando ele cresce, permanece sadio, realiza-se, aprende a independência, controla seu corpo e habilita-se no manejo das coisas. Se cumpre o que ela quer, ela o recompensará. Mais tarde, como marido, sua recompensa virá através do salário que lhe traz uma vida melhor, o cinema aos sábados e a mulher com quem se diverte vendo um filme. Sem aprovação maternal ele sente-se miserável, preocupado, temeroso da perda do amor. Mas de seu pai aprende que as relações com os homens exigem que mostre sua força, aceite piadas com bom humor, recebendo e devolvendo, mesmo sendo pequeno, e que isto é agradável. Tanto o pai quanto a mãe exigem que ele aja de acordo e até um pouco além de sua força de fato; e a criança sempre tem um pouco de medo de que a força exigida não esteja presente. Tanto o pai como a mãe esperam que não fique bebê ou maricas, que tenha bom aproveitamento na escola, nos esportes e depois no seu trabalho. Essas esperanças possuem a nota subjacente do temor ao fracasso.

Enquanto isso, a menina aprende sobre seu sexo de dois modos diversos. Também não deverá ser um bebê chorão, uma porcelana, mas nunca deverá agir como um menino. Ela aprende de seu pai o único jogo que ele sabe jogar com uma mulher: aquele em que ele pede insistentemente, enquanto ela recusa também com insistência. É significativo que para as meninas americanas o homem mais velho seja caracteristicamente a vítima, o "pai açucarado" e não explorador. Os pais são meigos com as meninas, deixando-as dormir mais tarde e comprando-lhes mais algumas balas. As mães estão permanentemente atentas para que suas filhas não se tornem mimadas. A menina de pouca idade aprende que deve manejar seu pai, a despeito do que faz a outra mulher (a mãe). É um conflito jogado suavemente, mas que dá lugar a uma forma mais aguda na adolescência quando as meninas sentem uma interferência materna no seu relacionamento com o outro sexo.

A proibição de ser uma bonequinha fornece à menina um quadro perturbador. Ela não pode agir como menino, nem ser moleque. Esse conselho, tão presente duas gerações atrás, embora aborrecesse a menina ativa e especialmente dotada, era pelo menos claro e simples. Ser masculina significava correr desordenadamente, subir em árvores, roubar maçãs em pomares, brigar, jogar jogos masculinos em vez de ficar em casa com as tranças corretamente arrumadas brincando de bonecas e casinha, sentando-se docemente com as pernas cruzadas ou rompendo em lágrimas nas ocasiões apropriadas. Em contrapartida, era bastante simples para os meninos compreender que não deviam brincar com bonecas ou preocupar-se com roupas limpas e elegantes ou fugir de encontros com companheiros. Na medida em que cada sexo era solicitado a evitar o padrão bem definido do outro sexo, alguns membros de um sexo específico sofriam profundamente às vezes, transformando-se em invertidos, desajustados, misantropos e solitários. Mas a maioria tinha condições de se ajustar ao padrão. As mulheres choravam e desmaiavam; os homens praguejavam e batiam com os pés, mas não choravam. Os homens se sentavam em qualquer posição, as mulheres cruzavam os tornozelos modestamente. Os homens tinham trabalho, faziam dinheiro, tomavam a si as tarefas duras e perigosas e que poderiam denegrir as mulheres, vendo-se como o sexo melhor dotado para lidar com toda a miséria, exceto a poeira embaixo da cama e o encardido das orelhas dos filhos.

Hoje em dia, os grupos de meninos e meninas no jardim de infância enfrentam-se num mesmo nível, com o mesmo brilho nos olhos, a mesma prontidão em lutar e evitar lutas. A ambos os sexos se proíbe essa prática, embora os meninos sejam fiscalizados muito ansiosamente e as meninas quase tanto, para ver se mostram sinais de estarem acovardados ou sem condições de aceitar a briga. Nessa idade, a menina parece ter, por sua educação, maiores recursos que seu irmão. Seu relacionamento com o pai é menos matemático e mais imediatamente compensador do que as relações dos irmãos com a mãe. Sabemos de outras culturas em que a mãe que abaixa a cabeça à masculinidade senhorial de seu filhinho de 4 anos encoraja sua segurança como homem, e na medida em que ela serve de modelo para sua filhinha, instila nela atitudes negativas para com seu papel feminino. Mas na América a menina é pajeada e mimada por um pai indulgente e não disciplinador, crescendo muito segura de si mesma. O seu papel de mãe será o de solicitação para com seu marido e filhos. Os irmãos devem ser "simpáticos com as irmãs" e ela nunca tem que polir suas botas e esperar por eles como se fossem modelos de futuro senhor e mestre.

A trama que Wolfenstein e Leites identificaram no cinema americano na década de 1940 surge aqui com clareza. Os meninos esperam que os pais estejam do seu lado ou se sentirão perversos e poderão arruinar-se sem culpa mais tarde na vida. As meninas esperam que o pai e mais tarde seu marido exijam muita persuasão. Nenhuma vitória é final e deve ser retomada no dia seguinte. Os meninos veem suas mães e mais tarde suas mulheres como pessoas com quem se encontra segurança, se eles são bons. Essas certezas são tão necessárias quanto o alimento tomado numa cozinha em tarde fria de inverno. Mas são compradas a certo preço, preço que renuncia a todo o prazer da irresponsabilidade, da informalidade de uma conduta libidinosa maldirigida, que em outras palavras poderiam significar a renúncia de jogar futebol na rua na hora em que bem entendesse. Entretanto no grupo dos 6 aos 12 anos ainda sobrevivem algumas velhas hostilidades entre os sexos. Os meninos percebem que o único modo de se diferenciarem das meninas, cujos gostos e conduta são virtualmente idênticos, é nada fazer junto com elas. As turmas de meninos nas cidades americanas no começo do século XX tinham a contrapartida das meninas que nada tinham de interessante a fazer, a não ser alguns jogos tolos. Esses grupos de meninos da década de 1940 são uma medida defensiva, desesperada para não serem maricas, o que interpretado simplesmente significa não serem como as meninas. Mas as meninas também estão preocupadas em não serem maricas na medida em que saem para patinar, velejar, esquiar, exercitar as pernas que não mais permanecem pudicamente cruzadas. E para elas a melhor maneira de não serem maricas, isto é, não se comportar como menino, comportando-se como menina, é evidentemente a associação com o sexo oposto. Há uma geração atrás, as meninas tinham suas mesas de chá cuidadosamente arrumadas, que as protegiam dos estabanados que poderiam quebrar suas bonecas e seus aparelhinhos de brinquedo. E as mães, ainda educadas numa época tradicional, davam esses brinquedos às filhas, sugerindo que seria melhor haver festas de aniversário sem a presença dos garotos. Mas à medida que o modelo de sexo se filtra na direção das crianças mais novas pela conduta dos adolescentes, pelo número crescente de mães que não foram criadas com excessos de feminilidade, há menos aceitação por parte dessas meninas das festas de boneca e chá nas quais os meninos, como intrusos estabanados que eram, davam-lhes exemplos práticos de uma conduta que um dia seria chamada de "confusão na área". Ninguém, pelo menos os homens que delas mais tarde se aproximarão e com elas se casarão, quer mulheres arrebatadas, que ficam ruborizadas, sorriem sem jeito e não têm nenhuma "linha". Caracteristicamente, o rubor das faces está desaparecendo na sua velha forma, como acontecia com as crianças a quem se pedia que representassem diante de adultos. Ou quando se pedia a mulheres e crianças que fizessem alguma coisa tida como apropriada ao sexo oposto. "Olha, ela está vermelha!" era um modo de dizer, num grupo misto, que ela estava gostando realmente de um pouco de flerte... "É algo que se passa comigo quando me sinto muito feliz ou segura", comenta uma jovem de 20 anos.

Assim, temos uma série de mudanças dos meninos e meninas, que crescem de modo mais e mais semelhante, brincando com os mesmos jogos, mais eficientes e competentes no uso de seus corpos. A desintegração do grupo de meninos ou meninas e a reaglutinação em torno de um padrão em que aparecem ambos os sexos está ocorrendo cada vez mais cedo. "No ano passado", diziam os professores espantados, "isto acontecia no sétimo ano, mas agora já se passa no sexto". As hostilidades há muito institucionalizadas, de bonecas quebradas e cabelos puxados, lágrimas de meninas e empurrões de meninos, estão sendo substituídas por um novo padrão de encontros na puberdade, não se sabe se com menos hostilidade, mas pelo menos com a hostilidade assumindo formas próprias. Nosso material comparativo sugere que os meninos de uma idade em que têm poucas condições para a atividade sexual em que devem tomar a iniciativa estão sendo colocados em experiências que imitam as atividades sexuais de um período posterior da adolescência.

14
A CONDUTA DO NAMORO E AS EXIGÊNCIAS SEXUAIS DO ADULTO

A conduta do *dating* nos adolescentes americanos, apresentada no cinema, no rádio, nos anúncios que incluem as receitas de boas maneiras em "Seus modos à vista", é evidentemente de classe média. Os meninos da esquina, aqueles que abandonam a escola na sétima série com 14 anos, os adolescentes rurais que deixam a escola para trabalhar na fazenda, ainda tendem a se agrupar entre si antes de estarem aptos a uma atividade sexual completa. Eles continuam a encarar a mulher primordialmente para a gratificação física antes e fora do casamento, para criar a prole e cozinhar e dormir junto após as núpcias. Seus hábitos e os das meninas, que mais tarde irão buscar e possivelmente desposar, são bem diversos do padrão de *dating* estilizado, mostrado na arte popular. Mas tanto quanto as roupas estão se tornando estilizadas, assim também os preços, e a operária pobre pode ter um vestido de feitio ou até de modista como o da menina mais rica, o que divulga os estilos ditados pela classe média. Eles incentivam os devaneios e funcionalizam o descontentamento dos grupos que não se incluem nela. Há menos imigrantes de primeira geração entre os grupos econômicos mais baixos que continuam insistindo na "chaperonagem"[68] de suas filhas até o casamento. Há hotéis mais baratos em que há bailes que copiam elaborados costumes dos grupos que estão nas colunas sociais. A mecanização continuada de atividades tais como "acontecer", a mudança das festas de lares, onde não há mais criados, para hotéis onde os "penetras" são comuns, fazem com que os programas de noite de sábado nas pequenas cidades mineiras ocorram agora nos melhores círculos. Tal fenômeno mistura todos os casais que conseguem admissão nessas festas, diminuindo distâncias entre os estilos sociais de privilegiados e não privilegiados. Isso não significa que todas as nuanças desapareçam, que a moça que pagou cem dólares por seu vestido não possa distingui-lo perfeitamente do de uma outra que pagou 14,78 dólares pelo seu. Mas elas se encontram no mesmo cinema, usufruindo de poltronas cujo preço é idêntico e o modelo de suas silhuetas não trairia suas diferenças. O grupo mais elitizado se envergonharia da palavra *dating*, mas as meninas choram amargamente quando passam sozinhas a noite de sábado. Não se trata, pois, de estarmos nos tornando menos esnobes ou insistindo menos nos limites entre as classes, mas que simplesmente as diferenças entre as classes estão diminuindo com o tempo. A operária, a jovem da sociedade, a filha do parceiro rural que consegue emprestado um volume do *Life* que não tem condições de comprar, todas reagem ao vestido descrito como uma "atração para os passeios". – É possível que alguém se horrorize com a expressão – dizendo "não usarei isso", enquanto outras comparariam sugestões em vestuário com a conduta dos prováveis acompanhantes na noite de sábado. Mas a imagem submerge nas suas mentes, desempenhando lá um papel específico, di-

---

68 "Chaperonagem": de *chaperone,* pessoa que acompanha passeios ou encontros [N.T.].

ferente daquele que desempenha na vida da moça que assume integralmente o que a revista propõe.

Com o estabelecimento do *dating* no grupo de meninos e meninas ginasianos[69] as velhas batalhas por favores e aprovações paternas e maternas e a velha necessidade de segurança dão frutos outra vez. São necessidades que foram afastadas nos primeiros anos, quando os pais se preocupavam se seus filhos chegariam a se tornar alguma coisa. Em muitas sociedades que já descrevi neste livro é permitido às crianças um longo abandono da competição sexual, enquanto vivem em grupos infantis de um só sexo em que amadurecem lentamente. É talvez muito significativo que possa ser encontrada uma divisão muito visível entre grupos de meninos e meninas pequenos naquelas sociedades em que o relacionamento final entre homem e mulher é mais especificamente sexual e menos voltado para a concordância, agressão, rivalidade, e assim por diante. Tal é o caso de Samoa e Bali. O amor paterno e sua doação não foram organizados em torno do desenvolvimento na criança do assentimento e agressividade, mas, ao contrário, foram harmonizados com seus corpos, vistos como os corpos de meninos e meninas que mais tarde serão adultos, sexualizados como homem e mulher. A partir desta solicitação de sua sexualidade, no caso dos meninos ampla demais para ser praticada e no caso das meninas prematura demais para ser socialmente segura, espera-se que as crianças se tornem suficientemente grandes para retornar a esse quadro, encontrando seus pares afetivos a partir do modelo do que aprenderam de seus pais.

Mas os pais americanos não estão primordialmente preocupados com as relações com seus filhos como membros de um sexo ou de outro, como pequenas criaturas cujos corpos

---

69 Para as primeiras análises do *dating* cf. MEAD, M. "What Is a Date?" In: *Transatlantic*, vol. 10, 1944, p. 54, 57-60. • GORER, G. *The American People*. Nova York: Norton, 1948, cap. IV, p. 106-132.

estão respondendo ao toque das mãos de seus pais ou ao brilho de seus olhos. Eles estão primordialmente preocupados com seus filhos como pessoas, como pequenos núcleos potenciais de considerável realização, a quem se deve dar a melhor chance, a melhor educação, o melhor treinamento para o sucesso na vida. A vida é uma competição que meninos e meninas devem participar com olhos abertos, alimentação adequada, higiene praticada, com as quatro operações bem guardadas na cabeça e pés que atingem precisamente o ponto desejado. É uma competição na qual se deve entrar o mais cedo possível, telefonando, emprestando dinheiro, exercitando-se e exibindo habilidade em padrões maduros.

Em outras sociedades, o desenvolvimento tem algo de apavorante para a criança, que pensa como se tivesse de assumir corporalmente o papel do adulto. É o caso do menino que deve tornar-se amante de uma mulher adulta e pai de seus filhos, é o caso da menina que se torna parceira sexual e mãe. No momento em que essa menina inspeciona seu corpo diminuto, e o menino, sua genitália ainda embrionária, sabem que devem esperar, abandonar os jogos em que são o menino da mamãe ou a menina do papai, que nunca poderão ser mais do que jogos parciais e insatisfatórios, e esperar dez anos ou mais até que estejam suficientemente aptos para tais coisas. Em geral, quanto mais especificamente sexual se tornar a relação do adulto, que poderá incluir evidentemente um tipo de casamento que insiste numa grande abstinência sexual sem substituí-la por nenhuma outra compensação, tanto mais as crianças assim educadas verão a maturidade em termos de tal sexualidade específica, que parece necessitar de um período em que são apartadas para crescer em paz sem serem perturbadas por exigências que não podem cumprir. É provavelmente correto discutir a latência, período entre a sexualidade infantil focada no pai e a consciência agitada do sexo no adolescente, como fenômeno específico de amadurecimento *sexual,* passível de ser modificado ou aumentado, em função de ajustamentos sociais.

Mas na América, com a maior ênfase dos pais nas personalidades em formação, levemente diferenciadas na conduta e com uma expectativa de estrutura de caráter para cada sexo, também levemente ancorada no modelo do pai do mesmo sexo, há menos latência, menor espaço para ela. Crescer não significa para o menino americano tomar para si as responsabilidades, as tentativas de uma conduta sexual plena. Crescer significa usar calça comprida como seu irmão mais velho, dirigir, ganhar dinheiro, ser seu próprio patrão e levar uma jovem ao cinema. Um certo acariciamento é claro, ou muito acariciamento talvez, com o tipo de moça com quem não se sairia por nenhuma outra razão. Mas ninguém espera que as imitações da conduta adulta que aqui aparecem deem resultados, seja por uma união duradoura, seja resultando numa gravidez. Ao invés disto, trata-se somente de parte do jogo competitivo no qual moças e rapazes demonstram sua popularidade, sendo vistos com pessoas proeminentes do sexo oposto[70].

O sucesso com as jovens, na medida em que veste a roupa certa, ou toma banho com um certo sabão, é parte da personalidade do jovem que mais cedo ou mais tarde será chamado à sala do diretor para ser apontado para um trabalho executivo. Mas enquanto o diretor se sentir satisfeito em saber que o jovem empregado é um bom companheiro, o jovem se sentirá frustrado com esta juventude que pressupõe relações sexuais pré-maritais ativas. O amor e o sucesso pelos quais trabalham e com os quais sonham os jovens e as jovens, pelos quais arrumam os cabelos, limpam as unhas, estudam nos livros de etiqueta e poupam dinheiro, têm muito pouco a ver realmente com o sexo ou com o corpo.

---

70 Algumas das mais valiosas matérias na conduta do *dating* americano no início da década de 1940 devo às observações não publicadas de Ray Birdwhistel.

O jogo é descrito como *dating*: os meninos levam as meninas a passeio, isto depende de uma solicitação feita a elas, os rapazes fazem a solicitação, ambos devem se vestir corretamente de acordo com o estilo jovem do momento, o encontro deve ser conduzido de modo a tornar-se conhecido do resto do grupo, caso contrário não tem valor. Contudo, a associação da corte com a roupa que se usa através dos tempos obscurece os aspectos desse caso. Porque encontro e vestuário estão associados, e a conclusão é de que se trata de namoro. Mas os homens usam roupas militares para impressionar seus inimigos e os companheiros do mesmo sexo. As mulheres competem com o próprio sexo com pérolas e penas de avestruz e as roupas, flores, danças, tudo é parte do jogo. Mas elas não devem ser equacionadas nem com o namoro nem com a conduta que seja primariamente sexual, embora o padrão do *dating* tenha, no fim das contas, um efeito profundo nos relacionamentos posteriores do homem e da mulher na América.

Este tipo de encontro é primordialmente um jogo competitivo em que o prêmio é a popularidade publicamente confirmada e pode ser esclarecida considerando-se a conduta daqueles que não costumam fazê-lo, renunciando a ele prematuramente na adolescência em benefício do namoro firme. Aqui podemos visualizar dois grupos: jovens cuja agitada sexualidade foi genuinamente despertada, de modo que se pode dizer que estão "apaixonados" e que veem no encontro uma falta de significação porque preferem a companhia um do outro em particular; e os jovens que, sem estarem se amando, dependem um do outro em termos de proteção. Podem ser o rapaz e a moça sem popularidade, reconhecendo seu fracasso no jogo da popularidade pela preferência fictícia de um pelo outro. Fora do grupo de *dating* há ainda grupos periféricos maiores: rapazes e moças tão imaturos fisicamente e tão desajeitados que se sentem desqualificados para esse jogo em que é prevista a imitação de uma aptidão física para o sexo. São rapazes e moças a quem falta dinheiro e roupas, jovens que têm um interesse tão profundo em alguma outra coisa que isso os livra da vontade de gastar seu tempo em algo que lhes parece irrelevante. Mas para aqueles a quem é lícito estar no jogo, o medo profundo do desvio – uma resultante natural dos nossos padrões culturais apressadamente assimilados e parcialmente aprendidos – nele os mantêm, demonstrando que são bem-sucedidos nos costumes do mundo social jovem. Cada revista que leem e a expectativa de seus pais decretam que eles hão de vencer. Mas que efeito na conduta sexual real dos americanos teria esse padrão do *dating*? Em primeiro lugar, ele define a relação entre homem e mulher como situacional. "Você tem um encontro", "você sai para um encontro", "você se aborrece porque não há alguém apropriado para encontrar-se na cidade". A situação em que possa alguém apresentar uma jovem ou um jovem de origem social compatível, de nível compatível de popularidade, um pouco mais alto que o seu próprio, eis o que cada um deseja e o que envaidece. Superficialmente isso não é muito diferente da "garota ideal" dos devaneios dos ginasianos ingleses ou a "garota e a lua cheia" sempre presentes na canção romântica. Mas os jovens que desejam o encontro não estão sonhando com uma moça. Ele deseja estar numa situação, primordialmente pública, onde será visto pelos outros com uma moça e a moça certa, aquela que se veste bem e que dá atenção. Ele a leva a passeio no seu carro novo, mas de modo ainda mais impessoal, porque o carro é seu para sempre enquanto ela é sua somente por uma noite. Essa longa prática de espera e de obtenção de satisfação por situações que são em si mesmas pouco compensadoras colocará o americano em boas condições mais tarde, na medida em que se adapte às exigências de um novo trabalho ou aprende a esquecer os companheiros do antigo trabalho, porque não mais são parte do grupo ao qual aprendera a corresponder com um calor permanente e estilizado[71]. Durante a última guerra, os observadores ingleses ficavam confundidos com a contradição aparente entre a ênfase dos soldados americanos dada à camaradagem, tão dolorosamente exemplificada pelos choques que se seguiam à morte de um companheiro, e os resultados de minuciosas entrevistas que mostravam quão passageiras eram essas relações. Soube-se que os homens aceitavam realmente seus camaradas como um derivativo da convivência, da associação incidental, e não por causa de características de personalidades específicas capazes de fazer nascer uma amizade verdadeira. Mas o camarada, tanto quanto o *dating*, é função de uma situação dentro da qual uma conduta é definida.

Mas isto não significa que um encontro que dá certo não cause tristeza porque as obrigações para com aqueles que se encontram com alguém são sentidas como importantes pelos jovens americanos. Cancelar o encontro não se torna menos deplorável porque as pessoas nunca se encontraram antes. É até pior, porque ele ou ela está mais inseguro, menos capaz de relacionar essa conduta a um incidente comum e desculpável, interpretando a decisão informalmente. Os padrões de conduta aprendidos durante o *dating* não somente preparam os rapazes e moças americanos para uma aproximação situacional quanto às relações pessoais, como são também significativos porque é a primeira ocasião na vida dos americanos, desde que o laço azul ou cor-de-rosa foi colocado no brinquedo ou no carrinho, em que o contraste emocional dos dois sexos aparece colocado de forma positiva. O medo de que o menino se torne maricas está sempre presente. Mas em muitas sociedades, em que as mães reagem em relação aos bebês meni-

---

71 Para discussões da necessidade para esse tipo de adaptabilidade no caráter americano, cf. ERIKSON, E.H. "Ego Development and Historical Change". In: FREUD, A. et al. *The Psychoanalytic Study of the Child*. Vol. II. Nova York: International Universities Press, 1947, p. 359-396. • MEAD, M. "Trends in Personal Life". In: *New Republic*, vol. 115, 1946, p. 346-348. • GORER, G. *The American People*. Nova York: Norton, 1948.

nos com a compreensão de que eles pertencem ao sexo oposto, enquanto as meninas pertencem ao seu, o aprendizado primário dos papéis sexuais vem cedo e permanece inalienável através da vida. Tal aprendizado é uma situação profundamente emocional e a condição nutriz da mãe é um protótipo do relacionamento sexual que o adulto terá mais tarde; não somente um protótipo de uma situação complementar mas também em termos emocionais. Se a mãe é provocadora, condescendente, provocante, submissa ou apaixonantemente instável, assim será a mulher ou a amante, ou assim será desejável a mulher para o marido. Mas no padrão americano, tanto o tratamento das crianças como pessoas quanto a intervenção de objetos como mamadeiras, berço, roupas entre os corpos dos pais e os das crianças, servem para calar o aprendizado original. Onde as diferenças sexuais são enfatizadas, a ênfase está mais na asserção ou na agressão do que na repressão das sensações físicas. Ao invés de uma situação em que a filiação sexual da criança seja muito visível aos 4 anos e depois mantida numa rígida discrição até à puberdade, teremos a situação de uma sexualidade infantil e o sentido do próprio sexo emudecidos, seguido de um forte desenvolvimento dos primeiros jogos amorosos na primeira puberdade, que não são instigados nem pelo florescimento da atividade glandular nem pelas recordações dos divertimentos corporais infantis, mas pelas exigências do jogo do *dating*. Assim, os adolescentes são atirados no *dating* não por seus corpos mas por sua afirmação, seu desejo de realizar, de ser bem--sucedido, de ser popular. Ainda assim, o jogo é posto em termos altamente sexuais. Os seios e as pernas são notados nas meninas, todas as características de masculinidade são postos em evidência pelos rapazes. Uma acentuação do sexo de cada um é tida como contrária ao jogo e o sexo torna-se secundário, um modo de se conseguir o que se quer, de chegar aonde se quer.

A jovem aprende que tanto no escritório quanto na boate, quanto mais atraente for mais chances terá de promoção ou de casamento certo. Ela aprende que a atração é algo que pode dar trabalho e que juízo, dinheiro e habilidade são utilizáveis. Ela não tem desculpa para ser relaxada, porque não tem originalmente uma bela estampa ou sobrancelhas perfeitas. Uma dieta apropriada e o corte do cabelo correto corrigirão estes aspectos, bem como os cosméticos. Nas famosas escolas de charme, aparece sempre na formatura a fotografia "antes" de cada aluna – com peso excessivo, sem jeito, malvestida – e a fotografia do "depois", em que ela aparece esbelta, elegante, perfeitamente vestida e maquilada. E o aplauso não vai para a mais bonita, mas para aquela que mostrou melhor aproveitamento. O rapaz que recusa o encontro com a moça que não se mantém perfeitamente arrumada todo o tempo está fazendo a mesma exigência. Ele aplaude e se orgulha da moça que está sempre atenta, que se mantém bem arrumada, que representa o esforço de ser aquela mulher com quem ele se orgulha de sair. O problema do aspecto masculino recai cada vez mais na mesma categoria. Seus cabelos, dentes, sua aparência impecável, seu chapéu e o terno apropriados, tudo demonstra seu cuidado para com a promoção, para o cliente mesmo em potencial, para com sua popularidade como companhia. Considerado do ponto de vista de uma outra cultura, ou mesmo a partir do próprio desconhecimento, tudo isso fornece o quadro de um povo, especialmente do grupo jovem, tremendamente preocupado com o sexo, cujo único interesse na vida é o amor e cuja definição do amor é puramente física. O que me parece um grande equívoco. Na verdade, a ênfase continua na aparência física sexualmente pertinente é o resultado do uso do jogo heterossexual como um protótipo do sucesso e da popularidade na adolescência.

    O padrão do *dating* afeta as relações sexuais do adulto ainda de uma outra forma. Como cultura, abandonamos a "chaperonagem", permitimos e até mesmo propiciamos situações em que os jovens se colocam frente a frente com qualquer tipo de conduta sexual que elejam. Ao mesmo tempo, não abandonamos nem um pouco a desaprovação à moça que engravida, nem simplificamos os problemas da mãe solteira, que deve enfrentar a vida com seu filho. Desaprovamos o aborto e a informação sobre o controle da natalidade adequada existente é quase impossível de se obter, por causa do conflito de atitudes de protestantes e católicos sobre questões éticas. Educamos as meninas para serem livres, informais e destemidas, sem a proteção fornecida pela timidez e pelo medo, como acontece em outras sociedades. Educamos os meninos para serem tão livres e informais quanto elas, acostumados a elas, desejando suas presenças. Colocamos de fato nossos jovens numa situação virtualmente intolerável, dando-lhes todos os elementos para uma conduta que puniremos quando ocorrer.

O curioso ajustamento que a cultura americana fez a essa situação anômala consiste no acariciamento e em toda uma variedade de práticas sexuais que não resultam na gravidez. A virgindade técnica tornou-se cada vez menos importante, permanecendo a proibição de gravidez extraconjugal. O acariciamento é a resposta ao dilema, que tem efeitos emocionais próprios, pois requer um tipo muito especial de ajustamento tanto no homem quanto na mulher. A primeira lei do acariciamento é a necessidade de manter controle completo do "até aonde ir", pois um impulso inadvertido e um desejo fora de hora de posse completa ou de entrega completa é um jogo perdido ignobilmente. O controle sobre essa prática perigosa, muito parecida com uma descida de esqui mas que nunca deverá ser tratada como tal, está colocado nas mãos da jovem. Espera-se que o rapaz peça tanto quanto possível, a jovem, que se submeta o menos possível. O *dating* pode ser um sucesso sem que haja qualquer tipo de acariciamento, mas simplesmente batalha de habilidade e de evasivas, enquanto o rapaz convence a moça de que ele é tão popular que tem a coragem de pedir qualquer coisa. E a moça convence o rapaz de que é tão popular que nada tem que dar. Se a atração física é forte, então quando ocorrer o acariciamento, o rapaz espera que a moça se mantenha nos limites; ela espera que ele lhe permita manter-se nesses limites. A partir desse jogo, desempenhado tantas vezes, talvez por dez anos ou mais antes do casamento, surge o quadro posterior da vida conjugal na América, em que a mulher estabelece o padrão das relações sexuais. Com ele começou a incapacidade de tantas mulheres americanas em empreenderem entrega sexual completa e que os estrangeiros definem como confusa e frustrante. E daí surgem também as várias compensações: o uso do álcool para diminuir o autocontrole e os mitos populares do amante invencível e irresistível. Mesmo antes de a moça ter amadurecido o suficiente para corresponder às solicitações de seu próprio corpo, ela terá enfrentado a necessidade de ter a consciência de dois e ao mesmo tempo participar alegre e despreocupadamente de um jogo que nunca termina e no qual ela sempre poderá perder. É a pequena ilusão dos filmes e as revistas de amor, que glorificam o impulso que não merece a indulgência de uma entrega completa.

Para o rapaz, o padrão é igualmente coercitivo. Ele aprende a valorar a situação em que é desafiado, a desvalorizar a situação em que a companheira é impura, aquela que deseja somente para satisfação física imediata, e a valorizar a situação genuinamente compensatória, aquela em que a mulher poderá sempre dizer não, o que faz frequentemente. Críticos do cinema moderno têm mostrado a importância crescente da imagem da jovem *boa/má*, aquela que é tão atraentemente imaginada como impura e que no final se torna pura[72]. Mas esta mesma tendência foi prevista nas

---

72 LEITES, N. & WOLFENSTEIN, M. "An Analysis of Themes and Plots". In: *Annals of the American Academy of Political and Social Science*, vol. 254, 1947, p. 41-48.

quadrinhas da década de 1920: "Alguém me dará um bom conselho de como ser maldosa tanto quanto boazinha"? Num certo sentido, a resposta foi encontrada e está corporificada na cultura do adolescente. A percentagem de gravidez nos colégios e na universidade não parece ser apreciavelmente maior se considerada em relação à mudança quantitativa e qualitativa dos estudantes comparados há duas décadas, quando as *chaperones* e os encontros à tarde ainda existiam. Desafiados pela solicitação feita nesse jogo perigoso e exigente, os jovens respondem bravamente e com as cabeças erguidas. Um número surpreendente apreende a parte boa da situação, o fato de que o rapaz e a moça são parceiros na manutenção de suas cabeças fora da água. Essa parceria, em que cada um deve confiar na ajuda do outro, na compreensão e na esportividade do outro, é a base do casamento americano moderno, dos casamentos jovens que sobreviveram, aparentemente quase por milagre, com as provações dos acampamentos de guerra, da vida com os parentes, da inflação, da paternidade precoce, das neuroses de guerra e do isolamento em comunidades estranhas. A conduta de parceiros, que ambos aprenderam quando brincavam com o sexo e até certo ponto tinham que rechaçá-lo, os mantém unidos. E provavelmente serão bem felizes se não forem adicionadas, simultaneamente às exigências da cultura americana de que cada indivíduo seja feliz, outras normas discrepantes que visem os mesmos objetivos.

Durante o período do *dating* existe o imperativo de que alguém deve estar apto a brincar com o sexo, vencendo-o. Quanto mais jovens eram o rapaz e a moça quando aprenderam este jogo parcialmente completo, com uma abertura aos impulsos altamente controlada, mais perfeitamente podem captá-lo. Existem chances menores de um choque emocional profundo, confundindo o processo de aprendizado. Vem o casamento, com um imperativo diverso. Agora homens e mulheres devem ter "uma vida sexual feliz", não definida com a simetria dos dias de encontro, em que jovens postos numa mesma situação perigosa se davam as mãos para vencer juntos, mas uma vida sexual que é definida de modo diferente para o homem e a mulher. Para o homem a impotência é o fantasma a ser evitado a todo custo, avaliada em termos quantitativos; frequência, tempo, intervalo para recuperação, precisão no julgamento do poder do próprio impulso. É um pressuposto implícito para os homens que fazendo a cópula se é feliz. O tipo de vida sexual que antes era colocado fora do casamento, por exemplo, nas zonas de prostituição, é agora trazido para dentro da relação. Agora, como então, o homem que não está treinado no refinamento e na técnica, mesmo se aprendida, é indesejável e desprezível num certo grau. Mas durante o período em que estava diminuindo a dicotomia entre a mulher "boa" com quem ele se casava, que respeitava e com a qual não se esperavam liberdades e a mulher "ruim", como aquela que se buscava para alívio físico e cujo apelo era somente tido como um rápido auxílio para o desejo sexual, os novos padrões do *dating* e acariciamento estavam se desenvolvendo. Um tremendo clamor surgiu na literatura da Inglaterra e América sobre a necessidade de a mulher ter direito ao mesmo tipo de satisfação sexual que o homem.

 Este brado foi fortemente dissimulado como se fosse exploração da psique feminina e que revelava serem as mulheres tão passíveis da necessidade de prazer sexual quanto os homens. O homem de barbas brancas e rosto santo que escreveu e trabalhou para aceitação desse ponto de vista certamente sentiu-se como um Papai Noel dando bênçãos e benefícios onde havia antes pobreza e privação. As novidades se difundiram e, por volta da época da Primeira Guerra Mundial, essa ênfase coincidia com o afrouxamento dos controles sexuais e a entrada das mulheres na indústria em número cada vez maior. As boas mulheres passaram a ser aquelas capazes de gozar o sexo e fazê-lo de um modo definitivamente análogo ao prazer masculino. O assunto não é mais de uma visão inaceitável da conduta sexual. Tanto na França como em Samoa, postulam-se relações sexuais felizes que dão orgulho e prazer ao homem em gratificar a mulher e conduzi-la a uma conduta de clímax comparável à sua. Nem em Samoa nem na França espera-se produzir tais resultados pela simples cópula. Passamos possivelmente da posição puritana, em que as mulheres "boas" não tinham prazer no sexo e as mulheres "ruins" em nada tinham além do sexo, para uma filosofia e uma prática do sexo em que os homens aprenderam uma variedade de caminhos para incentivar o orgasmo feminino. Mas entrou em cena também uma segunda influência quase tão forte quanto a primeira. Era a que postulava que as mulheres deveriam ter clímax como os homens. Não deveriam atingi-lo por uma reação aprendida mas em função do simples ato da cópula. Se não o fizessem, eram consideradas frígidas por uma psiquiatria em que fosse muito influente a versão masculina europeia das diferenças de sexo. Ainda assim, parece não haver razão para que o clímax na cópula seja *"natural"* em todas as mulheres ou mesmo num bom número delas.

Temos agora um conjunto de padrões de ajustamento sexual bastante complicados que se foram desenvolvendo paralelamente à mudança na conduta sexual do adolescente, mas que não estão muito bem-integrados nela. Durante a adolescência, o homem aprende a permitir que sua potência direta seja testada por uma moça que aprende a não passar do ponto de controle. No casamento, eles se confrontam com a exigência de que ele seja pura e simplesmente potente e que ela experimente a satisfação do clímax a partir dessa potência simples e sem complicações. O retorno às condutas de acariciamento leva à suspeita de regressão em ambas as partes. O marido se ressente das interferências na demonstração de sua potência, agora um sinal de masculinidade bem-sucedida. A mulher se sentirá inadequada se insiste em gratificações substitutivas. Isto se não for abandonada após anos de aprendizado para não sê-lo. Ainda assim, o relaxamento total da entrega feminina como algo distinguível da conduta específica do orgasmo é dificilmente encontrável em mulheres que tiveram de viver vários anos driblando todos os impulsos de abandono e entrega.

Não nos devem surpreender essas discrepâncias entre as exigências feitas a rapazes e moças para que pratiquem ao mesmo tempo que controlem toda uma gama de atividades sexuais e os padrões que surgem posteriormente, fazendo com que tantos casamentos não consigam preencher o que falta a uma exigência sexual impraticável de felicidade. O sucesso na felicidade sexual conjugal está-se tornando um dever tanto quanto qualquer outra exigência de sucesso na América. A cultura americana cresceu tão rapidamente e se complexificou com tantas fontes que é de esperar que haja contradições encontráveis até em culturas mais antigas e mais integradas. Mas parece importante reconhecer que quanto mais eficazmente os adolescentes enfrentam os difíceis problemas da liberdade e de um tipo de *dating* exigentes, menos preparados estarão para enfrentar os critérios específicos do ajustamento sexual no casamento.

15
SEXO E REALIZAÇÃO

Tinha-se por hábito antigamente, na civilização ocidental, imaginar que os homens podiam ter uma ideia da feminilidade à qual as mulheres relutantemente se conformariam e de fazerem elas exigências aos homens, as quais eles ainda mais relutantemente se ajustariam. Esta é uma imagem precisa do modo pelo qual estruturamos nossa sociedade, em que as mulheres cuidam de casa exigindo que os homens limpem os pés no capacho da porta e em que os homens mantêm as mulheres dentro de casa, insistindo que devem lá permanecer modestamente. Há milhares de variedades dessas exigências, que vão desde o modo pelo qual a xícara de chá foi dosada até à proibição de a mulher fumar ou de a filha cortar o cabelo. De um ponto de vista, eles criaram uma agradável tensão em que se pudesse basear a etiqueta da sala de estar ou em que o homem pudesse proclamar seu desejo masculino natural de ser livre, sujo, desleixado e não pontual, *se* sua mulher não insistisse em chegar à hora certa para jantar. Este quadro poderia ser obsessivamente complicado e as moças que estiverem tentando planejar suas vidas pararão por um momento para dizer: "Mas os homens não gostam de mulheres que..." Contudo, uma coisa é reconhecer tais afirmações como recursos culturais que mantêm um equilíbrio no funcionamento com os papéis do homem e da mulher e outra é tomá-los seriamente e falar de um mundo "feito pelo homem", ou dizer como Emily Putnam James na introdução de "A Mulher"; "onde ele a põe, ela fica"[73]. Nega-se assim o fato mais do que fundamental de que tanto ele como ela compartilham as mesmas imagens do que torna uma mulher casável ou não, do que faz um bom marido ou uma amante fascinante que qualquer mulher adoraria desposar ou o que torna um homem solteirão inveterado. As expressões "o homem na visão de um homem" ou "a mulher na visão de uma mulher" não significam desacordo básico entre os dois sexos sobre o tipo de homem que se dá melhor com os homens do que com as mulheres, mas uma concordância básica entre ele e ela quanto a cada tipo de homem ou mulher. Quando um homem e uma mulher começam a discutir sobre alguma moça séria, trabalhadora e devotada e a mulher afirma "mas ela será para certos homens uma esposa muito boa" e o homem responde que não acredita "que nenhum homem quererá casar-se com ela", não está havendo de fato um conflito real entre ambos. O homem que discorda afirma o mesmo que a mulher que fala em termos da "boa esposa"; só que ele está dizendo: "mas quem quer aquele tipo de boa esposa?" No século XIX, quando o mundo da classe alta e da classe média estava totalmente protegido das mulheres "ruins" que usavam cores brilhantes e eram sedutoras, isto não significava que as boas mulheres achavam que as "más" não tinham sedução. O homem que arranjou uma esfuziante mulher com um chapéu de plumas por estar exausto das exigências da esposa, presa a uma poltrona desde o nascimento do primeiro filho, sabe que ela concordava que a amante era sedutora. Ambos também concordavam que era tão natural quanto errado que ele se deixasse seduzir e tão natural quanto certo que ela estivesse aborrecida. Assim, tanto o pai, a

---

[73] PUTNAM, E.J. *The Lady*. Nova York: Sturgis/Walton, 1910, prefácio.

mãe, o irmão e a irmã, o vizinho, o pastor, o professor, a futura sogra, a possível amante, o Don Juan local e o bobo da cidade quanto as anedotas, o rádio e os filmes construíram em conjunto as imagens dos tipos diferentes de homens e mulheres que seriam amados, valorizados, odiados ou ignorados pelo próprio sexo, pelo sexo oposto ou por ambos. Donde, qualquer hesitação numa mulher e um pouquinho de fúria no homem não devem ser interpretados como alguma conspiração masculina para manter as mulheres no seu lugar assim como um pouquinho de tola timidez num homem ou exigência caprichosa numa mulher não devem ser interpretados como uma conspiração feminina para dominar os homens. As diferentes culturas estilizaram o relacionamento entre o homem e a mulher diferentemente. Quando se estilizaram os papéis de modo que se conjugassem lei e costumes, as possibilidades ideais e práticas estivessem razoavelmente próximas, os homens e mulheres que viviam naquela sociedade tinham tido sorte. Mas quando surgiam discrepâncias nos dois papéis num grau em que um estilo de beleza se tornava impraticável para a maioria das pessoas, ou quando se solicitava um estilo de bravura, iniciativa, modéstia ou prontidão, embora a cultura tivesse recursos inadequados para desenvolvê-los, então mulher e homem sofriam. O sofrimento de ambos, do homem que é incapaz de aceitar o papel acentuadamente educativo ou patriarcal que ainda lhe é exigido em virtude de sua formação, ou da mulher que recebeu excessiva liberdade de movimento em criança, sendo obrigada a ficar placidamente dentro de casa quando adulta, esta discrepância, este sentido de fracasso num papel desempenhado é uma alavanca para a mudança social. Temos somente que acompanhar a exigência bem-sucedida de direitos políticos equânimes num país e noutro para notarmos quão contrastantes são as respostas das mulheres nos diversos países e como é fraca a relação entre a baixa posição social da mulher e as exigências fervorosas dos direitos femininos. Infelizmente, não temos um material comparativo aceitável de tentativas de mudança de *status* do homem, por movimentos paralelos tais como a abolição da pensão, controvérsia sobre se os subsídios à família devem ser pagos ao pai ou à mãe e ainda argumentos sobre leis de comunidade-propriedade. As tentativas de libertar o homem das responsabilidades e limitações que não mais parecem razoáveis ou justas não podem ser abrangentemente unidas num movimento de direitos masculinos nem serão consideradas por subcomissões internacionais sobre o *status* legal do homem. Assim, uma análise detalhada sobre quaisquer dessas reformas legais mostraria que também existe um movimento contínuo para libertar o homem de limitações que estão fora dos parâmetros do nosso calendário contemporâneo. Casos de quebra de compromisso são uma excrescência tola num mundo em que as mulheres fazem a metade das propostas; e casos em que um homem acusa outro de roubar o afeto da mulher, tratando-a como se fosse gentil flor de doçura, soam totalmente falsos. A pensão para uma mulher jovem sem filhos com uma educação igual à do marido, que assim adia seu próximo casamento para sustentá-la, está-se tornando algo realmente indesejável. Mas a tendência histórica que inseriu as mulheres entre as minorias oprimidas e que era a decorrência natural da comprovação de abusos sociais e legais que acompanharam a transformação de nossa sociedade de *status*, onde os direitos eram inerentes, para uma sociedade de contrato onde os direitos têm de ser estabelecidos, persiste no obscurecimento do problema e coloca um ponto-final aparente na discussão sobre se este é um mundo feito pelo homem em que sempre se abusou das mulheres e onde estas sempre tiveram que lutar por seus direitos.

Exige um esforço considerável da parte de ambos os sexos reorientar-se para pensar e pensar profundamente que esse é um mundo que não foi feito somente pelo homem, em que as mulheres são tolas, indesejáveis e inúteis e então capazes de artimanhas poderosas, escondendo sua força debaixo de seus capotes, mas um mundo feito pela humanidade para seres humanos de ambos os sexos. Neste mundo, os papéis do homem e da mulher foram bem ou mal-estilizados. Às vezes o homem vive mais facilmente, enquanto a mulher deve recorrer a cartomantes, devaneios, recursos autoeróticos, gigolôs, doenças somáticas e insanidade pura e simples. Às vezes, é a mulher, cujo papel se liga tão diretamente às realidades do seu destino, que apresenta um quadro de relativa placidez, enquanto os homens perseguem fantasmas. Mas parece haver pouca dúvida de que o atavismo relativo de ambos os papéis tem seus efeitos no homem e na mulher. Mulheres que parecem plácidas e homens que parecem erráticos e enfeitiçados pagam um preço pelas discrepâncias do papel masculino; homens que parecem muito mais favorecidos e mais livres que suas companheiras ainda não atingiram um nível de autorrealização que lhes teria sido concedido, caso suas mulheres e mães também tivessem papéis para aceitar e gozar.

A atual literatura nos Estados Unidos sobre a questão global do relacionamento do homem e da mulher é ruidosa e irritante. Há um certo número de livros que clama estarem as mulheres se masculinizando para sua desgraça, para desgraça do homem, para desgraça de tantos e tantos outros, talvez no mesmo número, que insistem que o homem está se feminilizando. Quando alguém acompanha a insistência ruidosa de um livro como "A mulher moderna: o sexo perdido", que acaba atacando os homens ao mesmo tempo que as mulheres, percebe-se que estamos passando por um período de discrepância nos papéis sexuais tão evidente que os esforços para diminuir o custo que ambos os sexos têm que pagar pela situação fracassam progressivamente. Se continuarmos no hábito de falar sobre "a posição da mulher" no vácuo, fracassaremos em reconhecer que onde um sexo sofre, o mesmo se dá com o outro. Enquanto acreditamos corretamente que os problemas atuais do ajustamento sexual são devidos somente à posição da mulher, inserimo-nos em toda uma série de movimentos falsos porque tentamos empurrar as mulheres para fora de casa, para dentro de casa, para fora de casa outra vez, adicionando uma crescente confusão às dificuldades nascidas de um clima de opinião num mundo em mudança, com uma tecnologia em mudança e de uma mudança cultural violenta e em alto ritmo. Foi moda dizer que a América era um matriarcado, e assim fazer uma violentação considerável ao útil conceito antropológico. A sociedade matriarcal é aquela em que alguns, senão todos os poderes legais relacionados com a ordenação e governo da família – poder sobre a propriedade, a herança, o casamento, o lar, estão situados mais na mulher do que no homem. Podemos falar de sociedades matrilineares onde o homem herda seu nome, sua terra, sua posição ou quaisquer desses itens do irmão de sua mãe ou de sua mãe. Isso não significa necessariamente uma parcela maior de poder com as mulheres, embora seja um sistema em que as mulheres são suficientemente favorecidas, de modo que a poligamia não acontece. Ou então podemos falar de sociedades matrilocais, em que casa e terra são propriedades da mulher e passam de mãe para filha, sendo que os maridos vêm a elas e partem delas. Esse sistema é ainda menos compatível com a poligamia ou com o exercício de uma autoridade muito forte pelos maridos-pais, que vivem na casa das sogras. Há também uma série de variações em que a mulher é devolvida para que seja enterrada no chão de seus parentes ou onde os laços com a mãe desempenham um papel importante mas diverso dos laços através do pai. É o caso de Samoa, em que o filho da irmã retém o direito de veto nos conselhos da família de sua mãe. Há também sistemas muito raros, tais como o dos índios iroqueses, cujo poder político está nas mãos das mulheres e as mais velhas nomeavam os possuidores de títulos que também teriam poder político.

Quando a sociedade americana contemporânea é vista em contraste com esses tipos de organização, é óbvio que a palavra "matriarcado" não é apropriada, obscurecendo de fato os seus elementos básicos[74]. Nos Estados Unidos, as mulheres tomam os nomes de seus maridos e os filhos o nome de seus pais. Elas devem viver onde seus maridos escolheram e uma recusa em fazê-lo pode significar ameaça de abandono. Os homens estão aptos a sustentar esposas e filhos, enquanto estas não o estão a sustentar seus maridos, nem os irmãos em condições de sustentarem as irmãs. O pressuposto básico legal é que a mulher, como o menor, é dependente de seu pai e, portanto, de seu marido. Nas nossas formas legais, somos patrinominais, patrilineares, patrilocais e legalmente, na maior parte, uma sociedade patriarcal. Não importa o fato de que os pais americanos não se conformem a um conceito folclórico de patriarca, com uma longa barba e uma prole de dez filhos. Tanto o homem como a mulher são criados dentro desses limites e orientados paternalmente. Há leis contra o homem que bate na mulher, mas outros argumentos devem ser invocados quando a mulher o espanca. A mulher é geralmente definida como desamparada necessitando de proteção e especialmente de sustento. Somos também, é claro, uma sociedade monógama em que qualquer forma de poligamia, mesmo a mais casual, é motivo de estranheza.

Este é o quadro familiar que herdamos da Europa, trazido a nosso país sob condições excepcionais. O poder do pai sobre o filho foi diminuindo pelo enfraquecimento das sanções de herança e pelas infinitas possibilidades que um novo país oferece

---

74 MEAD, M. "On the Institutionalized Rôle of Women and Character Formation". In: *Zeitschrift für Sozialforschung*, vol. 5, 1936, p. 69-75.

após um abandono do lar. O poder do marido sobre a mulher alterou-se mais sutilmente. No tempo da fronteira, as mulheres eram poucas e a competição aberta exigiu que o homem cortejasse diferentemente daqueles países em que tinha possibilidade de escolher entre dezenas de moças, cada uma com seu dote, ou pelo menos ficar tranquilo e seguro diante de doze mães que jogavam suas filhas para eles. O dote desapareceu e as mulheres passaram a ser cortejadas pelo que eram. Modificaram-se os valores colocados nas qualidades da mulher. Humildade, apego ao lar, apego temeroso à sela de um marido quando ele partia numa jornada de duas milhas, tudo ficava bem no Velho Mundo. Uma mulher da fronteira americana talvez tivesse de manter sozinha uma fazenda solitária por semanas, educando seus filhos pequenos, socorrendo o estrangeiro que passava ou mesmo se defendendo dos índios. Mulheres fortes, mulheres com caráter e determinação, mulheres com coragem se tornaram mais e mais aceitas. O estereótipo da velha senhora passou da imagem inglesa da mulher masculinizada que tinha um gato e preferia seus sobrinhos à suave mulherzinha que tinha várias gatas e preferia suas sobrinhas. Ao lado dessa exigência de que mulheres tivessem força de caráter e habilitação para manusear dinheiro e negócios, não houve uma aceitação das mulheres de aparência masculina. Ainda se esperava que a mulher tivesse qualidades femininas, que fosse atraente – aliás que fosse cada vez mais atraente – na medida em que fosse escolhida para casar sem dote. Os casamentos de escolha, denominados casamento de amor, criaram exigências crescentes de agradar abertamente o sexo oposto.

Na lufa-lufa de colonizar o novo continente, muitas tarefas foram delegadas às mulheres, além de cuidar da fazenda, educar os filhos e afastar os índios enquanto os maridos estavam fora. Sempre que o rústico acampamento de fronteira assumia a aparência de colônia verdadeira, o processo de limpeza, fechando as salas de jogo e o "Saloon", coincidiu com a chegada das mulheres direitas. As coisas mais finas da vida – valores morais e estéticos – foram delegadas às mulheres numa forma mais nova e ativa; a América não era Europa, onde se esperava que as mulheres rezassem mais do que os homens e não tomassem a si maiores responsabilidades fora do lar. A mulher cruzada que se separou dos ditames do decoro feminino para fazer campanha pelos direitos tornou-se uma figura familiar de nossa história desde Anne Hutchinson, sendo reconhecida por homens e mulheres como uma parte válida de nossa cultura, É permitido ao homem desejar que as próprias esposas não recebam a incumbência de reformar o mundo, mas trata-se do desejo do mesmo tipo daquele que faz com que a mãe religiosa que instrui seus filhos com preces queira que ele se torne um comandante e não um padre. Uma sistematização ideal da conduta ética nos Estados Unidos deixaria boas obras, aquelas boas obras tão necessárias, para viúvas e moças, mantendo assim esses dois tipos de mulheres, tão numerosas, alegremente ocupadas numa forma socialmente útil. É interessante notar as mudanças nas atitudes para com a Senhora Roosevelt e para com seu vigoroso e incansável interesse no serviço social. Como mulher do presidente, ela foi atacada e condenada pelos homens que seriam os primeiros a tirar o chapéu em tributo à longa lista de nobres mulheres que fizeram campanha contra a escravidão, por exemplo. Este ressentimento, contudo, decresceu notavelmente após a morte do Presidente Roosevelt quando ela continuou vigorosamente sua campanha de fixar mais os direitos da viúva do que da mulher casada.

 A mulher, campeã do direito, da educação, do desenvolvimento de comunidade, da legislação social, da liberdade para as minorias oprimidas foi gradualmente estereotipada naquelas ocupações em que as mulheres estão profissionalmente engajadas hoje; nas obras de caridade, particularmente educação e serviço social. Em ambos os campos, os homens correm o risco de efeminação, a não ser que ocupem um lugar financeiro e administrativo. "Onde estão os homens?", pergunta um inglês destacado no setor de bem-estar social. Vejo seus nomes nos cabeçalhos das Organizações, mas nas conferências internacionais encontramos quase mulheres somente. "Nossos homens? Oh! Eles são diretores de quadros, que determinam a política financeira de nossa agência, mas deixam a prática às mulheres. Estão por demais ocupados para irem a conferências".

Em tal desenvolvimento histórico, é evidentemente impossível falar de causa e efeito. Falaremos talvez num permanente processo em espiral em que as mulheres foram o recurso imediato para alguma reforma, reforma que foi definida, pensada como campo da mulher; ela as atraiu, estilizando um campo como feminino e assim deixou os homens de fora. Entre as duas guerras mundiais houve um marcado decréscimo de desejo da mulher de ingressar naqueles campos que tinham sido rotulados de "serviços", isto é, aqueles em que o trabalho pesado e o mau pagamento deveriam ser ignorados porque davam oportunidades de exercitar qualidades femininas, como cuidar dos jovens, doentes ou desafortunados. Toda uma corrente na direção da profissionalização dos campos de serviço social significa uma mudança de uma ocupação para a qual a pessoa se dá integralmente, como a mulher ainda o faz no casamento e na maternidade, para uma ocupação em que ela dá horas definidas de tarefas específicas e limitadas. É evidente que este ideal da mulher americana está-se tornando um papel tanto para a que quer casar quanto para a celibatária que busca um estilo de vida. Esta modificação global é parte da assimilação mútua do ideal feminino e do masculino. Meninos e meninas sentados nas mesmas carteiras, estudando as mesmas lições, absorvendo os mesmos padrões, aprendem que os dois critérios mais respeitáveis para se escolher uma ocupação para a vida são: profissão que proporcione chances de avançar e que seja "interessante". Mesmo as assistentes sociais que em todas as horas de seu dia de trabalho devem fazer tarefas escolhidas com devotado carinho defenderão a escolha da carreira porque ela é interessante ou porque as mulheres a desempenham bem. Hoje dificilmente admitirão que se trata de um simples desejo de ajudar seres humanos.

Enquanto isso, durante esse período da história onde os costumes das mulheres estão se modificando, um tipo de homem está também sendo formado. Ele tinha de construir a vida, enfrentar as duras realidades de um mundo competitivo, derrubar florestas, abrir picadas num mundo em que qualquer um podia ser presidente. A cidade americana mediana não lhe deu educação para compreender ou apreciar as artes, sendo que as expressões estéticas convencionais lhe eram fechadas, sendo tachadas de efeminantes. Até hoje a escolha da música, pintura e poesia como ocupação séria é suspeita para o homem americano. O homem demonstra sua masculinidade no mundo prático dos negócios, da propriedade rural (onde as mulheres eram mantidas dentro da casa enquanto eles ordenhavam as vacas) e da política (terra a terra e corrupta se comparada ao grupo reformado e enfraquecido).

Do mesmo modo que nossa cultura em transição tornou inevitáveis valores mais simples para que migrantes de outras terras pudessem comunicar-se uns com os outros, assim também a competição aumentou com os simples sinais de sucesso e dinheiro, com as coisas que esse dinheiro podia comprar, com seu poder sobre coisas e pessoas[75]. As duras realidades do mundo com-

---

75 Para discussões da relação entre contato cultural e competição devido a escalas individuais de valor cf. MEAD, M. "Interpretative Statement". In: MEAD, M. (ed.). *Cooperation and Competition among Primitive Peoples*. Nova York: McGraw-Hill, 1937, p. 458-511. • "Brothers and Sisters and Success". In: *And Keep Your Powder Dry*. Nova York: William Morrow, 1943, cap. VII, p. 99-114. • BATESON, G. "Bali: The Value System of a Steady State". In: FORTES, M. (ed.).

petitivo onde o movimento de cada homem é determinado pelo movimento do rival, sem que a disputa jamais termine, atingiram os homens antes de atingirem as mulheres. A economia em rápida expansão, que trouxe mais amenidades à vida das mulheres, construiu mais exigências para a vida dos homens. Finalmente, chegamos ao estereótipo atual do marido cansado, que somente deseja uma poltrona quando chega em casa com o colarinho aberto, enquanto a mulher quer sair para passear, e da mãe que cuida demais dos filhos e está sempre pedindo ao pai para que o faça também, ao mesmo tempo que o marido imagina suas oportunidades de sair para pescar. Para obter o reconhecimento de homens e mulheres, o americano deve ser em primeiro lugar um sucesso nos negócios. Deve progredir, fazer dinheiro, galgar rapidamente os degraus e se possível ser também desejável, atraente, bem apessoado, alguém que sabe dosar suas relações, bem-informado, apto para atividades do tempo de lazer, para sustentar seu lar, manter o carro em boas condições, ser atencioso e suficiente com sua mulher para não dar oportunidade a outra mulher de captar seu interesse. Para que a esposa receba igual reconhecimento, ela deve ser inteligente, atraente, saber utilizar da melhor maneira seus trajes e modos, conseguir atrair vários homens e finalmente com um deles manter o lar e a família de modo eficiente. Deve agir de modo que seu marido se mantenha devotado a seus filhos, ajudando-os a superar os problemas nutritivos, psicológicos e éticos do crescimento; deve ter tempo para coisas "fora do lar", seja Igreja, associações, atividades comunitárias ou o escotismo. A mulher que guarda seu tempo somente para o lar

---

Social Structure: Studies Presented to A.R. Radcliffe-Brown. Londres: Clarendon Press. • "The Pattern of an Armaments Race – Parte I: An Anthropological Approach". In: *Bulletin of the Atomic Scientists,* vol. 2, 1946, p. 10-11; "Parte 2: An Analysis of Nationalism", vol. 2, p. 26-28. • FRANK, L.K. "The Cost of Competition". In: *Society is the Patient.* Rutgers University Press, 1948, p. 21-36.

poderá ser estigmatizada como alguém que tem coisas demais a fazer, o que significa que ou ela é incompetente, ou o marido não a ajuda o suficiente, ou ainda que o casal foi imprudente e teve filhos demais. O que se enfatiza, contudo, é mais o sucesso nos papéis do que suas qualidades específicas. Tanto o homem quanto a mulher realizados são amados por ambos os sexos e recompensados por sua reafirmação de que é possível aos seres humanos ser aquilo que mamãe pediu que fossem se quisessem ter sempre o amor dela. É possível ao entrevistador da opinião pública encontrar uma grande parcela de inveja entre os americanos[76]. Eles encontram pessoas que ouvem programas como "Informação, por favor", para ver pessoas com educação universitária perderem. Mas a inveja tanto quanto a deformação de uma personalidade conhecida que está nas manchetes, sempre que um escândalo dá oportunidade, é ainda um pequeno componente se comparado com a alegria, bastante difundida entre os americanos, de saber que alguém foi realmente bem-sucedido, seja num jantar oferecido ao diretor que passa para emprego melhor, seja numa festa de inauguração de um conjunto residencial para a primeira família que nele se instala. Juntamente com a fórmula cuidadosamente preparada que o carinho materno colocou na mamadeira a criança ingere a admoestação para que adquira o peso certo, que aprenda a andar no tempo oportuno, que passe de uma série à outra na escola, com boas notas, que ingresse num time ou numa irmandade para que se torne alguém que seja escolhido pelos demais. Em vez do pai que disciplinava a criança, que chamava de endiabrada e que precisava de muita pancada, e a mãe que socorria e confortava, ensinando-a como evitar aquilo, temos hoje a mãe quase só, que

---

76 HERZOG, H. "Why People Like the *Professor Quiz* Program". In: LAZARSFELD, P. (ed.). *Radio and the Printed Page*. Nova York: Duel/Sloan/Pearce, 1941.

não controla a maldade inata da criança mas busca ansiosamente os sinais que marcam suas vitórias.

Este treinamento, hoje tão semelhante no menino e na menina, tem diferentes impactos sobre eles. No menino, tem dois efeitos importantes: ele aprende a ser homem por meio de uma mulher, o que envolve não identificação do seu ser com a mãe-mestra[77]. Ele deve tornar-se um rapaz fazendo aquilo que a mãe lhe diz, mas como homem. Os meninos crescem alimentando-se corretamente, obtendo boas notas nos estudos, ouvindo as admoestações da mãe – mas também como homens, nunca maricas, defendendo-se por si próprios. Toda a luta deve ser defensiva, mas se não estiver em condições de lutar será um maricas. Então as situações devem ser organizadas de modo a satisfazer tanto as mães quanto esses homens jovens, cada qual lutando em sua autodefesa, obedecendo a padrões mais elevados e aprendendo ao mesmo tempo como não ser maricas. Somente de irmãos mais velhos e dos irmãos mais velhos de seus companheiros recebe uma orientação de como ser homem. Foi notável o aumento da delinquência juvenil durante a última guerra, quando os meninos mais velhos foram separados da família. Mas o irmão mais velho está, ele próprio, treinando para encontrar o papel adulto que sua mãe e o mundo definiram para ele, enquanto o menor que o acompanha e imita segue aquele cujos olhos estão postos em coisas do futuro: trabalho, carro, promoção.

Naqueles encraves em que os recém-chegados ou os muito malsucedidos estão alijados, como áreas faveladas, esta sequência de desenvolvimento social se mostra distorcida[78]. Os meninos

---

77 Para discussões desse ponto cf. MEAD, M. "The Chip on the Shoulder". In: *And Keep Your Powder Dry*. Nova York: William Morrow, 1943, cap. IX, p. 138-157. • GORER, G. *The American People*. Nova York: Norton, 1948, cap. II, p. 50-69.

78 Devo a compreensão desse ponto à aplicação do recurso analítico de G. Bateson ("Morale and National Character". In: WATSON, G. (ed.). *Civilian Morale*.

mais velhos não têm condições de encarar os fracassos de seu pai como chaves de um padrão de sucesso posterior, tal como interpretavam as mães. Eles se tornam líderes de *gangs*, desligando-se do desenvolvimento apropriado dos irmãos mais jovens na sociedade. Essa vida antissocial da *gang* e a base do mundo criminoso adulto da América. Ela ilumina o desenvolvimento americano normal, em que a mãe que compreende o mundo americano poderá apontar um pai que, mesmo não sendo um modelo suficientemente bom para um menino imitar, é apesar de tudo o caminho certo que o próprio jovem tratará de superar. Nesse padrão, os meninos mais velhos, cujos rostos não estão voltados para uma audiência jovem admirada, mas que olham para a frente em busca de um mundo adulto que possivelmente os aplaudirá, permitem que os mais jovens se liguem a eles e aprendam, desde que não causem nenhuma perturbação. Os olhos de toda a família e vizinhança estão voltados para a frente e todos os homens do grupo são uma mera indicação de onde e como os indivíduos do sexo masculino deverão avançar.

Ninguém possui um lugar permanente na hierarquia. Nos tempos de paz, os heróis dos meninos, tanto dos filhos do dono de uma loja de secos e molhados quanto os do presidente de um banco, são policiais, bombeiros, pilotos, vaqueiros, jogadores de futebol, homens que agem nos seus papéis de vida real com a florescente e ativa máquina de impulso do corpo da criança. Sua mãe alterna a permissão de pular no sofá, porque os livros dizem que as crianças não devem ter restrições, com a advertência de que não quebrem objetos. Na voz dela, na voz do anunciante do rádio que apresenta o programa favorito, na voz da professora na escola, na voz de todos os que o cercam, o menino que quer ser

---

Boston: Houghton Mifflin, 1942, p. 71-91, citando TANNENBAUM, F. *Crime and the Community*. Boston: Ginn, 1936).

policial ou jogador quando crescer aprende que se tornará adulto e aceitará alguma profissão responsável e rendosa. Ele aprende que se quer lutar para ser policial ou jogador não deverá dizer que isso é o que pretende fazer, mas sim que é uma boa oportunidade de ganhar dinheiro e subir. Aprende que se não tiver trabalho, carro, mulher e filhos, não terá condição de se autorrespeitar, porque sua própria autoaprovação, como é hoje a de sua mãe, estará humilhada, deixando-o só e insatisfeito. A vida é um trabalho, no qual ele poderá vencer se tentar. Todas as qualidades desejáveis podem ser adquiridas, se der atenção à sua aparência, habilidade e relacionamento com pessoas. Também aprende que as recompensas pelo sucesso são o amor e aprovação, alegria nos olhos maternos, pão e geleia na geladeira à disposição, além de alívio e satisfação nos olhos de seu pai. Aqui não há uma mãe que se alegre exatamente com seu grito de guerra metido numa roupa de índio. Não; a roupa de índio foi comprada porque as crianças devem ter brinquedos imaginativos ou porque outras crianças a possuem. O que a alegra são suas boas notas e seu primeiro dinheiro recebido. Aqui não há um pai cuja consciência de sua própria masculinidade faz com que sinta seu pequeno filho homem como um bem e um desafio. O pai há muito se tornou pai e o sucesso de seu filho é parte de seu sucesso como marido e pai eficiente. Muitas vezes, ele se mostra superansioso e superprotetor para com o filho. Mesmo nos subúrbios ricos da classe média, os meninos americanos aceitam a tarefa de distribuir jornais de porta em porta. E juízes e presidentes de companhias substituirão os filhos nesta tarefa quando eles estiverem doentes, de modo que não faltem às suas obrigações de trabalho. De fato, a recompensa é tão grande para os pais dedicados e zelosos, com aquelas qualidades de iniciativa, independência e afirmação num mundo de trabalho diário que assegurará um sucesso posterior, que, mesmo que haja medo do fracasso, a criança americana cresce de modo profun-

damente otimista, reagindo intensamente à solicitação, ao reconhecimento e aplauso dos outros. O fracasso é estilizado como temporário. Os obstáculos são feitos para serem ultrapassados; somente um maricas toma como perda algo que é um estímulo para tentar de modo mais incisivo. "As dificuldades resolvemos de uma só vez. O impossível leva um pouco mais de tempo."
A principal armadilha para o menino nesse padrão de amadurecimento é a natureza condicional do processo como um todo. Por um lado, poderá sempre ganhar aplausos, dando o próximo passo, passando do terceiro para o segundo time, da posição do pior ao menos pior na classe, aumentando 1 quilo ou crescendo um palmo; os aplausos calorosos e sem limites de pais que sentem dever a seus filhos todas as chances de vencer e ter direito ao sucesso como recompensa plena de seus sacrifícios paternais. Por outro lado, nenhuma aceitação, nenhum aplauso são definitivos. Se o próximo passo não for dado, então a aprovação torna-se somente uma alegria relembrada, agora negada, e pela qual novamente se deve trabalhar. A mãe o estima se ele vencer. O pai sorri orgulhoso se ele vencer. E procura pesaroso consolá-lo quando ele fracassa. Mas em nenhum período da infância e muitas vezes em nenhum período de toda a vida é possível chegar a receber amor e aprovação que não sejam estritamente temporários e condicionais e que sempre podem ser retirados. É esta a base em que se apoiam aquelas atitudes americanas, como o fracasso na admissão de migrantes, o fracasso nas leis estatais para o bem-estar de famílias indigentes, que contrastam agudamente com o desejo americano de ajudar os outros e oferecer gratuitamente tempo, bens e serviços. Não é que os americanos aprendam, como fazem alguns povos, que a quantidade de bens é limitada e que o ganho de um homem é a perda de outro. O que eles aprendem é que o número de prêmios numa competição, que o número de ases numa classe são mais limitados do que o número de com-

petidores. Se há mais competidores, a corrida incessante pela *A* e pelos prêmios se torna mais difícil. Não é que o menino aprenda a se interessar na derrota dos outros, mas ele espera fervorosamente ultrapassar alguns de modo a ser considerado um sucesso. Os outros são acidentais, não rivais a ponto de serem minimizados, mas sim participantes a serem superados. Sua educação não lhe permite sorrisos no meio de uma batalha e mais tarde, num mundo competitivo que demanda coragem e às vezes selvagem competição, ele tem muito pouco prazer no jogo em si. Ele aceita a premissa de que deve continuar, continuar e continuar para vencer, avançar e manter seu lugar entre os outros. Os métodos que tem de usar são somente parte do contexto e são deixados de lado no companheirismo compensatório, muitas vezes mesclado de relações competitivas sem nenhum sabor. Naquelas relações entre os homens em que a competição é posta de lado, participa-se de um jogo delicioso de pretensa agressão, com confiança e desconfiança, sem danos, frente a frente.

Mas o papel de irmãs, namoradas e mulheres é bastante complexo, num mundo em que toda a masculinidade nascente do menino está voltada para o jogo do sucesso. Porque é a voz da mãe e não do pai que dá a primeira e prematura aprovação ou desaprovação; a voz zangada da consciência é feminina em ambos os sexos. E diz: "você não está sendo o sucesso que deveria ser". O homem que sente estar fracassando é um homem irritado com as mulheres e com aqueles valores que elas simbolizam: valores sociais, legislação de segurança social ou "bondade sentimental de professora romântica". E não são somente os homens que estão fracassando, ao se aperceberem zangados com as mulheres, mas também aqueles que pagam um preço alto demais por seu sucesso e que reafirmam mais e mais o quão duramente eles trabalham, o quanto são autônomos e como o mundo moderno está-se tornando demasiadamente fácil para as pessoas. O americano que foi bem-sucedido sem achar que pagou um preço alto demais sentir-se-á tranquilo consigo próprio e com sua consciência, ajudará generosamente a comunidade, ou um fundo de ajuda, mandará comida aos europeus famintos, votará na legislação social e até mesmo se sentará num banco para analisar o que falta na obra de caridade que sua mulher auxilia. Mas a qualquer momento, essa boa natureza fácil pode transmutar-se em uma atitude rude para com os "fazedores do bem", aqueles que puseram os seus pés num caminho que ele não pode aceitar, aqueles para quem a competição acirrada está distante da tarefa de manter um hospital ou aumentar o salário das professoras primárias, para as quais ele está sendo chamado a colaborar. Quaisquer concessões às exigências da virtude cívica são suspeitas; um homem que é homem deve prová-lo sempre e só depois deixar sua fortuna para o orfanato. A carreira ideal americana é a do menino pobre que aprende suas orações no joelho da mãe, luta por seu destino contra as tendências ameaçadoras, utiliza-se dos métodos apropriados para a batalha e no final, milionário, deixa seu dinheiro, não para seus filhos arruinarem suas personalidades, negando-se a si próprios uma escalada em que ao menos algum sucesso seja possível, mas para as boas obras de sua cidade, tais como escolas nacionais, bibliotecas, galerias de arte e asilos. Estas são as coisas que sua mãe lhe disse que deveria respeitar enquanto ele punha total força no sucesso pessoal. As boas mulheres fizeram-no o que é hoje e no fim recebem os proventos de seus próprios fins. Trabalhou duro para ser um homem como elas lhe recomendaram que fosse. Como o amor materno se tornou mais e mais condicionado ao sucesso, a mãe e a professora tenderam a fundir-se na mente da criança. A mestra tomou alguns aspectos da mãe má que caracterizavam as madrastas dos contos de antigamente.

    Na América, a irmã desempenha um papel muito especial na vida do menino, encaminhado como é para vencer numa escala em que é medido por sua idade e tamanho em relação aos outros e recompensado mais pelas mulheres do que pelos homens. A irmã se torna um duplo rival quando cresce mais do que ele, quando cumpre melhor as tarefas escolares, quando se mete menos em encrencas e aprende as lições do sexo feminino mais facilmente. Caracteristicamente a irmã na América é a irmã mais velha a quem os pais dão sempre razão, tão perspicaz ela é que sempre alcança o que quer, isto é, recebe mais recompensa e menos esforço. A irmã criada pela fantasia é a irmã menor que pode ser vencida sem dificuldade[79]. O hábito das mães americanas de provocar os filhos com comparações invejosas ou desafiadoras muito se agrava com a presença no lar da irmã, prima ou vizinha. O menino aprende que não só deve estar em condições de superar seus próprios recordes por ser menino, como que é importante comparar suas realizações com outros da mesma faixa de idade, porque todos andam de bicicleta, dormem sozinhos no andar de cima ou pertencem ao grupo mais adiantado da quarta série do colégio. Eles são tratados como semelhantes sempre que isso for bom para todos e como diferentes quando para suscitar melhores desempenhos. Quando choram menino e menina, o mais repreendido é o menino. Se ela o ultrapassa, dizem-lhe que teria sido pior se ele tivesse sido ultrapassado por outro menino; mesmo no caso de a menina ser duas vezes maior do que ele, não deve bater nela porque é mulher. Ambos se sentam lado a lado no jardim de infância para serem comparados. Nas suas maneiras à mesa, no colégio, compara-se a polidez, a pontualidade, a leitura, a caligrafia e a aritmética. Ela chega perto e o desafia, bate nele quase o tempo todo até que a escola superior conceda o abençoado alívio

---

79 A série de histórias em quadrinhos intitulada "A irmã mais velha", que esteve tanto tempo nos jornais americanos, sintetizava um dos lados desse quadro. Os festivais da "Irmã mais moça" dos clubes de meninos na baixa Nova York ofereciam a compensação.

científico-comercial, em que as meninas não são mais estimuladas a prosseguir. E na medida em que ele é vencido pelo menos a metade do tempo, aprende que as meninas não só podem fazer quase todas as coisas que eles fazem, como também que as recompensas são limitadas, sendo intolerável que elas possam fazer todas as coisas porque isso traz humilhações.

Este fato se expressa na vida posterior e no amplo acesso relativo da mulher à maioria das ocupações e também na luta amarga que é travada naqueles campos em que as mulheres estão melhor treinadas, como alguns serviços governamentais, em que surge oposição em dar à mulher trabalhos com altos salários ou poder administrativo sobre pessoas. Eis as duas maneiras mais comuns de os homens demonstrarem seu sucesso. Muitas sociedades educaram os meninos no simples pressuposto de que não fossem meninas. Há um lapso inevitável em tal educação, por transmitir o medo da perda do que se possui e de se manter para sempre a perseguição por esse medo. Mas quando, além do aprendizado, que se resume em que o menino não se torne uma menina, ele se vê continuamente forçado a competir com o outro sexo exatamente quando as meninas estão amadurecendo rapidamente, ou em tarefas femininas que por elas são melhor desempenhadas, estabelece uma ambivalência mais nítida. O homem americano tem de usar pelo menos parte de seu senso de autoestima masculina como tal, ultrapassando as mulheres em salário e *status*. E as mulheres americanas concordam com eles, tendendo a desprezar o homem que é ultrapassado pelo outro sexo em alguma coisa. Quando as mulheres americanas ascendem a posições de poder e *status* têm grandes dificuldades no trato com os subordinados do sexo masculino que tenham um mínimo de sensibilidade. Não será um fracasso a situação em que se encontram? Elas tremem de medo quando ganham mais dinheiro que os maridos, na medida em que desejam sentir-se femininas, ou então jogar o sucesso na cara dos maridos sempre que a competição intersexual se mostrar acentuada. Assim, concluímos com o quadro contraditório de uma sociedade que parece abrir portas amplas à mulher, mas que interpreta cada um de seus passos na direção do sucesso como danos às suas próprias chances de casamento e aos homens que ela encontra.

É exatamente na classe média e entre aqueles que aspiram a uma posição nessa classe que esse antagonismo aparece com mais intensidade, pois entre as habilitações dessa classe estão aquelas em que é fácil à mulher se realizar e onde os homens se sentem mais aprisionados. Onde a masculinidade impulsiva e negada ou restringida em benefício da poupança, adia-se a indulgência para com os impulsos. As mães da classe média, ainda educadas e presas ao lar, possuem uma boa parte de tempo para educar seus filhos, dando ou recusando amor, dependendo das atitudes das crianças. E as virtudes da classe, tais como poupança, frugalidade, pontualidade, previsão, trabalho árduo, controle dos impulsos insurgentes, respeito à opinião dos outros, integração num código de maneiras, podem ser apreendidas. Aquelas habilitações em que o corpo desempenha um papel e nos quais é mais fácil ao homem atingir a superioridade, tais como a caça, equitação ou luta, estão ausentes dessa classe. As virtudes aprendidas na relação recíproca entre mãe e filho são padronizadas originalmente por via do aparelho gastrintestinal, que recebe, retém, ordena a expulsão, em que a criança do sexo masculino tem as complicações de distinguir o controle imposto sobre a eliminação, da necessidade de manter disponível sua impulsividade masculina. A mulher, apesar de suas características femininas específicas não serem evocadas, tem menos problemas quando aprende a observar as regras de tempo e lugar. Assim, através de toda a infância, o menino americano tem de competir no lar e na escola com meninas que levam vantagem em quase todas as atividades que são recompensadas, como por exemplo conduzir-se por si mesmas, sem lutas. O esporte, com sua relação próxima à força do corpo e à vulnerabilidade, permanece o único campo que é barrado à competição feminina, concedendo um escape pela vida afora para os meninos e homens americanos, ao menos nas páginas dos jornais. E o escape é necessário num jogo em que todas as cartas estão marcadas e mesmo assim não se pode perder, sob pena de perder o amor e, portanto, a autoestima.

Enquanto isso, qual é a posição da menina, cuja competição fácil e bem-sucedida com seu irmão é assegurada pelas condições do lar e do sistema escolar? Vista através dos olhos masculinos, ela é a irmã mais velha que se conduz facilmente e que sempre atinge suas metas. Em vez de se lhe dizer que não deve fazer tal ou qual coisa por ser menina, de que deve cruzar as pernas e baixar os olhos, ou sentar-se numa poltrona para cozer uma peça fina, dizem-se que deve aprender as mesmas coisas que o menino. Ao menino se diz que se deve envergonhar de apanhar de uma menina e invocam-se os símbolos desgastados da ampla superioridade masculina para tarefas rotineiras, desde escovar os dentes a fazer as lições. O velho sentimento masculino no sentido de que para ser bem-sucedido sexualmente ele deve ser forte é invocado em benefício de atividades que perderam sua relevância imediata. Mas ao mesmo tempo se diz à menina que deve fazer as coisas melhor do que seu irmão, não porque ela se humilhará se fracassar, mas porque é mais fácil para ela fazer bem as coisas. Esse paradoxo da competição menino-menina aparece no poema "No tempo da Escola" de Whittier, celebrando os prazeres e castigos da coeducação e relatando a história de uma menina que era melhor que um menino na aula de linguagem[80]:

---

80 SCUDDER, H.E. (ed.). De *Collected Poetical Works of John Greenleaf Whittier*. Cambridge: Houghton/Mifflin, 1894, p. 407.

"Sinto muito ter respondido à pergunta,
Eu detesto fazer melhor do que você,
Porque" – disse ela –
"Porque, você vê, eu o amo!"
E é significativo que o poeta, um homem, enquanto escrevia tão carinhosa e atentamente sobre ela, justificava docemente como a atitude dela contrastava com a da maioria:
Ele vivia para aprender, na dureza da escola.
Poucos ultrapassavam-no e
Lamentavam seus triunfos, pois para ele foram fracassos
Tal como ela – porque o estimavam.
E também surda e definitivamente desliga-se dela:
Querida jovem! A grama de sua tumba
Há quarenta anos cresce!

Também na Nova Guiné o nativo relata a história da mulher que oferece aos homens os símbolos através dos quais se podem compensar de sua inferioridade em relação a ela e então afirma que melhor seria que a matassem. Amor nestes termos é inaceitável. Dessa forma, é moldado na menina americana um conflito de outro tipo. Também ela deve fazer suas lições e obedecer sua mãe se não quiser perder o amor materno, a aprovação da professora ou a recompensa, de acordo com o sucesso. Ela também aprecia o pão servido generosamente de geleia e a geladeira sempre aberta. São para ela, ao primeiro pedido feito. "São para as meninas", diz o letreiro na janela de uma loja de doces em Nova York e para os "bons" meninos. São delas por direito natural, mas a que preço! Ao mesmo tempo que ela aprende bem as normas, se tem boas notas, se ganha bolsas de estudo, e se ganha trabalho juvenil, ela fez algo imperdoável a seus próprios olhos e aos olhos daqueles que a cercam. Cada etapa adiante no trabalho como americana bem-sucedida, a despeito do sexo, significa um passo atrás como mulher e, como consequência, um passo atrás infligido a algum homem. Porque a masculinidade na América não é absolutamente definida. Ela tem de ser mantida e merecida a cada dia e um elemento essencial na sua definição é ultrapassar as mulheres em cada disputa em que ambos os sexos participam, em todas as atividades a que ambos os sexos se dedicam.

Na medida em que a menina compartilha as atitudes da heroína morta de Whittier, ela rejeita o dilema. Claro, ela deverá pronunciar a palavra agora, no terceiro ano, porque o fracasso é amargo demais para sua alma pequena e orientada para o sucesso que há de vir. Mas mais tarde ela mudará de campo e sairá dessa competição incrível, partindo para um jogo de cartas marcadas, para um sucesso de outro tipo como mulher e mãe. A necessidade desesperada de sucesso permanece. Ela é tão forte como no menino, porque o sucesso nela é exigido somente como o de todos os seres humanos e não como uma ameaça de que, se não for bem-sucedida, não seria considerada mulher verdadeira. Os meninos são desassexuados pelo fracasso. As meninas, se também são bonitas, poderão ser mais desejáveis se necessitarem de um cavaleiro armado para ajudá-la em suas lições, mas isso está se tornando cada vez menos verdade. Sutilmente se difunde no país a exigência de um mesmo tipo de estrutura de caráter, tanto para o homem como para a mulher. Em 1946, numa pesquisa de *Fortune*, perguntava-se aos homens qual de três mulheres bonitas ele escolheria para casar: uma jovem que nunca tivesse trabalhado, uma que tivesse trabalhado e sido moderadamente bem-sucedida, ou aquela que tivesse trabalhado e tivesse sido extremamente bem-sucedida[81]. As preferências foram; 33,8% no segundo caso; 21,5% para o terceiro; e somente 16,2% para as jovens que nunca haviam trabalhado. As moderadamente bem-sucedidas ainda são as preferidas, e esta preferência é uma pressão

---

81 "Women in America". Parte I. In: *Fortune*, out./1946, p. 8.

crescente no sentido de que a jovem trabalhe antes do casamento ou, pelo menos, até que venha o primeiro filho e volte a fazer alguma coisa, entusiasticamente, tão logo seus filhos entrem para a escola, seja um trabalho voluntário ou um "hobby". Os homens não só querem que suas mulheres reafirmem a condição deles, sendo menos bem-sucedidas, mas também que gratifiquem suas aspirações competitivas por uma transferência, ajudando-os a serem "bem-sucedidos". É provavelmente correto afirmar que a distância oculta entre "moderadamente" e "extremamente" significa, respectivamente, "sob a orientação de alguém numa área diferente da minha" e "superando-me na minha própria área", com a ênfase geral no sucesso gradativamente surgindo. A jovem que nunca trabalhou está se tornando cada vez mais questionada. Talvez ela não pudesse conseguir trabalho, talvez se tivesse tentado fosse um fracasso e quem quer ser esposa tendo sido um fracasso, embora pessoalmente flexível e bem humorada? É interessante também que nas respostas femininas 42,2% mulheres pensavam que os homens prefeririam uma jovem moderadamente bem-sucedida, somente 12,1% pensavam que prefeririam aquela que nunca trabalhara e somente 17,4% achavam que a preferência era para aquela fortemente bem-sucedida. Os comentadores de *Fortune* continuam afirmando: "Evidentemente, os homens não estão tão medrosos de mulheres capazes quanto elas pensam. Isso é especialmente verdade para homens pobres, 25% dos quais acham que a jovem muito bem-sucedida seria a esposa mais desejável. As mulheres pobres também concedem muitos votos para a terceira situação, enquanto as da alta classe média somente 12,3%". E note-se que é na alta classe média que as meninas são mais tratadas como meninos na sua educação, competindo com homens mais diretamente durante a infância e experimentando mais diretamente as pressões que acabei de discutir.

Assim, através de sua educação e do desenvolvimento da expectativa vocacional, a menina enfrenta o dilema de que deve apresentar cabalmente sua habilitação para ser considerada bem--sucedida, embora não de modo excessivo; uma habilitação suficiente para conseguir e manter a ocupação, mas sem condições que a tornem por demais bem-sucedida ou sem vontade de abandonar o trabalho inteiramente em benefício do casamento e da maternidade. "Dois passos adiante e um atrás", é a dança a que deve obedecer ou, senão, aceitar as consequências. E quais são elas? Fracasso no casamento? Se isso fosse tudo, não seria tão sério. Há mais mulheres do que homens no mundo e certas sociedades concluíram ser bem possível estilizar votos de celibato e pobreza e ainda assim conceder vidas dignas às mulheres. A freira que oferece seu casamento e maternidade potenciais a Deus, em benefício de toda a humanidade e que troca a criação de filhos seus pela oração e cuidado dos filhos de Deus, poderá sentir-se parte de um plano divino, preenchendo o dever dos seres humanos de "partilhar e proteger a vida dos homens e a vida do mundo"[82]. Nos ônibus lotados, nos vagões do metrô, onde os homens hoje permitem que as mulheres permaneçam de pé com os filhos nos braços – porque as mulheres ganham dinheiro, não? – os assentos ainda são dados a irmãs de caridade.

Mas a mulher nos Estados Unidos que escolhe uma carreira em vez de casamento não está conseguindo um lugar creditado e satisfatório no mundo. O mesmo sentimento que torna os americanos tantas vezes de uma generosidade sem par no mundo veta a entrada de alguns milhares de órfãos sem lar, além de nutrir o sentimento de que qualquer sucesso de uma mulher recoloca o problema da masculinidade do homem, frustra a possibilidade de

---

82 Extrato de uma mensagem do Cardeal Spellman aos estudantes graduandos de Medicina da Universidade de Georgetown em 17/03/1946. In: *New York Times*, 18/03/1946, p. 1.

o papel dela ser plenamente compensador. Se a mulher se realiza numa profissão como professora primária, os homens desertam dela ou então partem para expedientes tais como "as mulheres são incapazes de ensinar a história americana no segundo nível", de modo que a prática dessa medida defensiva faz com que elas sejam diminuídas perante seus próprios olhos. Ninguém, nem os próprios homens, nem as mulheres com as quais competem com êxito acham que é boa coisa um homem inadequado conseguir um trabalho de diretor de escola, sobrepondo-se a cinco mulheres melhor preparadas. Nenhum dos sexos se alegra com esta situação, nem as mulheres aptas, conscientes e trabalhadoras que poderão ser 80% das contestantes, nem os homens que poderão constituir os outros 20%. Uma ampla proporção deles suspeita de que a razão real para a promoção era simplesmente que "se queria um homem".

Talvez esta situação em que mulheres aptas se veem sempre ultrapassadas em favor de um homem, após passarem sua vida numa profissão de "serviços", na qual as virtudes femininas de imaginação para o detalhe e paciência para com os menores são fortemente solicitadas, seja uma razão importante para elas estarem abandonando estas tarefas em benefício do trabalho em fábrica e negócios, nos quais não podem ser ultrapassados tão facilmente. E aqui outras armas poderão ser elaboradas. Pois enquanto as armas da professora primária e da assistente social são as da voz materna e da exigência persistente de que os homens sejam bons, as armas da mulher nos negócios nos Estados Unidos poderão incluir aquelas da mulher que usa seu sexo para atingir os fins ambicionados. A tragédia *In Bed We Cry*[83], de Ilka Chase, trata exatamente dessa situação de ameaça que as mulheres bem-sucedidas nos negócios representam para si mesmas e para o ho-

---

83 No leito choramos [N.T.].

mem que amam[84]. A menina que ouve a chamada para o sucesso mais avidamente do que a chamada para a sua futura condição de esposa e mãe volta-se para uma ação competitiva em que vale tudo. Seu irmão foi melhor treinado com vistas à futura conduta num mundo competitivo. *Fair play*, nenhuma traição aos mais fracos, nenhuma vaidade são partes da ética que ambos aprenderam nos *playgrounds*, mas aqui a ideia de que os meninos são mais fortes do que as meninas é mantida de fora. Algo da decisão dela para a realização poderá surgir dessa comparação, da assertiva segundo a qual os meninos devem ultrapassá-las. Algo de sua decisão poderá advir de barreiras que lhe foram postas porque "as mulheres sempre saem para casar". Talvez também da ironia de um irmão ou pai que afirmava que "as meninas não têm jeito para os números". Quaisquer que sejam as razões, ela foi rotulada como mais fraca e não existem regras na vida americana para a boa conduta dos desfavorecidos. Na medida em que as mulheres americanas – a maioria delas – seguem essas regras de *flair play*, do dar e receber sem privilégios de uma parte, elas se veem a si mesmas como seres humanos fortes, tão humanas quanto os homens, de quem recusam tirar proveito. Mas para a mulher que se realiza num campo masculino a boa conduta é quase impossível, porque toda a sociedade assim definiu. A mulher que se realiza melhor que o homem – e num campo masculino não existe outra alternativa prática senão a de ultrapassar um certo número de homens – fez algo hostil e destruidor. Na medida em que como mulher ela tem uma beleza ou um charme qualquer, sua conduta é ainda mais destruidora. A mulher masculinizada, a mulher feia poderá ser tratada como um homem dissimulado e assim terá seu sucesso perdoado. Mas para o sucesso de uma mulher-mulher não há álibis; quanto mais ela o for, menos poderá ser perdoada.

---

84 CHASE, I. *In Bed We Cry*. Nova York: Doubleday, 1943.

Isso não significa que todas as mulheres que entram no mundo dos negócios ou naqueles campos em que constituem uma minoria sejam hostis e destruidoras. Mas significa que qualquer mulher que na infância teve uma parcela maior de destrutividade desenvolvida e reprimida está em perigo psicológico se colocada num papel que é também tão destrutivamente definido. Para a mulher cujas atitudes maternais estão altamente desenvolvidas a posição poderá ser totalmente intolerável.

Assim, irmão e irmã, menino e menina educados juntos, aprendem o que cada um deseja do outro e o que cada um pode dar ao outro. A menina aprende a disciplinar e silenciar uma ambição que sua sociedade continuamente estimula, como todas aquelas que trabalham em escritórios creem estar em "carreiras", e carreiras glamurosas, onde a maioria dos homens com habilidades semelhantes têm simplesmente "trabalho". E há a situação que parece tão estranha superficialmente, segundo a qual quanto mais as mulheres trabalham, menos elas parecem interessadas numa batalha que lhes permite realizar-se profissionalmente. Na primeira metade do século XX a jovem especialmente apta, que ia à universidade, buscava uma profissão, uma carreira. A ideia do casamento era muitas vezes posta de lado como um *handicap*. Hoje, a jovem com a mesma habilitação está geralmente admitindo que quer se casar e se mostra mais propensa a sacrificar sua carreira para tal, e não o contrário. Porque é hoje mais e mais aceito o fato de que elas devem trabalhar até que se casem, buscando duramente adquirir habilitação e profissão. Se possuem cérebro, capacidade e virtuosidade adicionados à necessidade de vencer, poderão ser levadas a se endurecer no trabalho, mas nunca a ponto de bloquear o desejo de casar. Se o casamento foi infeliz, poderá significar trabalho a vida inteira.

A sociedade tampouco trata hoje a mulher que não é escolhida com a simples piedade devida à florzinha do século XIX. Vereditos menos atenciosos tais como "ela deve ser neurótica", "ela não liga", "ela não aproveitou suas chances" afloram facilmente aos lábios de mulheres jovens casadas, referindo-se a uma mais velha. Realização para uma mulher significa encontrar e manter um marido. Isso é mais verdade do que uma geração atrás, quando os homens ainda eram aceitos como os que faziam a escolha e algumas mulheres achavam sua nova liberdade fora do lar tão intoxicante de modo que resolviam mergulhar no trabalho. E não é surpreendente num mundo onde os homens solteiros são vistos como um fracasso em termos de relações humanas, um espécime estranho, que, a despeito de todas as jovens que têm para casar, nunca conseguiu encontrar uma. Trata-se de pessoas preguiçosas demais e sem vontade de se esforçar. Mas quanto mais bem-sucedido é um homem em seu trabalho, mais certamente todos esperam dele um marido desejável. Quando o mesmo acontece à mulher, mais as pessoas se preocupam de que não será uma esposa bem-sucedida. A pesquisa de *Fortune* sumariava as razões que os homens deram quando preferiram o tipo extremamente bem-sucedido de mulheres: "Sua maior eficiência e compreensão do dinheiro e sua habilitação em ajudar os maridos: poucos viam a inteligência dela como um bem e praticamente nenhum afirmava ser mais fácil conviver com ela". O desgastado provérbio "os melhores cozinheiros são homens" devia ser completado com o reconhecimento de que os homens americanos não se conformariam de ser maridos de cozinheiras famosas.

16
CADA FAMÍLIA NO SEU PRÓPRIO LAR

A crença de que cada família deve ter seu próprio lar parece um truísmo com o qual quase todo americano concorda simplesmente. A maioria dos americanos também aceita o fato de que há escassez de moradia, como consequência do fracasso da construção civil na década de 1930 e durante a Segunda Guerra Mundial e das discrepâncias entre o custo da moradia e os salários, que deveriam de certo modo coincidir. Mas é importante compreender que a palavra "família" passou a significar menos e menos pessoas e o número delas aumentou constantemente, tornando a necessidade de unidades residenciais algo distinguível de espaço vital. Embora os senadores sulistas possam argumentar contra qualquer item de uma legislação pela mulher, proclamando que seu lugar é no lar, a maioria dos legisladores se concentram, pelo menos nominalmente, na questão. "Lar de quem?; o lugar da mulher nos Estados Unidos não é mais o lar e sua exclusão de um direito próprio na maioria das sociedades faz parte de nossa crença de que cada família deve ter sua própria casa – que contenha somente uma mulher. Por conseguinte, cada família deverá consistir de um marido, uma mulher e seus filhos menores.

Todas as outras formas de vida são tidas como portadoras de grandes desvantagens. Uma combinação mãe-filho é classificada como má para o filho, um fracasso em romper o cordão umbilical e que será prejudicial à vida dele. Uma combinação pai-filha não é tão desaprovada, mas se a jovem é casável, então o pai poderá ser criticado, tornando-se necessário que ela faça sua independência. Os lares de irmão-irmã, um refúgio tão comum dos pobres em outras épocas, são também estranhos, mesmo onde alguém enviuvou e tem filhos. Alguém será o sacrificado de outrem quando é essa a solução. Os filhos solteiros que se autossustentam não devem estar presos a casa, devem sair, casar-se e iniciar lares próprios. Nem devem os pais, de idade avançada e com filhos casados, morar em casa desses, caso tenham condições de "viver na companhia um do outro". E assim será até que se torne absolutamente necessário, quando um dos cônjuges sobrevive ao outro. o rigor da crença americana de que os parentes afins, especialmente as sogras, são danosos à relação conjugal faz com que se leve pouco em consideração a solidão das pessoas idosas. Nós os respeitamos quando "levam vida própria", sem que existam, contudo, quaisquer soluções sociais que tornem possível a eles assim agir. As duas exceções à insistência de inferioridade ou mesmo de achar verdadeiramente indesejável qualquer outra forma de organização da vida que não a família biológica, com filhos jovens ou nenhum, são os casos de duas mulheres solteiras que vivem juntas e de mulheres divorciadas ou viúvas com filhos que retornam ao lar de algum parente, em geral de uma irmã solteira ou do pai[85]. A atitude apropriada para uma mulher com filhos para sustentar e cujo marido morreu ou do qual se divorciou é esperar que se

---

85 Em 1947, uma em dez famílias não tinha casa própria. Dessas, dois milhões e quinhentas mil eram constituídas de casais casados com ou sem filhos; i. é, indivíduos culturalmente habilitados a sentir que sua felicidade estava seriamente ameaçada quanto à saúde durante, p. ex., uma ocasião de fome. Três quartos de um milhão eram constituídos de grupos formados de pais e filhos – quase todos grupos de mães-filhos. Cf. De *Working Papers of the National Conference on Family Life*. Vol. 1, 1948, p. 1.

case novamente, sendo temporária a atual solução. As crianças necessitam de um homem no lar para educá-las e todos sentem pena daquelas que não têm pai. Os avôs e tios não são tidos como substitutos verdadeiros. Quanto aos lares em que duas mulheres solteiras convivem, eles ainda são vistos com uma tolerância que inclui algo da piedade do século XIX e da absolvição do estigma de mulheres que não casaram. Contudo, tal atitude decresce marcadamente. As mulheres jovens de hoje que trabalham e compartilham um lar têm que justificar-se muito pela situação de sua própria casa ou através de razões econômicas que tornem aceitável a continuação de tal solução. Mas haverá dúvida, talvez medo, de que pelo menos as chances de casamento para uma ou para ambas estão ficando comprometidas pela situação. A vida em grupo para os homens é somente tolerada nos dormitórios universitários, no exército ou em acampamentos de trabalho, situações altamente padronizadas, onde se reconhece serem os homens ou muito jovens para o casamento ou impossível às suas mulheres acompanhá-los. Aqueles que compartilham uma casa têm de enfrentar pesadas dúvidas sociais sobre a sua heterossexualidade. A ética que informa todas essas várias desaprovações sociais, que está expressa num secreto desprezo por aquele que se imagina ser egoísta e que tenta atrair alguém que se imagina estar sofrendo, é a firme crença americana de que um dos maiores pecados que existe é limitar a liberdade emocional de outrem de viver a própria vida. Como a vida normal é associada com o casamento, obviamente quaisquer situações que fazem com que um indivíduo casável negue o valor dessa instituição são erradas. E mais, quem se beneficia dessa situação é egoísta e explorador.

Todas essas atitudes e preferências se adicionam a um mundo em que ou todos deverão estar casados, com um lar que é seu, ou viverão sozinhos, comendo em restaurantes, lendo à noite na cama, vendo o mesmo filme duas vezes, dependendo de permanentes planos diários e de iniciativas de companheirismo. Diante desse *background*, não é surpreendente que os americanos achem que um dos valores principais do casamento é o companheirismo e, na medida em que somos um povo gregário, necessitamos da presença de outros para sentirmo-nos plenos. Aqui e ali, na infância e na juventude, não há nenhum treinamento ou prática de isolamento autossuficiente. Tudo o que uma criança faz silenciosamente e sozinha é suspeito. "Ela está tão quieta que deve estar fazendo alguma coisa errada". As fantasias em solidão são estranháveis. A pessoa que prefere ficar em casa com um bom livro a sair com amigos recebe poucos pontos nos testes de personalidade. Mesmo os simples prazeres sensoriais, tais como ler na banheira num domingo de manhã, são tidos como bastante autoindulgentes e antissociais. Todo o tempo gasto sozinho poderia ser melhor passado em companhia de outros. Tanto o dinheiro como o tempo são valores que devem ser gastos da melhor maneira possível. A criança sai de um lar em que toda a família compartilha a sala de estar para uma escola em que estuda e brinca em grupo. Quando adolescente, qualquer noite sem estudo e também sem um encontro dá sensação de abandono. E finalmente, quando adulta, qualquer quebra num companheirismo previsto é quase insuportável. No quarto vazio, liga-se o rádio no momento em que se entra para afastar o silêncio. "O silêncio embaraça", diz uma geração acostumada a estudar em grupos com rádio berrando ao lado. Outra maneira quase inevitável de perguntar quando alguém permanece só é "que fez você para merecer estar sozinho?" O mesmo se passa com as crianças que são seguidas sempre que buscam o isolamento ou para quem o castigo consiste em ser mandado para o quarto ou para a cama.

    E se duvidas das coisas que eu digo
    Suponhamos que se faça o teste
    Suponhamos que estiveste mal um certo dia

E para a cama foste mandado
Para longe de tua mãe e do resto
Suponhamos que perguntes: Quem foi mau?
Então ouvirás a verdade
E o vento murmurará num tom funesto:
Tu... tu... tu...[86]

A solidão autodesejada e a involuntária são suspeitas e indesejáveis. O mais popular e o mais amado é o mais procurado. Mais egoísta se torna o que senta no lar acompanhado de um bom livro, fazendo pelo menos mais uma pessoa involuntariamente infeliz.

O *sportman*, que herdou muito de sua significação na América do seu conteúdo britânico tradicional, nunca recusa fazer alguma coisa rotulada de divertida ou que um grupo de pessoas lhe pede para fazer, mesmo que esteja cansado, farto, precisando estudar, escrever cartas ou consertar as próprias meias. A crítica da necessidade americana de reafirmação da companhia dos outros muitas vezes negligencia a ênfase que em uma cultura, como a nossa, as necessidades universalmente reconhecidas implicam também deveres universais e que se todos os que estão sozinhos são definidos como solitários, então é obviamente um dever geral acompanhar todos os solitários. "As crianças devem ter alguém com quem brincar", os adolescentes têm de ter encontros, os adultos devem se casar e ter seu próprio lar.

A companhia e a paternidade asseguradas tornam-se dois valores socialmente desejáveis que não podem ser obtidos fora do casamento. Quase todas as necessidades que têm sido historicamente satisfeitas no lar podem ser encontradas hoje fora dele: os restaurantes servem alimento, os circos, cinema e rádio provêm divertimento, novidades e fofocas. Há lavanderias e tinturarias e lugares onde consertar as meias e lojas onde se compram casacos

---

[86] FIELD, E. "The Night Wind". In: *Poems of Childhood*. Nova York: Scribner, 1904, p. 112.

de inverno, lavam-se os cabelos, pintam-se as unhas ou engraxam-se os sapatos. Para a satisfação sexual não há mais necessidade de escolher entre o casamento e a prostituição, pois para a maioria daqueles que não obedecem a sanções religiosas o sexo está disponível numa base amigável, informal e sem responsabilidade. O automóvel tornou desnecessário para parceiros sexuais temporários terem um apartamento etc. O divertimento pode ser conseguido num motel ou num clube. Quando há doença, há o hospital, e quando se morre pode-se ser enterrado de um modo profissional por um estabelecimento que se encarrega dos funerais. Um serviço telefônico atenderá o telefonema de alguém, um serviço de compras se encarregará destas. As velhas necessidades de alimento, abrigo, sexo e recreação são eficientemente atendidos fora do lar. Contudo, mais pessoas se casam hoje do que em qualquer época registrada historicamente nesse país.

O casamento é um estado para o qual os jovens americanos são incentivados e no qual as mulheres, educadas para serem enérgicas e ativas, tentam vivenciar os desejos para os quais foram preparadas, desejos estes silenciados na infância. Embora haja outras culturas em que as mulheres dominam mais o lar, a América mostra a evidência de que são elas que decidem o estilo do lar. Tal fato pode se referir a uma variedade de acontecimentos tais como o modo pelo qual o reino do estético estava a cargo das mulheres durante os dias pioneiros, a ênfase do trabalho para todos, o que significava estarem os homens por demais cansados para gastar seus esforços no lar, e fundamentalmente a divisão do trabalho entre os imigrantes de língua não inglesa. Quando estes chegaram ao país, o marido punha-se a trabalhar para ganhar a vida e a mulher devia buscar como viver, havia divisão entre uma vida e um modo de vida, um como campo do homem e outro como da mulher. Nossos padrões de vida urbana, com sistemas de transporte altamente complexos, que significam menos e menos homens indo a casa para almoçar, constituem um dos fatores que sustentam essa situação. À medida que se estabelecem mais escolas e que se aumentam as distâncias do lar, em que cresceram em número os restaurantes colegiais, o lar com crianças em idade escolar passa deserto todo o dia, fica a mãe livre para estudar as revistas e reorganizar a decoração ou aumentar seu conhecimento sobre a paz mundial ou sobre a rede escolar, entre chamadas telefônicas, espera da lavanderia e o próximo recado a ser dado.

Então, a maioria das mulheres passa a designar o modo de vida da família, consultando o marido apenas nos problemas mais importantes, simplesmente porque é esta a sua tarefa. Nele, durante os primeiros anos do casamento e da maternidade, coloca todas as energias provenientes de uma infância sadia, nutrida e ativa. Se teve boa educação, estando habilitada para um trabalho fora e até mesmo para uma carreira, poderá francamente afirmar: "Sim, eu sei que meu filho tem idade suficiente para ir à escola sozinho, mas eu ainda o levo lá. Ademais esta é minha justificação para ficar em casa". Frequentemente, sem qualquer especulação mais séria sobre se o trabalho doméstico exige realmente tempo integral, ela dispende ainda mais esforço no seu complicado dia. Aqui se aplicam os mesmos parâmetros que a seu marido; assim como ele, ela deve fazer as coisas bem e atingir padrões cada vez mais elevados.

Quando analisamos o trabalho doméstico nos Estados Unidos de hoje no lar, que é festejado pelas revistas femininas e pressuposto nas novelas de rádio cuidadosamente comuns, encontramos curiosas contradições. O lar bem-equipado, visado por toda a propaganda, é aquele em que tudo pode ser feito mais rapidamente e com menos esforço. As roupas são limpas num abrir e fechar de olhos, os ferros passam rapidamente, um acessório ligado ao aspirador pode até limpar as capas dos livros, o novo polidor de prata mantém a baixela como nova. De fato, a mulher americana e seu marido que não escapam à propaganda, mesmo que percam os seriados do rádio, aprendem o quanto suas mulheres podem sentir-se afortunadas, modernas e descansadas simplesmente por equipar o lar. Parece que houve um período, na década de 1920, onde ainda havia muitos empregados domésticos disponíveis, em que as mulheres casadas, que tinham um bom número de aparelhos domésticos e pelo menos uma empregada, conseguiam contudo pouco tempo para jogar *bridge*. Sua imagem persiste nos ávidos comentários das mulheres profissionalizadas de mais de 50 anos que ainda veem a dona de casa como tendo uma quantidade de lazer perniciosa. Especialmente se contrastadas com a vida de mulheres que devem trabalhar e desincumbir-se de todos os deveres de dona de casa, não por escolha, mas por necessidade. Houve um período também em que o súbito aparecimento de lavanderias, padarias, entregadores de leite e de enlatados, roupas feitas e lavagem a seco que pareciam tornar a vida americana enormemente simplificada. O aspirador era uma grande aquisição para um lar que mantinha o uso das vassouras; a lavanderia, uma boa saída para um lar onde a rotina de roupa suja acabava num tanque fora de moda; as padarias, uma solução para aqueles lares em que a confecção do pão tomava quase que o dia todo. Mas assim como nossos novos paliativos médicos estão criando novas vulnerabilidades e estados doentios, também este novo equipamento não trouxe mais lazer, mais tempo para brincar com o bebê nem para enrolar os *bobies*, ler perto da lareira ou ajudar a P.T.A.[87] Eles simplesmente se combinaram a outras tentativas de tornar a vida da dona de casa americana mais precisa, ainda que não menos difícil. A maioria das mulheres urbanas não percebe que as atividades domésticas consomem 60,55h por semana na vida de uma família fazendeira típica, 78,35h nas residências urbanas

---

87 Associação de pais e professores [N.T.].

de cidades de menos de 100 mil habitantes e 80,57h nas residências de cidades de mais de 100 mil habitantes, como mostra o Relatório Bryn Mawr[88]. Isto aconteceu no pré-guerra, num mundo que passava rapidamente para a semana de 44h.

Talvez a palavra mais significativa nas relações familiares, recentemente inventada, seja a palavra *sitter*, a pessoa extra que penetra na família e cuida da criança, enquanto os pais saem para passear. A mãe e mulher moderna vive só com seu marido que chega ao anoitecer e os filhos pequenos que ficam sob seus cuidados as 24h do dia, num lar em que se espera que a direção imprimida tenha a eficiência de uma empresa – ela não tem máquina de lavar e aspirador? – e da qual se retirou um grande número de compensações que acompanhavam sua condição. A exceção das áreas rurais, ela não produz mais, conservando, salgando, enlatando. Ela não tem mais aquelas orgias de limpeza geral da casa duas vezes ao ano. Não há mais aquelas festas em que era admirada por causa das delícias gastronômicas que ostentosamente preparava. Ao invés disso é admirada em relação ao modo de fazer as coisas que "dá a impressão de não ter tomado tempo algum". Ao mesmo tempo que nossas fábricas caminham para o ideal de eliminar o trabalho humano, nossos ideais domésticos as acompanham. Hoje, dona de casa bem-sucedida deve apresentar-se como se não tivesse feito nada ou como quem não tem nada para fazer. Ela deve produzir um efeito final sem esforço, mesmo que tenha passado todo o dia de sábado ensaiando o modo pelo qual vai servir um café da manhã de domingo que não dê trabalho. A criatividade que se espera dela é a da direção de um grupo de pessoas e não de matéria carinhosamente transformada em roupas e alimentos para os filhos. Ela faz compras, vai ao mercado,

---

[88] Citado e discutido em GOLDWATER, E. "Woman's Place". In: *Commentary*, dez./1947, p. 578-585. • Escola Superior Feminina [N.T.].

escolhe, transporta, integra e coordena, faz com que parcelas mínimas de tempo se combinem para fazer a semana valer. E sua afirmação mais orgulhosa muitas vezes é "a semana foi boa, nada saiu errado".

A mulher média americana jovem sente-se muito alegre com suas tarefas; são mais uma válvula de escape em sua energia nervosa do que em sua força física, mais consumo de tempo do que distração. No seu lar incrivelmente limpo e brilhante, com sua cozinha em que o garfo de bater ovos combina com os pratos, ela se move suavemente, produzindo pratos milagrosos que tornarão marido e filhos felizes e fortes. Contudo, duas coisas afetam sua felicidade: um medo de que, mesmo não tendo tempo algum de sobra, talvez não esteja fazendo um trabalho de tempo integral e o fato de que, embora tivesse aprendido a ter direito à escolha de trabalho tal como seu irmão, porque este é um sagrado direito americano, ela sente que não foi o atual que a motivou. Ela escolheu o casamento e a maternidade, mas não necessariamente o trabalho doméstico. Ele é colocado sobre ela na América contemporânea, por ser ela mulher. Não é um *status* pleno que se escolha orgulhosamente, mas um dever que não se pode evitar e que permite continuar a sentir felicidade no casamento. Aquelas que perguntam "o que ela faz" obtêm a resposta "nada" ou simplesmente "só cuido de casa". Oitenta horas de trabalho por semana, uma *sitter* talvez por uma noite, a grande solidão durante estas tarefas que não compartilha com nenhuma mulher, com o olho nas crianças que brincam, enquanto se arruma para parecer "limpa e repousada" para o marido que chega.

Restringimos o lar, excluindo dele a avó, a irmã solteira, a filha solteira, como parte do mesmo processo de repúdio em compartilhá-lo com outro adulto, o empregado doméstico desapareceu e multiplicamos o número de casas nas quais a vida global de uma família tem de ser organizada cada dia, os alimentos cozinhados, os lanches preparados, as crianças banhadas, as portas trancadas, os cachorros levados a passeio, os gatos alimentados, a comida providenciada, as máquinas de lavar funcionando, flores enviadas aos doentes, bolos de aniversário confeitados, dinheiro poupado, geladeiras degeladas. Em vez de um enorme recipiente de café que servia uma casa de dez a doze pessoas, três ou quatro recipientes pequenos a serem preparados, olhados, lavados e polidos; cada lar foi reduzido ao meramente essencial, muito menos do que a maioria dos povos primitivos consideraria possível. A mão de uma única mulher alimenta o bebê, atende o telefone, apaga o gás onde borbulha uma panela, consola a criança mais velha que quebrou o brinquedo e abre duas portas ao mesmo tempo. Ela é nutricionista, psicóloga infantil, engenheira, gerente da produção, entende de compras e assim por diante. Seu marido a vê como alguém livre para planejar seu tempo e a inveja. Ela o vê como alguém que tem horários regulares e o inveja. Na medida em que também se veem como o mesmo tipo de gente, com os mesmos gostos e preferências, ambos ficam de certo modo insatisfeitos e propensos à impaciência diante do descontentamento do outro.

Não é fato novo na história que homens e mulheres tenham compreendido mau seus papéis invejando-se mutuamente. Mas o aspecto significativo do cenário americano está no fato de haver uma discrepância entre o modo pelo qual educamos meninos e meninas para que ambos escolham uma ocupação e um companheiro conjugal e a estilização posterior de um trabalho doméstico como preço que a moça tem que pagar sem que se faça o mesmo com o trabalho do rapaz. Os homens são incentivados para o trabalho, em moinho, mina, fazenda, escritório, jornal ou num navio como sinal de sua masculinidade, seu sucesso, e ao casamento com filhos para coroá-lo. Mas não se proporciona às mulheres de hoje um caminho tão claro; ela escolhe um apartamento, uma casa meio afastada, uma casa de fazenda, um apartamento sem elevador ou qualquer outro tipo de lar como sua ocupação. Sim, a mulher americana quer marido, filhos, um lar que seja só seu; sim, é intolerável viver com outras pessoas! Mas quanto ao trabalho doméstico ela tem dúvidas se não seria melhor uma ocupação fora de casa após o casamento. É possível que um grande número de homens preferia um trabalho diferente, pelo menos um salário melhor, um *status* mais alto ou diferentes condições de trabalho, mas não se pede a eles que enfrentem a evidente discrepância entre ser educado para uma escolha e para pensar que assuntos relativos ao sucesso e ao amor e ao casamento, sem estar ainda em condições de sentir que o companheiro que se escolhe e o trabalho que se desempenha após o casamento formam realidades independentes. É como se um homem tivesse que elaborar um conjunto de planos para sua vida como ser contador, advogado ou piloto, tendo que ressalvar "a não ser que eu me case evidentemente". "Por quê?", se poderá perguntar; "Porque neste caso eu terei que ser fazendeiro; você sabe, é melhor para as crianças".

Não é que tenhamos encontrado já um bom substituto para o binômio maternidade-vida doméstica. As boas creches-escolas podem colocar a criança num bom ambiente por muitas horas do dia e são muitas vezes melhores do que o da pequena família em que dois pequenos rivais endiabrados poderão passar várias horas discutindo e se traumatizando mutuamente. As geladeiras, os serviços de alimentos congelados e as panelas de pressão tornaram possível o preparo de refeições sem precisar dispender longas horas diante do fogão. Os hospitais cuidam dos muito doentes, mas a tarefa de integrar as vidas das crianças pequenas, mesmo com a ajuda de creches, jardins de infância e *playgrounds*, continua um encargo de tempo integral na vida de algumas mulheres. Se alguma mulher abandona o lar para trabalhar, por tempo integral ou parcial, uma outra deve substituí-la, sob pena de as crianças sofrerem. A creche não é a resposta para a criança que tem um resfriado ou que esteve exposta a alguma doença contagiosa que nunca contraiu. As mulheres americanas vão se tornando cada vez mais independentes, industriosas, eficientes e menos desejosas de serem simplesmente uma peça da engrenagem em movimento. São mais insistentes quando fazem trabalho pago, numa base estritamente profissional, usando uma parte somente de sua personalidade. Quando estiverem cuidando da casa devem estar completamente sob controle. Mas o preço dessa autonomia também aumentou. É quase como se o sonho pioneiro que levou os europeus de todos os tipos e origens a se tornarem fazendeiros independentes da América, oferecendo o braço a qualquer trabalho e que sobrevivem hoje na nostalgia perene da fazenda de criação de galinhas ou do negócio em que se é o patrão de si mesmo, tivesse sido transferido para a mulher, que o vive dentro de seu próprio lar, embora sem o prazer integral de sentir que isso é seu trabalho, tanto quanto o marido é seu marido, que é rotina tanto quanto os filhos são seus filhos. E que isso foi o que escolheram.

A intensidade com que a mulher americana com filhos se dedica às suas tarefas domésticas inclui numerosas excursões fora do lar como consumidora, transportadora oficial da família, cidadã responsável que deve proteger o ambiente em que seus filhos crescem, trabalhando por melhores escolas, melhores praças e melhores regulamentos de saúde pública. Adiciona-se ao velho rigor puritano da mulher pioneira o reconhecimento de que a moderna casa isolada, justamente pelo fato de ser tão isolada, é também profundamente dependente da comunidade. As funções de que nenhuma mulher por si pode certamente se desincumbir devem ser de certo modo organizadas no âmbito da comunidade que a cerca e, além disso, mães de família não podem ficar doentes. Quando isso acontece, elas não têm meios sociais normais de enfrentar a emergência na vida de seus filhos. Mas por mais ativamente que uma mulher casada e com filhos pequenos tome a si a responsabilidade pelo trabalho comunitário, sua vida estará centralizada, seu tempo preenchido, no lar e pelo lar, principalmente em função dos filhos. Poderá ela importunar o marido para que a leve a passear. Poderá queixar-se abertamente da solidão e tédio do trabalho doméstico, mas jamais reclamará que nada tem para fazer.

É ainda mais duro para a mãe de adolescentes quando vem a separação, quando os filhos abandonam o lar em benefício da escola ou do trabalho, e sua tarefa está terminada. Todas as pressões sociais a que ela está sujeita dizem-lhe que não devem estragar a vida de seus filhos, que deve permitir que vivam as suas próprias vidas, que deve torná-los independentes e autossuficientes. Conquanto fielmente ela obedeça a essas injunções, mais estará desocupada. Quando ainda jovem tiver que enfrentar uma mesa de jantar e somente um rosto para olhar, o de seu marido, ela se sentirá sozinha, sozinha mesmo, no seu próprio lar. Está sem ocupação; sua justificação principal, aquilo que fê-la "renunciar a tudo", desvaneceu-se e ainda assim há duas, talvez três refeições a preparar, a campainha a atender, a casa a limpar. Mas só há dois pratos e o chão não precisa ser encerado tantas vezes porque não há pés de crianças para sujá-los. Ela não está completamente desocupada, mas está num abrigo onde lhe deram algumas daquelas pílulas de açúcar com as quais as grandes organizações, cujos empregados têm estabilidade, tentam desviar da atenção daqueles que estão muito novos para se aposentarem o fato de que deveriam fazer tal opção. A crise doméstica é evidentemente muito mais difícil se ocorre num período de instabilidade hormonal e medos emocionais que cercam a menopausa ou aumentam em função disso, combinando temores injustificados de perda de desejo físico juntamente com o necessário reconhecimento do fim do período da procriação[89]. Para as mulheres americanas casadas que tiveram filhos, o medo da perda da beleza e de se tornarem emocionalmente instáveis pesa mais do que os temores para com o fim da procriação, pois que tiveram um, dois ou três filhos que validaram o casamento e pelo menos conscientemente não desejam mais. Enquanto isto, o pai enfrenta dificuldades pessoais. Seu papel no amadurecimento dos filhos, especialmente no dos rapazes, é o de ser o aliado amigo que os ajuda a despregar-se do avental da mãe. Na medida em que simpatize com os desejos crescentes de seu filho por um trabalho e uma mulher e os facilite, ele é um bom pai. Ele deve afastar as ansiedades maternas, proteger o filho nas menores escapadas, ser fraternalmente compreensivo. Mas na medida em que ele assim age, corre vários riscos. Ele revive, pelo menos na imaginação, sua liberdade em formação, como um jovem adulto, liberdade que trocou tão jovem, tão voluntariamente pelo trabalho contínuo que manteve o casamento em prosseguimento. Relembrando-se disso, poderá começar a sentir que nunca viveu realmente, que se estabeleceu cedo demais. Seu sentimento poderá ser ainda mais forte se vem numa época em que percebe que uma promoção posterior no trabalho ou na profissão é improvável. Sempre que o nível de sua vida subia, ele era empurrado pelas grandes recompensas que os americanos sentem com o sucesso. Mas agora ele não progredirá mais. Ao invés disso, talvez tenha que trabalhar simplesmente para manter seu lar – um pensamento desanimador. A ajuda para que seu filho escape da mãe identifica mais tarde para ele a mulher como alguém de quem afinal ele nunca escapou em direção aos alegres caminhos das práticas irresponsáveis. Vendo sua mulher através dos olhos de seu

---

[89] BENEDEK, T. "Climacterium: A Developmental Phase". In: *Psychoanalytic Quarterly* [s.n.t.].

filho e dos olhos dos amigos de seu filho, ele descobre uma nova impaciência para com ela, como representante de uma realização acabada e autocompensadora. Aqui está ele, pura e simplesmente, na meia-idade e sua vida terminou. Não há um novo amor, novos campos para conquistar, somente o vazio diante de si. Mesmo que não esteja fora de seu trabalho, sentindo-se no ápice de sua força, a natureza mesma do ciclo de vida na América é tal que faz com que se sinta um homem velho. Talvez lute bravamente para resistir aos impulsos de abandonar tudo, desenvolvendo sérios distúrbios de saúde, a ponto de morrer prematuramente.

De um modo geral, o problema que o casal de meia-idade enfrenta no seu próprio lar é que a tarefa principal da vida da mãe é desempenhada enquanto ela está forte e sadia, devendo agora encontrar uma nova canalização para suas energias e ainda assim manter sua vida ajustada aos hábitos e necessidades de um marido que viveu excessivamente próximo dela naquela pequena e reservada casa, enquanto a tarefa dele ainda o solicita profundamente. Mas por causa da grande ênfase na juventude, porque a juventude é o período de que ambos os sexos sentem falta, na medida em que a idade oferece tão poucas recompensas, ambos enfrentam uma crise profunda de desapontamento. Ela poderá intensificar-se mais tarde se se tem de enfrentar a morte de pais idosos, com todas as complicações de resolução do problema do que sobrevive, além de longos meses de doença, vendas de propriedade, móveis e mobília, tudo contribuindo para exacerbar o conflito para com o envelhecimento. Cada passo desse processo se torna mais agudo pela insistência de que cada casal deve ser autossuficiente e que muitos tenham esquecido como. Ao mesmo tempo não podem esperar ter casas conjuntas com seus filhos casados ou com os solteiros ou viúvos. Profundamente dependentes um do outro em tudo, tornam-se muitas vezes assim na medida em que seu casamento é um bom casamento. Tornaram-se quase que uma única pessoa; como muitos indivíduos na América, sentem a necessidade de outros para completar suas vidas, para assegurar-lhes que são bons, para protegê-los da busca de si próprios e da autorreprovação que surgem com a solidão. Estão surgindo soluções para essa crise advinda da saída dos filhos do lar. Alguns casais tentam um último filho para o qual guardam frases de gíria afetuosas, o pós-escrito, o botãozinho de flor, que muda o tom do velho provérbio folclórico "o bebê da mudança de vida". Ter esse filho é uma forma de se perceber até que ponto a vida da mulher está no lar e no casamento e centrada nos filhos. A solução mais familiar é de as mulheres assimilarem a independência pela qual abertamente sofreram durante o tempo em que estiveram presas e se darem a algum trabalho ativo voluntário ou então ao trabalho que faziam antes de se casarem. Mas enfrentam outras aventuras nessa decisão, especialmente se experimentaram satisfatoriamente as instabilidades da menopausa. Livres de suas responsabilidades antigas fundamentais, com bons vinte anos à sua espera, estas mulheres podem recomeçar uma ascensão que se desenvolve sempre, caso se envolvam em atividades da comunidade ou nas delícias de um trabalho que lhes proporcionou férias muito prolongadas... E como isso conta muito na América, seu novo e entusiástico impulso poderá contrastar agudamente com a conformação infeliz de um marido parado. O casamento de uma filha e a absorção permitida nos netos poderá anular a atitude enérgica de uma mulher para com suas novas atividades, envolvendo também um problema duro para o marido que tem de enfrentar o fato de que é avô. Quem quer ser avô num país que oferece tão poucas recompensas aos idosos? A mulher de suas fantasias reprimidas é ainda a jovem esbelta de seus 20 anos, mais jovem do que sua filha casada, e os passos dela na direção da maturidade o colocaram definitivamente fora do páreo.

Mais e mais os casais conscientes de meia-idade estão tratando com seriedade esse período, examinando seus recursos materiais e pessoais e dirigindo seus planos para os próximos vinte anos, e não para um retiro pálido e sem esperanças. Na medida em que ambos estejam em condições de replanejar sua vida em conjunto, fazem da crise um passo adiante e não um passo atrás. É provável que a sociedade reconheça que nesse período os conselhos profissionais são tão necessários quanto na adolescência. Porque cada casal solitário num lar que é próprio se expõe a pressões e dificuldades desconhecidas em diferentes sociedades. É expressivo do ciclo de mudança da responsabilidade o fato de que filhos e filhas jovens recém-casados se reúnam em seus pequenos lares para tentar decidir o que fazer com papai e mamãe. Esta é uma questão que não precisa ser respondida com a decisão de ocuparem uma mesma casa, mas sim encontrando-se para os pais algo que os possa interessar. Idealmente, eles reajustarão suas vidas, vivendo independentemente de seus filhos, a não ser em emergências graves, agindo como babás, que significa visitar os filhos quando estes saem e finalmente se retirarem para uma chácara na Flórida onde seus filhos piedosamente esperam que encontrem muitos amigos da mesma idade.

17
O CASAMENTO PODE DURAR TODA A VIDA?

O ideal americano do casamento é um dos exemplos mais acabados da insistência "em atrelarmos nossos vagões às estreias"[90]. É uma das formas de casamento mais difíceis que a raça humana já tentou. E os acidentes por que passa são surpreendentemente pequenos, considerando-se a complexidade da tarefa. Mas o ideal é tão alto e tantas as dificuldades, que se trata sem dúvida de uma área da vida americana em que se necessita de um reexame rigoroso da relação entre ideal e prática.

No ideal americano de casamento, a escolha por parte de ambos os parceiros não só é aprovada, como exigida. A vida será mais fácil se os pais derem aprovação à relação, mas nem a lei, nem a expectativa social a exigem. Os jovens que permitem que seus pais interfiram no casamento são vistos como emocionalmente imaturos ou estão confundidos pelo suborno que os pais com dinheiro e influência podem pagar. Mas o rapaz e a moça ideais escolhem-se e se casam a despeito de todos os obstáculos. Podem ter sido colegas de escola a vida inteira. Este é um tema sentimental comum: "Você escreveu no muro lá de casa 'eu te amo, João'

---

90 Cf. Apêndice II.

quando éramos dois garotos", ou então a iniciativa masculina que diz "amei você desde criança, desde quando você engatinhava no chão". Eles podem ter feito parte do mesmo grupo do ginásio, podem ter saído juntos, chegando finalmente à conclusão de que eram feitos um para o outro. Podem ter tido um encontro num trem, num banco, num incêndio, num naufrágio, na plataforma de uma estação, num *blind-date*[91] ou por carta. "Domingo, dia 2 de maio de 1943, recebi a primeira carta dela. Eu estava em Albuquerque, no Novo México, e a 3 de junho de 1944, sábado, nos casamos em St. Louis, Missouri". O conhecimento pode adquirir maior firmeza pela descoberta de que o irmão dele ou o tio dela jogaram no mesmo time de futebol de uma pequena faculdade do Meio-oeste em épocas diferentes. Mas seja sentando-se lado a lado na classe do 4º ano, enquanto ele mergulha a trança dela no tinteiro, ou indo para casa no mesmo ônibus, ou pelos olhares que se cruzam num clube de servidores durante a guerra, ou com a vibração que floresce entre o rapaz e a namorada de um colega de quarto convidada para a festa escolar da primavera, todas são chances especiais de sorte que aproximam duas pessoas para que se possam escolher. A mesma escola, a mesma cidade, o mesmo descarrilamento de trem têm idêntica composição funcional na estrutura romântica que não concebe realidades de tempo e lugar, de hábitos comuns, de origem social comum em que se baseia geralmente o casamento. Todos os esforços compensatórios dos pais para manter seus filhos em grupos de gente de seu tipo, da mesma religião, classe social ou raça podem ser interpretados como limitações ao ideal romântico de escolher alguém sem interferências. Felizmente isso é compensado pela estabilidade do casamento americano, pelo medo de sair da própria classe ou pelo menos daquela classe à qual se quer pertencer. Não somente os

---

91 Encontro preparado entre duas pessoas desconhecidas [N.T.].

pais, mas os jovens que buscam companheiro fazem boa parte de sua procura dentro de limites aprovados, onde a chance que aproxima os verdadeiros amantes só se dá dentro de uma lista de convidados aprovados. Contrapondo-se a essa precaução, encontramos o tema sempre recorrente na literatura popular do rapaz e da moça que se encontram sob circunstâncias que tornam a relação impossível, pelo menos até descobrirem que, além das qualidades pessoais que os tornam adoráveis, não são gente de pouca confiança ou gente da roça, mas que estiveram nas escolas certas e conheceram as pessoas certas. Ou o contrário, quando se trata de rapazes pobres ou de moças que recentemente alcançaram o sucesso e, portanto, capazes de compreendê-los. As sociedades primitivas muito pequenas geralmente afirmam que o casamento é uma escolha, mas que é feita entre oito ou dez moças que o rapaz conheceu durante toda a vida ou, quando buscadas em outra aldeia, pelo menos participam de uma origem perfeitamente semelhante. Mas nos Estados Unidos teoricamente só as divisões raciais fundamentais limitam a escolha, de modo que alguns milhões de rapazes e moças são companheiros potenciais, caso se encontrem e se apaixonem. Esse amor pode acontecer em qualquer lugar, em qualquer momento; com o homem, desde o jardim de infância até a velhice; com a moça é tido como um perigo que traz mais problemas do que alegria quando acontece depois que os filhos atingem a adolescência, ou depois que elas deixam de afirmar que ainda têm 30 anos.

Esse tipo de amor não aparece tão padronizado como no passado e restaurando um modo de vida antigo, compartilhado pelos ancestrais, um dos quais morreu na cama em que as pessoas atuais nasceram. "Quero uma jovem tal como aquela com quem meu velho pai se casou" ou, o contrário, "se mamãe não se tivesse casado com papai, talvez ele tivesse se casado comigo", são canções sobre a relação pai-filho, mais do que o reconhecimento de que o futuro repetirá o passado. A jovem com que um homem sonha nunca se vestirá como sua mãe nem se parecerá com ela. Poderá falar com pronúncia diferente, cozinhar alimentos diferentes, dirigir a casa de modo totalmente diverso e, portanto, ser passível de discordar da mãe do marido quanto da própria na maioria dos detalhes da existência. Uma escolha para toda a vida, para o próprio destino, surge com o próprio futuro, que não pode estar relacionado e é definitivamente contraditório em relação ao passado. O primeiro sinal de assimilação do estrangeiro é o casamento fora do grupo, reforçado pelo fato de que é mais fácil para os pais verem seus filhos abandonando o costume do velho mundo de recusar um casamento misto do que aceitar um fracasso de um casal que tenha a mesma origem. Uma recente novela popular, *White Fawn*[92], sintetiza toda a questão[93]. Uma jovem de sangue azul de Boston encontra na situação mais informal, correndo atrás do cachorro, um jovem médico de origem simples e irlandesa. Ambos afirmam amar suas famílias e os conselheiros do caso declaram que o casamento é impossível porque ambas as famílias vivem na cidade e ele decidiu de todo coração conseguir sua realização, a despeito do fechamento social. Aí surge a solução: não em Boston, nunca em Boston, mas em uma cidade longe de lá, talvez em Seattle, onde "poderão começar a vida outra vez". Ele tem uma educação tão boa quanto a dela. Seattle será nova para ambos. E quaisquer maneiras que ele tenha, e que não se integrem em outro nível social, rapidamente desaparecerão sob a tutela de uma esposa que o ama a ponto de deixar tudo por ele. O amor vence, a democracia vence; o orgulho honesto dos irlandeses de Boston e a fidelidade aos pressupostos de casta existentes em termos morais individualistas são vencidos e uma outra cidade

---

92 Cervo branco [N.T.].
93 PROUTY, O.H. *White Fawn*. Boston: Houghton Mifflin, 1931.

americana em desenvolvimento recebe um bom médico jovem e sua família.

Nessa história, há o subtema do flerte da mãe de uma jovem com um homem mais moço, preso à sua mulher doente. A mãe, nobremente, conduz a situação até que a mulher morra e ele está livre para casar. Assim, enquanto se insiste na importância capital do amor entre pessoas casáveis, o amor que não se pode expressar em casamento deve terminar. A mãe, ainda jovem e charmosa, apreciadora de finos robes de chambre, é recompensada por sua vida de autorrenúncia com um marido duro e mais velho e pela felicidade que tem com a solução para o caso da filha. Milhares de casamentos que, embora não sejam dramáticos, contêm problemas de origem que são difíceis de solucionar, acontecem a toda hora na América e acontecerão ainda mais frequentemente, sempre que mulheres jovens se tornarem quase tão independentes quanto os homens jovens.

Quando a escolha é feita entre somente dez pretendentes, todas de origem semelhante e com as habilidades domésticas apropriadas, o amor romântico pode seguramente acompanhar os ditames da atração física. Um cacho de cabelo, um modo de olhar, um riso de moça, um certo jeito de mexer os ombros de um rapaz, uma certa timidez ou arrogância nos olhos podem distinguir um jovem fazendeiro ou um jovem pescador dos demais. Essas deliciosas qualidades não são guias seguros quando a escolha é feita entre milhões de pessoas, como tal não identificadas. Contudo, existe um ideal para o homem e, em menor escala, um ideal para a mulher. Enquanto as precauções avisam: "Quero conhecer bastante dele para me apaixonar", o "apaixonei-me por ele antes de saber pronunciar seu nome", permanece sendo o ideal romântico muitas vezes praticado. Durante o período em que o casamento é tido como bem-sucedido e feliz, os tipos de conduta considerados perigosos é que provarão que o casamento está baseado num amor real. Quando a filha repete o mesmo gesto indevido, a mãe não pode repudiar a história romântica tantas vezes contada, a não ser que deseje mostrar à filha em que aspectos o casamento dela a desapontou a ponto de justificar suas admoestações contra a mesma falta de cuidado.

Já apontamos aqui um tema, frequente no cinema moderno, o da garota "boa" e "ruim", aquela que em circunstâncias de comprometimento se torna repentinamente boa e casável[94]. Esse tipo de encontro não convencional e anônimo, com uma jovem de classe e religião apropriadas, é a solução ideal do dilema do casamento americano onde, para provar o amor, não se deve considerar quaisquer fatos práticos sobre a escolha, embora ao mesmo tempo o casamento feliz seja aquele em que os cônjuges são tão semelhantes quanto possível.

Aqui surge a outra faceta do quadro romântico – a aceitação de mulheres bastante próximas a um *status* idêntico e o desejo de que o companheirismo e a compreensão advindos dos mesmos gostos, da mesma opção política, das mesmas preferências esportivas e da mesma escolha de amigos e mesmo de acordo quanto ao estilo do que seja o sucesso matrimonial, a presença em ambos do mesmo grau de introversão e autoconfiança. Existe cada vez menos sentido nas afirmações de que o forte deve casar-se com o fraco, de que o homem inteligente estará melhor acompanhado de uma esposa frívola (ainda que ele prefira uma esposa não intelectual), que diferenças quantitativas na educação do marido e mulher são boa coisa. E na medida em que a educação é tão semelhante para rapazes e moças, isso significa a recompensa pela semelhança. "Dar e tomar no casamento" é um dos nossos ideais. Contrastes simples, tais como peso e cor, podem adicionar

---

94 LEITES, N. & WOLFENSTEIN, M. "An Analysis of Themes and Plots". Art. cit.

interesse. Há uma insistência em que a mulher aceite os cuidados da casa como parte do seu *status*, de modo a colocar pelo menos um elemento de diferenciação na relação. Mas as diferenças de personalidade reais entre os sexos são desvalorizadas. O dilema tão facilmente resolvido no filme e na novela não tem solução semelhante na vida real. O homem deve encontrar uma mulher que é gêmea idêntica dele próprio, em todos os aspectos de sua origem, na religião, na educação, na experiência, em circunstâncias que convencerão a ambos de que se escolheram entre tantos outros competidores em função de algo intrínseco e independente de todas as considerações. Os jovens se queixam da garota bonita ou do herói do futebol, que em vez de trilhar novas paragens acabam se casando com um vizinho ou vizinha, tornando-os temerosos com o que vai acontecer, pois não esperam um bom desfecho. Os mais lúcidos hesitam entre as várias chances de felicidade sempre que há grandes diferenças de classe e de educação, com o que não se esperam bons resultados.

Como a escolha individual é o único critério para planejar o casamento, a escolha e o preço da licença de casamento e da cerimônia é tudo o que é exigido de duas pessoas solteiras para sua união (embora haja algumas barreiras raciais em certos Estados). Alguns Estados exigem exame médico e solicita-se ao casal esperar três dias. Mas não há nada além disso. Não há exigência de que o homem tenha uma ocupação ou dê provas de que pode sustentar um lar. Não há exigência de que a mulher tenha quaisquer habilidades necessárias para o cuidado do lar. Talvez ela nunca tenha fritado um ovo ou segurado uma criança nos braços. Talvez nem mesmo saiba pentear-se ou lavar suas próprias meias. Não só inexiste o assentimento paterno nesses casos, como não há exigências de presença de quaisquer representantes do passado de ambos os cônjuges que pudessem tecer considerações sobre os seis meses que um deles passou num hospital, num hospício ou numa prisão. Solitariamente, sem qualquer registro da vida pregressa e sem qualquer garantia socialmente exigida para o futuro, permite-se ao casal contrair um matrimônio que os liga emocionalmente e legalmente para a vida. Somente durante as guerras e nas grandes cidades é que esses casamentos são suficientemente frequentes. E o fato de que podem ocorrer destaca nossa forma de casamento, a proteção que não damos aos jovens que tentam agir de acordo com a expectativa social de que são eles os que estão em condições de julgar os parceiros, sem necessidade de ajuda ou conselhos.

Não se cogita tampouco de que os recém-casados necessitem de ajuda material. De fato, o empregador que paga ao homem casado um salário melhor que ao homem solteiro é sempre visto como alguém que encontrou uma maneira inteligente de pagar menos aos últimos. Sabe-se também de regulamentos de lojas que preferem moças solteiras que têm moradia barata na casa dos pais e, portanto, aceitam salários baixos. Ambos são considerados exploradores. Uma firma poderá preferir empregados casados porque são mais estáveis ou poderão recusar aceitar mulheres casadas, por terem sempre muitos problemas domésticos. Mas no primeiro caso a direção de pessoal estará protegendo a firma, não homens ou mulheres casados. Os sindicatos, lutando por direitos, passam por cima das necessidades dos casados, pondo até mulheres com crianças pequenas nas turmas de trabalho noturno. O mundo em que os recém-casados têm que lutar nada faz por eles e se surge uma gravidez, a jovem mulher compreenderá que a vida doméstica se torna repentinamente mais difícil e de que há muitos conjuntos de apartamentos em que não se admite a presença de crianças.

Não se espera dos pais qualquer ajuda material aos recém-casados. O casamento é algo em que o pai benevolente ou a mãe preocupada com a vida social "oferece a filha" ou talvez insiste no seu oferecimento contra a própria vontade dela. Os amigos poderão oferecer "chás de panela", mas isso depende ainda de exigência de tempo e lugar. Não há dotes, não há "preço 'da noiva", não há pagamento à mulher, não há vagões cheios de cobertores de penas e panelas de cobre, não há vacas cujo leite alimentará o bebê recém-nascido, não há luta por terra, não há tendas recém--levantadas, não há sítios de camponeses, camas antigas ou linho fino; nada disso é essencial ao novo casamento. Isso não significa, é claro, que aqueles pais que não oferecem presentes substanciais a suas filhas ou filhos tais como casas, carros, simplesmente não existem. Os pais não se sentem realizados quando não podem presentear seus filhos, enquanto estes se mostram algo rebeldes em relação a esses presentes. Os jovens acham que devem sustentar-se sobre seus próprios pés. Esse sentimento de independência é tão forte que, quando pais ricos planejam deixar todo o seu dinheiro aos filhos, são capazes de deixá-los lutar contra as necessidades por um longo período em que estas são ainda maiores do que se proporem a ajudá-los, pois imaginam que seja ruim para o caráter. O medo de ter que depender do pai ou do sogro está sempre presente, ajudando o jovem casal a redobrar seus esforços de independência, posto que a maturidade nos Estados Unidos nunca é recebida para sempre, mas depende sempre da possibilidade de se sustentar sozinho.

Assim, sem os benefícios de cuidadosas sanções e da ajuda que muitas outras sociedades proporcionam aos recém-casados, o jovem casal começa independentemente a sua existência. Eles começam a "fazer sua vida em comum". Idealmente, escolheram onde morar, seu estilo de vida, se o dinheiro poupado vai para um carro ou uma casa de campo, um conjunto de sala de visitas ou de quarto, uma lâmpada ou um rádio. Sempre que os pais determinarem o estilo de como viverão, a atitude será encarada como uma interferência, razão pela qual é tão difícil pertencer a uma família da classe alta nos Estados Unidos, que se reserva o direito e o desejo de poder interferir na vida dos filhos, pois ela refletirá também o nome da família. Mas o ideal americano mais comum é aquele que torna possível aos filhos impor aos pais o novo modo de vida. Esta independência da interferência familiar é evidentemente acompanhada de uma atenção meticulosa sobre o estilo de grupo a que pertencem ou desejam pertencer ou por alguma imagem de tal grupo, derivada de revistas ou de vitrines. A escolha é geralmente feita em limites estreitos, mesmo quando parece ter a tremenda exclusividade de um cartão de visitas que traz o retrato ou de um cão ou do bebê. Mas se mobilam a casa num estilo moderno, antigo ou misto, se devem ter um rádio a pilha ou estéreo, um Ford ou um Chevrolet, se vivem na cidade ou se se tornam um viajante, tudo isso é sentido como uma escolha genuína que o jovem casal faz cada vez mais em comum. Não é um problema da noiva, que deve se integrar à dominação permanente de uma sogra ou de um marido que está sempre impondo seu estilo de vida ou aceitando aquele que sua mulher traz. Embora na mulher as habilidades com o consumo sejam um fator mais importante em relação à posição de classe de sua família do que a do seu marido, o ideal é que ele entre em concordância com essas escolhas, deixando alguns detalhes nas mãos dela. Ambos planejam quando ter o primeiro filho, a não ser que pertençam a uma religião que ponha esse assunto nas mãos de Deus. Juntos escolherão um nome para o filho e planejarão seu futuro. Novamente aqui todos os detalhes de disciplina e organização são deixados à mulher, embora se suponha que o marido deva manter o interesse. Não se trata mais do patriarca que detém o direito de governar seu lar, mas sim de uma esposa que reclama de um marido que não participa dele, que não vivencia seu papel.

Na medida em que suas origens sociais são semelhantes, poderão minimizar os desacordos menos importantes como parte do padrão de casamento, discutindo alegremente por vinte e cinco anos se devem ficar com um gato ou com um cachorro, se devem morar perto do mar ou nas montanhas, sair ou ficar em casa. Estes serão temas menores, se identificados a uma base de assentimento mútuo. Mas quando há diferenças de classe, região, nacionalidade ou religião, uma pequena decisão que poderia ser simplesmente um fio a mais nesta nova vida tão firmemente tecida poderá desfazer o trabalho. A menor das decisões, se se deve comer uma rápida refeição na cozinha ou colocar na mesa do café da manhã a caixa de um produto de determinada marca, que as crianças aprenderam a gostar com a televisão, se se deve apagar a luz na noite de núpcias ou enviar um telegrama em vez de escrever uma carta, tudo poderá subitamente mostrar a diferença de dois mundos. Não porque a personalidade que levou à escolha mútua não esteja presente, mas porque as diferenças não aceitas e não reconhecidas são mais profundas do que se esperava.

O ideal sexual com que os jovens chegam ao casamento e o que se espera que o homem adote só na aparência é de castidade para ambos. O homem que pode dizer a uma mulher que ela é a primeira é ainda valorizado pelas americanas quase do mesmo modo que a mulher que ama pela primeira vez. Até a era do acariciamento, deviam-se ignorar todas as experiências pré-maritais do marido e se possível afastá-las da cabeça da mulher. Hoje em dia, todos estão condenados a imaginar até onde cada um chegou, com quem e em que circunstância. As convenções de franqueza que se desenvolvem exercem pressão sobre o velho preconceito baseado num duplo padrão, que prevalece ainda que repudiado, mas que ainda funciona como um véu. A velha exigência discreta para o noivo, que incluía o tabu de não demonstrar qualquer habilidade como amante, está sendo substituída pela determinação de começar com "uma conversa limpa". Começar assim significa quase sempre um enfrentamento claro de toda experiência sexual passada, sendo também uma maneira muito eficaz de mostrar que nada daquilo influi no casamento. Em vez de se oferecer ao outro a tranquilidade, a possibilidade de ouvir um pouco as batidas do outro coração, porque o som do seu próprio deixou de ser tão assustador, a tentativa é de oferecer ao novo casamento, que deve ser "para sempre", uma situação em que nenhum dado do passado é relevante.

A possibilidade de bloquear o passado, de entrar em uma nova situação, seja de trabalho, ou de amor com o tipo de inocência que lembra aos europeus algo adquirido por amnésia ou por uma pancada na cabeça, é uma atitude peculiarmente americana, desenvolvida pela necessidade de preparar ambos para o "voo", além de estar firmemente calcada no panorama imediato da sociedade[95].

Orientados para fora, para tempo, espaço e realidade concretas da vida, desenvolvemos a capacidade de corresponder prontamente, de aprender e usar os primeiros nomes, de aceitar as tristezas e alegrias do homem e da mulher que estão próximos de nós num trem ou numa sala como se fossem nossas. A nostalgia do passado não tem lugar num povo que tem que estar sempre buscando um trabalho melhor, uma moradia melhor, um novo modo de vida.

Para o imigrante polonês que veio para Nova Jersey ou do Massachusetts para Iowa ou do Illinois para a Califórnia, a nostalgia pela vida pregressa é uma profunda ameaça ao ajustamento no novo ambiente. Para os filhos dos imigrantes existe um novo perigo, não o de absorverem uma saudade direta da Polônia ou Massachusetts, mas de assimilarem a falta de senso de realismo dos pais, as raízes que repudiam, ou sua falta de raízes. Isso também tem que ser enfrentado e poderá sê-lo, tomando a realidade de hoje como única e ainda assim mantendo os olhos voltados para o futuro, que poderá ser diferente. Os americanos não acham chocante afirmar três vezes num ano a três moças diferentes "você é a única mulher que amei", porque a precedente é sempre definida como não amada,

---

95 ERIKSON, E.H. "Ego Development and Historical Change". Op. cit.

porque hoje sempre se ama uma outra. Amores passados, experiências pregressas existem para serem eliminados dali em diante. Cada parceiro traz para o casamento a convicção de que esta é a coisa real, a única realidade para ambos. Se isto fracassar, então é porque não era real, mas a próxima experiência poderá sê-lo. Cada emprego, cada lar, cada amigo, cada amante pode ser ardorosa, otimista e globalmente aceito e nenhum fracasso, à medida que o tempo passa, mostra a impossibilidade de um sucesso posterior, quando se trata de pessoas sadias.

Uma experimentação sexual em maior escala não contribuiu tanto quanto contribuiu muitas vezes para uma relação sexual mais informal no casamento. A "facilidade" continua sendo a memória suspeita de que o passado não ficou perfeitamente limpo e os fracassos anteriores conscientemente repudiados ainda existem como uma dura ansiedade. A preocupação exagerada com os outros, que é a versão americana do bom inter-relacionamento pessoal, em que cada um se preocupa temendo que os outros se preocupem, colocou uma pressão extraordinária na conduta sexual, maculando especificamente a espontaneidade. Quanto mais as mulheres compreenderem o que a satisfação sexual possa significar para o homem, mais elas se preocuparão de que seu marido não a esteja conseguindo. Quanto mais os homens se preocuparem se suas mulheres estão sendo satisfeitas, menos capazes se tornarão os parceiros de corresponder simples e imediatamente um ao outro. E a cultura americana oferece muito pouco campo intermediário entre o relacionamento contínuo com as vontades, desejos e esperanças, pensamentos e sentimentos dos outros e uma completa indiferença a tudo que não seja os desejos individuais. Esta possibilidade de que uma preocupação ativa pelos outros possa ser afastada por ser difícil demais é real e nada restará além de uma autoindulgência licenciosa que acompanha a conduta sexual americana, e que faz o casamento, este exigente casamento, parecer a única alternativa ao descomprometimento total, à exploração pura e simples da personalidade do outro. Os casos afetivos que não acabam em casamento são vistos como egoístas. Algumas vezes ambos os parceiros se exploram mutuamente, de modo que se retira o estigma moral de que um está fazendo o outro sofrer. Mesmo assim, a expectativa geral é de que qualquer coisa diferente de um compromisso definitivo e difícil não é compensador.

Este desejo de um comprometimento completo enquadra-se inteiramente na nossa forma tradicional de casamento, segundo a qual a Igreja e o Estado se aproximam, ao insistirem que a relação é para a vida toda e que nenhum casamento pode ser destruído, sem que se acuse alguém de ter propiciado o fracasso; se é que não se acusa de criminoso ou inimigo da sociedade. Toda a poesia, fraseologia ou expectativa de que o casamento dure "até que a morte os separe" sobrevive mesmo na maioria dos estados que concedem divórcios baratos e rápidos. A pressão pelo divórcio é bastante fácil de ser compreendida em muitos aspectos. A ênfase na escolha levada aos limites mais extremos significa, como em muitos outros aspectos da vida americana, que nenhuma escolha é irrevogável. As pessoas devem ter permissão de mudar se não lhes agrada a condição atual. Devem passar de um emprego a outro, devem mudar de escola, amigos, partidos políticos, filiações religiosas. Com a liberdade de escolha, vai o direito de mudar de opinião. Se é possível reparar os erros passados em todos os campos das relações humanas, por que o casamento deveria ser a única exceção? Se a escolha que fez um casal é que o tornou "um casamento real", então no momento em que se faz uma segunda escolha não haverá mais essa realidade. O cônjuge que se apega a esse tipo de casamento comete um dos piores atos na lista de pecados americanos, pois estará limitando a liberdade de outra pessoa, explorando e tirando vantagem do passado de alguém, do impulso esquecido, congelando o erro passado numa prisão atual. Quanto mais a psicologia e a literatura modernas põem ênfase no impulso da gratificação, tanto mais cada cônjuge se vê na obrigação de não limitar o impulso-gratificação do outro. Em cada triângulo, onde dois são casados, três se enredam justamente porque o homem ou a mulher desejada por dois outros tem a liberdade de escolher entre ambos. Porque ele ou ela podem conseguir o divórcio se amam realmente um terceiro. Não conseguir este divórcio é um ato hostil para aquele que estima ambos. Não dar o divórcio ao cônjuge parcialmente rejeitado é limitar a liberdade de duas outras pessoas. Os dilemas éticos que não surgem nos países onde Igreja e Estado não somente advogam e ensinam, mas pressionam o casamento para toda a vida, são frequentes e estão inevitavelmente associados ao grau de liberdade que existe nos Estados Unidos.

Assim, uma ética que é peculiarmente americana surge nos Estados Unidos para sustentar o código de casamento-divórcio, tão cheio de contradições. Os jovens são ainda estimulados a casar, como se pudessem avaliar se o casamento é para a vida e ao mesmo tempo assimilam um conhecimento sobre a grande percentagem de divórcios e a ética que mais tarde poderá torná-lo uma opção para eles. Há muito ataque por parte dos púlpitos e dos tribunais, afirmando que os que se divorciam são egoístas e autoindulgentes. Mas se o divórcio estivesse limitado a essas pessoas, haveria poucas separações e certamente se poderia induzir os jovens a concebê-lo como uma coisa capaz de suceder a outro tipo de pessoas que não eles próprios. O divórcio está hoje tão inserido em nossa ética, que maridos e mulheres deitam insones e se perguntam: "devo divorciar-me?", "ela seria mais feliz com outra pessoa?", "ele se desenvolveria mais com outro parceiro?", "estou estragando sua vida?", "não é errado permanecer com alguém por mera lealdade?", "que se passará com as crianças se tomarmos essa decisão?", "não será ruim para elas viver num lar com tanta tensão?" Não somente existe a possibilidade de que qualquer casamento acabe em divórcio, exceto naqueles casos em que *ambos* os parceiros estão profundamente ligados a alguma ortodoxia religiosa, como também a fundamentação do divórcio como algo que pelo menos um dos parceiros *deve* conseguir difunde-se por todo o país, acelerando as expectativas e tornando o casamento muitas vezes mais difícil.

Difícil em dois aspectos: porque a expectativa de continuidade ainda é grande a ponto de tachar a volubilidade como um fracasso e até um pecado e também porque a insegurança da vida americana quanto ao casamento simplesmente se soma a outras. Nos Estados Unidos, onde qualquer *status* é relativo, onde toda ocupação pode ser perdida, onde os homens são julgados pelo muito ou pouco que conseguem avançar, às vezes pelo avanço global que conseguiram, mas nunca pelo que são simplesmente, o casamento atuou para as gerações passadas como um refúgio contra esta eterna incerteza, contra a exigência de um esforço cheio de ansiedade. Se os homens venciam ou fracassavam, lá estava a mulher; não importava se era inválida, má dona de casa, ou mãe incompetente ou um modelo de perfeição; lá estava também seu marido, em muitos casos para reafirmar a qualquer pessoa normal de que aqui havia um porto em que o navio podia ancorar, onde os ventos do sucesso e do fracasso sopravam com menor intensidade. Era seguro ser romântico quando não havia perigo real de um novo romance.

> Quando eu for seu amor, para sempre e cada dia
> E ela minha amada fiel até que seus cabelos de ouro
>   embranqueçam;
> Seremos tão felizes que, quando nossas bocas
>   emudecerem,
> No céu não voltarão a sorrir até que um beijo mútuo as desperte[96].

---

96 "An Old Sweetheart of Mine". In: EITEL, E.H. (ed.). *The Complete Works of James Whitcomb Riley*. Vol. 1. Indianápolis: Bobbs-Merrill, 1913, p. 68-72.

Estes são versos que poderiam ser apropriadamente escritos num poema dedicado à mulher de qualquer pessoa, cujo nome é "Minha Amada Antiga"; o romance não precisou ser por demais testado para saber se havia outra escolha; depois do altar, nada voltou a ser questionado.

Mas hoje em dia, com o reconhecimento crescente de que o divórcio pode sobreviver a qualquer casamento, apesar de dedicado e consciente, apesar de todo o amor que cada cônjuge sentia inicialmente, a relação é algo sobre o qual se tem de trabalhar a cada dia. Tanto quanto o marido enfrenta a possibilidade de perder seu trabalho, a mulher enfrenta a situação semelhante, percebendo-se sem companhia, fora da carreira que escolheu, possivelmente com filhos pequenos para cuidar. Tanto o marido quanto a mulher enfrentarão a necessidade de se reescolherem mutuamente, de reorganizarem e restabelecerem os termos nunca permanentes de sua mútua escolha. A mulher de papelotes pode ser substituída por uma que põe batom antes do marido acordar e o homem sonhador acaba reconhecendo que os seus olhos sonham com menos felicidade, posto que a qualquer momento percebe que nele sonha com alguém que escolhera em lugar da mulher. Assim, como é obrigação dela fazer-se continuamente desejável, é obrigação dele não se colocar em situações que tornem outras mulheres mais desejáveis para si. Isto quer dizer que não deve sair em companhia do outro sexo, à exceção de uma mulher. Significa que os flertes casuais se revestem de um caráter ameaçador, que os europeus recentemente chegados à América acham difícil compreender. Onde há liberdade para o divórcio, há menos para as relações casuais ou para os amores apaixonados fora do casamento.

Contudo, a expectativa de persistência, ainda baseada, é claro, em estatísticas – em que pesem os divórcios frequentes em alguns grupos de idade, muitos casamentos há que ainda são permanentes – não só não fornece proteção a uma nova relação, mas a compromete. Porque a conduta americana no casamento, aquela que os jovens aprendem em seu lar por experiência própria e dos amigos dos pais, é algo que depende da finalidade do casamento. Os desentendimentos, o mau humor, negligência e teimosia podem merecer tipos diversos de concessão dentro de uma situação que não se pode alterar. Mas os mesmos desentendimentos retornam às perguntas: "Você quer o divórcio?" "Eu quero o divórcio?" "Ela quer o divórcio?" "Será que isso é o fim?" "É para isso que caminhamos?"

Não há razão para não desenvolvermos recursos e costumes apropriados à maior fragilidade do casamento na América; eles são extremamente necessários, pois parece duvidoso que ocorra a outra solução, isto é, a sistematização das leis do divórcio. Uma vez que elas se tornem parte de nossa ética, como já são para muitos setores nos Estados Unidos, voltar à situação antiga tornar-se-á um passo nitidamente regressivo. As razões mesmas que tornaram o divórcio necessário, a acentuada heterogeneidade de nossa população, as nítidas chances de desajustamento da escolha conjugal livre em nosso sistema continuariam a existir. Quanto mais o desenvolvimento se voltar para a busca de um novo padrão de conduta, mais ele satisfará às novas condições. E há sinais que esse novo padrão está se desenvolvendo.

Num padrão matrimonial que aceita o fato de que o casamento *poderá ser* para toda a vida, *pode sê-lo,* mas talvez não seja, é possível tentar a busca de formas de estabelecer um tipo de continuidade mais adequado à criação dos filhos, considerados imaturos até mais ou menos os 20 anos. Embora seja possível argumentar e apresentar os dados de que as crianças são mais prejudicadas quando vivem num lar infeliz que as faz absorver os ressentimentos falados e calados de pelo menos um dos pais do que quando vivem numa relação melhor com apenas um deles, não é possível atualmente dizer que uma criança fica melhor num lar cindido do que num integrado. Um dos ensinamentos mais importantes para as crianças humanas é como se tornarem membros plenos de seu próprio sexo e ao mesmo tempo se relacionarem profundamente com o sexo oposto. Isso não é fácil e requer a presença continuada do pai e da mãe para pôr-se em prática. Para que a criança aprenda como segurar uma criança em seus braços, ela precisa ser segurada. E deve conhecer como um membro do sexo oposto segura uma criança. Ela precisa conhecer os braços de ambos os pais. Ela deve ver que os pais, acompanhando seu impulso de desenvolvimento, disciplinam e moldam seus próprios impulsos, de modo que ela esteja protegida. Deve ver que na adolescência é libertada por ambos, indo em direção ao mundo. Idealmente, ambos os pais estarão próximos para abençoar e opinar sobre o casamento e ajudar os filhos adultos a assumir o papel paternal através da maneira pela qual assumem a condição de avós. Este é caminho pelo qual os seres humanos adquiriram uma dimensão plena e até hoje não conhecemos forma melhor.

Sabemos, contudo, que essa continuidade tem um caráter diverso numa sociedade estável e noutra em mudança; numa sociedade homogênea e noutra heterogênea. Numa sociedade em mudança como a nossa, os modelos nunca podem ser muito perfeitos e devem ser muito menos detalhados. As filhas não aprendem a fazer o pão que suas mães preparavam. Na melhor das hipóteses, elas aprendem a compartilhar o alimento com sua família, com um alimento diferente e preparado de outra maneira. A forma pela qual alguém vai parecer e sentir, agir e pensar com 70 anos não pode ser prevista nos seus detalhes concretos através dos óculos de aro dourado da vovó ou da bengala do vovô. No máximo, algo do vigor com que caminham pelos seus 80 anos, da placidez com que sentam ao sol e se lembram dos hinos que cantavam quando crianças. Poderão tornar-se parte da fé da criança na vida futura. Há necessidade de desenvolver formas de educação que suplementem a especificidade de uma única família, que tornem possível à criança aprender modos de sentir e agir, passíveis de serem utilizados num mundo ainda não nascido e que a imaginação dos mais velhos é impotente para prever. Esse mundo será mais pobre se a criança aprender padrões de conduta tão concretos e particulares que vinte anos mais tarde ficará peregrinando; tornando-se pessoas saudosas de um modo de vida perdido. Já sabemos bastante para evitar isso; um jardim de infância pode traduzir e ampliar a experiência doméstica da criança, tornando-a disponível aos outros. Os preceitos paternais podem passar do típico "não coma na rua", "não toque a campainha mais de três vezes", "nunca aceite o presente de um homem que você não possa usar de uma vez ou então devolver" para um tipo diferente de ensinamento que inclui o reconhecimento de que a alimentação deve ser sempre disciplinada de modo a fazer com que as pessoas gostem de se alimentar na companhia de outros, de que as ficções sociais são úteis e devem ser respeitadas, e a relação entre os sexos necessita de algum tipo de padronização para proteger as partes envolvidas. Mas é coisa complicada aprender como transmitir um padrão de tal forma que a próxima geração tenha a sua proteção sem transformá-lo em prisão, fazer discriminações sutis sem que se criem condições para novas discriminações. Talvez nunca se repita ou complete tal padrão, desenvolvendo-se um que é próprio. O acaso será maior do que nas velhas sociedades tradicionais, onde cinco gerações brincavam de esconde-esconde sob a mesma macieira, onde se nascia e morria num mesmo leito.

    Uma das características específicas da sociedade em mudança é a possibilidade de adiar a maturidade e de ocorrerem mudanças tardias na vida dos indivíduos mais flexíveis e mais complexos. Nas sociedades muito simples, as crianças completam a aceitação de si e de seus papéis na vida em torno de 6-7 anos, passando a esperar somente a maturidade física para assumir sua plena condição. Mas na maioria das sociedades, a adolescência é um período de reexame e uma possível reorientação do ser para objetivos explícitos da sociedade. Em culturas como a nossa poderá haver uma segunda ou terceira adolescência e os mais complicados e sensíveis poderão ainda morrer questionando, ainda capazes de se modificar, começando como Franz Boas, por exemplo, a reler o folclore do mundo com 77 anos, à luz de novos desenvolvimentos teóricos. Nenhuma pessoa que valora a civilização, que compreende como o homem tece o tecido de sua vida a partir de sua própria imaginação aplicada às recordações do passado, à experiência do presente e à esperança do futuro, verá esta maturidade adiada, esta possibilidade de crises de adolescência que sempre voltam e de mudanças no plano de vida como algo diverso de um benefício.

Mas o mundo em que as pessoas podem reorientar toda a vida aos 40 ou aos 50 anos é aquele em que o casamento para toda a vida se torna mais e mais difícil. Cada cônjuge recebe o direito e os meios para seu próprio desenvolvimento. Ambos poderão descobrir um talento escondido exteriorizando-os ou repudiando uma tendência neurótica paralisante, modificando-se. Desde que as mulheres se tornaram educadas, o casamento passou a perigar em função do possível desenvolvimento ou fracasso da capacidade de crescer do marido e da mulher: "Ele a desenvolveu". Ou então a forma menos comum, mas cada vez mais frequente: "Ela o desenvolveu". Numa sociedade em que a mobilidade é partilhada por todos os indivíduos e em que cada indivíduo pode morrer longe da classe social onde nasceu ou devotar sua vida à luta contra uma mobilidade descendente – único recurso deixado à classe alta – o perigo de que os cônjuges percam o ritmo um do outro torna-se muito grande. Deve-se adicionar "a capacidade de se desenvolver" a todas aquelas exigências exorbitantes de um companheiro perfeito, selecionada entre todo um mundo, embora com características próximas do seu próprio. Os pais arapesh fazem pequenas magias ansiosas para manter mais baixa que a de seu jovem marido a estatura da jovem que cresce depressa demais, senão o casamento se arruinará pela disparidade. Mas os namorados americanos não têm nem métodos adivinhatórios nem magia preventiva para assegurar-lhes que crescerão e mudarão de visão. Somente o reconhecimento do problema pode ajudar a resolvê-lo, de modo que os jovens parem um momento em suas escolhas, avaliando se ele ou ela farão um companheiro para a vida, adicionando a outros critérios a "capacidade de se desenvolver num ritmo mais ou menos semelhante". E eles poderão até aprender como tratar os fracassos como tragédias, mas nunca como traição pessoal. Um dia, uma discrepância descoberta e intransponível nesse ritmo de "crescimento" pode se tornar uma razão realmente legítima para o divórcio, de modo que o casal vai aceitá-la tão simplesmente como aqueles que aceitam a falta de filhos como uma razão de separação. Uma vez que se reconheça que a mudança no ritmo de desenvolvimento é simplesmente uma função da vida num mundo moderno e complexo, então o casamento que desenvolve uma discrepância perigosa poderá necessitar de uma ajuda profissional tanto quanto pais estéreis buscam uma clínica de fertilidade. E lá muitos podem ser ajudados, enquanto para outros nada pode ser feito. Mas toda uma forma de encarar a vida poderá modificar-se. Por milhares de anos, homens e mulheres insultaram fantasmas e demônios, bruxas e elfos e a feitiçaria da outra tribo, sobretudo a inferioridade ou maldade de um ou de outro pela falta de filhos. Mas hoje em dia é possível procurar o especialista, desde o fisiologista ao psiquiatra, podendo-se evitar dramas desnecessários ou tornando mais aceitáveis aqueles que não se podem evitar. Assim, como não existe um bom casamento sem que ambos escolham plenamente, não há um bom divórcio quando não foi escolhido por ambos os parceiros. Entre os negritos das Filipinas, onde homens e mulheres pequenos e vigorosos obedecem implicitamente ao chefe numa sociedade que mais parece a infância do nosso mundo, quando ambos os parceiros pedem divórcio, ele é imediatamente concedido. Simplesmente não houve casamento. A aceitação de uma fé religiosa inclui o ideal e o compromisso da ligação indissolúvel traz consigo a dignidade para o homem. Mas o casamento civil que une qualquer casal que se escolheu mutuamente, que não apresenta impedimentos legais e que depois não permite a escolha de um fim para a relação é a inversão de todos os valores da dignidade humana. Há pelo menos 71 milhões de afiliados religiosos nos Estados Unidos, sendo que não têm certeza, através da fé, de que estão em condições de manter o casamento para sempre. E para os outros 61 milhões deve-se encontrar um padrão que torne possível a cada casal trabalhar abertamente para a manutenção de seus casamentos.

Há sinais de que uma vigorosa geração jovem está pondo em prática exatamente isso. Ela está aprendendo a lidar com a liberdade pré-conjugal inédita e contraditória que lhes foi concedida pela sociedade, de modo que, conhecendo as regras, poderão mantê-las. Ela está aprendendo a conter suas expectativas de se apaixonar, de modo que a garota, encontrada por acaso na estação e que se torna a companheira, será mais uma imagem cinematográfica do que da vida real, onde é mais possível que seja uma decepção. Ela está desenvolvendo novos padrões de conduta para se autoconhecer, para modificar o noivado longo demais, cujas estilizações são hoje artificiais e de pouca sinceridade. Em vez da velha teoria de que a jovem "acordaria depois do casamento" e a exigência compensadora posterior de casamento-tentativa, surgem novos métodos de se relacionar e demonstrar confiança mútua. Isso inclui situações mais numerosas de envolvimento parcial. O envolvimento lento de maior número de relações nesse casamento possível, a previsão de mais retiradas com uma dignidade de cada parceiro intocada. Ela faz exigências mais realistas sobre a personalidade do futuro companheiro, de certo modo a partir do reconhecimento imparcial de quantos casamentos da geração da guerra se desintegraram pelas pressões da ausência, de moradia e assim por diante, revelando uma falta dos elementos que façam com que tenham continuidade nos Estados Unidos de hoje[97]. Enquanto isso, a sociedade como um todo está se tornando mais consciente das fortes pressões impostas ao casamento e da necessidade de novas medidas de preparação pré-matrimonial, cursos pré-maternais e de serviços de casa, reduzindo essa pressão exercida sobre o jovem casal de quem se solicita construírem sozinhos um caminho único na vida, num mundo em que nenhum dos dois jamais viveu. Para que haja o cuidado protetor que os grupos de parentesco, os velhos da tribo, os conselhos familiares e de pais concederam aos jovens, necessita-se de instituições sociais mais amplas que desempenhem a mesma função pela forma nova que se desenvolve lentamente e a despeito de uma grande resistência.

Ao mesmo tempo, os jovens casais parecem estar mais ansiosos por filhos do que num passado imediato. Os filhos não são mais vistos como uma parte inevitável, uma pena a cumprir no casamento, mas como um valor que pode ser conscientemente buscado e elaborado, um valor que torna a vida boa de viver. A exigência de uma correspondência entre marido e mulher é sentida aqui: é a exigência de que ambos compartilhem da mesma escolha no planejamento da família, das alegrias e cuidados com os filhos. Na medida em que diminuem as horas-trabalho e o sábado livre se torna uma instituição nacional, muitos dos pecados do lar de subúrbios em benefício dos filhos desaparecem, nunca voltando a se repetir o caso do pai que nunca chegava a tempo de ver

---

[97] Os divórcios, em 1945, após a guerra, existiam na proporção de um para cada três casamentos, e, segundo William F. Ogburn, eles cairiam para um divórcio em cada cinco ou seis casamentos.

os filhos e que estava sempre cansado no domingo. Dois dias de lazer em sete concedem liberdade, de modo que os homens muito fatigados possam repousar, afrouxar os cintos, chutar os sapatos e começar momentos agradáveis com os filhos. A definição dos filhos como alegria e não como dever se difunde rapidamente, embora todas as pessoas voltadas para o dever se perguntem muitas vezes: "Desfruto suficientemente a presença de meus filhos? E eles, apreciam a minha?"[98]

Quaisquer que sejam as possibilidades para a ansiedade, o casamento que é responsável, escolhido em um modo de vida alegre, parece ser fórmula possível para os descendentes dos puritanos, em vez de uma simples reação infeliz à falta de ortodoxia, em que um dever para uma entidade sem nome substitui patética e impropriamente o dever para com Deus. Na medida em que todo casamento e toda paternidade se tornam mais responsáveis, o religioso ortodoxo se sentirá mais seguro, menos ameaçado pelos padrões em desintegração de uma sociedade onde tantos vivem sem dispensar a religião.

Mas se esses novos padrões de responsabilidade devem desenvolver-se, então é crucial que tanto na teoria como na prática o divórcio possa sobrevir a qualquer casal, exceto àqueles em que a religião de ambos os parceiros proíbe. Deve-se acabar com o estigma de fracasso e pecado, com a indignidade de leis de divórcio que exigem acusação ou conluios. Devem-se desenvolver práticas sociais de modo que o fim do casamento possa ser anunciado tão sóbria e responsavelmente como o seu início. Isto significa um tipo de ponto-final ao sofrimento dos americanos que têm achado difícil pôr em prática essa atitude, tanto em relação à morte quanto ao divórcio. Alegramos com o nascimento e com os casamentos,

---

98 OGBURN, W.F. "Who Will Be Who in 1980". In: *New York Times Magazine*, 30/05/1948, p. 23.

embora mais e mais afastemos a morte do cenário sem cerimônias, sem a oportunidade de moços e velhos compreenderem que ela é tanto um lado da vida quanto o casamento. Um mundo que sempre diz "deixemos que os mortos enterrem os mortos" é um mundo feio em que os cadáveres apodrecem nas ruas e os vivos têm que correr para manter suas vidas. Um casamento acabado é triste, um casamento terminado com uma morte é infinitamente triste. (Em 1947, em cada cem famílias, doze se desfizeram, sendo que nove por viuvez, uma por divórcio e duas por separação.) Tudo é parte da vida. Se reconhecemos que vivemos numa sociedade onde o casamento é finito e que em alguns casos deve sê-lo, poderemos dar a cada novo par e a cada velho par uma chance de reconhecer os problemas que enfrentam e de fazerem esforços verdadeiros para superá-los. O casamento era certa vez um porto, do qual muitos casais partiam em barcos seguros; deitavam-se neles e apodreciam, e seus destroços soçobraram na praia. Ele é hoje uma viagem em alto-mar, sem portos, onde cada parceiro se obriga à vigilância, o reconhecimento profundo de que o navio deve continuar. Cada tipo de casamento pode ser dignificado e compensatório, se os homens assim o escolhem.

Enquanto o divórcio for considerado uma desgraça pela qual, contudo, ninguém é punido, algo que deve ser escondido, embora suscetível de ocorrer a qualquer um, pode-se esperar um aumento dos casamentos irresponsáveis, em que os pares simplesmente afirmam: "Se não der certo, nos divorciamos". Com esta atitude, a safra de separações será abundante; mas se os jovens afirmam: "Conhecendo os problemas, faremos um esforço de manter nosso casamento", então o número de casamentos e divórcios irresponsáveis começarão a decrescer. Mas a sociedade deve reconhecer e honrar aqueles que tentam uma segunda vez, reconhecendo a crença no casamento tão bem sintetizado no título do filme: "Desta vez, para sempre".

18
A CADA UM O SEU

Vimos como as crianças de ambos os sexos aprendem de seus corpos e da maneira pela qual os outros reagem a eles que pertencem ao sexo feminino ou masculino; e vimos que um ou outro sexo pode ser considerado como o mais pleno, enquanto o outro é uma versão pálida, compensatória ou imperfeita do primeiro. Vimos que a menina pode sentir-se como um ser incompleto e passar sua vida tentando imitar as realizações masculinas e que igualmente o menino poderá sentir-se incompleto e passar a vida em imitações simbólicas e fantasiosas da maternidade feminina. Cada sexo pode ser distorcido pela presença do outro tanto quanto poderá receber um sentido mais pleno de si próprio. As duas soluções são possíveis; nenhuma é inevitável. Se os pais definem que uma criança é menos completa, menos potencialmente dotada e que tem menos direito a ser livre, menos direito a reclamar amor e proteção ou ainda é fonte de orgulho menor para eles, essa criança em muitos casos sentirá inveja. Se a sociedade define cada sexo como tendo qualidades inalienáveis e valiosas que lhe são próprias mas que não as relaciona às diferenças reprodutivas dos sexos, então cada sexo poderá sentir-se orgulhoso e forte, mas alguns valores que surgem com o contraste entre eles estarão ausentes. Se as mulheres são definidas sem referência a sua maternidade, os homens poderão achar que sua própria masculinidade é inadequada, porque a sua perpetuação pela paternidade também perde sentido. E se os homens são definidos mais em termos da paternidade do que de amantes, as mulheres acharão que suas próprias capacidades de companheiras foram abandonadas em favor de sua capacidade para a maternidade. Exteriormente, num período dado da história, num quadro social, parecerá que um sexo ganha enquanto o outro perde. Mas tais ganhos e perdas serão afinal temporários. Na medida em que se nega às mulheres o direito de usar seu cérebro, tanto seus filhos quanto suas filhas sofrerão com isso. Uma ênfase exagerada na importância da virilidade tornará a vida do homem instrumental; a mesma atitude para com as funções reprodutivas da mulher tornará sua vida também instrumental. Se nossa análise é suficientemente profunda e nossa perspectiva de tempo suficientemente ampla e se temos em mente todas as várias possibilidades que outras culturas anexaram ou incorporaram plenamente, é possível dizer em que medida um dos sexos sofre desvantagens, a cultura fica mais pobre e o sexo que, por assim dizer, "herda a terra", herda somente um legado bastante parcial. Quanto mais completa a cultura tanto mais completos serão seus membros, cada homem, cada mulher e cada criança. Os sexos são moldados desde o nascimento pela presença e pela conduta de ambos e cada sexo é dependente de ambos. Os mitos que mostram grupos de mulheres que vivem a sós sempre contentes, como era de se esperar, mostram sempre defeitos. Um mundo com um único sexo seria imperfeito, porque não teria futuro. Somente a negação da vida torna possível negar a interdependência entre os sexos. Uma vez que esta interdependência é reconhecida e traçada nos seus mínimos detalhes, as primeiras experiências da criança com o contraste entre a aspereza do rosto barbado e da voz mais profunda do homem e a pele suave e a voz mais aguda da mulher, qualquer doutrina que proclame que a plenitude de um sexo pode ser conseguida sem levar o outro em consideração fica automaticamente desacreditada. A consideração isolada da posição da mulher torna-se tão parcial quanto a consideração isolada da posição do homem. Ao invés disso, devemos pensar como viver num mundo de dois sexos, de modo que cada um se beneficie de todos os aspectos de cada expressão da presença de ambos.

Insistir na construção de um mundo em que ambos os sexos se beneficiem não significa querer apagar ou negar a vulnerabilidade diferencial de cada um, os aprendizados mais difíceis para os meninos, os aprendizados mais duros para as meninas ou os períodos de maior vulnerabilidade física tanto num sexo quanto no outro. Não significa que queremos negar que, quando ambos os sexos são mais educados pela mãe do que pelo pai, o aprendizado será diverso na medida em que o menino aceita como pessoa mais amada alguém que é diferente dele e a menina alguém que é igual a ela. Nesse caso sabe-se que, quando se estabeleceram os contatos mais profundos com o mundo através de suas pequenas bocas, num sexo isso será um protótipo das relações adultas, mas com o outro será diferente. Nem significa também que deixamos de reconhecer o período em que o sexo da menina está muito menos evidente do que o do menino. Enquanto ele está orgulhoso e exibitivamente seguro de sua masculinidade, ela tem que ignorar aquilo que parece ser uma deficiência sua em favor de uma futura maternidade prometida. Significa reconhecer que o treino para o controle da eliminação, para planejar, responder, inibir apropriadamente em termos de tempo e espaço tem impactos diversos no menino e na menina. Significa também reconhecer que como as crianças se baseiam na conduta de homens e mulheres adultos para obter elementos do que serão seus futuros papéis, a evidência da gravidez, que a menina pode desejar, ajuda a obscurecer o papel paternal que é muito mais difícil para a imaginação do menino apreender. Tal como a menina fica vulnerável a arranjos sociais que parecem negar-lhe qualquer liberdade – seu direito de usar sua mente e seu corpo da maneira como é permitido a um menino – ele fica vulnerável a costumes culturais que lhe exigem esforços que estão além de sua capacidade. É o caso da "realização na vida", definida como necessária para validar uma masculinidade que, de outra forma, seria imperfeita.

Dar a cada sexo o que ele merece, o reconhecimento pleno de suas vulnerabilidades específicas e necessidades de proteção, significa ver além das semelhanças superficiais do período da segunda infância, quando meninos e meninas, abandonando muitos dos problemas de ajustamento sexual, mostram-se tão desejosos de aprender e aptos a aprender as mesmas coisas. Mantidos próximos por um sistema escolar que fecha os olhos à rapidez com que as meninas se distanciam dos meninos na estatura e à facilidade que possuem de aprender certos tipos de lição, sabemos que os meninos poderão sofrer danos nesse período. O menino poderá ter medo da superioridade da menina e a menina, medo de ser superior ao menino. Cada medo é uma subtração ao pleno desenvolvimento sexual posterior e opera neles diferentemente, tornando-o zangado e irritado com as realizações dela e tornando-a medrosa e frustrada com seus próprios dotes. Na puberdade, surge novamente a diferença. Sua chegada na menina é definida e clara. Somente costumes culturais que insistem que a idade cronológica é mais importante que a maturidade ou que fracassam no reconhecimento de que tanto a maturidade prematura quanto a tardia são normais, poderão pôr a jovem tão em dúvida sobre si própria e sobre sua plena condição sexual quanto o jovem que reage a sinais menos precisos e definidos de sua puberdade.

    Como adultos jovens prontos para o relacionamento sexual pleno, tanto o rapaz como a moça estão limitados pelo caráter definitivo de uma experiência sexual plena para a mulher se comparada à do homem. Essa irreversibilidade da ruptura do hímen marca a espontaneidade do homem e da mulher. Há novamente aqui uma mudança no relacionamento sexual pleno. O homem poderá viver outra vez as fantasias de uma reentrada no corpo da mãe, enquanto a mulher deve aceitar sua obrigação e o desejo de tornar-se o corpo em que se abriga uma nova vida. Quando lhe nasce um filho de sua plenitude sexual, sua possibilidade de conceber, portar e dar à luz um outro ser humano fica assegurada e não lhe pode mais ser retirada. O homem que fertilizou uma mulher não tem essa plena segurança. Sua paternidade é, afinal de contas, inferencial. Sua plenitude tem que ser reafirmada mais por uma potência contínua do que por uma paternidade realizada. E com o avanço dos anos, a mulher viverá aquele momento em que desaparece sua maternidade produtiva tão irrevogável e claramente quanto o dia em que surgiu a menarca. Mas a perda da paternidade potencial por parte do homem, com a diminuição gradual de sua potência, é indefinida e reversível. E não tem a qualidade de um único acontecimento devastador, que caracteriza o modo pelo qual muitas mulheres passam pela menopausa, nem é uma aceitação pacífica de uma etapa consumada na vida, coisa também possível em outras tantas mulheres. O homem mantém as recompensas e riscos psicológicos que acompanham um processo de envelhecimento menos definido.

    Nossa tendência atual é a de minimizar todas as diferenças no aprendizado, no ritmo, no tipo e na dosagem das recompensas e até tentar anular as diferenças específicas tidas como vantagens de cada sexo. Se é mais difícil treinar rapazes, vamos treiná-los mais duramente. Se as meninas crescem mais rápido que eles, vamos separá-los de modo que não sofram. Se as mulheres têm um pouco menos de força que os homens, que se inventem máquinas para que elas possam fazer o mesmo trabalho. Mas qualquer ajustamento que minimize a diferença, a vulnerabilidade em um sexo, a força diferencial em outro, diminui as possibilidades de mútua complementação, correspondendo simbolicamente ao abandono de receptividade construtiva da mulher e da vigorosa atividade construtiva exterior do homem, condenando-os a uma pálida versão da vida humana na qual a cada um é negada a plenitude de humanidade que deveria possuir.

Devemos proteger ambos os sexos nos momentos mais vulneráveis, protegê-los e acompanhá-los através das crises que muitas vezes são mais duras para um do que para outro. Mas assim como protegemos, devemos também manter as diferenças. As simples compensações para a mulher não são mais que uma forma de negação.

Mas se cada sexo deve realizar-se plenamente, cada menino e cada menina deve também sentir-se como ser humano total. Somos primeiro seres humanos e enquanto a condição de um sexo rapidamente ultrapassar o sentimento de raça, de modo que o menino de uma raça que se vê como superior deseja mais ser homem de uma raça inferior do que mulher de sua própria raça, as pessoas não podem escolher não serem humanas. O homem mais arrogante desanimaria com a opção de manter sua masculinidade às custas de tornar-se um animal qualquer. A mulher mais profundamente maternal não desejaria transformar-se, nos mesmos moldes, para não perder sua feminilidade. Humanidade a qualquer preço, com a graça de Deus, um ser humano de meu próprio sexo sintetiza plenamente os sentimentos de homens e mulheres com todas as culturas do mundo. Podemos fazer com que desejem ter nascido no outro sexo, perturbando assim o funcionamento pleno e feliz de uma pessoa. Mas, de qualquer modo, ninguém trocaria sua humanidade. Vimos quão problemáticas podem ser as convenções pelas quais a sociedade diferencia os sexos. Todas as sociedades humanas criam e mantêm divisões do trabalho e expectativas de personalidade artificiais para os sexos, limitando a humanidade de um ou outro. Uma das formas que tomam as distinções é a de negar a diferença existente entre os membros do mesmo sexo e insistir que todos os homens devem ser mais altos do que as mulheres, de modo que aquele que não se encaixar nessa distinção é menos homem. Esta é a forma mais simples de convenção que causa prejuízos. Mas há milhares de outras, criadas por nossa omissão em reconhecer a grande variedade de seres humanos que estão hoje misturados numa grande *mélange* que inclui contrastes de temperamento tão grandes quanto o de um coelho que cruzasse com um leão ou um carneiro com um leopardo. Característica por característica, que mostram que as diferenças dentro de um sexo são difíceis de superar, aparecem artificialmente designadas como masculinas ou femininas. A pilosidade pode ser repudiada por ambos os sexos, sendo os homens forçados a fazer a barba e as mulheres a depilar as pernas e as axilas. Esta mesma pilosidade pode ser uma prova de masculinidade de modo que as mulheres raspam a cabeça e os homens usam cachos falsos. Barbear-se leva tempo, mas o homem que não tem barba sente-se mal e as mulheres que têm alguns fios de cabelo entre os seios poderão passar por bruxas e mesmo assim o ajustamento a esses estereótipos se faz de modo relativamente melhor do que quando as diferenças de personalidade são reduzidas a uma única forma. Se a iniciativa está limitada a um sexo especialmente nas relações sexuais, um grande número de casamentos oferecerá distorções, podendo se destruir na medida em que aquele que tiver negado sua iniciativa puder ser exatamente quem tenha condições para tal. Assim, ou a pessoa se retira ou oculta os fatos, manipulando e falsificando a relação. O que se dá com a iniciativa também se dará com a atitude de responsividade. Cada sexo é capaz de ter certos tipos e certos estilos de iniciativa e alguns indivíduos de cada sexo, se querem agir como indivíduos plenos em certos momentos e lugares, devem tomar a iniciativa em relação ao outro, ou serem apenas responsivos à iniciativa, a despeito do seu sexo. Se os estereótipos proíbem isso, é ruim para ambos. Podemos subir a escala, a partir de simples diferenças físicas, através de definições complementares que superafirmam o papel da diferença sexual, estendendo-o impropriamente a outros aspectos da vida, a estereótipos nas atividades complexas tais como as que envolvem atividades do intelecto, como arte, política e religião. Em todas essas realizações complexas da civilização, essas atividades que são a glória da humanidade e das quais depende nossa esperança de sobrevida no mundo que construímos, há esta tendência a divisões artificiais que limitam a atividade a um sexo. Pela negação das potencialidades reais dos seres humanos, limitamos não somente homens e mulheres mas o próprio desenvolvimento da atividade. O canto pode ser tomado como um exemplo muito simples. Há sociedades em que ninguém canta, a não ser uma canção dura, rítmica e sombria. De modo bastante significativo, os Manus, que construíram semelhanças as mais grosseiras entre o homem e a mulher, são esta sociedade. Há sociedades em que as mulheres cantam e os homens cantam em falsete. Houve provavelmente sociedades em que os homens cantavam e somente as mulheres que podiam cantar fino tinham permissão para fazê--lo. Há sociedades que desejam atingir a beleza plena do coro, o que diminuía as possibilidades da voz humana, mas pela relação entre religião e música também quiseram banir as mulheres do coro, por não terem condições para um papel ativo na Igreja. A voz da criança de sexo masculino era aparentemente um bom substituto. É o caso também dos eunucos e talvez consigamos uma música modelada sobre uma orquestração perfeita de vozes, mas às custas da exclusão das mulheres e da castração de homens.

  Através da história, as atividades mais complexas têm sido definidas e redefinidas ora como femininas, ora como masculinas, ora como de nenhum sexo, algumas vezes utilizando-se da potencialidade de ambos, outras vezes situando-os diferencialmente. Quando uma atividade, na qual ambos poderiam contribuir – e provavelmente todas as atividades complexas aqui se enquadram –, está limitada a um sexo, perde-se uma rica qualidade diferencial para essa atividade. Uma vez que uma atividade complexa é definida como pertencente a um sexo, a entrada do outro torna-se difícil e comprometedora. Não existe um tabu pesado em Bali contra a mulher ou o homem que deseje praticar uma arte específica de outro sexo. Mas a pintura em Bali tem sido uma arte masculina. Quando uma jovem bem-dotada da aldeia de Batoean, onde havia já uns sessenta jovens experimentando a moderna inovação de pintura no papel, tentou um novo tipo de pintura desenhando o que via e não fazendo representações estilizadas do mundo como na pintura tradicional, os jovens artistas ironizaram-na e desencorajaram-na até ela abandonar seu estilo, passando a fazer imitações pobres dos rapazes. A diferença específica de sexo, que lhe possibilitou ver de modo um pouco diferente e por isso ser quase uma inovação, tornou-a tão vulnerável que sua criação pôde ser destruída. Da mesma forma, a entrada de um sexo nas atividades do outro, tendo ele ali menos prestígio, pode ser simplesmente destruidora. Na Samoa antiga, as mulheres confeccionavam belos tecidos de casca de árvore pressionando as linhas flutuantes e lindamente suaves contra panos nos quais o padrão era cosido com linhas de folhas de coco. Quando foram introduzidas ferramentas de aço, os homens, por serem conhecidos como escultores, aprenderam a esculpir em pedaços padronizados de madeira, que era mais forte e mais fácil para a tarefa do que as esteiras velhas e frágeis. Mas os desenhos se ressentiram, na medida em que foram feitos por uma arte na qual eles não tinham sensibilidade, tornaram-se rígidos e grosseiros e mesmo as tentativas das mulheres de devolver alguma liberdade aos desenhos, pintando mais imitações do que usando as placas de madeira, fracassaram. Na religião, encontramos o mesmo problema. A experiência e a liderança religiosa são permitidas a um único sexo e a ocorrência periódica de visões por parte do outro sexo pode ser castigada. Uma mulher poderá ser alcunhada de bruxa, enquanto um homem ser chamado de invertido. O quadro do dote real e a definição social do papel sexual podem tornar-se tão confusos que se chegam a padrões finais institucionalizados, misturando inversão sexual, travesti e funções religiosas, como em algumas tribos siberianas. É sempre possível a uma sociedade negar a um dos sexos o que ambos podem fazer. Nenhuma capacidade humana é suficientemente forte para florescer plenamente numa pessoa que está ameaçada de perder sua condição sexual original. A insistência em limitar a potencialidade bissexual a um dos sexos resulta nas terríveis tragédias de uma definição errada do próprio sexo de alguém. É o caso do homem que se torna homossexual por causa do modo pelo qual sua sociedade define seu desejo de pintar e dançar. Ou da mulher que se torna homossexual porque gosta de cavalgar ou quer se dedicar ao cálculo matemático. Se o interesse que o outro sexo tem numa atividade restrita a um único é forte demais, os intrusos poderão vencer, como sucedeu com os homens que foram afastados do ensino nas escolas dos Estados Unidos. Poderão ocorrer ainda fatos mais peculiares. Num lugar e num tempo "x", a prática médica em desenvolvimento poderá incluir a obstetrícia na esfera apropriada do médico. Aqueles médicos que mostrarem um forte interesse na capacidade procriadora da mulher poderão escolher inicialmente a obstetrícia ou pediatria. O mesmo se passa com mulheres cujo interesse na medicina foi definido como masculino. Poderá haver um grupo de praticantes que inclui homens nitidamente influenciados por suas ideias do que é o papel da mulher e mulheres fortemente reprimidas por suas ideias de limitações a seus papéis. Ambos poderão elaborar os parâmetros da prática médica através de formas estranhas, nas quais as mulheres que poderiam fazer uma contribuição a partir de um conhecimento imediato da feminilidade ficam em silêncio, sendo os homens abandonados às suas fantasias, coisa difícil se houvesse mulheres entre eles. Tal desenvolvimento poderá algumas vezes influir numa determinação de doutrinar a mulher como "a criadora natural de filhos", significando isto voltar a lhes conceder o simples poder de dar à luz seus próprios filhos, que, na história do desenvolvimento dedicado mas parcial da medicina, foi praticamente retirado de suas mãos.

Citei esse exemplo com alguns detalhes porque não importa a boa vontade com que encaremos um programa de preparação de homens e mulheres nos seus dotes específicos para todos os processos da civilização – medicina, advocacia, educação, religião, artes e ciências – a tarefa será muito difícil. Onde uma ocupação ou arte é definida como feminina, os homens que se sentem atraídos por ela já estão prejudicados de algum modo ou assim ficarão se tentarem praticá-la. Se a simples definição social da profissão não lhes põe em dúvida sua masculinidade, as regras de procedimento femininos que ela exige poderão confundi-los e exasperá-los e certamente deixarão de fazer um trabalho bom e diferente para fazer um pior e idêntico comparado ao das mulheres. Quando uma ocupação é definida como masculina, as primeiras mulheres a escolhê-la estão igualmente prejudicadas[99]. Suas razões poderão ser a de simples impulso de agir como homem, de competir com eles ou de provar que são tão boas quanto eles. Tal tendência, mais compensatória e derivativa do que primordial, vai empanar sua visão e embotar seus dedos que deveriam

---

99 MEAD, M. "Cultural Aspects of Women's Vocational Problems in Post World War II". In: *Journal of Consulting Psychology*, vol. 10, 1946, p. 23-28.

estar adestrados ao tentar agir com a conduta do outro sexo, tida como tão desejável. Caso entrem na ocupação, não por desejo de competir com o homem, mas a partir de simples motivações primárias de curiosidade ou vontade de criar ou participar de alguma atividade que é fascinante, do mesmo modo que homens desempenham ocupações que as mulheres estilizaram, elas sentir-se-ão prejudicadas a cada momento por um estilo inteiramente estabelecido pelo outro sexo. Do mesmo modo que o membro de uma determinada cultura tropeça e cai numa terra estranha, com a mão estendida para uma porta que não existe, com o pé erguido para o último passo, com um apetite que aumenta insistentemente numa hora em que não há comida, com os ouvidos treinados para acordar com sons nunca ouvidos nessas ruas estranhas, assim o forasteiro que entra numa ocupação que foi reservada a um dos sexos tropeça e cai, criando menos do que é capaz. Como pode esse forasteiro competir com aqueles cuja formação os ajustou a encontrarem os caminhos sem esforço e suavemente, sem passos em falso ou gestos ociosos? Seja em artes ou ciência, o padrão global de pensamento, o sistema simbólico total e dentro do qual o novato tem de trabalhar, facilita cada passo dado quando se trata do sexo desejado ou obstrui tudo em caso contrário. Os mesmos padrões unissexuais também restringem o sexo de quem o pratica e quanto mais tempo se tenha mantido a forma unilateral sem a criatividade de ambos os sexos. Poderá estar aqui uma explicação para o declínio da atividade civilizada, quando a filosofia fracassa, a arte declina e as religiões perdem o seu vigor, ou seja, havia uma rígida adesão à visão e aos dotes de um único sexo. Quanto mais alto o desenvolvimento de uma faculdade de criação, que tem sido rigidamente definida como masculina ou feminina, quanto mais a personalidade do praticante está dividida, tanto mais profundo o perigo de que a vida pessoal de companheirismo e paternidade, ligada à presença de outro sexo, se divorcie da vida criativa do pensamento e da ação. Isso poderá resultar numa solução secundária, como a divisão da sociedade grega entre a mulher sem educação e a amante sofisticada; poderá levar uma grande parte da sociedade ao celibato ou à homossexualidade, simplesmente porque as relações heterossexuais envolvem complicações insustentáveis. Quanto mais profunda se torna a ligação com uma atividade criadora, seja em política, ciência, indústria, arte, religião ou exploração, mais os participantes buscarão uma totalização nelas e mais se sentirão vulneráveis se as atividades expressam só parcialmente a nossa humanidade bissexuada.

Existe também a simples consideração de que, como não há indicação de que a inteligência esteja ligada a um sexo, qualquer restrição ocupacional que proíba a mulheres dotadas o exercício das funções deixa-as mais pobres, assim também o mundo, necessitado de toda e qualquer contribuição. Não coloquei esta consideração antes porque há ainda a possibilidade de que o mundo possa perder mais sacrificando a diferenciação sexual do que limitando o exercício da inteligência a certos tipos de atividade. Fazer uma lista dos dotes da mulher é tarefa de valor duvidoso, na medida em que a presença delas em campos definidos como masculinos assusta os homens, descaracteriza sexualmente a mulher, encobre e destorce a contribuição que ela poderia dar, seja porque sua presença exclui os homens da ocupação, seja porque muda a qualidade dos homens que a buscam. Há um ganho sutil se na luta os intrusos conseguem limitar uma contribuição feminina que poderiam dar. Pode-se argumentar convincentemente que a profissão da educação desempenhada por ambos os sexos e para ambos os sexos teria perdido muito se os homens que abandonaram as primeiras séries, onde os dotes específicos da mulher eram muito necessários, tivessem abandonado também as mais adiantadas, onde os meninos sofrem por serem ensinados somente por mulheres. Os professores se refugiaram nas universidades, onde ciumentamente resguardam seus departamentos da entrada de mulheres em áreas onde sua presença e percepção seriam necessárias. Tal sequência de fatos pode perfeitamente calar alguém, sugerindo que a cura é muitas vezes pior do que a doença. É comum acontecer assim, sempre que a capacidade feminina é vista de forma quantitativa em relação à masculina[100]. As justificações são então as de que há tantas mulheres tão ou mais brilhantes, tão ou mais fortes, tão boas ou melhores organizadoras do que os homens. As cruzadas que se baseiam no direito de a mulher entrar em qualquer campo retornam à concha. A entrada da mulher é definida como competitiva e isso é perigoso, seja na competição expressa na luta da mulher soviética que é maquinista ferroviária, que tem somente permissão de conduzir máquinas de trens de carga, seja nos antagonismos devastadores que parecem ocorrer na América, onde é difícil perdoar alguém que vence a mesma corrida, embora seja fácil proclamar a vitória de alguém numa corrida em que não se competiu. Quase todas as incursões das mulheres americanas em certos campos em que nunca ou poucas vezes penetraram são rotuladas em termos competitivos. Seu perigo pode ser medido de muitas formas, pelos enormes anúncios publicados na costa do Pacífico na primavera de 1948, que faziam a propaganda de pão com uma moça segurando o bastão de beisebol e um rapaz atrás dela, vestindo a luva de captar a bola, e pelo "Eis Como" surgido nos anúncios do metrô de Nova York, em que um texto descrevendo o anel matrimonial como um sinal de sujeição é ilustrado por um homem em trajes de noite, colocando um anel em seu próprio dedo. É tolice ignorar sinais que evidenciam que os atuais termos em que as mulheres são atraídas por suas próprias curiosidades e tendências desenvolvidas sob os

---

100 O melhor resumo desta abordagem de diferenças sexuais pode ser encontrado em SEWARD, G.H. *Sex and the Social Order*. Nova York/Londres: McGraw-Hill, 1946.

mesmos parâmetros educacionais que os homens ou forçadas por condições sociais que negam lar e filhos a tantos – um quarto das mulheres americanas atinge a menopausa sem terem procriado[101] – causam danos a elas e aos homens. Temos que enumerar cuidadosamente quais os ganhos, as possibilidades que existem de recompensar suficientemente a sensibilidade tanto do homem quanto da mulher de modo a equilibrá-los e seguir adiante.

É possível que haja na América um grande esforço de equilibrar a situação de modo grosseiro, fechando as vias de acesso à contínua entrada de mulheres em novos campos, em vez de modificar a natureza dessa entrada. Se voltarmos atrás, perderemos a oportunidade de fazer invenções sociais que tornem possível às mulheres contribuírem à civilização como agora contribuem para a continuação da raça. Hoje e através da história recompensamos os dotes do homem de duas maneiras e os da mulher quase que totalmente de uma só maneira. A sociedade pediu que ambos os sexos vivessem de modo que outros pudessem nascer, compartilhando masculinidade e feminilidade, disciplinando-as às exigências da paternidade e deixando as novas vidas quando morressem. Isto significou que os homens deviam querer escolher, vencer e manter as mulheres como parceiras, protegendo-as e sustentando-as como maridos, o mesmo sucedendo com a prole. Significou que as mulheres tiveram de aceitar os homens como parceiros, viver com eles como esposas, concebendo, dando à luz, alimentando e acompanhando os filhos. A sociedade desaparecerá quando não conseguir fazer essas exigências de seus membros, para deles receber.

Mas a sociedade também pediu e recebeu dos homens algo que era mais do que isso. Por milhares de gerações, eles foram solicitados a fazer algo mais do que ser bons parceiros, maridos e

---

101 OGBURN, W.F. "Who Will Be Who in 1980". Art. cit.

pais, com tudo que envolvia a relação marital em termos de organização e proteção contra ataques. Foi-lhes solicitado desenvolver e elaborar em termos da própria habilidade a estrutura na qual os filhos seriam educados, construindo torres mais altas, estradas mais largas, sonhando novos sonhos e tendo novas visões, para penetrar mais fundo nos segredos da natureza e aprender os novos caminhos pelos quais a vida se torna mais humana e compensadora. Dentro dessa aventura, houve uma divisão sutil e silenciosa de trabalho, cuja raiz está possivelmente num período da história em que a possibilidade de criar filhos superava em valor qualquer ato masculino, conquanto os homens dançassem e fantasiassem a ideia de que os noviços iniciandos seriam realmente filhos dos mais velhos. Nessa divisão do trabalho havia o pressuposto de que criar filhos era suficiente para a mulher e o restante das tarefas pertencia ao homem. Este pressuposto torna-se menos sustentável quanto mais os homens se realizam naquelas elaborações em que se colocaram. Na medida em que uma civilização se torna complexa, a vida humana é definida em termos individuais e também em termos de serviço à espécie; e as grandes estruturas da lei, política, religião, arte e ciência, tornam-se altamente valorizadas. Praticadas pelos homens, tornam-se indicadores da humanidade masculina e os homens têm muito orgulho dessas realizações. Na medida em que as mulheres são barradas, elas se tornam menos humanas. Uma mulher analfabeta não é menos humana do que um homem analfabeto. Onde somente alguns homens sabem ler e escrever, enquanto a maioria é analfabeta, a mulher não sofre uma perda no sentido de si própria. Mas quando se difunde a alfabetização em termos universais, pelo acesso aos livros, por uma maior precisão de pensamento e maior possibilidade de comunicação, as mulheres que não puderem aprender a escrever por causa de seu sexo perdem em estatura e inicia-se todo um sutil processo pelo qual a integridade de ambos os sexos é atingida. Quando o sentido de perda de participação da mulher é compensada por outras formas de poder, pela vontade férrea da sogra que antes foi uma esposa dócil e caseira, como na China e no Japão, então o padrão de equilíbrio, que toma a forma de distorções encobertas da relação humana, poderá persistir pelos séculos afora. Quando a mulher adquire um sentido de participação inferior na sociedade e o expressa diretamente numa rebelião contra as restrições que lhe são colocadas, pode-se encontrar um tipo de liberdade como o que ocorreu antes da queda do Império Romano ou nos objetivos dos movimentos feministas do século XIX. Qualquer que seja o ajustamento compensatório existente na sociedade, terá sido atingida a crença da mulher nas suas possibilidades de contribuir diretamente para a cultura humana. E o isolamento do homem, sutilmente ameaçado ou abertamente atacado, aumentará num mundo que criou sozinho.

Se aceitamos alguma vez a premissa de que podemos construir uma vida melhor usando os diferentes dons de cada sexo, poderemos ter dois tipos de liberdade: aquele que utiliza os dotes encobertos de cada sexo e o que admite livremente e cultiva em cada sexo sua superioridade específica. Poderemos achar que há certos campos, como ciências físicas, matemática e música experimental, em que os homens, em virtude de seu sexo como em virtude de sua qualidade de seres humanos especialmente dotados, estarão sempre no ápice de seus dotes, marcando sua diferença, isto é, embora a mulher possa segui-los, eles farão sempre as novas descobertas. Podemos também achar que, em função do aprendizado envolvido na maternidade, o qual, uma vez experimentado, pode ser mais facilmente ensinado às outras mulheres, mesmo às sem filhos, do que a homens, as mulheres têm uma superioridade especial naquelas ciências humanas que envolvem um tipo de compreensão que, enquanto não for analisada, será chamada de intuição. Se a intuição está baseada como parece na capacidade de reconhecer a diferença a partir do ser e não a partir de uma projeção que se faz do ser para elaborar uma síntese mental ou uma hipótese, é possível que os dotes mais acentuadamente intuitivos estejam nas mulheres. Assim como por muito tempo os dotes matemáticos masculinos foram negligenciados e as pessoas contavam um, dois, dois e um, ou estavam limitados aos dedos das mãos, assim também os dotes intuitivos da mulher se mantiveram inalterados, inaproveitados.

Uma vez que é possível afirmar ser tão importante aproveitar os dotes femininos e torná-los úteis a ambos os sexos de forma transmissível, como foi possível aos dotes masculinos construir uma civilização baseada neles, estamos em condições de enriquecer nossa sociedade. Estaremos prontos a sintetizar os dois tipos de dotes nas ciências hoje tristemente hiperdesenvolvidas de modo unilateral e nas quais se concentra um maior conhecimento sobre como destruir do que como construir, mais equipadas para analisar o mundo das coisas em que o homem pode projetar sua inteligência do que o mundo das relações humanas, que requer o uso socializado da intuição. A mãe deve aprender que o recém-nascido há uma hora atrás era parte de seu corpo e é agora um indivíduo independente, com suas próprias carências e necessidades. Se ela atender aos apelos de seu próprio corpo para interpretar a criança, esta morrerá, porque ela está sendo formada agora por uma escola insubstituível. Na medida em que aprende se aperceber daquele indivíduo diferente, ela desenvolve um meio especial de pensar e sentir os seres humanos. Ela pode abandonar esses conhecimentos como estão ou convertê-los numa parte mais elaborada de nossa civilização. Homens e mulheres que já trabalham juntos em ciências humanas estão descobrindo a compreensão mais aguçada que provém do modo pelo qual as abordagens conjuntas se complementam. Para aprender a pagar preços diferentes por nossas abordagens, por exemplo, compreender a maneira pela qual a cultura socializa a criança, o homem deve retornar sua imaginação à infância. Mas a mulher tem um caminho diferente: aprender a compreender as mães dessas crianças. Contudo, ambos são necessários e as habilidades de um sexo em particular fornecem somente uma resposta parcial. Podemos construir uma sociedade inteira, usando tanto os dotes específicos de um sexo quanto aqueles compartilhados por ambos, – usando os dotes de toda a humanidade.

Cada passo dado para além dessa complicada situação que avança e retrocede pelos séculos é um passo doloroso, inevitavelmente imperfeito. Eis aqui um círculo vicioso em que não se pode colocar um início e um fim, em que a superestimação do papel feminino pelo homem e vice-versa leva um sexo ou outro a usurpar, a negligenciar e até a recusar parte de nossa humanidade tão duramente conseguida. Os que quebram o círculo são eles próprios um produto do círculo, expressando alguns de seus defeitos em cada gesto. Poderão ser fortes somente para desafiá-lo sem condições de quebrá-lo. Contudo, depois de identificado e analisado, deveria ser possível criar um clima de opinião em que os outros, que são um pouco menos produto de passado obscuro por terem sido criados com uma luz em suas mãos que os ilumina tanto para trás quanto para frente, possam dar os próximos saltos. Somente com o reconhecimento de que cada mudança na sociedade deve ser feita por aqueles que trazem em cada célula do corpo a razão mesma de por que ela é necessária é que poderemos educar nossos corações para a paciência de criar bem e verdadeiramente, reconhecendo que não só traz dificuldades mas também glória para a humanidade construir a civilização pelas mãos de seres humanos.

APÊNDICE I

Nas anotações seguintes tentarei fornecer uma breve orientação para o leitor das regiões em que se situam os vários povos estudados, que tipo de conhecimento existe sobre eles, quando e sob que auspícios meu trabalho foi feito e também prover material bibliográfico. Cada cultura apresentou diferentes problemas. Em Samoa, trabalhei sozinha. Havia muito trabalho feito antes e muito continua sendo feito desde então. Havia um dicionário e uma gramática da língua e o inglês podia ser usado para aprender o idioma local. Entre os Manus tivemos de analisar a língua, utilizando o inglês "pidgin" como língua-intérprete, sucedendo-se o mesmo entre os Arapesh, Mundugumor e Tchambuli. O mesmo se passou com o trabalho original de Bateson em Iatmul que tive possibilidade de usar como *background*. Os Balineses têm sido amplamente analisados, mas com a ajuda de um assistente linguístico de fala inglesa pareceu-nos mais satisfatório fazer uma nova análise na mesma linha em que me conduzi com as línguas totalmente desconhecidas. Em todos os casos, a língua era aprendida; estabelecia-se uma base na aldeia nativa, sendo uma dessas aldeias intensamente observada e estudada.

Podem-se encontrar discussões detalhadas sobre método e trabalho de campo em apêndices e introduções às minhas várias publicações, especialmente *The Mountain Arapesh*, II, "Supernaturalism" (cf. abaixo, seção C). • Apêndice II de *Coming of Age in Samoa*. • Apêndice I de *Growing Up in New Guinea*. • Quatro *papers*: "More Comprehensive Field Methods" (In: *American Anthropologist*, vol. 35, 1933, p. 1-15); "Native Languages as Field Work Tools" (In: *American Anthropologist*, vol. 41, 1939, p. 189-205); "Living with the Natives of Melanesia" (In: *Natural History*, vol. 31, 1931, p. 62-74); "Anthropological Data on the Problem of Instinct" (In: *Psychosomatic Medicine*, vol. IV, out./1942).

Uma discussão geral do Distrito Sepik de Aitape, onde estão localizados os Arapesh, os Mundugumor, os Tchambuli e os Iatmul será encontrada nas p. 153-166 de "The Mountain Arapesh". In: "An Importing Culture", vol. XXXVI, 1933. Os métodos de pesquisa usados em Bali e Iatmul, que representam um avanço considerável sobre os anteriores, são discutidos em meu artigo "Researches in Bali, 1936-1939 – I. On the Concept of Plot in Culture; II. Methods of Research in Bali and New Guinea". In: *Transactions of the New York Academy of Sciences*, série 2, vol. 2, 1939, p. 24-31.

As sete culturas do Pacífico

Nas secções seguintes, apresentarei num estilo tão condensado quanto possível os esboços etnográficos de sete culturas sobre as quais redigi as páginas precedentes. Utilizo vocabulário técnico, porque qualquer outro método de apresentação toma excessivo espaço. Estes apêndices são feitos para o estudante e para o leitor comum que estão interessados em assuntos tais como dimensão da população, natureza do solo, época em que o povo foi estudado etc. Organizei-os na ordem em que foram estudados por mim e anexei uma bibliografia de todas as minhas publicações, as de meus colaboradores e aquelas significativas que se seguiram ao meu trabalho nestes vários campos. Bibliografias mais extensas de trabalhos prévios serão encontradas em minhas publicações.

A) Samoa

Meu material foi coletado durante uma pesquisa de campo de nove meses em 1925-1926, como bolsista em Ciências Biológicas do Conselho Nacional de Pesquisa, num Projeto designado para o estudo do adolescente do sexo feminino. As Ilhas Samoanas, com uma população de 40.222 habitantes em 1926, estão povoadas por um grupo polinésio, povo de cútis trigueira clara e cabelos negros ondeados, falando uma língua também polinésia. As ilhas foram cristianizadas na primeira metade do século XIX e estavam administrativamente divididas entre o Mandato da Liga das Nações sob a Nova Zelândia, denominada Samoa Ocidental, e abrangendo as ilhas de Upolu e Savaii e a Samoa Americana, governada pela Marinha dos Estados Unidos. As atividades guerreiras, o uso de cabeças como troféus, a pena capital ministrada pelos cabeças da família ou pelos conselhos aldeãos, o infanticídio, a poligamia e a tomada pública dos símbolos da virgindade haviam sido abolidos. O povo foi alfabetizado em língua samoana, escrita na ortografia europeia e ensinada por missionários também samoanos, enquanto os dois governos proviam algum tipo de escolaridade formal na língua inglesa. A polpa seca do coco era o principal produto de exportação, que as pessoas trocavam por fazendas, que substituíam o tecido de casca de árvore e esteiras, exceto para propósitos cerimoniais e mosquiteiros, que passavam a substituir os originais da terra. Lâmpadas de querosene bem como o querosene, sabão, goma, facas de ferro e baldes também tinham sido introduzidos. Papel, canetas e tinta, tanto quanto lápis, eram usados para a documentação e a volumosa correspondência entre as ilhas. Os impostos eram pagos com os dividendos da polpa de coco e um pequeno número de samoanos apenas trabalhava por dinheiro. A alienação da terra estava proibida, de modo que nem colônias nem comerciantes estrangeiros se estabeleceram. O nível de cuidados médicos era alto, a cargo de experimentado pessoal da marinha. A estação naval era mantida por cerca de duzentas pessoas e cada três semanas um navio passava pela região de São Francisco para Sydney ou vice-versa. A Igreja era parte integrante de todas as aldeias, tanto quanto o banco escolar. A família do pastor era mantida pela comunidade e cumulada de honras cerimoniais. Uma forma branda de congregacionalismo (sociedade missionária de Londres) era a religião prevalecente. Havia também missões e escolas católico-romanas em Tutuila e uma pequena missão mórmon.

Todo o meu trabalho detalhado foi feito na remota ilha do grupo Manua e especialmente na aldeia de Tau na ilha do mesmo nome. E os comentários que se seguem referem-se somente àquele grupo, embora a maior parte do padrão de família seja constante em toda a área. Contudo, as experiências diferentes com os europeus nas ilhas maiores, especialmente perto de Upolu que tem uma população europeia há bastante tempo, introduziram indubitavelmente algumas mudanças nos padrões, diversas das que se ligam à condição aborígine.

Os samoanos vivem em aldeias autônomas, mantidas unidas sob a forma da relação cerimonial em que os homens que detêm os títulos mais altos de cada uma delas se reúnem numa assembleia deliberativa formal denominada Grande Fono. Cada aldeia tem um amplo suprimento de títulos em poder das linhas familiares e sujeitos à disposição cooperativa pelos membros das famílias, com recomendações e interferência ocasional do Conselho da aldeia, que consistia de todos os cabeças de famílias. Cada título era classificado, seja como um título de chefe ou como um título de chefe falante, e as funções desses dois grupos eram complementares. A forma do conselho aldeão se duplicava com um grupo de esposas, de homens jovens e sem títulos, de moças e outros de esposas de homens sem títulos. Esses quatro grupos dividiam as atividades comunais da aldeia. Cada aldeia tinha um ou mais altos chefes com direito a conceder o título especial *taupou* a uma menina de sua unidade familiar ou um outro, *manaia*, a um jovem. Cada unidade familiar era presidida por um homem com título e consistia de uma família extensa, dentro da qual o trabalho se dividia por idade e *status*, sendo que o cabeça determinava quem devia fazer a jardinagem, quem deveria pescar, quanto de fiação de esteiras devia ser planejado e o resultado era apropriado como propriedade familiar. As famílias biológicas raramente viviam a sós e a disciplina estava mais centralizada nos *matai* (título do cabeça de família) do que num pai biológico. Os indivíduos reservavam-se o direito de reivindicação de terra de ambas as linhas familiais dentro do âmbito da residência e exerciam um veto nos conselhos da família da mãe. O sistema de parentesco era de tipo bilateral simples com arraigado tabu na relação irmão-irmã. O *status* estava intimamente associado ao título, sendo que os filhos dos chefes eram classificados juntos com homens sem títulos.

Os samoanos viviam em casas redondas ou ovais sem muros, com tetos altos de folhagem e soalhos de seixos rolados, em que as redes eram estendidas para deitar-se e sentar. A alimentação consistia de taro, inhames, fruta-pão, bananas, cocos e era suplementada por peixe, marisco, carne de porco e aves. Preparava-se a alimentação em cozinhas familiares ou em fornos de terra da aldeia e servidos sobre folhas verdes. Não possuíam cerâmica. A bebida cerimonial era um líquido não intoxicante da raiz de *Piper methysticum*. A vestimenta consistia num sarongue curto chamado *lavalava*, agora feito de fazenda. Uma blusa de fazenda para mulheres, na maioria das ocasiões, e camisas para os homens, quando iam à igreja. Alguns jovens eram ainda tatuados, sendo que tal hábito já estava proibido em Manua há duas gerações. Ambos os sexos andavam descalços. Dormiam sobre as redes, mas com a ajuda de duros travesseiros de sementes de algodão arbóreo e sob modernos mosquiteiros. Os utensílios e a cutelaria europeia já se achavam presentes, mas somente para o servir ocasionalmente de uma refeição à maneira ocidental para funcionários visitantes. As casas do chefe e do pastor também possuíam uma mesa e uma cadeira ou outra para os visitantes; no geral, toda a vida acontecia no chão.

Cada unidade familial era autossuficiente para as necessidades cotidianas, mas certos homens eram especializados em pesca, sendo os peixes postos num contexto de troca de presentes entre famílias relacionadas. A construção de casas e canoas constituíam-se também em artesanatos especializados, pelos quais se pagavam pingues recompensas. Não havia comércio, mas trocas afins mediante redes, tecido de casca de árvore, constituindo a contribuição do lado feminino; e alimentos, recipientes de madeira, canoas etc., do lado masculino. Havia também um permanente e pequeno empréstimo informal. As unidades familiais contribuíram com o produto do trabalho obrigatório na aldeia e donativos para as festas aldeãs muitas vezes denominadas de *ritos de passagem* para os membros da maioria das casas. O padrão de relacionamento com a unidade familial se achava generalizado na organização social, de modo que toda aldeia agia como parente consanguíneo dos chefes. E os chefes falantes, como um corpo, exerciam poderes comparáveis àqueles exercidos pela linha descendente feminina dentro de uma linhagem. As prerrogativas de linhagem incluíam títulos, terra, local de moradia e algumas vezes privilégios específicos ligados a alguns dos títulos.

Samoa se destacava entre os grupos polinésios por sua ênfase maior na organização social do que no sobrenatural e pela importância das sanções seculares. "Nos velhos tempos tínhamos dois deuses, Tangaloa e a Aldeia, mas o maior deles era a Aldeia". A comunidade aldeã local permaneceu centro e fonte de toda autoridade e poder, estando a superestrutura de títulos de um lado e a dos grandes deuses e dos deuses de linhagem do outro, mais discretamente tratada. A oratória e as danças estavam bem desenvolvidas, mas as artes decorativas, com exceção dos desenhos esfregados e pintados na casca de árvore, das redes discretamente padronizadas e umas tantas clavas, não se mostravam assim. O mesmo acontecia com a literatura. A guerra era estilizada como parte do inter-relacionamento das aldeias que eram cerimonialmente rivais e ocasionavam alguns acidentes. A hostilidade entre os indivíduos se expressava mais sutilmente, sob a forma de cochichos e maquinações políticas, do que por choques abertos. A sociedade representava uma economia de abundância, uma forma de organização social flexível e funcional, na qual os indivíduos se situavam em termos de idade, sexo, *status*, num conjunto de expectativas individuais que a maioria estava em condições de atingir e numa definição de uma vida desejável – em termos de recompensas pessoais, alimentos, abrigo, sexo, prazer, *status*, segurança, que estava também em condições de prover. As doenças mais sérias eram framboesia e conjuntivites, ambas sensíveis à medicação moderna, e hoje em dia a taxa de aumento populacional é a mais alta do mundo. Até a Segunda Guerra Mundial e possivelmente durante ela, época da qual não temos ainda bons registros, os samoanos representavam um dos ajustamentos conhecidos mais bem-sucedidos e sem trauma à mudança cultural. Esse ajustamento feliz pode ser atribuído em parte à flexibilidade da cultura, à proteção econômica que proibia a alienação da terra e a introdução de valores competitivos econômicos europeus; à congruência feliz do padrão de congregacionalismo inglês com a organização social samoana e ao contraponto feliz entre o sistema de camada e *status* de Samoa e o da Marinha dos Estados Unidos.

Publicações sobre Samoa

MEAD, M. "The Samoans" [um curto resumo que combina estrutura social e estrutura de personalidade]. In: MEAD, M. (ed.). *Cooperation and Competition among Primitive Peoples*. Nova York: McGraw-Hill, 1937, cap. IX, p. 282-312.

_____. "Two South Sea Educational Experiments and Their American Implications". In: *University of Pennsylvania Bulletin*, vol. 31, 1931, p. 493-497.

_____. "Social Organization of Manua" [tratamento teórico e descritivo formal]. In: *Bernice P. Bishop Museum Bulletin*, 76, 1930. Honolulu.

_____. "Americanization in Samoa". In: *American Mercury*, vol. 16, 1929, p. 264-270.

_____. *Coming of Age in Samoa* [descrição da vida familiar e desenvolvimento psicológico]. Nova York: William Morrow, 1928 [reimpressão em *From the South Seas*. Nova York: William Morrow, 1939] [edições inglesas: Londres: Jonathan Cape, 1929; Londres: Penguin Books, 1943] [edição espanhola: *Adolescência y Cultura en Samoa*. Trad. de Elena Dukelski Yoffe. Buenos Aires: Abril, 1945].

_____. "A Lapse of Animism among a Primitive People". In: *Psyche*, vol. 9, 1928, p. 72-77.

_____. "Samoan Children at Work and at Play". In: *Natural History*, vol. 28, 1928, p. 626-636.

_____. "The Role of the Individual in Samoan Culture". In: *Journal of the Royal Anthropological Institute*, vol. 58, 1928, p. 481-495.

Língua

PRATT, G. *Grammar and Dictionary of the Samoan Language*. 4. ed. Malua/Samoa: London Missionary Society, 1911.

STEUBEL, O. *Samoanische Texte, Veröffentlichungen aus dem Königlichen Museum für Völkerkunde*. Vol. 4. Berlim, 1896, partes 2-4.

A Bíblia foi traduzida para o samoano pela London Missionary Society.

Antropologia física

SULLIVAN, L.R. *Marquesan Somatology, with Comparative Notes on Samoa and Tonga* – Bernice P. Bishop Museum Memoirs. Vol. 9. Honolulu, 1923, p. 141-249.

_____. *A Contribution to Samoan Somatology* – Bernice P. Bishop Museum Memoirs. Vol. 8, Honolulu, 1921, p. 81-98.

Contato cultural

KOESING, F.M. *The South Seas in the Modern World*. Nova York: John Day, 1941 (Institute of Pacific Relations, International Research Series).

_____. *Modern Samoa – Its Government and Changing Life*. Stanford University Press, 1934.

Psicologia

COPP, J.D. *Autobiography of a Modern Samoan Boy*. Beacon Press.

COOK, P.H. "The Application of the Rorschach Test to a Samoan Group". In: *Rorschach Research Exchange*, vol. 6, 1942, p. 51-60.

463

ROWE, N.A. *Samoa under the Sailing Gods*. Nova York: Putman, 1930.

População

DURAND, J.D. *The Population of Western Samoa – Reports on the Population of Trust Territories*, n. 1, 17/01/1948. Nova York: Nações Unidas, Departamento de Questões Sociais, Divisão de População, Lake Success.

Literatura

FRASER, J. "Some Folk-songs and Myths from Samoa". In: *Journal of the Polynesian Society*, vol. 5, 1896, p. 171-183; vol. 6, 1897, p. 19-36, 67-76, 107-122; vol. 7, 1898, p. 15-29.

_____. "Some Folk-songs and Myths from Samoa". In: *Journal and Proceedings of the Royal Society of New South Wales*, vol. 24, 1890, p. 195-217; vol. 25, 1891, p. 70-86, 96-121, 121-146, 241-286; vol. 26, 1892, p. 264-301.

STEVENSON, R.L. *In the South Seas*. Nova York: Scribner, 1896.

_____. *Vailima Letters*. Chicago: Stone & Kimball, 1895.

TE RANGI HIROA [BUCK, P.B.]. *Samoan Material Culture, Bernice P. Bishop Museum Bulletin* 75. Honolulu, 1930.

B) Os povos Manus das Ilhas do Almirantado

Em 1928, quando foi feito este estudo, os povos manu eram um grupo de dois mil indivíduos vivendo em doze aldeias autônomas ao longo da costa sul das Ilhas do Almirantado, na ilha central do arquipélago do mesmo nome, situada entre as latitudes 1º 50' e 3º 50' e as longitudes de 146º e 148º leste. Ela constitui o início, no noroeste ocidental, de uma longa cadeia recurvada de ilhas e grupos de ilhas que se estreitam gradativamente na direção nordeste-sudoeste, compondo-se dos grupos Nova Irlanda, Salomão e Novas Hébridas.

O povo é de cor morena clara, alto e bem construído, com o cabelo encarapinhado dos melanésios e falando-lhes a mesma língua. As aldeias estão construídas em lagoas adjacentes às regiões pesqueiras e, com exceção da aldeia de Mbuke, que faz cerâmica e tem alguns campos de sagu, ganhos na guerra dos povos do Grande Almirantado, eles dependem da pesca e do comércio para sua sobrevivência. Madeira para construção da casa, bastões para anzóis, utensílios e ferramentas, tudo é comerciado com outros povos das Ilhas do Almirantado, sendo o transporte dos artigos de troca feito em canoas que enfrentam o mar alto, um item importante que têm a oferecer a outros povos. Em suas transações serviam-se de dentes de cachorro e conchas como dinheiro. A despeito de sua posição periférica, sem terra, a não ser as pequenas plataformas e pequenas ilhas ocasionais surgidas, constituíam-se num povo prepotente, sadio preferindo o comércio à guerra, sobressaindo contudo como competentes guerreiros quando nela se engajavam. Suas casas eram mobiliadas com objetos de madeira, enormes gongos, camas em plataformas esculpidas e coleções de potes finamente lavrados, comerciados com outros povos. Dependiam da rotina cotidiana da pesca e das atividades de pesca em águas profundas, feitas uma vez por mês para obtenção de alimentos carboidratados.

A vida política na aldeia estava organizada em torno de um complexo sistema de trocas afins em que bens não perecíveis eram trocados por comida, recipientes, saias de capim, provendo contínuo estímulo ao esforço econômico. Este foi depois reforçado por um sistema religioso, sob o qual cada unidade familiar era estimulada e protegida contra os espíritos de outras casas por um espírito protetor de um representante masculino morto recentemente. Os homens estavam organizados em constelações de trabalho, de líderes financeiros e seguidores dependentes além de um número considerável de independentes que simplesmente pescavam e alimentavam suas famílias. Não havia chefia, embora houvesse remanescência de *status*. Não havia conselho aldeão de tipo algum. Um rígido código moral unindo a industriosidade e o controle sexual entre as mulheres manus, e reforçado pela crença de que quaisquer doenças eram punições dos espíritos por um pecado econômico ou sexual, mantinha a comunidade integrada e ativa, com um abandono ocasional de indivíduos que se dirigiam a outras localidades.

As Ilhas do Almirantado passaram ao controle europeu como resultado da colonização alemã e posteriormente a mandato australiano após a Primeira Guerra Mundial. No tempo em que as estudei, o povo não tinha sido catequizado, mas havia decidido que em última instância – depois dos atuais líderes econômicos mais ambiciosos terem oferecido a maior troca econômica interaldeã possível de se dar – tornar-se-ia católico-romano, substituindo seu sistema atual de confissão aberta por um confessional, e ao mesmo tempo aprendendo a escrever e registrar fatos. Muitos manus serviram na polícia nativa, mesmo em tempos da dominação alemã, e a maioria de adolescentes do sexo masculino que não tinha saído a trabalho falava o inglês *pidgin*. O ferro era comumente usado. As pedras suplementavam o dinheiro de conchas, as velas industriais tinham substituído as originais nos barcos, túnicas de fazenda para as mulheres a quem se impuseram drásticas proibições, e que tinham substituído os tecidos de ramos, roupas de algodão substituíam as antigas tangas de tecidos de casca de árvore dos homens. Mas os manus utilizavam os recursos da civilização europeia de modo hábil e prudente. Mantinham práticas como a de fazer fogo com uma espécie de arado, considerando os fósforos uma despesa desnecessária. Trabalhando para os europeus, mostravam apurada inteligência e habilitação para lidar com maquinaria e um tipo de estrutura de caráter que se tinha ajustado particularmente bem à força policial, uma escolha ocupacional interrompida por sua participação na famosa greve de trabalho nativo em Rabaul em 1929. Essa greve foi organizada pela polícia, que era composta predominantemente de manus.

Eles apresentam a curiosa anomalia de um pequeno grupo no nível da Idade da Pedra, sem monoteísmo, sem quaisquer formas políticas mais complexas que os grupos de parentes, ligados entre si por elos e trocas afins, que desenvolveu uma forma de estrutura de caráter que, em seu puritanismo, em sua capacidade de adiar o prazer pelo ganho econômico, sua industriosidade, sua capacidade de explorar outros indivíduos pelo lucro e seu alto grau livre de inteligência, incluindo uma grande facilidade com as máquinas, é curiosamente semelhante à estrutura de caráter associado à ascensão do protestantismo e do capitalismo moderno na Europa Ocidental.

As Ilhas do Almirantado foram capturadas pelos japoneses na Segunda Guerra Mundial e posteriormente pelas forças australianas e norte-americanas. Uma enorme estação aeronaval americana foi construída em Lorengau. As ilhas estão hoje sob novo protetorado que inclui o antigo território de mandato na Nova Guiné e o antigo Papua.

A pesquisa de campo foi conduzida pelo Dr. R.F. Fortune e eu mesma durante um período de seis meses entre 1928-1929, quando recebi uma bolsa de estudos do Conselho de Pesquisas em Ciências Sociais. Esta foi a primeira cultura que visitei onde o inglês *pidgin* era usado como língua medianeira, de modo que deveria ser aprendido de um aluno de escola que falava manu e tinha compreensão do inglês, embora não tivesse capacidade de exprimir-se nessa língua. Isso se dava ao mesmo tempo que trabalhávamos com a língua manu.

Publicações sobre os Manus das Ilhas do Almirantado

FORTUNE, R.F. *Manus Religion* [estudo detalhado da religião, com explicações, item por item, do modo pelo qual são exercidas as sanções religiosas]. Filadélfia: American Philosophical Society, 1935.

MEAD, M. "The Manus of the Admiralty Islands" [curto sumário geral]. In: MEAD, M. (ed.). *Cooperation among Primitive Peoples*. Nova York: McGraw-Hill, 1937, cap. VII, p. 210-239.

_____. "Kinship in the Admiralty Islands" [estudo detalhado da organização de parentesco). In: *American Museum of Natural History* – Anthropological Papers, vol. 34, parte II, 1934.

_____. *Growing Up in New Guinea* [discussão do crescimento infantil e desenvolvimento do caráter]. Nova York: William Morrow, 1930 [reimpresso em *From the South Seas*. Nova York: William Morrow, 1939] [edição inglesa: Londres: George Routledge, 1931; Londres: Penguin Books, 1942].

Primeiras explorações

PARKINSON, R.H. *Dreissig Jahre in der Südsee*. Stuttgart: Strecker und Schröder, 1907.

Língua

FORTUNE, R.F. "Manus Religion". In: *Oceania*, vol. 2, 1931, p. 74-108.

MEAD, M. "An Investigation of the Thought of Primitive Children with Special Reference to Animism". In: *Journal of the Royal Anthropological Institute*, vol. 62, 1932, p. 173-190.

_____. "Two South Sea Educational Experiments and Their American Implications". In: *University of Pennsylvania Bulletin*, vol. 31, 1931, p. 493-497.

MEIER, P.J. "Mythen und Sagen der Admiralitätinsulaner". In: *Anthropos*, vol. 2, 1907, p. 646-667, 933-941; vol. 3, 1908, p. 193-206, 651-671; vol. 4, 1909, p. 354-374.

SPITZ, R.A. "Frühkindliches Erleben und der Erwachsenenkultur bei dem Primitiven; Bemerkungen zu Margaret Mead 'Growing Up in New Guinea'". In: *Imago*, vol. 21, 1935, p. 367-387.

Artigos populares ilustrados

MEAD, M. "Living with the Natives of Melanesia". In: *Natural History*, vol. 31, 1931, p. 62-74.

_____. "Savage Masters of the South Seas". In: *Safety Education*, vol. 10, 1931, p. 226-230.

_____. "Melanesian Middlemen". In: *Natural History*, vol. 30, 1930, p. 115-130.

_____. "Water Babies of the South Seas". In: *Parents' Magazine*, vol. 5, 1930, p. 20-21.

C) Os Arapesh

Os Arapesh são um povo de língua papua, de pele bronzeada e cabelos encarapinhados, que ocupam uma parcela de território em forma de cunha da costa noroeste da Nova Guiné, que vai desde a costa do Pacífico sobre a tripla cadeia das montanhas do

Príncipe Alexander até às planícies que formam as nascentes do Rio Sepik. As fronteiras do território são indeterminadas. O povo não tem um nome para o grupo como um todo e a palavra arapesh foi usada pelo antropólogo a partir da expressão nativa para "seres humanos". Ele vive em três ambientes diferentes; a praia, onde pesca e comercia com as ilhas adjacentes; a montanha, de onde extrai uma sobrevivência precária com a caça, a horta e os campos de sagu; e as planícies, onde estão em contato ativo com povos caçadores de cabeça e onde possuem enormes hortas de inhame. Seu número tem sido estimado em oito a nove mil pessoas. Os Arapesh da montanha já foram estudados pelo Dr. Fortune e por mim durante sete meses em 1931 e pelo Dr. Fortune em uma visita em 1936.

O povo vive em pequeníssimas aldeias, a maior das quais servia de base a cerca de 85 pessoas, com hortas espalhadas e jardins. Essas aldeias, teoricamente pertencentes a algum proprietário na linha patrilineal, eram mantidas por uma frouxa aliança a uma localidade nominal, que ocasionalmente se envolvia numa disputa de fronteiras ou por mulheres. Não havia uma forma de organização política, mas um governo frouxo de homens mais velhos que podiam impor sanções contra transgressores sociais. Os padrões de trabalho, horticultura, caça e construção de moradias envolviam considerável quantidade de ajuda de uma pessoa a outra, correspondendo a algum tipo de trabalho grupal ou iniciando-o. Os alimentos eram muito escassos, as festas, raras, e a fome sempre uma possibilidade.

O povo vivia entre a intimidação dos Arapesh das planícies, mais vigorosos, que exigiam hospitalidade sob ameaça de feitiçaria e faziam chantagens econômicas, e os comerciantes da praia, através dos quais ficaram conhecendo festivais organizados e também objetos de adorno e divertimentos. A organização da atividade econômica, suficiente para atender as planícies e fazer as importações desejáveis da praia e manter um mínimo de vida cerimonial local exauriam suas energias ao máximo.

A organização do parentesco era patrilinear, prevalecendo a residência patrilocal. As ligações com a mãe, contudo, desempenhavam papel importante. As casas eram construídas tanto em pilastras quanto no chão; a roupa feminina consistia em dois aventais de um tipo de cortiça e a masculina, numa estreita tanga de tecido de casca de árvore. As trocas afins eram de caráter nominal. A sanção moral principal era um sistema sustentado por tabus e sancionado pelos *marsalais* — espíritos da chuva que viviam em certos pontos onde as almas dos mortos também se reuniam — que separavam o crescimento e todos os processos conectados com ele e a vida, da sexualidade ativa, da agressão e da morte.

Arcos e flechas, lanças, potes, redes, utensílios de pedra — todos eram importados, embora imitações muito simples pudessem também ser feitas. Os Arapesh da montanha tinham uma atitude de extrema humildade para com seu próprio artesanato ou arte, e faziam somente as tentativas mais rudimentares de copiar o trabalho artístico mais aperfeiçoado de seus vizinhos.

Sendo parte do velho território de mandato da Nova Guiné, o recrutamento começou nesta área antes da Primeira Guerra Mundial e antes de 1931 esperava-se que todos os adolescentes do sexo masculino abandonassem o local por trabalho. Da cultura europeia haviam recebido facas, machadinhas, contas, fósforos, lâminas e uma pequena quantidade de tecido usado pelos homens como cobertura para os quadris e pelas mulheres quando dançavam. Estão localizados numa área que foi ocupada pelos japoneses na Segunda Guerra, estando expostos às lutas entre eles e às forças australianas e norte-americanas. Foi descoberto ouro na planície, numa região que está a um dia de viagem para o interior, partindo da aldeia de Alitoa, onde trabalhamos. Isso significou um aumento de contato mesmo antes da Segunda Guerra Mundial.

Publicações sobre os Arapesh da Nova Guiné

MEAD, M. "The Arapesh of New Guinea" [breve sumário]. In: MEAD, M. (ed.). *Corporation and Competition among Primitive Peoples*. Nova York: McGraw-Hill, 1937, cap. I, p. 20-50.

Educação infantil e estrutura do caráter

FORTUNE, R.F. "Arapesh Maternity". In: *Nature*, vol. 152, 1943, p. 164.

MEAD, M. *Sex and Temperament in Three Primitive Societies* – Parte I: "The Mountain-Dwelling Arapesh". Nova York: William Morrow, 1935 [reimpresso em *From the Sout Seas*. Nova York: William Morrow, 1939, p. 3-161] [edição inglesa: Londres: George Routledge, 1935] [edição espanhola: *Sexo y temperamento*. Trad. de Ines Malinow. Buenos Aires: Abril, 1947] [edição sueca: *Kvinnligt, Manlight, Mänsklight*. Trad. de Gulli Högboni. Estocolmo: Tidens Förlag, 1948].

Organização social, economia, cultura material e detalhes de acontecimentos da vida cotidiana

MEAD, M. *The Mountain Arapesh* – American Museum of Natural History Anthropological Papers. Nova York: I. "An Importing Culture", vol. 36, 1938, p. 139-349; II. "Supernaturalism", vol. 37, 1940, p. 317-451; III. "Socio-Economic Life"; IV. "Diary of Events in Alitoa", vol. 40, 1947, p. 163-419; V. "The Record of Unabelin" [com Rorschachs] [s.n.t.].

Língua e folclore

FORTUNE, R.F. "Arapesh". In: *American Ethnological Society Publications*, vol. 49, 1942, Nova York.

Guerra

FORTUNE, R.F. "The Rules of Relationship Behaviour in One Variety of Primitive Warfare". In: *Man*, vol. 47, 1947, p. 108-110.

_____. "Arapesh Warfare". In: *American Anthropologist*, vol. 41, 1940, p. 22-41.

MEAD, M. "The Marsalai Cult among the Arapesh". In: *Oceania*, vol. 4, 1933, p. 37-53.

Artigos populares ilustrados

MEAD, M. "Where Sorcerers Call the Tune". In: *Asia*, vol. 34, 1934, p. 232-235.

_____. "Tamberans and Tumbuans in New Guinea". In: *Natural History*, vol. 34,1934, p. 234-236.

_____. "How the Papuan Plans His Dinner". In: *Natural History*, vol. 34, 1934, p. 377-388.

_____. "Where Magic Rules and Men Are Gods". In: *New York Times Magazine*, 25/06/1933, p. 8-9.

D) Os Mundugumor da Nova Guiné

Os Mundugumor totalizam um milhar; falam uma língua papua que apresenta sinais de simplificação por ter sido um idioma de comércio. Vivem em dois agrupamentos de aldeias, quatro de um lado e duas do outro, próximas às águas rápidas do Rio Yuat que se encontra com a borda sul do Rio Sepik em Yuarimo. O Dr. Fortune e eu trabalhamos entre eles por três ou quatro meses durante o outono de 1932. Àquela época, embora não evangelizados e só recentemente sob controle governamental, é que crianças de 10 ou 12 anos tornavam-se canibais, os

Mundugumor apresentavam o quadro de uma cultura desintegrada. As cerimônias não eram frequentes e um grande número de homens estava fora trabalhando, sendo que somente um pequeno grupo havia retornado ao lar.

Os Mundugumor estavam interligados pelo parentesco e por relações de troca entre as linhagens de sexos alternados, chamadas cordas. Assim, um homem pertencia à corda do pai de sua mãe e uma mulher, à corda da mãe de seu pai. Um sistema tremendamente difícil de casamentos arranjados entre a corda de netos de primos cruzados mantinha-se somente em ficção. Os homens dominantes na comunidade possuíam enormes lares polígamos cujo contingente era parcialmente recrutado entre o povo miserável subalimentado e intimidado das terras baixas entre os rios, que tinham fornecido campo para caça de cabeças e também vítimas para as festas canibais e que ainda continuavam a fornecer cestas, potes e sacos de dormir para o grupo dominante. Cada aldeia tinha estado já alternadamente envolvida em alianças e guerras contra outras aldeias, incluindo-se as vizinhas. A caça de cabeças, com requintados tratados, sistemas de alianças de reféns e espiões e cerimoniais que honravam ainda mais quando em situação de discórdia, compunham a principal ocupação dos homens que estavam tão divididos entre si por costumes da organização social que cada qual se opunha aos demais, a não ser em alianças temporárias ou armistícios durante cerimônias. Praticavam um pouco de caça e troca, produziam quantidade considerável de pintura, escultura e ornamentação de figuras de madeira, tendo desenvolvido um estilo artístico peculiar. As mulheres faziam o restante do trabalho ajudadas por meninos: trabalhavam o sagu, pescavam, subiam nos coqueiros, movimentavam-se com uma segurança livre e agressiva através de um mundo violento e perigoso.

Os Mundugumor viviam no Distrito Sepik do velho território de mandato e foram catequizados durante certo período entre

1933-1938, quando tive oportunidade de rever minha principal informante, Omblean de Kenakatem, aldeia em que me fixei durante minha permanência lá. Na divisão de trabalho de campo, trabalhei principalmente sobre conduta infantil e cultura material. Não há outros estudos desta área publicados.

Publicações sobre os Mundugumor da Nova Guiné

Criação infantil e estrutura do caráter

MEAD, M. *Sex and Temperament in Three Primitive Societies* – Parte 2: "The River-Dwelling Mundugumor". Nova York: William Morrow, 1935 (reimpresso em *From the South Seas*. Nova York: William Morrow, 1939, p. 164-233.

Cultura material e arte

MEAD, M. *The Mountain Arapesh* – I. "An Importing Culture". In: American Museum of Natural History – *Anthropological Papers*, vol. 36, 1938, p. 139-349 [ilustrado].

_____ "Tamberans and Tumbuans in New Guinea". In: *Natural History*, vol. 34, 1934, p. 234-235 [ilustrado].

E) Os Iatmul da Nova Guiné

Os Iatmul do Médio Sepik representam uma das mais notáveis culturas da Nova Guiné. Suas aldeias ocupam áreas em ambas as margens do rio a mais ou menos 150 a 200 milhas da nascente. Falam uma complexa língua papua que possui também uma forma simplificada, usada como jargão de troca pelas tribos vizinhas. Suas magníficas aldeias com moradias feitas sobre grandes estacas e bela Casa dos Homens ficavam sob a água parte do ano. As canoas construídas para a guerra eram finamente decoradas. Um sistema aperfeiçoado de clãs patrilineais, contrabalançado por uma grande atenção aos clãs matrilineais, três formas diferentes de casamento, vários tipos de graduação de idade e sistemas de metade, resultavam numa forma rica e complexa de organização social. As aldeias separadas achavam-se frouxamente relacionadas por um complicado sistema de nomes cosmológicos e totêmicos por teorias de origem que retraçam a vida de uma aldeia atrás da outra. Mas não havia organização política centralizada e mesmo nas aldeias, a maior das quais se compunha de quinhentas pessoas, mantinham-se um tipo pouco fácil de ordem, colocando-se os subgrupos em competição uns com os outros. A caça de cabeças e um amplo número de cerimoniais formavam a moldura dentro da qual se davam todas as atividades dos homens. Economicamente o povo era rico, dependendo de suprimentos abundantes de sagu e da pesca feita pelas mulheres em diques artificiais. Havia alguma horta. Embora algumas aldeias comerciassem com os povos da floresta em mercados, visando bens específicos tais como potes, eixos de pedra e ocre, os Iatmul eram em geral autossuficientes, praticando uma ampla gama de artesanato e artes, tais como cestaria, escultura, pintura de tecido, modelagem em crânios etc.

Nosso conhecimento sobre a cultura baseia-se em quatro viagens de campo de Gregory Bateson: em 1929, uma pequena expedição subiu rio acima para coleta e reconhecimento; em 1930, seis meses na aldeia de Mindimbit; em 1932-1933, em Kankanamun e Palimbei; e uma permanência de oito meses em 1938 em Tambunum em que eu o acompanhei, estudei as crianças, cooperei na coleta dos registros fotográficos para prover material comparativo com Bali. Repousei amplamente no farto conhecimento de Bateson da cultura iatmul, mas todo o material específico sobre crianças é resultado dessa viagem de campo a Tambunum e acha-se relacionado às diferenciações daquela cultura em relação à cultura iatmul rio acima, em que se baseia o estudo de travestismo em *Naven*[102].

Publicações sobre os Iatmul da Nova Guiné

BATESON, G. *Naven*: A Survey of the Problems Suggested by a Composite Picture of the Culture of a New Guinea Tribe Drawn from Three Points of View. Cambridge University Press, 1936.

_____. "Music in New Guinea". In: *Eagle*, vol. 48, 1935, p. 158-170.

_____. "Culture Contact and Schismogenesis". In: *Man*, vol. 35, 1935, p. 178-183.

_____. "Social Structure of the Iatmul People of the Sepic River", partes I-III. In: *Oceania*, vol. II, 1932, p. 245-291, 401-453.

MEAD, M. "The Family in the Future". In: ANSHEN, R.N. (ed.). *Beyond Victory*. Nova York: Harcourt/Brace, 1943.

_____. "Administrative Contributions to Democratic Character Formation at the Adolescent Level". In: *Journal of the Association of Deans of Women*, vol. 4, 1941, p. 51-57.

_____. "Character Formation in Two South Seas Societies". In: *Transactions of the 66th Annual Meeting of the American Neurological Association*, 1940, p. 99-103.

_____. "Conflict of Cultures in America". In: *Proceedings of the 54th Annual Convention of the Middle States Association of Colleges and Secondary Schools*, 1940, p. 1-19.

_____. "Public Opinion Mechanisms among Primitive Peoples". In: *Public Opinion Quarterly*, vol. I, 1937, p. 5-16.

---

102 Obra de Gregory Bateson.

_____. "Research on Primitive Children". In: CARMICHAEL, L. (ed.). *Manual of Child Psychology*. Nova York: John Wiley, 1946, p. 667-706.

_____. "Age Patterning in Personality Development". In: *American Journal of Orthopsychiatry*, vol. 17, 1947, p. 231-240.

F) Os Tchambuli

Os Tchambuli formam uma pequena tribo de quinhentos indivíduos ao todo, que vivem ao lado do Lago Tchambuli, perto da montanha do mesmo nome. As duas vias aquáticas conectam o lago com o Rio Sepik, a cerca de 180 milhas de sua nascente. Falam uma difícil língua papua que não é compreendida pelos povos ao redor e cujos idiomas têm de aprender. Na época em que o Dr. Fortune e eu os estudamos em 1933 estavam sob o controle de governo de território de mandato da Nova Guiné havia sete ou oito anos e apenas recentemente tinham abandonado seu território ancestral, temendo os belicosos iatmul e partindo em três grupos separados para viver com povos da floresta. Agora, sob a *Pax Britannica*, com instrumentos de ferro, experimentavam um renascimento cultural, construindo uma série de Casas de Homens ricamente decoradas ao longo da praia e grandes moradias familiares no *hinterland*. Possuíam algumas hortas mas dependiam basicamente da pesca e do comércio de outros alimentos em mercados periódicos. As mulheres eram hábeis artesãs de redes, cestos, capas de chuva, redes de mosquito, enquanto os homens passavam a maior parte do seu tempo esculpindo, pintando e organizando refinadas peças teatrais. Cada um dos três núcleos estava dividido em grupos de clãs patrilineais, clãs que se mantinham unidos pelo casamento no grupo do irmão da mãe e os clãs ou partes deles eram organizados por vários tipos de metades inter-relacionadas. Havia um interesse maior na arte e no cerimonial do que na guerra e as vítimas de caçadas de cabeça eram de criminosos da aldeia próxima, ou eram compradas. Ao longo da margem da superfície negra e polida do lago, esse povo altivo, que se decorava com todo o esmero, executava uma espécie de balé permanente. As mulheres saíam a pescar com grandes lírios rosas amarrados nos braços. A divisão de trabalho planejada para a pesquisa foi a mesma que entre os Mundugumor e os únicos trabalhos sobre os Tchambuli são a terceira parte do meu *Sexo e Temperamento* e os itens de cultura material e artes aqui citados.

G) Bali

O povo de Bali contrasta fortemente com todos os outros discutidos neste livro. Não são um povo primitivo, mas indonésios que falam uma língua malaia e que por centenas de anos estiveram expostos às altas culturas do sudeste da Ásia e da China. Quase um milhão de pessoas de sua pequena ilha de 2.905 milhas quadradas a leste de Java vivia numa sociedade que em muito recorda a Idade Média na Europa ou, pelo menos, até que o domínio holandês fosse instituído no começo do século XX. O país estava dividido em pequenos reinos em que os governantes da casta Kesatria mantinham um semidomínio sobre os brâmanes, auferindo um leve tributo de uma população camponesa sem castas que vivia em aldeias. Cada uma delas tinha uma estrutura social perfeitamente organizada e autossuficiente, posse da terra regulada, irrigação e todos os tipos de organização social, exceto aqueles poucos que os príncipes reinantes tinham abolido. O hinduísmo penetrava profundamente na estrutura religiosa, mas havia também muitos traços do velho budismo. A casta, que se acreditava ter sido trazida de Java quando os javaneses indus fugiram à difusão do islamismo, mantinha-se discretamente em Bali, onde era possível a um homem de casta alta casar-se com uma mulher de uma baixa e ainda assim conceder algum tipo de *status* a seus filhos.

A estrutura econômica estava baseada na combinação de uma agricultura administrada comunal e feudalmente, em que o arroz era a colheita principal, e um sistema de mercados no qual os produtos artesanais de indivíduos e grupos e os alimentos eram comprados e vendidos a dinheiro, através da moeda de cobre chinesa. As casas eram relativamente pequenas mas belamente construídas e dispostas. Os templos consistiam na maior parte dos casos em áreas e terraços abertos e pequenos santuários em que os deuses hindus e pré-hindus eram adorados de acordo com um calendário de grande complexidade. Os sacerdotes e escribas sabiam escrever, de uma forma antiga, sobre páginas cortadas das folhas das palmeiras. O ferro, o ouro e a prata eram trabalhados e se teciam panos finos tingidos.

As artes, especialmente música, dança e teatro, estavam muito desenvolvidas e uma grande parte do tempo deste povo, cuja conduta tão remota parece um sonho, incluía uma grande capacidade para atividades quase que incessantes de preparo de cerimônias dramáticas. O jogo, centralizado na briga de galos, estava muito desenvolvido, mas a bebida, a despeito da presença de licores intoxicantes, era rara. O transe, a divinação e os rituais de data fixa também desempenhavam partes importantes na vida religiosa, que açambarcava cada faceta da vida balinesa, desde as pequenas oferendas feitas ao fim de cada refeição às cerimônias oferecidas pelos príncipes e que custavam centenas de milhares de guildas. A despeito das diferenças conspícuas entre príncipe e camponês, entre o sacerdote brâmane e o oficiante de um templo numa aldeia local, entre os rudes artesãos da montanha e os da planície com seu cerimonial e seu simbolismo, uma grande parcela da vida balinesa estava ao alcance de todos os seus membros. Assim, embora encontremos diferenças extremas e detalhadas entre uma parte e outra de Bali ou entre a conduta formal de diversas castas ou ainda entre as diferentes seitas sacerdotais, a estrutura de caráter parece extremamente homogênea, com poucas diferenças entre as aldeias, cujos habitantes nunca caem em transe, embora na outra quase todos caiam.

O estudo de uma sociedade tão complexa, principalmente quando feito por duas pessoas, exige tarefa diversa do estudo de pequenas culturas recém-descobertas e ao mesmo tempo em vias de desaparecer. Em dois anos, de 1936 a 1938, e numa nova visita em 1939, Bateson e eu lá trabalhamos, em colaboração com Jane Belo, que ali já havia permanecido muitos anos anteriormente. Devemos abordagens específicas a Calin McPhee, que estava estudando a música, ao finado Walter Spies, que devotara muitos anos a uma exploração pessoal intensiva de todas as artes, e a Katherine Mershon, que se especializou em dança e conduta religiosa. Àquela época, podíamos tão somente ter amostras de modos estreitamente intensivos de aspectos da cultura ou acompanhar um grupo de crianças ou um conjunto de dançarinos de transe ou um grupo de artistas jovens ou o calendário de uma aldeia em particular, com registros escritos e também visuais. Existe, evidentemente, uma grande literatura sobre Bali, tanto técnica quanto popular. Estudiosos holandeses têm pesquisado sobre lei e construído sequências arqueológicas a partir de um estudo detalhado de remanescentes. Apresentarei aqui tão somente uma bibliografia de nosso trabalho e aquela dos colaboradores em que nos tenhamos apoiado durante a preparação do nosso.

Publicações sobre Bali

Estrutura de caráter e sistema simbólico

ABEL, T.M. "Free Designs of Limited Scope as a Personality Index". In: *Character and Personality*, vol. 7, 1938, p. 50-62.

BATESON, G. "The Frustration-Aggression Hypothesis". In: *Psychological Review*, vol. 48, 1941, p. 350-355.

_____. "Bali: The Value System of a Steady State". In: FORTES, M. (ed.). *Social Structure*: Studies Presented to A.R. Radcliffe--Brown. Clarendon Press.

BATESON, G. & MEAD, M. *Balinese Character*: A Photographic Analysis. New York Academy of Sciences Special Publication, 1942 [100 quadros].

BELO, J. "Bali: Rangda and Barong". In: *American Ethnological Society Monograph*, 16, fev./1949.

_____. "The Balinese Temper". In: *Character and Personality*, vol. 4, 1935, p. 120-146.

MEAD, M. "Age Patterning in Personality Development". In: *American Journal of Orthopsychiatry*, vol. 17, 1947, p. 231-240.

_____. "Research on Primitive Children". In: CARMICHAEL, L. (ed.). *Handbook of Child Psychology*. Nova York: John Wiley, 1946, p. 667-706.

_____. "Educative Effects of Social Environment as Disclosed by Studies of Primitives Societies". In: BURGESS, E.A.; WARNER, W.L.; ALEXANDER, F. & MEAD, M. *Symposium on Environment and Education – Supplementary Educational Monographs*. University of Chicago, 54, 1942, p. 48-61.

_____. "Administrative Contributions to Democratic Character Formation at the Adolescent Level". In: *Journal of the National Association of Deans of Women*, vol. 4, 1941, p. 51-57 [reimpresso em KLUCKHOHN, C. & MURRAY, H.A. (eds.). *Personality in Nature, Society, and Culture*. Parte III. Nova York: Knopf, 1948, cap. 37, p. 523-530].

_____. "The Family in the Future". In: ASHEN, R.N. (ed.). *Beyond Victory*. Nova York: Harcourt/Brace, 1943, p. 66-87.

_____. "Character Formation in Two South Seas Societies". In: *Transactions of the 66th Annual Meeting of the American Neurological Association*, 1940, p. 99-103.

_____. "Conflict of Cultures in America". In: *Proceedings of the 54th Annual Convention of the Middle States Association of Colleges and Secondary Schools*, 1940.

_____. "Researches in Bali, 1936-1949". In: *Transactions of the New York Academy of Sciences*, série II, vol. 2, 1939, p. 1-4.

_____. "Public Opinion Mechanisms among Primitive People". In: *Public Opinion Quarterly*, vol. I, 1937, p. 5-16.

Organização social e religião

BATESON, G. "An Old Temple and a New Myth". In: *Djawa*, vol. 17, 1937, p. 1-18.

BELO, J. "A Study of a Balinese Family". In: *American Anthropologist*, vol. 38, 1936, p. 12-31.

_____. "A Study of Customs Pertaining to Twins in Bali". In: *Tijdschrift voor Ind. Taal, Land, en Volkenkunde*, vol. 75, 1935, p. 483-549.

Arte

BATESON, G. *Bali*: The Human Problem of Reoccupation – Supplementary Material on the Exhibit, Museum oi Modern Art. Nova York, 1942 [mimeo.].

BATESON, G. [com HOLT, C.]. "Form and Function of the Dance in Bali". In: *The Function of Dance in Human Society, a*

Seminar Directed by Franciska Boas. Nova York: Boas School, 1944, p. 46-52.

BELO, J. "Balinese Children's Drawings". In: Djawa, vol. 17, 1937, p. 1-13.

HOLT, C. "Théâtre et danses aux Indes Néerlandaises". In: Catalogue et Commentaires – XIIIe Exposition des Archives Internationales de la Danse. Paris: Maisonneuve, 1939.

_____. "Les danses de Bali". In: Archives Internationales de la danse: Parte I, 15/04/1935, p. 51-53; Parte II, 15/07/1935, p. 84-86.

_____. Analytical Catalogue of Collection of Balinese Carvings in the American Museum of Natural History. Nova York [não publicado].

McPHEE, C. "Five-Tone Music of Bali". In: Musical Quarterly, abr./1949.

_____. "Dance in Bali". In: Dance Index, jan./1949.

_____. A House in Bali. Nova York: John Day, 1947.

_____. "Figuration in Balinese Music". In: Peabody Bulletin, mai./1940.

_____. "Children and Music in Bali". In: Djawa, vol. 18, 1938, p. 1-14.

_____. "Angkloeng Music in Bali". In: Djawa, vol. 17, 1937.

_____. "The Balinese Wanjang Koelit and Its Music". In: Djawa, vol. 16, 1936, p. 1.

_____. "The 'Absolute' Music of Bali". In: Modern Music, vol. 12, 1935, p. 165.

_____. [Gravação] *Music of Bali* – Seis composições balinesas com arranjo para dois pianos e executada por Benjamin Britten e Colin McPhee. Nova York: G. Schirmer.

_____. [Música publicada] *Balinese Ceremonial Music* – Pemungkah, Gambangan, Tabuh Telu. Nova York: G. Schirmer.

MEAD, M. "Community Drama, Bali and America". In: *American Scholar*, vol. 2, 1941-1942, p. 79-88.

_____. "The Arts in Bali". In: *Yale Review*, vol. 30, 1940, p. 335-347.

_____. "Strolling Players in the Mountains of Bali". In: *Natural History*, vol. 43, 1939, p. 17-26.

ZOETE, B. & SPIES, W. *Dance and Drama in Bali* [prefácio de Arthur Waley]. Nova York/Londres: Harper, 1939.

Apêndice II

A ética da abordagem

O cientista social, trabalhando com uma consciência florescente que, se alcançada, certamente alterará a forma do mundo, carrega um pesado fardo de obrigações. Quando um cientista social afirma que a compreensão tornará os homens mais livres para traçar o seu próprio destino, ele proclama não somente que a compreensão em si é boa, mas também que ele pode oferecer uma parte dela ou pelo menos um meio de atingi-la. Há aqueles que argumentarão que uma maior compreensão é sempre destrutiva, porque uma vez perdendo o homem sua inocência, isto é, sua capacidade de ignorar as partes inconscientes e desconhecidas de sua personalidade que desempenham um papel não reconhecível nas suas ações, perde também a limitada capacidade que possuía para a boa conduta. Aqueles de nós que acreditam na consciência e que tão somente através de uma maior compreensão do homem poderemos construir um mundo em que os seres humanos poderão se aperceber melhor de suas potencialidades e viver em maior harmonia com os demais estão na posição oposta. Nossa opinião é de que o homem já perdeu aquelas formas específicas de inocência da era pré-científica e que hoje ela está desintegrada, devendo-se partir para mais longe e aceitar o peso seja do sentimentalismo ou do cinismo em que o poder e as satisfações imediatas são soluções alternativas. Acreditamos ser possível atingir uma nova inocência, que é uma nova totalização na qual a advertência de Cristo "Não saiba a tua mão esquerda o que faz a tua direita" poderá significar novamente totalidade e integração, mas já em outro nível[103].

Nenhum cientista social que tenha estado em contato estreito com as utilizações da ciência social na Segunda Guerra Mundial, ou que tenha estudado de perto os meios pelos quais a propaganda e a doutrinação foram usados antes da Primeira Guerra Mundial, duvidará de que consciência e compreensão possam ser usadas destrutiva ou construtivamente e que a ciência social em si própria não traz mais garantia de bem à humanidade do que a física teórica. Utilizada sem responsabilidade, poderá levar para o mal tão facilmente quanto para o bem, trata-se da desintegração de uma estrutura social ou da destruição de uma área de dez milhas de uma cidade moderna. Muitos cientistas sociais que entraram nos departamentos de psicologia de guerra de vários países, ou que participaram de operações que envolviam a melhoria de relações entre os aliados ou o soerguimento da moral doméstica, assumiram a posição de que nas tarefas de guerra terá de vencer

---

103 Mt 6,3. Escrevi este parágrafo usando a explicação do Sermão da Montanha no sentido que aprendi a interpretar, i. é, de que quando alguém age deve fazê-lo como pessoa integral, sem calcular os ganhos que possam ser obtidos com uma ação generosa. Cedo descobri que a maioria daqueles que leram o manuscrito ou se perguntaram sobre o significado da citação não interpretou dessa maneira. Quase todos pensavam que se tratava da descrição de uma conduta ruim e hipócrita projetando o pior; em termos psiquiátricos modernos, uma conduta esquizoide. Muitos não sabiam quem a havia dito. Também estou interessada em descobrir se a interpretação de uma dissociação ruim em vez de uma espontaneidade nascente foi a que prevaleceu durante a Idade Média (cf. esp. COMBE, J., apud BOSCH, J. La mort de l'avare. Paris: Rimbali, 1946, n. 42). Decidi mantê-la, pois evidencia muito bem a atual confusão acerca da inter-relação entre graus cada vez mais acentuados de percepção e a possibilidade da inocência em níveis mais altos de consciência.

o inimigo, ter boas relações com os aliados e manter alto a moral interna. A ética das várias operações pelas quais estes fins eram atingidos teve que ser efetuada dentro do trabalho – nos comitês de intervenção, nos serviços de inteligência e contrainteligência, nos centros de relocação de guerra, nos interrogatórios de prisioneiros, nas sedes de regimentos, no planejamento de agências que interceptavam cartas e nas campanhas planejadas contra rumores. Mesmo as primeiras avaliações não são completas; muitos daqueles que tomaram então parte ativa não expuseram ainda seus aprendizados específicos. Mas ninguém que durante a guerra tenha participado de tarefas de ciência social aplicada duvida que exista um problema que deve ser enfrentado[104].

À medida que trabalhamos neste difícil tempo de paz, devemos tornar mais clara a nós mesmos e ao mundo a ética da pesquisa, ética que guie aqueles que estão começando a aplicar a ciência social consciente e responsavelmente. Um aspecto da discussão questiona se é correto prover qualquer conhecimento concreto em uma forma que possa facilmente ser usada por aqueles que não podem ser considerados responsáveis pelo modo

---

104 MEAD, M. "On Behalf of the Sciences". In: Symposium "Toward an Honorable World". In: *Wilson College Bulletin,* vol. III, 1940, p. 19-29. Cf. tb. MEAD, M. "The Comparative Study of Cultures and the Purposive Cultivation of Democratic Values" e BATESON, G. "Social Planning and the Concept of 'Deutero-Learning'" – ambos publicados em *Science, Philosophy and Religion* – Second Symposium, Conference on Science, Philosophy and Religion. Nova York, 1942, p. 56-69, 81-97. • BATESON, G. & MEAD, M. "Principles of Morale Building". In: *Journal of Educational Sociology,* vol. 15, 1941, p. 206-220. • MEAD, M. "Are Democracy and Social Science Compatible Each with Each?" In: *And Keep Your Powder Dry.* Nova York: William Morrow, 1942, cap. XI, p. 176-192. • MEAD, M. "Reaching the Last Woman down the Road". In: *Journal of Home Economics*, vol. 34, 1942, p. 710-713. • BATESON, G. "The Sciences of Decency".In: *Philosophy of Science*, vol. 10, 1943, p. 140-142 [uma réplica ao Dr. Langmuir]. • BATESON, G. "The Pattern of an Armaments Race" – Parte 1: "An Anthropological Approach"; Parte 2: "An Analysis of Nationalism". In: *Bulletin of the Atomic Scientists,* vol. 2, 1946, p. 10-11, 26-28 [apresentada em uma discussão sobre implicações interculturais das descobertas atômicas].

em que a põem em prática. Se se analisa a cultura contemporânea – a própria, a do aliado, a de um amigo duvidoso ou de um inimigo declarado –, acuradamente tanto se poderá usar para o bem quanto para o mal. Trata-se de coisa diferente da descrição técnica da cultura mundugumor, que dezesseis anos antes consistia de um grupo de pessoas em processo de desaparecimento e desintegração, às margens de um rio obscuro da Nova Guiné. Somente de posse desse conhecimento etnológico remoto, fundamentando-o muito abstratamente e então traduzindo novamente a situação concreta contemporânea, é que ele poderá ser usado para propósitos práticos, quaisquer que sejam. Os propagandistas políticos, os planejadores da subversão, homens ligados à propaganda, que promovem sutilmente uma marca em detrimento da outra, os agentes de uma potência estrangeira, tentando promover clivagens no outro país ou tentando obter a cooperação involuntária de um aliado, não poderão usar nosso material sem um conhecimento adicional. A antropologia aplicada depende não somente do conhecimento de um conjunto de abstrações trazidas de um laboratório primitivo, mas de um conhecimento específico e concreto da situação a ser modificada[105]. Sem o conhecimento da cultura americana, russa, alemã, francesa, chinesa, inglesa ou japonesa, os mais cuidadosos estudos sobre esquimós, hotentotes, arapesh e cheyene mantêm-se no geral praticamente inócuos. Na medida em que as mesmas análises são feitas em sociedades contemporâneas, surgem novas possibilidades de exploração, ma-

---

105 Para um exemplo concreto da utilização dessas abstrações cf. BATESON, G. "Morale and National Character". Apud WATSON, G. (ed.). "Civilian Morale". In: *Second Yearbook of the Society of the Psychological Study of Social Issues*. Nova York: Houghton Mifflin, 1942. p. 71-91. A aplicação posterior dessas abstrações a problemas de relações anglo-americanas está descrita em MEAD, M. "A Case History in Cross-National Communications". In: BRYSON, L. (ed.). *The Communication of Ideas*. Nova York: Instituto de Estudos Religiosos e Sociais, 1948, cap. XIII, p. 209-229.

nipulação, corrupção e destruição. Trata-se de um risco que deve ser enfrentado com franqueza. Quanto mais conhecemos a nós mesmos e a outros povos do mundo, mais danos podemos causar, tanto quanto bem. Somente se alguém acredita na consciência, acredita na verdade que fará os homens livres, estando justificado na tentativa de encontrar e disseminar tal conhecimento.

Aqueles de nós que estão profundamente preocupados com a relação entre as habilitações de nossa ciência social e nosso mundo estão tentando resolver o problema de várias maneiras. Como antropólogos aplicados, limitamo-nos a exigências éticas muito simples uns em relação aos outros. Insistimos que devemos levar em consideração a relação entre meios e fins, devendo prever o mais possível, levar em consideração o todo tanto quanto possível e sermos fiéis à ideia de um equilíbrio dinâmico emergente na sociedade que deixará livre o futuro. Além desses imperativos simples incompletos, mas bem difíceis para todas as consciências, cada um deve submeter seus métodos ao teste de seus próprios padrões éticos[106].

O segundo aspecto do problema pode ser sintetizado no provérbio "um pouco de conhecimento é perigoso". Quaisquer coisas que se possam dizer sobre culturas contemporâneas, é pouco, é parcial e incompleto, como para qualquer ciência, especialmente em seus primórdios e também em períodos de um novo crescimento. Mas muito poucos daqueles que seguiram a história da medicina, da primeira operação trepanatória, ao transplante de córnea, concordariam em que se deveria ter abandonado a medicina, porque em cada estágio de sua história as primeiras tentativas de operação foram malsucedidas. Um pouco de conhecimento, se é o primeiro, é uma maneira pela qual os homens se movem num

---

106 O Comitê de Ética da Sociedade para a Antropologia Aplicada trabalha desde maio de 1946 e seu relatório foi substancialmente adotado a partir do encontro de Filadélfia, em 30 de maio de 1948.

campo novo e que deve ser tido como perigoso somente quando o prático e o paciente o superestimam. O boticário fez o melhor que pôde e não necessitou ser posto fora da lei pelos diagnósticos e tratamentos, por causa de seu pouco conhecimento, até o momento em que houve escolas médicas onde se obtivesse aprendizado novo. Depois não foi o leigo prestando primeiros socorros que tinha de ser posto fora da lei e controlado, mas o boticário e mais tarde a enfermeira. O pouco conhecimento pode ser perigoso quando usado por aqueles que compartilham somente parcela da tradição que se desenvolve. O boticário e a enfermeira que têm acesso a medicamentos e métodos que não aprenderam profundamente para compreendê-los, mas que são dignos de confiança daqueles que conhecem menos que eles, devem ser controlados e limitados a um ponto permissível. Mas se os homens afirmassem que o melhor cirurgião, usando a habilidade máxima de sua experiência, não deve tentar uma operação ou um novo medicamento desenvolvido sob a experimentação mais cuidadosa, então a medicina nunca poderia ter progredido. O perigo existe sempre que o praticante, que superestima seu conhecimento de fato mais do que corajosa e humildemente, reconhece o que não sabe, toma uma vida nas mãos com o consentimento pleno do paciente. O perigo está no paciente que superestima a habilidade do médico e confia nas vezes em que ele afirma "há lugar para fé, mas não para a confiança". A conduta responsável por parte daqueles que utilizam os métodos da ciência, de modo que afeta a vida de seus semelhantes, consiste em reconhecer tão completamente quanto possível o significado do que fazem. E não acaba aí; consiste em comunicar aos outros essa compreensão da relação do novo conhecimento para com suas vidas e as vidas de seus filhos. Não existe torre de marfim, exceto aquela em que o cientista se fecha e promete que os resultados de suas pesquisas nunca serão comunicados, sob qualquer forma, a qualquer outro ser humano. O aprendizado não é perigoso, porque ainda é pouco, mas é perigoso não saber o quão pequeno ele é. O antropólogo que trabalha na sociedade enfrenta tanto nos Estados Unidos quanto na Inglaterra, primeiro, um ceticismo completo e, se aceito, uma crença igualmente completa e irracional. Sua obrigação é estabelecer, em sua própria mente e na dos outros, num período dado do desenvolvimento antropológico, aquilo que conhece, aquilo que espera conhecer e quais as consequências de tal conhecimento.

Em conexão com a seção deste livro que trata da cultura americana, afirmei tão explicitamente quanto possível e em termos dessa cultura a segurança e a insegurança que sinto estarem envolvidas nesta discussão. O conhecimento da cultura, por causa de sua relação específica para com os nossos hábitos nacionais de autocrítica, envolve na América perigos inexistentes em outras culturas, que apresentam vulnerabilidades diferentes ao aumento da consciência de si próprias.

Na América, sempre acreditamos no vagão que é atrelado a uma estrela. Discordamos do modo pelo qual o vagão deva ser construído e sobre a trilha imediata que deve seguir, mas temos poucas dúvidas de que sempre que haja uma estrela no céu não podemos atrelar nosso vagão a qualquer outra coisa. Ter em mira menos que o melhor não é concebível. Temos muitos modos de limitar nossa definição do melhor, um deles é fechar os olhos ao estado dos arreios, outro é não atrelar o vagão para um passeio informal, mas ao inspirarmos pela vez primeira este ar que os oriundos da Europa dizem tornar as crianças tão saudáveis, criamos a crença de que a estrela deve estar lá.

Mas a sociedade que atrela um vagão a uma estrela e que decide ver sempre voltada a um ideal inatingível, de modo que os fins de ontem, uma vez atingidos, não se tornam mais do que aproximações imperfeitas que faz do ideal de amanhã, decide-se também por outras coisas, como estilos de profecia e rebelião, acidentes que atingem segmentos inteiros da população que são sacrificados a esta ficção ou casos de indivíduos que são traídos pelos ideais impossíveis de realizar ou de com eles conviver como, por exemplo, a permanente violência do revolucionário utópico impaciente e do reacionário nostálgico, ambos não podendo mais suportar a tensão. Em tal sociedade, em que tantos possuem ideias diversas do que é bom, e diferentes posições sobre a solução de problemas que surgem quando os vagões são atrelados, todos os que falam estão corretamente sujeitos a julgamento e cada um que fala é parte do todo. Há os profetas que advertem que a visão da estreia está enfraquecendo ou que uma estreia já se apagou, devendo buscar-se outra. Eles são os que buscam novas estreias, são aqueles a quem parece intolerável a distância entre o vagão que se arrasta deixando marcas no chão em degelo da primavera e dizem: "Chega dessa lenta peregrinação que nunca terá fim. Cortemos o elo com a estreia, libertemo-nos do movimento incessante pelo ideal inatingível, que é fraude somente, e atemos nossas rédeas a um ponto passado ou futuro, firme e absolutamente realizável, e partamos para a frente". Os outros são os que pensam estabelecer pelo *fiat* ou pela revolução a utopia na terra. Há aqueles que dizem "olha a impossível distância entre o vagão e a estreia, aceita o fato de que nunca podes alcançá-la, corta as rédeas que te ligam a ela e toma a vida tal como ela é. Demos um passeio informal, sem compromisso. Tem-se somente uma vida para viver". Todos estes pontos de vista estão articulados na vida americana. Um teme o outro. Cada um teme que o outro coaja o país, assim como a si próprio, a um caminho que não quer trilhar. É da natureza de nosso tipo de civilização que todas essas opiniões estejam aqui. É problema do nosso tipo de civilização encontrar o modo pelo qual todos possam contribuir à totalidade.

Uma maneira de resolver esse problema é mudar a atenção sobre a exata *natureza* da estreia ou do lamentável ritmo do vagão para a relação entre eles, isto é, a *resistência das rédeas*[107]. Estas devem ser suficientemente resistentes de modo que aqueles que sabem que há uma estreia possam emprestar seus olhos para os presos à terra e os cegos da noite, para que os que a temem possam perder o medo e seguir adiante. As rédeas não devem ser esticadas a ponto de danificar as rodas traseiras do vagão e mais tarde impedir sua marcha, de modo que os preocupados com o ritmo do vagão fiquem tentados a dizer: "Aceitemos o ideal possível de ser obtido em tempo e neste mundo e tentemos consegui-lo por métodos rápidos". Ou então, sentindo não haver mais movimento: "Cortemos as rédeas, simplesmente". Quando se pensa na resistência das rédeas, isso não significa que se questione a importância da estreia nem o problema da lentidão do vagão. Simplesmente se diz: "Eu aceito a natureza da minha cultura como uma moldura de civilização e aquela em que estou em melhores condições de trabalhar e aceito a responsabilidade de compartilhá-la ativamente. Aceito a importância dos 'Jeremias', mas também é perigoso quando há Jeremias demais, porque as pessoas simplesmente se desesperarão, sem que se arrependam. Aceito a importância de Amós e Oseias, mas também é perigoso dar-se ênfase excessiva ao fracasso do homem para com seus ideais". As pessoas ficarão tentadas a usar atalhos na direção da utopia orientada para o futuro, que é o tema do idealista comunista, outras a uma aceitação ultrassimplificada do poder como o bem último, que é o tema do idealista fascista. Em resumo, aceito a importância de um povo que fala por simples alegria "quero viver agora e no meu próprio tempo", porque mantém tanto os profetas quanto

---

107 A obrigação específica do cientista social em perceber a relação entre ideais inculcados e sua realização prática foi mencionada pela primeira vez durante uma conferência de Ruth Benedict, em Baltimore, durante a Segunda Guerra Mundial.

os utópicos longe de si, sem sacrificar duramente toda a vida atual por uma vida futura ou sacrificando aqueles que estão vivos agora para que outros vivam melhor mais tarde. Partindo-se desse ponto, pergunta-se: Que necessita ser feito? Manter as rédeas no ponto exato de resistência significa estar continuamente alerta para com nossos ideais, evitando que por nossa prática saiamos demais da linha. Significa estar atento nas áreas onde isso ocorre, buscando a maneira mais segura de reduzir a tensão. No capítulo 17 discutimos detalhadamente uma das áreas em que, por causa de nosso ideal de casamento, incluir uma garantia explícita de que esta relação deve ser para toda a vida, algo que a sociedade contemporânea não mais sustenta, estamos condenando à morte milhares de relações que podiam ser salvas de outra maneira. De modo idêntico, insistimos que nos padrões ideais atualmente estabelecidos para as mulheres elas sejam verdadeiramente mulheres, escolhendo seres humanos, então definimos a escolha que a maioria delas faz – o lar para o marido e para os filhos – como algo que não é absolutamente uma escolha. Na educação dos meninos exigimos simultaneamente um alto nível de agressividade defensiva e a crença de que é errado começar uma briga[108]. Como construímos nossa cultura sempre orientada para o futuro, sempre orientada para um padrão feito de detalhes que, se atingidos, devem ser definidos como ainda insuficientes, mais e mais nos convencemos da necessidade de atentarmos continuada e conscientemente para esses mesmos padrões e aqueles que neles devem viver.

Eu mesma aceito inequivocamente como tarefa, para a qual envido todos os meus esforços, a de manter as rédeas esticadas mas não excessivamente. Pessoalmente, aceito a cultura em que

---

108 MEAD, M. *And Keep Your Powder Dry*. Nova York: William Morrow, 1942, cap. IX: "The Chip on the Soulder", p. 138-157.

vivo e na qual me movo e na qual meu ser particular tem um modo de vida em que é possível trabalhar pelo bem de toda a humanidade em todos os cantos da terra. Aceito os profetas que lamentam nossa visão deturpada e imperfeita e aceito o direito do revolucionário de desafiar e desintegrar a sociedade que não pode resistir suficientemente de modo a se lhe opor. Aceito a vontade indomável daqueles que, conturbados por exigências maiores que as possibilidades, exigem alegria, embora fugaz e barata, em vez de mergulhar na apatia e no desespero. Aceito a visão do santo, mas preservo o direito de apontar aqueles sacerdotes que muitas vezes, em vez de preservar a visão dos santos, substituem-na e constroem modos de vida que tornam os homens pecadores. E aceito todos aqueles que dizem: "Nada terei disso aqui, não é meu caminho; não é meu para mudar, nem meu para aceitar. O meu país é outro, não é desta era nem desta terra".

> E deixe os inimigos dele zombarem, mas deixe-os dizer
> Que ele jogaria longe este continente
> Buscando outro país,
> Como de fato fez[109].

Até agora não foi criada nenhuma cultura pela imaginação apaixonada do homem que guarda um lugar igual para dado temperamento diferente[110] ou um repositório de bênçãos que aliviam os traumas, que sempre farão alguns sofrerem nas diferentes culturas. Eu aceito também a responsabilidade da defesa de tal liberdade contra aqueles que a destruiriam[111].

---

109 Últimas linhas do poema "Persistent Explorer", de John Crowe Ransom. In: *Two Gentlemen in Bonds*. Nova York: Alfred Knopf, 1927.

110 Minha compreensão sistemática do problema dos desvios é devida a Ruth Benedict, que tratou do tema durante muitos anos antes da publicação de *Padrões de cultura*, em 1934.

111 O que não deve ser interpretado como um relativismo cultural no sentido de que qualquer conjunto de valores é tão bom quanto todos os demais. Uma vez fei-

Aceitando como parte do mundo, no qual eu vivo e tenho minha alma, aqueles que de um modo ou outro o sentem insuportável, corro riscos peculiares de ser incompreendida, tanto quanto todos aqueles que trabalham em termos dessa fé evolucionária. E é absolutamente essencial que sejamos compreendidos, de forma a termos certeza de que uma situação pode ser julgada nos seus verdadeiros méritos e não através de uma falsificação indesejável e certamente destruidora. Aqueles que creem ser este país o pântano do pecado e da maldade, do esquecimento licencioso de Deus, onde os homens vivem somente o presente, deslembrados tanto de suas almas como de seu próximo, acharão difícil acreditar que eu também concorde com muitas de suas denúncias, mas discorde dos meios que empregam para retornar à ordem. Estou chocada com a atual manipulação da morte em nosso país, mas não acredito que se possa modificá-la pelo simples arrependimento, nem acredito que o próximo passo seja uma mudança positiva por uma associação ministerial que tome o problema das mãos dos agentes funerários. Ao contrário, descrevo cuidadosamente nossa perda de sensibilidade e nossas implicações espirituais da morte e o relaciono com este tipo de mudança que está ocorrendo em nossa sociedade. E Reinhold Niebuhr engana-se com o significado de minhas palavras e afirma que acredito em ritos funerários modernos[112]. Mas como alguém pode falar sem denúncia na voz, a não ser que

---

ta a pergunta "Bom para quê?", os diferentes valores poderão ser vistos como melhores, piores ou simplesmente formas diversas de conseguir determinado bem.
112 Em 1945 contribuí com um artigo intitulado "How Religion Has Fared in the Melting Pot" (in: SPERRY, W. (ed.). *Religion in the Post War World*. Harvard University Press). Criticando a série no *New York Times*, o Dr. Niebuhr enganou-se totalmente quanto ao significado de minhas palavras, acusando-me de advogar tendências à cultura que eu própria descrevia com tristeza (*New York Times – Book Review Section*, 02/09/1945). O Dr. Niebuhr generosamente me escreveu corrigindo sua má interpretação quando chamado à atenção (*New York Times*. 30/09/1945).

esteja totalmente do lado do demônio? Aqueles que construíram uma visão como uma utopia terrestre, progressista ou reacionária, como um marco pelo qual se luta e vence, reconhecerão de modo claro que estou do outro lado. Com meu conceito do que faz nossa cultura, reconheço o direito de desafiar ao mesmo tempo que faço um esforço para fortalecer nossa sociedade, de modo que não possam desintegrá-la. Acredito numa sociedade que permite tais desafios. Aqueles que abandonaram a luta para olhar as estreias ou que se sentam atrás das janelas envidraçadas esperando que a bebida, o alimento, o sexo ou o dinheiro lhes traga felicidade que muita fantasia na infância não permitiu alcançar, vão se remexer sem descanso nas suas cadeiras se decidirem ler este livro. E desejarão que ele fosse um rádio em que se pudesse mudar de estação. Minha voz trará inevitavelmente ecos daquelas vozes que se voltaram para uma busca exteriorizada de felicidade pessoal. Ficarão amedrontados, temendo serem vencidos; amedrontados por terem sido ganhos, seduzidos com a falsa promessa de que, se forem bons, a vida será significativa, embora sintam que cada alegria e cada satisfação está sendo arrancada de seu amor vigoroso e sensual pela vida. Finalmente, alguns daqueles que "negam esta terra", que é como se definem, sem serem traidores, são eternos exilados em seu próprio país e se sentirão particularmente traídos. Isso se dará especificamente se tiverem lido a minha opinião ou a de outros antropólogos sobre culturas diferentes e distantes e sentirem em tais descrições que poderia ter havido outros modos de vida para os quais eles não teriam sido estranhos, mas sim pessoas da casa. Por um momento parecemos estar no outro lado quando descrevemos com toda a fidelidade o modo de um povo bem diferente da nossa estrutura. E agora nós os traímos quando falamos com a mesma fidelidade para cada valor de nosso mundo, tal como o estruturamos. Porque, por muito que repudiemos o modo de vida de outros povos, vendo-os como próprio para outros e não para nós, alguma parte dele está nos corações. A língua é, acima de tudo, aquela que falam suas mães e que lhes deram pelo menos uma humanidade clara que tornou a rejeição uma escolha possível e digna. E assim dirão que é correto descrever outras culturas e tentar reproduzir fielmente o conjunto de valores corporificado em outros povos. Mas se isso é feito com a América trata-se de manipulação.

Todos nós, homens, mulheres, crianças, profetas, revolucionários, hedonistas, cínicos e deserdados, aqueles que se preocupam com a resistência das rédeas, protegemos nossos corações da manipulação de diferentes maneiras. Antes de aceitá-lo nas fronteiras do nosso próprio domínio, devemos dar-lhe um outro nome tal como vontade de Deus, do Partido, ou o curso natural que não pode ser abandonado. Lutamos até à morte quando isso vem de fora. Mas aqueles que, reconhecendo os valores da sociedade democrática, estão inteiramente envolvidos nela no sentido de que podem crescer e modificar, e na qual os outros homens são livres para fazer novas escolhas, não somente estão em condições de resistir à manipulação, como de não manipular. Trata-se de um problema difícil e em permanente mutação. Ele não é resolvido declarando-se os próprios propósitos abertamente, porque para aqueles que compartilham conosco de modo parcial parecerá manipulativo. Não se resolve o problema recusando rigorosamente todos os esforços dirigidos para os indivíduos e trabalhando somente com processos culturais, ainda que isso seja essencial[113].

Não se resolve o problema mantendo-se um senso de humildade e fraqueza relativas quando se trabalha com processos culturais,

---

113 Estes são os aspectos que considerei mais importantes quando escrevi o capítulo "Are Democracy and Social Science Compatible Each with Each?" In: *And Keep Your Powder Dry*. Nova York: William Morrow, 1942, p. 176-192.

ainda que isso seja importante[114]. Não se resolve o problema nomeando aqueles contra os quais se luta, chamando de demônio qualquer inimigo, atirando a pessoa numa estranha companhia e alterando a clareza de sua posição. Não se resolve ligando nosso ser com a totalidade pelo mundo porque aqueles que não são totais poderão sentir que a própria afirmação de totalidade é uma sedução indevida. Nem se resolve o problema mostrando os próprios métodos e dizendo: "Veja, você também pode seguir o padrão, basta olhar. Veja, ele está lá no brinquedo daquela criança no chão, no desenho do papel em suas mãos, no último anúncio de rádio, na manchete anunciada nas ruas". Pois então os que sentem ter sido pessoalmente enganados pela vida sentirão que isso também é um outro enredo, que o brinquedo deve ter sido posto lá para provar o argumento, o anunciante de rádio estava mentindo e que a manchete era falsa[115].

---

114 MEAD, M. "Human Differences and World Order". In: JOHNSON, F.E. (ed.). *World Order*: Its Intellectual and Cultural Foundations. Nova York: Institute for Religious Studies, 1945, cap. IV, p. 40-51.

115 Uma cuidadosa advertência contra essa situação foi editorialmente omitida, a despeito de meu protesto veemente em artigo sobre trabalho de grupo. "Pode-se sugerir ainda um outro problema de liderança. Se o grupo acredita na experiência de grupo, não busca ajuda individual de seus líderes, mas aprende a depositar sua confiança no pensamento conjunto; é necessário que algum membro da liderança unifique as contribuições aparentemente desparatadas – um incidente que ocorre num dia, a história que um informante conta do outro, uma confusão que perturbou algum ponto da discussão, o surgimento repentino de uma discordância que no momento parecia inexplicável. Tudo isso deve ser tomado, demonstrando-se a conexão entre as partes; servindo-se assim a um duplo propósito, o aprendizado se acelera e a continuidade da emoção é usada construtivamente [...]. Mas tal procedimento tem um perigo. Por mais perfeitamente que cada oportunidade seja aproveitada, por melhor que seja o inter-relacionamento entre as pessoas durante o incidente confuso de segunda-feira, ou um inesperado lapso verbal na terça--feira, mais coerente parecerá a conduta do grupo. Em sua maioria, os membros de uma escola intercultural estão totalmente desacostumados a ver a vida sistematicamente, a ver a conduta cultural grupal ou individual como regularidades abrangentes, perceptíveis e sobre as quais se possa agir. Sob tais circunstâncias, aqueles entre os indivíduos que têm as maiores ansiedades no sentido de encobrir suas emoções discrepantes poderão se amedrontar e acusar os líderes de domina-

O dilema integral do conhecimento e da liberdade só pode ser resolvido, creio, por um clima de opinião em que aqueles que trabalham e aqueles com quem se trabalha, os que escrevem e os que leem, os que ensinam e os que são ensinados, os que curam e os que procuram a cura, aprendam a compartilhar a crença de que o conhecimento que se adiciona pode de fato fazer os homens livres, de que se pode tornar a cultura mais próxima da imagem de todos os corações humanos, apesar de suas diferenças, sem manipulação, sem o poder que mata, sem a perda da inocência que nos priva da espontaneidade. Além disso creio que o cientista social que trabalha sozinho ou que faz a exegese de um único segmento de sua sociedade, seja revolucionário, reacionário, reformador, burocrata do governo, de uma organização nacional, de uma disciplina cientifica ou um cultor da propaganda, corre o risco de trabalhar destrutivamente, a não ser que suas premissas sejam compreendidas por todos os demais[116]. Os outros, aqueles a quem afeta diretamente e aqueles cujas vidas podem ser influenciadas pelo fenômeno daqui a cinquenta anos, não necessitam concordar, seja com seus métodos, seja com suas finalidades. Mas todos aqueles a quem o trabalho afeta necessitam compreender a natureza da crença que o guia. No meu caso particular, a crença é de que a verdade vista com uma compreensão das pessoas hu-

---

ção. Embora seja a inexorabilidade dos processos, demonstrada pelo líder, aquilo que é realmente temido e ressentido, é provável que o problema seja colocado em termos mais familiares; p. ex., como um fracasso em 'seguir as práticas aceitas da educação de adulto'. É duvidoso dizer se o tratamento de tais antagonismos no nível sintomático, i. é, apontando um comitê ou sugerindo uma discussão quando esta é solicitada, terá muita utilidade em tais situações" (MEAD, M. "Group Living as a Part of Intergroup Education Workshops". In: *Journal of Educational Sociology*, vol. 18, 1945, p. 526-534).

116 MEAD, M. "Contemporary Anthropology". In: *Man*, vol. 45, 1944, p. 48-49 [resumo de uma conferência feita no Royal Anthropological Institute, Londres, em 5 de outubro de 1943].

manas em seu mundo hoje pode tornar essas pessoas mais livres e desse modo melhores seres humanos.

   Dito de maneira mais simples, o cientista social que acredita em tal relação entre o conhecimento, a liberdade e a vida só poderá trabalhar construtivamente numa sociedade que compreende sua posição. Não são os esforços de alguém, de cujos métodos e finalidades discordamos, que causam dano. O dano é causado quando métodos e finalidades não são compreendidos. Os médicos protestantes e católicos têm trabalhado cooperativamente na profissão médica, ambos vinculados à origem hipocrática, embora tendo como referência uma crença religiosa diversa no que tange à necessidade sempre presente de escolha, num parto, entre a vida da mãe e a vida da criança. Na medida em que um compreenda o outro e acredita na relação entre a ética religiosa e a ética médica, na sinceridade da insistência católica de que não se deve tirar uma vida para salvar outra, mesmo que isso signifique *deixar* a mãe morrer ou na sinceridade da insistência protestante de que uma vida parcialmente vivida deve ter precedência sobre aquela que ainda não começou, a ética da sociedade como um todo permanecerá intacta. Mas se os protestantes deixam de ver a relação entre a crença católica e o núcleo da fé da responsabilidade dos médicos pela vida e a interpretam como uma tentativa de aumentar a população católica ou se os católicos, numa incompreensão comparável, acreditam que os protestantes preferem *matar* a criança, então a possibilidade de uma cooperação ética sadia entre ambos corre sérios riscos. O reconhecimento da diferença essencial, entre discordar de uma posição, respeitando-a, porque suas premissas básicas são compreendidas ainda que inaceitáveis, e rejeitando-a porque não é compreendida, fornece uma orientação sobre o modo como utilizamos nossa compreensão emergente da cultura. Com aqueles que advogam destruição não há possibilidade de qualquer compromisso.

É porque creio que uma parcela considerável do povo americano está voltada para a importância da liberdade, que vem do conhecimento e compreensão e não da coerção, da autoridade rígida ou da revelação final, que sinto ser justificável nesse país usar métodos ligados a essa primeira crença. Também reconheço ser necessário que aqueles que não creem nesse tipo de liberdade aberta, mas que imaginam uma outra solução melhor para a humanidade, compreendam a relação entre minha perspectiva e a deles. Se a consideram errada por justas razões, então o mundo em que esta compreensão está sendo invocada ainda é um mundo seguro para aqueles que o habitam. O fato de as bruxas serem queimadas, quando tanto elas quanto seus caçadores concordam que tinham parte com o demônio, insere-se num mundo coerente, em que a próxima geração mantém a escolha de ter ou não bruxa. É quando os mansos e os bons que amam a Deus segundo sua vontade são levados à fogueira como se fossem bruxas, sendo simplesmente o amor de Deus de outra forma, que a ética global de uma cultura se mostra em perigo. Dentro do grupo em que se trabalha tem-se igual obrigação de elucidar as premissas tanto para os que concordam quanto para os que discordam, seja em termos de alvos ou métodos.

No Apêndice III, estudo alguns aspectos selecionados do papel do homem e da mulher em nossa cultura americana.

O leitor encontra pouco material sobre desvios em minhas discussões dentro de nossa sociedade que tornem possível falar dela como se fosse um paciente. Não planejo discutir o significado cultural da prostituição, da homossexualidade promíscua, da doença venérea, do alcoolismo agudo ou dos crimes sexuais. Eles ocorrem, e sua forma e frequência são índices de desajustamento que existem nos Estados Unidos como em qualquer sociedade moderna. São sintomas de um estado da sociedade tanto quanto as fobias e as compulsões são sintomas de um paciente. Estão sistematicamente relacionados à cultura, e, se estivesse fornecendo um relato completo de qualquer sociedade primitiva, incluiria uma discussão de todos os desvios. Mas, embora se possa dizer perfeitamente, como Lawrence Frank, "a sociedade é o paciente", os indivíduos americanos que leem um livro sobre a sociedade americana não são pacientes que vêm voluntariamente a um consultório e que são tratados e também protegidos contra as definições apressadas que fizeram deles. Justamente porque as aberrações do desajustamento são sistematicamente relacionadas à melhor conduta dos bem-ajustados, a discussão desses aspectos da cultura poderá ter efeitos indesejáveis em certos contextos. Se o leitor for alguma vez forçado ou levado a reconhecer que uma tendência sadia de sua própria personalidade, cujo desenvolvimento ele deve à sua cultura, está intimamente relacionada a alguma conduta que põe em prática e que deve rejeitar, então aproveitará pouco de uma análise das tendências principais de sua cultura, os sadios que devem sua saúde ao fato de terem rejeitado com sucesso as soluções que os tivessem tornado doentes ou perigosamente desviantes impelem para longe a discussão. Ou poderão agir por alguns minutos como o médico que, depois de ler Freud, subiu num ônibus e solenemente autoexaminou a natureza de seus sentimentos homossexuais para com os outros passageiros do sexo feminino. Concluindo que não tinha nada semelhante, passou a atacar vigorosamente a abordagem freudiana, um processo que retarda em vez de facilitar o crescimento da terapêutica. Possivelmente, os conflitos específicos que resultam em tantos alcoólatras estão presentes na maioria dos americanos. Mas os não alcoólatras não suportam se lhes lembrem o fato. E para aqueles cujo ajustamento cultural é precário, a discussão chega a ser até perigosa. Enquanto nenhum arrazoamento cultural for capaz de mostrar os sintomas do por que os americanos bebem ou cometem crimes, talvez se torne premente fortalecer as defesas morais de modo desnecessário. E isso significa dizer que estes leitores específicos, correndo riscos em seu próprio ajustamento pelo reconhecimento de que "pela graça de Deus eu continuo", em vez de levantar suas mãos em prece, poderão começar uma cruzada destrutiva contra aqueles cuja força foi menor que a sua própria. A maioria das cruzadas depende exatamente da mobilização de tais tendências, mas o cientista social responsável fará uma pausa antes de se dedicar a estas atividades.

A sociedade é o paciente. Aqueles que de algum modo foram feridos ou destorcidos fornecem abordagens valiosas sobre o que está errado com ela. Mas para curar a sociedade precisamos também de indivíduos que possam usar sua força para alterar aqueles processos culturais que levam à doença. Acredito que tais pessoas estejam em condições de aplicar melhor sua força do que aqueles cuja integração cultural foi mantida intacta, ao mesmo tempo que se lhes concede uma nova maneira de ver como as regularidades fundamentais na cultura são vistas pelo antropólogo comparativo. Um psiquiatra numa festa poderá ver sintomas em seus amigos que o perturbam, mas ele aprende a não mencioná-los até que entrem em seu consultório como pacientes. De modo semelhante, o antropólogo que vê a sociedade moderna poderá notar sintomas profundamente conturbados e de fato este poderá ser o melhor estímulo para o trabalho. Mas acredito que tal análise esteja reservada para um grupo especializado de profissionais com uma ética adequadamente desenvolvida. Quando alguém escreve de modo facilmente acessível aos cidadãos interessados, acredito que se possam colocar no lugar do leitor sem forçá-los a aceitar ou rejeitar interpretações cujas implicações não teriam escolhido ouvir, se estivessem plenamente conscientes delas[117]. Certamente

---

117 Esta é uma das críticas mais sérias que podem ser feitas à maneira pela qual se permitiu que o *Kinsey Report* se tornasse um *best-seller*. A remoção súbita de uma reticência anteriormente garantida deixou muitos jovens singularmente sem

ainda não atingimos um estágio na consciência social em que homens e mulheres que agem normalmente estejam em condições de integrar em si mesmos o conhecimento de uma psicodinâmica cultural que os aproxima dos psicopatas e criminosos ou daqueles cuja impossibilidade de aguentar as pressões da cultura levou-os ao alcoolismo e à doença como defesa. No momento mesmo em que aceitamos o fato de que nossa humanidade comum e nossa responsabilidade como cidadãos é de melhorar o mundo em que tais fatos ocorrem, devemos também, ao menos na situação em que se encontra o mundo atual, difundir esta aceitação. O problema de aceitar uma consciência da conduta consciente – a conduta pela qual rezamos e trabalhamos e lutamos incessantemente – é realmente algo muito difícil.

---

defesa, justamente naquelas áreas nas quais seu desejo de conformar-se estava protegido por uma falta de conhecimento da extensão da não conformação. Cf. MEAD, M. "An Anthropologist Looks at the Report". In: *Problems of Sexual Behavior*: Proceedings of a Symposium on the First C. Kinsey, Wardell B. Pomeroy and Clyde F. Martin. Nova York: American Social Hygiene Association, 1948.

Apêndice III

Fontes e experiência na nossa cultura americana

Os antropólogos têm tradicionalmente buscado outras culturas para exercitar sua objetividade e têm ainda uma ética ou racionalidade pouco desenvolvida no que concerne ao uso de treino antropológico numa cultura em que se é também membro plenamente atuante. Emoção, escolha, preferências morais entram inevitavelmente na elaboração de seus comentários sobre a cultura contemporânea, seja a sua própria ou sejam aquelas em que viveu como se fosse um membro. Quando é feita uma tentativa no sentido de apresentar a análise em termos analiticamente frios sem pesos subjetivos óbvios ou articulados, como foi feito por Geoffrey Gorer no seu livro *The American People*, e como já tentei ocasionalmente fazer, especialmente em *How Religion Has Fared in the Melting Pot*[118], os artigos indicam que muitas vezes se é levado a mal-entendidos. Quando se escreve calorosa ou furiosamente, combinando-se a habilidade de diagnosticar e analisar com a habilidade de partidário aberto, há outros perigos, que foram discutidos no Apêndice II.

---

118 In: SPERRY, W. (ed.). *Religion in the Post-War World Series* – Vol. 3: Religion and Our Racial Tensions. Harvard University Press, cap. 4, p. 61-81.

O melhor que se pode fazer na época atual é afirmar bem claramente a base de que compreensão se possui, como ela é obtida, de quem, para que propósitos e quão consciente se está das armadilhas. Talvez a maior perturbação que o antropólogo enfrente vem daqueles que concederam seu valor científico às análises de culturas primitivas mas que, seja por estarem fugindo da possibilidade de serem classificados como povos primitivos, o que lhes parece implícito, ou resistindo a qualquer tipo de compreensão, insistem em ver qualquer afirmação sobre a nossa cultura contemporânea como "uma abordagem intuitiva brilhante", uma forma de crítica que é também estendida a livros como *The Chrysanthemum and the Sword*, de Ruth Benedict. Esse tipo de crítica significa que, quando dois antropólogos usam as mesmas premissas na mesma época, e chegam independentemente à mesma conclusão, ou usam com pleno conhecimento uma conclusão a que um deles chegou mais cedo, o público fica desesperançadamente confundido e imaginando quem usou a abordagem de quem. Tal polêmica não surge se dois etnólogos concordam que um determinado povo primitivo é patrilineal ou pratica a inversão sexual.

Numa sociedade complexa tem-se mais e menos material do que numa sociedade simples. De fato, com caderno e lápis pode-se anotar uma grande parte do que acontece num pequeno grupo pré-letrado de pessoas e que eles guardam em sua memória. Mas eu não tenho história, registros escritos, cinema, história em quadrinhos ou *scripts* de rádio, levantamentos de opinião, estatísticas censitárias ou guias de leitores para suplementar o conhecimento que meus colaboradores e eu adquirimos em alguns meses de trabalho de campo. Tudo o que se tem é o que se vê, o que se escreve, o que se fotografa ou copia. A homogeneidade, o baixo ritmo de mudança, a escassa população, a condição de pré-letrados, tudo está a nosso favor e constitui o laboratório perfeito para aprender sobre a regularidade padronizada e para coletar materiais contrastantes do aprendizado humano. Como laboratório, a sociedade primitiva é insuperável e nenhum pesquisador decidiria elaborar uma teoria em nossa própria sociedade, enquanto há sociedades primitivas disponíveis. Por outro lado, as aplicações de teoria para propósitos contemporâneos da humanidade incluem aplicações em nossa própria sociedade. Para tais aplicações, torna-se necessário conhecimento semelhante de nossa sociedade, isto é, um estudo analítico de padrões baseados em dados coletados por métodos antropológicos. Ainda não é possível aplicar métodos baseados na teoria antropológica a sociedades em que todos os dados se baseiam em métodos de coleta e análise usados por outras ciências, seja sociologia, história ou psicologia.

Assim, quando tentamos aplicar métodos antropológicos a culturas contemporâneas, usamos aqueles desenvolvidos na sociedade primitiva. Estudamos a conduta de pessoas vivas: o que dizem, como agem, o que comem, como andam. Estudamos a arte popular, a propaganda, o cinema, filmes, rádio, tanto quanto versões culturalmente localizadas de belas-artes internacionalmente compartilhadas. Usamos estatísticas, estudos de opinião, censos e relatórios clínicos para conferir nossas observações. O estado de muitas dessas hipóteses foi claramente delineado por Nathan Leites em *Psycho-Cultural Hypotheses about Political Acts*[119].

Necessariamente, trabalhamos muito sós, o que significa que usamos os mesmos métodos de campo, até conseguir uma regularidade e, então, parando de registrar cada instância dela, passamos a buscar e acompanhar as exceções. Significa que para dizer que a gravata é parte das vestes masculinas nos Estados Unidos o antropólogo não apenas conta os homens que a usam. Mas uma vez observada a regularidade da gravata, nota-se quando, por quem e sob que circunstâncias não são utilizadas, as ane-

---
119 *World Politics*, vol. 1, 1948, p. 102-119.

dotas sobre gravatas, suicidas com gravatas, meninas que usam gravatas, com que idade os meninos começam a usá-las, quem deixa de usá-las etc. Uma vez identificado o padrão, mantém-se também uma compreensão viva dos desvios da situação, das mudanças, exatamente como quando sentava na minha casa, entre duas estradas em Iatmul, ou enquanto trabalhava e olhava o grupo de pessoas que passava. Não parei para registrar cada grupo, nem conscientemente nomeei os que passavam. Mas no momento em que havia uma combinação estranha, uma criança e um adulto com a qual normalmente ele não se preocupava, duas pessoas que nunca se falavam, alguém que se alegava ter saído de viagem ou estar confinado a casa por motivo de doença, eu partia naquela direção, buscando elementos. Isso é algo que se faz normalmente em nossa própria cultura, inconsciente e continuamente, e que se expressa em vereditos tais como "há algo errado" com um amigo da família, lá fora na rua, no clube ou no escritório. O padrão de relacionamentos, os sons, o arranjo dos móveis, a percentagem de riso para uma anedota, o horário para as refeições, a rapidez com que se responde à campainha, tudo está lá, e diante disso surgem divergências de opiniões e afirmações: "Vão trazer más notícias", "deve ter havido um acidente". O que todos fazem para relações sociais comuns entre pessoas e entre pessoas e coisas de seu próprio ambiente, o antropólogo está treinado a fazer não somente com relação a situações sociais, mas em relação à cultura como um todo. Nossos olhos estão atentos a uma mudança no simbolismo de um anúncio, para uma solução nova de um dilema moral numa história de revista popular, ao uso de uma palavra como "subjetivo" em notícias do *New York Times,* para o uso progressivo de aspas em relatos de acontecimentos ideologicamente divergentes, a ênfases novas na organização do Dia das Mães, ou ao aparecimento de velas na decoração da Páscoa. Quanto mais articuladas as hipóteses, mais sistemáticas forem as formulações tanto mais observações se podem fazer enquanto se anda, lê, fala com pessoas, senta-se nos restaurantes, metrô e ônibus. E na medida em que se aprendeu a sentir que as observações dos outros é um ato amigável e que é agradável estudá-los e agradável ser por eles estudados, que novas abordagens levam a novas alegrias, essa tomada de notas incessante e quase inconsciente é tão cômoda e compensatória como atividade quanto apreciar a forma e a cor de uma paisagem o é para um pintor ou um poeta. É analítico, mas num contexto tão sintético – porque se é integralmente parte da realidade que se está observando – não há as dores da dissecação de algo amado. Inevitavelmente, as observações num padrão tão complexo são sustentadas por diferentes quantidades de dados, mas não inclui hipóteses em relação às quais não tenha avaliado que dados relevantes estavam disponíveis.

Minha própria preparação para desempenhar o papel de observador e analista cultural foi excepcionalmente favorável. Minha avó era professora de crianças, sensível e pensadora, atenta a todos os desenvolvimentos da psicologia infantil de sua época. Ela me treinou não só para partir pelos caminhos e trazer uma planta que me havia descrito, mas também ouvir a fala de minhas duas irmãs mais moças, registrá-las e compreendê-las. Minha mãe foi uma das primeiras estudantes de contato cultural e eu era ainda muito pequena quando ela estava completando seu estudo chamado *Italian on the Land: A Study in Immigration*[120]. Eu fui pesada e medida como foram as crianças italianas da comunidade em que vivíamos e na qual minha mãe estava fazendo seu estudo. Meu casamento foi um casamento italiano, estudado, apreciado e degustado. Como a casa de um professor universitário que se ancora sucessivamente em universidades urbanas, nós nos mudávamos frequentemente. Cada comunidade

---

120 *United States Bureau of Labor Bulletin*, 14, mai./1907, p. 475-533.

era vista criticamente no que necessitava, como suas escolas poderiam ser melhoradas etc. Tudo isso eu assimilei, enquanto me punha a estudar os mais diversos padrões de jogos infantis, costumes folclóricos pouco conhecidos, a conduta de duas pessoas que dizem a mesma palavra, ou quando um casal, caminhando de mãos dadas, era separado por um poste ou uma árvore. Meu conhecimento cultural e meu respeito pela ciência social já estavam desenvolvidos e eram parte de mim quando, como aluna de série avançada da universidade, comecei a trabalhar sob orientação de Franz Boas e Ruth Benedict. Por essa razão, minhas observações da cultura americana têm origens bem anteriores à minha capacidade de expressá-las em palavras. Elas foram aguçadas e especializadas através dos anos, direcionadas a problemas particulares tais como: adolescência, treino de professores, nutrição, moradia, organização da comunidade, formulações psicossomáticas da doença, organização de conferências, peculiaridades de subculturas regionais ou esforços para estabelecer a comunicação com membros de outras culturas. Lucrei muito estudando de perto problemas relevantes com vários cientistas sociais de outras culturas: o finado Kurt Lewin, Erik Homburger Erikson, Gregory Bateson, Ervvin Schuller, Nathan Leites.

Os resultados de trabalho cooperativo com Geoffrey Gorer que se estendeu por um período de mais de doze anos foram publicados no seu *The American People* e no meu *And Keep Your Powder Dry*. Não pude indicar todos os detalhes do meu débito para com suas observações e análises. Durante os últimos dois anos tive a sorte de ter estudantes aplicados e observadores que coletaram e analisaram material sobre comicidade, cinema, anúncios voltado para a ampliação de algumas de nossas hipóteses já existentes. E eu me beneficiei dos estudos maciços de grupos de cientistas sociais no estudo de aspectos da cultura americana, especialmente *Middletown* e *Middletown in Transition* e a série

Yankee City, trabalhos da Escola Ecológica e do Comitê de Chicago para o Desenvolvimento Humano.

Como ilustração dos tipos de fontes escritas disponíveis, incluo aqui: 1) Uma bibliografia de alguns trabalhos significativos sobre a cultura americana, no tocante ao sexo e à família, que de nenhum modo é exaustiva, mas que sugerirá ao leitor o tipo de matéria existente. Usando tal material, é de minha prática apreciar o Sudeste e a Califórnia como variantes bastante desviadas da cultura americana e somente incluindo as matérias sobre essas áreas após uma seleção bem cuidadosa. 2) Uma lista de situações de aprendizado e de trabalho no estudo ou análise, ou diagnóstico, ou alterações orientadas da cultura americana em que eu tenha trabalhado, ou através da qual tenha tido acesso a grande variedade de matérias não publicadas, tais como: estórias de caso, questionários originais, ensaios infantis, coleções de trabalhos artísticos, registros de comissões, relatórios governamentais etc. 3) Uma lista de minhas próprias publicações sobre a cultura americana. Evidentemente, elas não tornam meus comentários atuais mais dignos de confiança, a não ser no sentido de que atestam interesse e atenção persistentes. Oferecem uma cronologia e os tipos de interesses.

Alguns materiais sobre a cultura americana

BATESON, G. "Morale and National Character". In: WATSON, G. (ed.). *Civilian Morale* – Second Yearbook of the Society for the Psychological Study of Social Issues. Nova York: Houghton Mifflin, 1942, p. 71-91.

DAVIS, A. & DOLLARD, J. *Children of Bondage.* Washington D.C.: American Council on Education, 1940.

DAVIS, A.; GARDNER, B. & GARDNER, M. *Deep South.* University of Chicago Press, 1941.

DOLLARD, J. *Caste and Class in a Southern Town*. New Heaven: Yale University Press, 1937.

ERIKSON, E.H. "Ego Development and Historical Change". In: FREUD, A. et. al. (eds.). *The Psychoanalytic Study of the Child*. Vol. 2. Nova York: International Universities Press, 1947, p. 359-396.

GORER, G. *The American People*. Nova York: Norton, 1948.

HICKS, G. *Small Town*. Nova York: Macmillan, 1946.

HOHMAN, L.B. & SCHAFFNER, B. "The Sex Life of Unmarried Men". In: *American Journal of Sociology*, vol. 52, 1947, p. 501-507.

KINSEY, A.C.; POMEROY, W.B. & MARTIN, C.E. *Sexual Behavior in the Human Male*. Filadélfia: Saunders, 1948.

KLUCKHOHN, C. & FLORENCE, R. "American Culture: Generalized Orientations and Class Patterns". In: *Conflicts of Power in Modern Culture*. Nova York: Symposium of Conference in Science, Philosophy and Religion, 1947, cap. IX, p. 106-128.

LYND, R.S. & HELEN, M. *Middletown in Transition*. Nova York: Harcourt/Brace, 1937.

_____. *Middletown*. Nova York: Harcourt/Brace, 1929.

MYRDAL, G. *The American Dilemma*. Nova York: Harper, 1941.

PARSONS, T. "Certain Primary Sources and Patterns of Agression in the Social Structure of the Western World". In: *Psychiatry*, vol. 10, 1947, p. 167-181.

_____. "The Kinship System of the Contemporary United States". In: *American Anthropologist*, vol. 45, 1943, p. 22-38.

_____. "Age and Sex in the Social Structure of the United States". In: *American Sociological Review*, vol. 7, 1942, p. 604-616.

POWDERMAKER, H. *Affer Freedom*. Nova York: Viking Press, 1939.

WARNER, W.L. & LUNT, P. *The Status System of a Modern Community*. Yale University Press, 1942 ["Yankee City Series", vol. 2].

_____. *The Social Life of a Modern Community*. Yale University Press, 1941 ["Yankee Town Series", vol. 1].

WARNER, W.L. & STROLE, L. *The Social Systems of American Ethnic Groups*. Yale University Press, 1945 ["Yankee City Series", vol. 3].

WEST, J. *Plainsville, U.S.A.* Nova York: Columbia University Press, 1945.

Situações envolvendo o aprendizado ou o acesso a materiais sobre a cultura americana

1925-1926 – Trabalho de campo na Samoa Americana envolvendo trabalhos em uma estrutura fornecida pela Marinha dos Estados Unidos.

1934 – Seminário em Hanover sobre Relações Humanas. Trabalho intensivo com um grupo seleto de profissionais de outras disciplinas na preparação de um marco de referência e de materiais para adolescentes americanos sobre a natureza da cultura e, em particular, sobre a cultura americana.

1934-1935 – Comissão de Estudos da Adolescência da Progressive Education Association [Associação para a Educação Progressista] envolvendo a leitura e a avaliação de casos clínicos de adolescentes de diferentes ambientes.

1939-1945 – Atuação como docente no Vassar College em desenvolvimento infantil e em sociologia na Universidade de Nova York, na Universidade de Colúmbia e no Teachers College envolvendo um grande número de trabalhos com estudantes sobre seus lares, experiências e atitudes, e também análises de aspectos selecionados da cultura americana.

1940 – Levantamento da literatura existente sobre medicina psicossomática incluindo análises e estudos de caso publicados, baseados principalmente em pacientes americanos.

1942-1945 – Secretária executiva e coordenadora da pesquisa do Comitê sobre Hábitos Alimentares do National Research Council [Conselho Nacional de Pesquisa], que incluiu um grande número de estudos qualitativos sobre atitudes, viajando por todos os Estados Unidos e trabalhando com comunidades locais, um estudo diagnóstico de seis planos de urbanização desenvolvidos em grandes cidades, um estudo do impacto de programas federais em cidades pequenas e orientação de pesquisas detalhadas sobre aspectos das atitudes americanas em relação à nutrição (sintetizadas com bibliografia na publicação *Bulletins*, 108, 1943 e 111, 1945 do *National Research Council*: *The Problem of Changing Food Habits* e *Manual for the Study of Food Habits*).

1942-1948 – Palestras para uma grande variedade de grupos americanos em todo o país, nas quais as réplicas do público foram cuidadosamente atendidas.

1943 – Conferencista e intérprete das relações entre os Estados Unidos e o Reino Unido na Grã-Bretanha, subordinada ao Ministério da Informação do Reino Unido e ao Gabinete de Informações de Guerra dos Estados Unidos na Grã-Bretanha.

1945 – Integração das pesquisas desenvolvidas nos Estudos Familiares, sob os auspícios do Hospital de Nova York e da Community

Service Society [Sociedade de Serviços Comunitários] de Nova York, em uma abordagem multidisciplinar para o tratamento familiar de doenças (cf. RICHARDSON, H.R. *Patient Have Families*. Nova York: Commonwealth Fund., 1945).

Publicações de Margaret Mead sobre a cultura americana

1927 – "Group Intelligence Tests and Linguistic Disability among Italian Children". In: *School and Society*, vol. 25, p. 465-468.

1928 – *Coming of Age in Samoa*, cap. XIII e XIV, p. 195-248. Cf. tb. p. 462 desta obra.

1929 – "Broken Homes". In: *Nation*, vol. 128, p. 253-255.

1930 – *Growing Up in New Guinea*, cap. XIII-XVI, p. 211-277. Cf. tb. p. 468 desta obra.

1931 – "Standardized America vs. Romantic South Seas". In: *Scribner's Magazine*, vol. 90, p. 486-491.

1931 – "The Meaning of Freedom in Education". In: *Progressive Education*, vol. 8, p. 107-111.

1935 – "Sex and Achievement". In: *Forum*, vol. 94, p. 301-303.

1936 – "On the Institutionalized Role of Women and Character Formation". In: *Zeitschrift für Sozialforschung*, vol. V, p. 69-75.

1940 – "Conflict of Cultures in America". In: *Proceedings of the 54th Annual Convention of the Middle States Association of College and Secondary Schools and Affiliated Associations*, p. 11-14.

1941 – "Administrative Contributions to Democratic Character Formation at the Adolescent Level". In: *Journal of the Association of the Deans of Women*, vol. 4, p. 51-57.

1941 – [com BATESON, G.). "Principles of Morale Building". In: *Journal of Educational Sociology*, vol. 15, p. 206-220.

1941 – "On Methods of Implementing a National Morale Program". In: *Applied Anthropology*, vol. 1, p. 20-24.

1942 – *And Keep Your Powder Dry*. Nova York: William Morrow [edição inglesa: *The American Character*. Londres: Penguin Books, 1944] [edição alemã: ...*Und haltet euer Pulver trocken!* Trad. Josephine Ewers-Bumiller. Munique: Kurt Desch, 1948] [edição italiana: *Carattere degli Americani*. Trad. Lina Franchetti. Florença: Edizioni U, 1946] [edição austríaca: ...*Und halte dein Pulver trocken*. Trad. Augusta V. Bronner e Amadeus Grohmann. Viena: Phoenix, 1947].

1942 – "An Anthropologist Looks at the Teacher's Role". In: *Educational Method*, vol. 21, p. 219-223.

1942 – "Has the 'Middle Class' a Future?" In: *Survey Graphic*, vol. 31, p. 64-67, 95.

1942 – "Customs and Mores". In: *American Journal of Sociology*, vol. 47, p. 971-990.

1943 – "The Cultural Picture" [n. 1 de uma série de quatro artigos: "The Modification of Pre-War Patterns" – Parte II de "Problems of a War Time Society"]. In: *American Journal of Orthopsychiatry*, vol. 13, p. 596-599.

1943 – "Why We Americans Talk Big". In: *The Listener*, vol. 30, p. 494. Londres: British Broadcasting.

1943 – "Can You Tell One American from Another?" In: *The Listener*, vol. 30, p. 640.

1944 – *The American Troops and the British Community*. Londres: Hutchinson [folheto].

1944 – "A GI View of Britain". In: *New York Times Magazine*, 19/03, p. 18-19, 34.

1944 – "Women's Social Position". In: *Journal of Educational Sociology*, vol. 17, p. 453-462.

1944 – "What Is a Date?" *Transatlantic*, n. 10, p. 54, 57-60.

1944 – "It's Human Nature". In: *Education*, vol. 65, p. 228-238 [episódio com Murray Dyer e Margaret Mead, do programa "Science at Work". American School of the Air/Columbia Broadcasting System].

1945 – "Wellesley School of Community Affairs". In: *Progressive Education*, vol. 22, p. 4-8.

1945 – "What's the Matter with the Family?" In: *Harper's Magazine*, vol. 190, p. 393-399.

1945 – "How Religion Has Fared in the Melting Pot". In: SPERRY, W. (ed.). *Religion in the Post-War World Series* – Vol. 3: Religion and Our Racial Tensions. Harvard University Press, cap. 4, p. 61-81.

1946 – "The American People". In: *The World's Peoples and How They Live*. Londres: Odhams Press, 1946, p. 143-163.

1946 – "Cultural Aspects of Women's Vocational Problems in Post World War II". In: *Journal of Consulting Psychology*, vol. 10, p. 23-28.

1946 – "The Women in the War". In: GOODMAN, J. (ed.). *While You Were Gone*. Nova York: Simon and Schuster, p. 274-290.

1946 – "Trends in Personal Life". In: *New Republic*, vol. 115, p. 346-348.

1946 – "*Pouvoirs de la femme*: Quelques aspects du rôle des femmes aux Etats-Unis". In: *Esprit*, nov., p. 661-671. Paris.

1946 – "The Teacher's Place in America". In: *Journal of the American Association of University Women*, vol. 40, p. 3-5.

1946 – "What Women Want". In: *Fortune*, vol. 34, p. 172-175, 218, 220, 223-224.

1947 – "The Application of Anthropological Techniques to Cross--National Communication". In: *Transactions of the New York Academy of Sciences*, ser. II, vol. 9, p. 133-152 [republicado e expandido em "A Case History in Cross-National Communications". In: BRYSON, L. (ed.). *The Communication of Ideas*. Nova York: Instituto de Estudos Religiosos e Sociais, 1948].

1947 – "What Is Happening to the American Family?" In: *Journal of Social Casework*, vol. 28, p. 323-330.

1947 – (com BAVELAS, A.). "The Dallas Convention and the Future of AAUW". In: *Journal of the American Association of University Women*, vol. 41, p. 23-26.

1948 – "Some Cultural Approaches to Communication Problems". In: BRYSON, L. (ed.). *The Communication of Ideas*. Nova York: Institute for Religious and Social Studies, 1948, cap. II, p. 9-26.

1948 – "A Case History in Cross-National Communications". In: BRYSON, L. (ed.). *The Communication of Ideas*. Nova York: Instituto de Estudos Religiosos e Sociais, 1948, cap. XIII, p. 209-229.

1948 – "The Contemporary American Family as an Anthropologist Sees It". In: *American Journal of Sociology*, vol. 53, p. 453-459.

ÍNDICE ONOMÁSTICO

Abraham, K. 119n.

Adams, L. 67n.

Amós 495

Armstrong, W.E. 83n.

Barelare Jr., B. 278

Bateson, G. 97, 116, 219, 314n., 371n., 374n., 455, 476s., 481s., 489n., 490n., 514

Beach, F.A. 219n., 280n.

Belo, J. 481

Bender, L. 112n.

Benedek, T. 262n., 406n.

Benedict, R. 495n., 497n., 510, 514

Bergman, I. 86

Betz, B.
"Seus modos à vista" 345

Birdwhistel, R. 349n.

Boas, F. 430, 514

Booth, G.C. 289n.

Carpenter, R. 219

Chase, I. 388

Combe, J. 488n.

Darwin, C.R. 243

Davis, C.M. 277

Demetracopoulou, D. 83

Devereux, G. 185n.

Engle, E.T. 219, 263n.

Erikson, E.H. 119n., 352n., 421n., 514

Farnham, M.L.
"A mulher moderna" 365

Field, E. 164n.

Fortune, R.F. 255n., 467, 470, 473, 478

Frank, L.K. 219n., 284n., 372n., 505

Frenkel-Brunswick, E. 324n.

Freud, S. 164n., 119n., 505

Gesell, A. 277, 335

Goldwater, E. 400n.

Gorer, G. 347n., 374n., 509, 514

Greulich, W.W. 186n., 219

Herzog, H. 373

Hitler, A. 111

Holt Jr., L.E. 278n.

Hutchinson, A. 369

Hutchinson, E. 219

Hutchinson, G.E. 284n.

Jeremias 495

Jesus Cristo 488

Kinsey, A.C. 274, 292, 324, 506n., 507n.

Kris, E. 301n.

Leites, N. 342, 356n., 415n., 511, 514

Lewin, K. 514

Livingston, W.K. 284

Lundberg, F.
"A mulher moderna" 365

Martin, C.E. 292n.

Maslow, A.H. 219

McCulloch, W.S. 284n.

McGraw, M.B. 277n.

McPhee, C. 481

Mead, M.
bibliografia 519-522
preparação para o trabalho 513-520
referências 179n., 53-436 passim 489n., 490n., 496n., 498n., 501, 502n., 507n.

Mershon, K. 481

Miner, H. 239n.

Mix, T. 86

Montague, A. 112n., 263n.
Mussolini, B. 111

Nevitt, S.R. 324n.
Niebuhr, R. 498
Noble, K. 219

Ogburn, W.F. 433n., 450n.
Oseias 495

São Francisco 243
Schneirla, T.C. 219
Schuller, E. 514
Seligman, B.Z. 255n.
Seward, G.H. 449n.
Shakespeare, W. 86
Sholokov, M.A. 246
Spellman, F.J. 387n.
Spies, W. 481

Pomeroy, W.B. 292n.
Putnam, E.J. 362
Prouty, O.H. 413n.

Tannenbaum, F. 375n.
Thoms, H. 186n.
Twaddle, R.C. 186n.

Rahman, L. 210n.
Ransom, J.C. 407n.
Richardson, H.B. 210n.
Richter, C.P. 278n.
Riley, J.W. 425n.
Ripley, H.S. 210n.
Róheim, G. 119n.
Roosevelt, E. 369
Rubenstein, B. 262n.

Whittier, J.G. 383, 385
Wiener, N. 284n.
Wolfenstein, M. 342, 356n., 415n.
Wolff, H.G. 289n.

Young, P.T. 278n.

Zuckerman, S. 219

525

ÍNDICE REMISSIVO

Aberrações; cf. Desvios
Abordagem (visão, *insights*)
  447, 453
  ética da 487-507
Aborto 288, 330, 355
  criança nomeada 212s.
  espontâneo
  contado como nascido
  212s., 238
Abstração
  capacidade de 80, 222, 453
Acariciamento 349, 355s.,
  358s., 420
Acompanhantes 163, 169, 215,
  346, 354s., 357
Adoção 90, 123, 135, 179,
  238, 250, 291
Adolescência 430, 514
  cultura americana 209,
  343s., 404, 428s.
  cf. tb. Encontros,
  comportamento
  culturas primitivas 81, 103,
  150, 173, 178s., 182s.,
216; cf. tb. Cerimônias de
  iniciação
Adultério 125, 145
Afeto, roubo (alienação) 364
Agressividade 121, 177, 181,
  205, 299, 347, 353, 379,
  471, 474, 496
  cf. tb. Brigas
Alcoolismo 81, 504s., 507
Aleitamento; cf. Lactação
Alimentos
  abundância 104, 106, 177
  culturas primitivas 74s.,
  178-181, 247-250, 460
  escassez 105, 180s., 226,
  470
Alitoa, Nova Guiné 90, 471
Amamentação; cf. Lactação
Amantes 103, 136, 144, 169,
  204, 263s., 266-270,
  275s., 348, 437, 450
  americanos 86s., 350, 352,
  356, 420-422, 431

527

Amas (de leite) 142, 170
Amor
  casos amorosos 127, 169, 173, 275
  concepções sobre o 86-88, 106, 145, 267-269
  cultura americana 319, 349s., 354-356, 368, 410-415, 420-423, 432
Ancestrais 96n., 317, 412
Andamaneses 189
Animais
  experimentos com 79, 187, 278-281
  parentesco dos homens com 242-244
Antropologia 511
  aplicada 89n., 487-507
  reconhecimento da autoridade em 84s.
Antropólogos 262, 499
  acusados de vestir roupas nativas 77
  de gabinete 108
  método de trabalho 72-99, 314, 506-514
Anúncios (publicidade) 53s., 133s., 319, 327, 346, 398s., 449, 490, 511s., 514
Arapesh 105s., 113, 118-121, 147, 156, 158, 177-182, 190, 260, 273, 283, 299, 431, 455s., 469-472, 490
  das planícies 470s.
Aristocracia 195, 268, 270
Artes
  artistas 111, 194, 241, 268, 369, 371, 397s., 446-448, 451
  perdidas 61
  culturas primitivas 75, 81, 93, 106-108, 121, 144s., 152-154, 174, 443s., 460s., 471, 474-476, 478s., 480s., 511, 513s.
Assertividade (autoconfiança) 105, 120-123, 126-131, 149, 151, 206s., 347s., 352-354, 379
Atores 111
Audição
  corrigir problemas de 64
Ausência de filhos 56, 134-136, 233, 238s., 290, 296-298, 430-432
Australiano (os/as)
  aborígenes 261
  exército 467, 471
  mulheres 247
Autoerotismo 204
  cf. tb. Masturbação
Autoridade em antropologia
  reconhecimento da 84s.

Babás (*sitters*) 400s., 409
Babylonian Talmud 269n.
Bajoeng Gedé, B. 162, 290s.
Bali 74, 93, 103, 107, 134, 144s., 223-227, 242s., 245, 269, 273-275, 290s., 295s., 347, 444, 455, 476, 479-481
Bantjo (travesti) 162
Batoean, B. 444
Beber 126, 201, 336
cf. tb. Alcoolismo
Berdache (travesti) 185
Bibliografias
   arapesh 472s.
   bali 481-485
   cultura americana 515-517
   iatmul 477s.
   manus 468s.
   Mead, M. 519-522
   mundugumor 475
   samoa 462-464
Bocas 119-128 passim 201-203, 209, 335s., 358-360
Brigas 93, 131, 155-157, 173, 178s., 214s., 341s., 375, 382s., 496
Brincadeira
   de criança 149s., 227, 389
   ritmo de trabalho e lazer 221-241
   cf. tb. Jogos

Bruxas/os 112, 141, 295s., 300, 431, 442, 445, 504
   dança do feiticeiro 107
Budismo 479

Caça de cabeças 86s., 106, 120, 153, 159, 228, 470, 474, 476, 479
Calendários 224-227, 480
Califórnia 515
   Universidade da 323
Canibalismo 105, 156, 176, 287, 473
Canoas 59s., 98, 107, 148, 172, 176, 460, 465, 475
   construção de, arte perdida 61
Canto 231, 443
Carícias; cf. Acariciamento
Carregar
   crianças; cf. Educação infantil, culturas primitivas
   fardos/cargas 156s., 223-226
Casamento 83, 133, 195-197, 263, 266-277 passim 288, 297, 317, 442
   cerimônia 80, 133, 147, 273, 417, 435, 513
   cultura americana 56, 303, 312-315, 327, 354, 356-360, 367s., 384-391, 393-415 passim 496
   cultura russa, soviética 254

culturas primitivas 58, 74, 119s., 145-147, 152, 169s., 234, 237, 257-261, 290s., 349, 412, 430-432, 474, 476
permanência do 255, 410-435, 495
tentativa 432
Casas 320
americanas 310, 319s., 328, 418s.
culturas primitivas 74, 104-106, 146-148, 156, 175, 223s., 320, 459-461, 465, 470s., 476, 478-480
de antropólogos 90-92
de homens 90, 106, 132, 142s., 147s., 151s., 154-157, 270, 475, 478
Casta 145, 195, 244, 246, 264, 317s., 324, 413, 479-481
Castidade 420
Catálogo de propaganda 310
Caucasianos 87, 245
"Causalgia" 284
Celibato 448
cf. tb. Homens, solteiros; Mosteiros/conventos; Mulheres, solteiras
Cerimônias 80, 108, 121, 131, 135, 145, 147s., 151s., 156, 175, 185, 196, 204s., 223-225, 229, 235-238, 245, 276, 292, 331, 471-474, 479, 480
de iniciação 121-125, 138, 143, 147-159 passim 182, 234, 237-239, 291-293
Céu
colonizar o 69
Chantagem 105, 120, 181, 470
Chartres, Catedral de 69
Chicago 322
Ciência, cientistas 82, 84, 111, 446-448, 451-453, 491s., 502
Ciência social 89n., 487-507
Circuncisão 138, 234, 239
Citações
casamento 260
cópula 129, 136, 267
corte (namoro) 127
de crianças americanas 84s., 328, 330-332, 352
etiqueta 232
gravidez 141, 213, 231
infância 149
maternidade 232-234
paternidade 157
povos primitivos, sobre parto 91, 113s., 300
virilidade 79, 151
Civilizações 111, 183
perdidas 60-62

Clímax 121, 225, 277, 339s.
cf. tb. Orgasmo
Cobertor 269
Colonialismo 60
Comer 72, 171, 201-203, 211s.,
   277s., 429
Comitê para o
   Desenvolvimento Humano
   515
Competição
   econômica 53s., 371s.,
   376-379, 386
   individual 177, 255-260,
   264-266, 275s., 346-351,
   368, 381-390, 449s.
   cf. tb. Rivalidade
Complementaridade 117-132
   passim 117, 205, 208, 334
Comunismo 495
   cf. tb. Cultura russa, soviética
Concepção 200, 209, 240, 251
   crenças a respeito da 82s.,
   286-288
Conduta nutriz dos homens
   247-261
Conhecimento cultural e
   liberdade 493-507
Contracepção 286-289, 330,
   355
Controle
   da natalidade (contracepção)
   286-289, 330, 355

social 230s., 255, 264s.,
   270s., 296-305
Cooperação 105, 154, 181s.,
   257s., 260, 458, 490, 504
Cópula; cf. Relações sexuais
Cordas (linhagens) 154, 474
Cores 63, 119, 193
Corpo
   cobrir o 54s., 109s., 134s.,
   160, 203, 215, 235, 325,
   332, 352s.
   experiências corporais 54,
   109-113, 127s., 134,
   136-140, 200-214 passim
   cf. tb. Seios; Genitais; Bocas
Corte (namoro)
   fazer a 56, 103, 127s., 256,
   267, 269, 316, 350
Crescimento 202-204, 213-215,
   347-349
   adultos 429-431
Crianças 160-183 passim 186
   americanas 56, 87, 113,
   135, 143, 164s., 198,
   309-360 passim 366-368,
   371-435 passim 496s.
   antes do nascimento 113s.
   arapesh 103, 118-121, 141,
   156-158, 166, 177-182,
   208, 215-217
   bali 126s., 141-145, 162,
   211s., 331, 347

531

culturas primitivas 55s.,
    97-99, 134-173 passim
    187, 192-194, 249-252,
    290s., 331, 346-348
"de quintal" 182
"de *status*" 329
destrutividade 66
evitar a gravidez 251,
    296-299
iatmul 122s., 130s., 148-152,
    161s., 211, 215, 229
indígenas americanas 163
manus 103, 136, 145s.,
    204, 208, 212
mundugumor 123s., 154s.,
    166-168, 174-177, 182,
    215, 325
não desejadas 330-332
nomes 329-331
número de 286-288, 302s.,
    305
perturbadas 110-113
samoa 141, 143s., 169-175,
    185, 259, 347
sexo dos não nascidos
    329-331
cf. tb. Meninos; Meninas
tchambuli 152s., 215
toda 302
último filho 408
Cristianismo 68s., 243, 432
    catolicismo romano 94, 432,
    458, 466, 503s.
    cf. tb. Missionários

culturas primitivas 104,
    144s., 456-458
protestantismo 94, 175,
    355, 467, 503s.
congregacionalismo
    458, 461
Cultura
adaptação à 174s., 461
alemã 94, 247, 256, 490
    nazista 111, 254, 256
americana 133s., 309-360,
    490s., 493-515
    atitudes na 377
    generosidade 376-381
    gregarismo 395-397
    lar 310-322, 392-409, 496
    ideal 310, 321-323,
        327s.
    sonho americano 318s.
        discrepâncias 319s.
    outros ideais 493-497
    padronização da 309-312,
        317
    padrões de vida 396-401
areois 251n.
asiática 87, 318, 479s.
asteca 299
bases da 56-58
canadense 239
chinesa 69, 451s., 479s.,
    489s.
contemporâneas
    análise 489-491, 510-514

contraste e comparação 74s.,
  78s., 82, 108, 250, 323,
  489-491
dobuana 265, 295
egípcia antiga 61, 260
em transformação 182s.,
  429-431
esquimó 73, 78, 80, 96n.,
  190, 266, 304, 490
europeia 69, 87, 94, 175,
  188s., 247, 318, 457-460,
  465-468, 471
florentina 62, 98
francesa 259, 359, 490
grega antiga 61s., 448
havaiana antiga 260
indiana 246
indonesiana 96n., 479s.
inglesa 62, 165, 247, 256,
  321s., 351s., 490, 493
japonesa 69, 129, 260, 452,
  490
javanesa 479s.
jemez 96n.
latino-americana 87
marind-anim 291
montenegrina 83
padrões das culturas
  primitivas 132-159
persa antiga 61
peruana antiga 61, 253
romana 94, 451s.
russa 253, 490
soviética 254, 293, 299, 449
toda 302
usiai 257

Danças, dançarinos 80,
  104-108, 144s., 153, 171,
  224s., 231, 273, 296, 345s.,
  434, 445, 461, 471, 480
Defecação; cf. Eliminação
Defloração (defloramento)
  215, 221s., 233-237
Demagogos 111
Dentição 122s., 211
Desajustamento 174, 273s.,
  341, 427, 504
Descanso 221s., 224, 227
Desmame 74, 182, 207s.
  simulação 74
Desvios 67s., 83, 109-112,
  137, 140, 167s., 179,
  192, 196s., 246s., 264,
  289, 298s., 323s., 364s.,
  503-507
  cf. tb. Inversão sexual;
  Travestismo
Dicotomia 69s., 126
Diferenças entre os sexos
  aproveitar-se das 436-450
  básicas 112s.
  de temperamento 79s., 184,
    442
  ênfase nas 352-354

533

físicas 54-60, 63-65, 69-71, 95, 108-110, 114, 132s., 157-159, 184-193, 221-241
ignorando 336-344, 346-348, 442
importância das 59, 192
minimizar 64-66, 129s., 416, 440

Digestão 112, 201, 203, 209, 211

Direitos das mulheres 362-365

Discussões (brigas) 59, 88
cultura americana 311, 314s., 404, 419, 426-428
culturas primitivas 74, 91s., 105, 120, 127-129, 149, 152, 313-315

Dismenorreia 68, 283

Divórcio 250, 254, 393-395, 423-425 passim

Djoget (dança de rua) 296

Doença 69, 228, 278, 298, 461, 466, 504-507, 514

Dominação 129, 131, 260, 361-365, 419, 451-453

Dotes especiais; cf. Homens; Mulheres

Drama, teatro 153, 272s., 478, 480

Economia
comércio 105s., 145, 196, 227, 457, 460, 465-468, 470s., 473, 476, 478, 480
dinheiro 105, 146, 457, 465s., 480
propriedade 145s.
riqueza 106, 146, 465, 476
cf. tb. Competição

Educação
americana 294, 370, 380-383, 403s., 414-416, 439s., 445s., 448-450
infantil
americana 198, 309-344 passim
banho 336
carregar 98, 118s., 122s., 126s., 325
chupar o dedo 309, 335
cf. tb. Eliminação
chupetas 312, 335
controle esfincteriano 170
cf. tb. Eliminação
culturas primitivas 118, 121-123, 169-173, 176, 188s.
imitação masculina 121, 158s., 240, 452s.

Egoísmo 394, 396, 423s.

Ejaculação 234, 279

Eliminação 125s., 128, 143-145, 166, 201, 203,

208, 212, 337-339, 382,
438
cf. tb. Micção

Encontros, comportamento
343-360, 395

Endocrinologia 186s., 194,
219n., 222, 281

Escarificação 148, 152s., 156,
234, 239

Escravidão 60, 252

Esposas 255, 257 passim 450
americanas 247, 303s.,
312-315, 321, 342, 352,
356-372 passim 377s.,
385s., 390s., 397-409,
414-424 passim
arapesh 131, 165s., 179,
227, 235s., 258
bali 144s.
culturas primitivas 121, 125,
168s.
esquimó 258, 266, 304
iatmul 107, 129, 151s.,
230s., 267
manus 107, 146, 228, 267,
274
mundugumor 154s., 165,
177, 258
papua 266
samoa 145, 174
tchambuli 103s., 151s.
toda 302

Estados Unidos
Exército 256, 467, 471
Marinha 457s., 461, 467
soldados 321, 336, 352
sudeste dos 69, 246, 318

Esterilidade 286, 302, 304, 431

Estética; cf. Artes

Estupro 103, 163, 204, 264s.

Etiqueta 215, 232, 245s., 263,
345, 361

Excisão dentária 138, 239

Excreção 125, 139, 145, 274
cf. tb. Eliminação

Explosões de ódio (acessos de
raiva) 70, 90, 119, 122-124,
170, 172, 178
cf. tb. Raiva

Expulsão 125, 209

Fadiga 221-229 passim

Falo; cf. Genitais, masculinos

Família 55s., 82, 247-262
americana 286, 309-323,
367s., 392-409
culturas primitivas 135, 458s.

Fantasmas 81, 90, 96n., 105,
125, 146, 212, 228, 431,
466, 471

Fascismo 111, 495

Fazer amor (namorar, cópula)
66, 108, 295, 326s.
cf. tb. Relações sexuais

Fecundação (concepção, fertilização) 136, 200, 222, 279
Feitiçaria 81, 105, 120s., 178, 180, 237, 273, 295, 431, 470
Feminismo
   movimento 80, 363s., 451-453
Fertilidade 302
   ritos de 291s.
Festas, festividades 104, 144, 178, 181, 223, 225, 231, 460, 470, 474
Ficção 85s., 327, 356, 512
Filipinas
   negritos 431s.
Filmes (cinema) 53, 86, 310, 327, 340, 342, 345s., 349, 356, 363, 396, 415, 435, 511, 514
Flautas sagradas 91, 148, 154-159, 293
Folclore, lendas 74, 77-80, 244s., 295s., 383s.
Fortune, revista, pesquisa (inquérito) 331n., 335n., 385s., 391
Freiras 298, 387
Fuga 103, 154
Funerais 77, 81, 133

Gangs (gangues) 342-344, 375
Gastrointestinal
   trato 69, 124, 209, 211, 382
Gêmeos/as 95n., 331
Genitais 112, 123-129, 160, 179, 335
   femininos 112, 126, 141, 201, 213, 235, 279, 284, 294s.
   (imitação na iniciação) 123, 152
   masculinos 112, 121, 126, 137-140, 145, 179, 347s.
Geração de filhos 82s.
   atitudes em relação à 288-290
   criação infantil 292-299
   culturas primitivas 238-240
   cf. tb. Parto
Gestação 109, 136, 143, 244, 251, 304
   imitação masculina 135
Grã-Bretanha 518
   cf. tb. Cultura inglesa
Gravidez 65, 82, 91s., 135s., 138, 141, 143, 155, 165, 190, 200s., 204, 210, 213, 221, 224-227, 231s., 238, 257, 270, 282s., 293, 355, 357, 417
   imitação masculina 185s.

Grupos minoritários
na América 322-324
Guerra 60, 107, 121, 145, 457,
461, 465, 474s., 479

Hermafroditas 162, 187
Heterossexualidade 120, 292,
354, 359s., 394, 448
Hinduísmo 107, 145, 238,
291, 479s.
iogues 284
jaino 243
Histórias em quadrinhos 110,
362, 396
Holanda 479, 481
Homens 53-57, 95, 97s.,
157-159, 184, 188, 222,
293s., 361-366, 436-438,
450-454
atividades 184, 193, 217s.
conduta nutriz dos 246-261
cultura americana (ocidental)
85-87, 147, 157-159,
196s., 303-305, 309-391
passim 397-409
atividades 135, 369-371,
377-379, 387-389,
402-405, 445-449
canadenses de origem
francesa 239
cf. tb. Maridos
solteiros 362, 391, 394,
407, 417

culturas primitivas 93,
157-159, 187-189
arapesh 105, 118-121,
156, 158, 177-182,
196, 204-206, 226s.,
273, 299
atividades 132, 144s.,
153, 225-232, 247-249,
293, 460s., 474, 478
bali 129, 138, 142-144,
187-189, 196s.,
223-227, 237-239, 444
dobu 265
iatmul 106, 148-153,
158, 230s., 237, 265,
270
manus 125, 145s., 196,
443
mundugumor 103, 106,
123s., 155s., 165-168,
174-177, 237
samoa 173-175, 196,
231, 299, 359, 444
solteiros 239, 290s.
tchambuli 106, 151-153,
237, 293
zuni 293, 299
cf. tb. Maridos
direitos dos 364s.
cf. tb. Maridos; Tipos
dotes especiais 56-58, 65,
174, 448-454
habilidades 64s.

537

incansáveis 56
limitações 65-71, 443-452
Homossexualidade 120, 127, 150, 161s., 186s., 194s., 204, 268, 289, 291, 445, 448, 504s.
Hostilidade 138s., 154-157, 164, 167, 173, 175, 264, 342-344, 381s., 389, 448s., 461, 474
Hotentotes 190, 490
Humanidade
  necessidades básicas 67s.
  valores específicos 242-261
Iatmul 74, 106s., 113, 147-153, 228-230, 455s., 475s., 512
Idade
  grupo de 103, 265, 476
  Média 107, 243, 480
Ideal
  casamento 195, 410s., 415s., 418, 496
  homem 194-198, 258, 326, 370, 379
  irmão 197
  marido, amante 197
  menina 410
  menino 410
  mulher 194-198, 326, 370;
  cf. tb. Cultura americana
Identificação 143, 146, 150, 157, 193, 205

pais-filhos 115-117, 186, 215-217, 259, 288s., 374
Ilegitimidade 251, 254, 355
Ilhas
  do Almirantado 257, 466s.
  cf. tb. Manus
  do Pacífico; cf. Ilhas dos Mares do Sul
  dos Mares do Sul 59, 61, 104-108, 138, 185
  Rossel
    cultura 82
  Trobriand
    cultura 209, 250, 262
Imigrantes
  filhos de 86-88, 317s., 321s., 421
  na América 240, 309, 313, 345, 371, 397, 412-414, 421
Imortalidade 95-96n.
Incesto 55, 83, 161, 242, 259-261
  cf. tb. Situação edipiana
Incisão 234, 239
Índios
  americanos 60, 81, 95n., 185, 269
  cheyene 73, 490
  iroqueses 246, 366
  mohave 185
  natchez 251n.
  omaha 95n., 163

das planícies 95n., 214, 269
zuni 95n., 250, 293, 299
Infanticídio 114, 176, 251,
  258, 287s., 302, 457
"Informação, por favor" 373
Iniciativa 80, 128, 163, 197,
  268, 363s., 442s.
Insanidade; cf. Desvios
Inserção (penetração) 201,
  280, 335-337
Insetos, parasitas etc. 275
Intuição 452s.
Inveja do sexo oposto 140,
  142s., 147, 159, 216, 288,
  331n., 373, 377, 402, 436
Inversão sexual 128, 185-188,
  195, 288-290, 341, 444s.
Irmãos/ãs 374s.
  americanos 330, 341-343,
    367, 377-385
  relacionamento irmão-irmã
    146, 172s., 259-261, 459
Islamismo 479

Japão
  Segunda Guerra Mundial
    467, 471
Jogos 98, 118s., 149, 389
  sexuais 136, 214, 350s.
  cf. tb. Acariciamento

Judeus
  minorias na América 323
  sexo, regulação do 268n.

Kaingang, tribo brasileira 182,
  259
Kankanamun, Nova Guiné 476
Kekanbwot (menstruação) 235
Kesatria (casta) 479
Kiwai 258
Papua 258

Lábios 119, 127
Lactação 109, 138, 200-212,
  222, 251s., 293
  cultura americana 332-334
  culturas primitivas 118s.,
    122-125, 127, 129-131,
    142-144, 150, 154s., 161,
    170, 284, 325
Lactente; cf. Lactação
Latência 164, 178, 348
Liberais 383s.
Liberdade e conhecimento
  cultural 493-507
Liderança 501-502n.
Limitação populacional 286-288
Linguagem obscena
  (escatológica) 150s., 239
Línguas 63, 315
  aprender 75s., 80, 455, 467s.

comparação 94, 96n.
mortas 61
primitivas 457, 465, 467, 473, 475, 478s.
Lorengau, Ilha do Almirantado 467

Mafaufau (juízo) 170
Magia (mágica) 57, 77, 90, 108, 116, 284, 295
Mal-estar matinal 82, 282
Mamadeira
  alimentação por 333s., 336s., 353
Manaia (herdeiro aparente) 144, 459
Manchetes 501
Manipulação social 500
Manua, Samoa 458s.
Manus 80, 90, 92, 96n., 105, 117n., 145s., 212, 227, 234, 238, 258, 274, 455, 464-468
Maori 197
Maricas 340-343, 352, 374, 377
Maridos 255-258, 265-277 passim 450s.
  americanos 247, 311-315, 340, 342, 352, 358-360, 362-365, 366-369, 372, 391, 397-408 passim 414-435 passim

arapesh 131, 165s., 179, 227, 235s., 258
bali 237
esquimó 258, 266
iatmul 107, 129, 151s., 230, 267
manus 107, 145s., 228, 267, 274
mundugumor 155, 165, 177, 258
papua 266
samoa 174
tchambuli 103
Marsalais (espíritos da chuva) 471
Máscaras cerimoniais 148, 152, 154, 156
Masturbação 279, 335
Matai (cabeça de família) 144, 459
Matemática 222, 452
Maternidade 213, 403-405, 436s.
Matriarcado 80, 366s.
Matrilinearidade 250, 366, 476
Matrilocalidade 366s.
Mbuke, Ilha do Almirantado 465
Medicina 299, 445s., 491s., 503

540

Medos 105, 161s., 245s., 291, 295s., 301, 340, 346, 352, 390, 401, 406, 411, 421-425, 448s., 494s., 498-500
das crianças 138s., 161, 185s., 213, 300, 340, 439
Meia-idade e velhice americanas 393, 407-409
Menarca 221, 234s., 237, 239, 263
Meninas 186s., 298
identificação sexual 54s., 71, 79s., 123-144 passim 156, 166, 184, 190-194, 197-218 passim 232-234, 294, 302, 331, 336, 340s., 347-349, 352-354, 436-442
cf. tb. Crianças
Meninos 162-165, 186s., 210
identificação sexual 54s., 69-71, 79s., 123-144 passim 156, 164-166, 184, 189s., 192-195, 197-218 passim 252-254, 293-295, 302, 331, 336, 340, 347-349, 352-355, 436-442
cf. tb. Crianças
Menopausa 96n., 222, 238-240, 293, 298, 405, 408, 440, 450
Menstruação 178, 224-238 passim 270, 283
imitação masculina 240
Mentawie, ilha 250
Metades 476, 478
Micção 126, 210, 247, 337
cf. tb. Eliminação
Mindimbit, Nova Guiné 476
Miscigenação 245
Missionários 77, 84, 147, 156, 159, 457s.
Misticismo 115s., 241
Modas 54, 310, 345s.
Moetotolu (insetos, parasitas etc.) 275
Mongoloides 245
Monogamia 257s., 272, 367
Monotonia 65s.
cf. tb. Trabalho, monótono
Montes Torricelli, Nova Guiné 105
Mórmons, missionários 458
Morte 81, 95-96n., 167, 179, 204, 434, 471, 498
de um companheiro 352
Mosteiros/conventos 248, 289, 298, 387
Mulheres 55s., 72, 94-98, 184, 186-188, 222s., 293-295, 361, 373, 437s., 448-454

541

americanas (ocidentais)
85-87, 135, 140, 146s.,
157s.,, 188, 247, 249,
282-285, 293s.,
296-299, 303, 309, 409
passim 449, 496
atividades 135, 147,
297-299, 381s.,
387-391, 445-449
boas 358s., 362, 370s.,
378s.
críticas às 241, 365s.
sem filhos 56, 135,
296-298
solteiras 56, 135,
368-370, 389-391, 393s.,
401, 407, 417
cf. tb. Esposas
típicas 337
atividades 184, 193, 217s.
bali 142, 144s., 188,
223-227, 237-239, 284,
444
culturas primitivas
atividades 132, 144s.,
149, 188, 224-233, 249,
294s., 474-476, 478s.
sem filhos 238s., 291
arapesh 105, 118-121,
156, 158, 177-182, 192,
226s., 235, 270, 273,
280
dotes especiais 56-58, 64,
174, 447-454

habilidades 57s., 64s.
iatmul 106, 128s., 158,
229s., 237
incansáveis 218
limitações 65-71, 217s.,
443-453
manus 125, 145s., 227s.,
234s., 238, 267, 443
mundugumor 106, 123s.,
154-156, 158, 165-167,
175-177, 192, 237, 251,
280, 293
romanas 452s.
russas 293, 299, 448s.
cf. tb. Tipos; Esposas
samoa 173s., 231, 237, 444s.
tchambuli 106, 151-153, 158,
237, 293
zuni 293
cf. tb. Esposas
Mundo
atual 59, 61-71
construir o futuro 62-64,
198, 437s., 452-454, 487s.
Mundugumor 103, 106, 147,
154-156, 174-177, 260, 455,
473-475, 490
Música, músicos 80, 105, 107,
144s., 194, 222-224, 275,
371, 443, 452, 480

Nascimento; cf. Parto
National Conference on Family
Life 393

"Natural" e "artificial" 285, 303
Natureza humana 66, 68
Náusea 282
Negros americanos 252s., 323
Neuróticos; cf. Desvios
Noivado (promessa de matrimônio) 103, 258
Nomear crianças 213, 238, 329, 331
Nova Guiné 78, 86s., 94, 105s., 147, 180s., 226, 240, 313s., 371, 384, 467, 478 cf. tb. Arapesh; Iatmul; Mundugumor; Sepik, região do rio; Tchambuli
Nova Zelândia 457
Nudez experimental 111, 137s.
Nutrição 68, 136, 277s., 304, 311, 514

Ódio; cf. Raiva; Explosões de ódio (acessos de raiva)
Onanismo; cf. Masturbação
Oratória 104, 106, 129, 132, 229, 461
Órfãos 249
Orgasmo 192, 225, 279-285 cf. tb. Clímax
Orgulho
  pessoal 184, 196s., 210, 213, 217, 269, 274, 359, 438s., 451
  tribal 107, 237
Ovulação 263

Padrões
  de inveja uterina 132-155
  igualitaristas 132-159
  mercenários 132-159
"Pai açucarado" (*sugar-daddy*) 340
Palimbei, Nova Guiné 476
Papua 81, 266, 467
Parentesco
  classificação 74, 81, 95n., 135, 152-154, 458-461, 471, 474
Parto 135, 200, 204, 209s., 212, 214s., 222, 230, 239, 251, 292s., 299-302, 503s.
  americano 114, 133, 240s., 332
  concepções sobre 40, 113s., 203
  culturas primitivas 55, 113-117, 125s., 141, 145s., 157, 224s., 230, 245
  imitação masculina 135, 158, 185, 239
  natural 446
  pais e 118, 157s., 227, 230, 300s.

543

Passividade 79s., 98, 119s., 128, 130, 149s., 161s.

Paternidade 134-137, 168, 213-218, 289s., 437, 440s.

    planejada 287, 419

    uma invenção social 242-261

Patriarcado 363, 367

Patrilinearidade 367, 471, 476, 478, 510

Patrilocalidade 367, 471

Patrinominalismo

    prevalência/transmissão do sobrenome do pai 367

Pele

    choque cutâneo 114-116

    sensibilidade 69, 114, 124, 185, 326

Pênis; cf. Genitais, masculinos

Pensão (alimentícia/marital) 364

Perguntas

    importância das 53-71

Periodicidades

    femininas 57, 66, 221-227, 231-233, 240s., 262, 265-271

    masculinas 222s., 232, 239-241, 283

Pesquisas de opinião (inquérito) 331n., 373, 385s., 391

Pintura; cf. Artes

Poder 146, 257, 366

Poesia

    citações 67n., 68, 164n., 383s., 395s., 424s., 406s.

    poetas 61, 64, 70, 74, 116, 243, 423, 466, 513

Poligamia 63, 256-259, 272, 366s., 457, 474

Potência 56, 89, 120, 151, 174, 262-285, 357-360, 437s., 439-441

Praguejar (imprecar) 130

Preliminares (preparação, jogo amoroso) 123-128, 281

Prestígio 217, 257, 267s.

Pretendentes; cf. Homens, solteiros

Primatas 247-271 passim 276

Primeira Guerra Mundial 358, 466, 471, 488

Príncipe Alexander (cadeia de montanhas, Nova Guiné) 470

Profetas, profecia 98, 111, 494-501

Propaganda 488, 490, 502

Prostituição 125, 253, 271, 274, 358, 362, 397, 504

Psicanálise, psiquiatria 76, 89s., 109-113, 137, 140, 163s., 289, 296s., 311, 325s., 359, 431, 504-506

Psicóticos; cf. Desvios
Puberdade 234, 236, 293, 439
Puritanismo 105, 125, 133, 227, 258, 281, 321, 325, 359, 404, 434, 467

Quebra de compromisso 364

Rabaul, Nova Inglaterra
  greve 467
Racismo 324
Rádio 86, 303, 310, 314, 327, 345, 363, 375, 395s., 398, 418s., 499, 501, 511
Raiva 214
  cultura americana 324, 377-379
  culturas primitivas 92s., 112s., 123s., 130, 150-155, 158, 168, 178, 180, 196, 202, 229, 260
  cf. tb. Explosões de ódio (acessos de raiva)
Rapto
  simulação 103
Reacionários 324s., 494, 502
Realização
  sexo e 361-391
  cf. tb. Sucesso
Recepção (gerar) 201, 205, 209s.

Receptividade 118-128 passim 150, 161, 207, 222, 262-285, 441
Reciprocidade 117s., 125, 128-131, 212
Reencarnação 95-96n.
Reformadores 367-371, 502s., 506
Relação
  mãe-filhos 63, 113-118, 129-131, 160-183 passim 200-212 passim 259s.
    cultura americana 309-313, 331-342, 347s., 353, 371s., 374-385, 397-307, 428s., 453s.
    culturas primitivas 118-120, 122-125, 129-131, 142, 145s., 148s.
  pai-filhos 63, 83, 115, 160-183 passim 259s.
    cultura americana 311-313, 332s., 338-342, 346-348, 366-368, 371-378, 405-407, 427-429
    culturas primitivas 118-120, 145s., 148, 216-218, 259s.
Relações
  afins 83, 103s., 147, 152, 173s., 177, 249-251,

545

267, 366s., 458-461, 465-468, 470s., 473s., 478s.
cf. tb. Parentesco, classificação "ajustamento" (controle) 263, 269-271
cf. tb. Preliminares extraconjugais 358s., 362, 396s.
cf. tb. Prostituição pré-conjugais 168-170, 258, 262-264, 349, 420s.
sexuais 111s., 120-129, 136s., 145-147, 165s., 201, 203, 209s., 216, 225, 233, 262 265-282 passim 291s., 300, 358-360
Religião 68-70, 243, 268, 432, 434, 445-448, 451, 503s.
na América 432
culturas primitivas 57s., 125s., 144-146, 174, 224s., 228, 460s., 465-467, 479-481
cf. tb. Cristianismo; Hinduísmo; Missionários
Reprodução humana 286-305
Réptil que dorme (*sleep--crawler*); cf. *Moetotolu*
Responsividade 56, 129, 131, 184, 197s., 359s., 442
Retenção 120, 125, 128
Revolucionários 494, 497, 500, 502

Rituais; cf. Cerimônias
Rivalidade 163-168, 178, 214, 347, 377, 380, 403
cf. tb. Competição
Roupas
culturas primitivas 97, 109, 459s., 465-467, 470s.
cf. tb. Corpo, cobrir o; Vestimentas, americanas
Ruborizar 343

Sacrifício humano 108, 242, 292
Salzburgo
festival de música 320
Samoa 73, 75, 80, 82, 104, 169-175, 185, 237, 263, 274, 281-283, 299, 359, 366, 455, 457-464
Saneamento 209, 338s.
Sangue
da virgindade 169, 237
ritual 121, 158
verter 121, 239
Santos 241, 497
Sedução feminina 133, 151, 273
Segunda Guerra Mundial 256, 321, 352, 392, 433, 461, 467, 471, 488, 495n.
Seios 98, 178, 185, 190-192, 294

culturas primitivas 134, 141s., 146s., 178, 189, 213, 236, 273, 284, 295
mulheres americanas 285, 336s., 353s.
Sepik, região do rio 90, 142, 263, 296, 470, 478 cf. tb. Arapesh; Iatmul; Mundugumor; Tchambuli
Servidão 252s.
Sexo(s)
atividade sexual 192
crimes sexuais 504
desenvolvimento, regularidades básicas 200-218
educação sexual 324
estereótipos 193, 197, 441-445
identificação sexual 246 cf. tb. Meninos; Meninas
jogos sexuais 136, 214, 350s.
realização e 361-391
relações entre os 54, 63, 93, 108, 151, 195-198, 246, 262, 268s., 429
na América 53s., 56, 325, 355-357, 439-441
temperamento e 184-198
Sexualidade 292, 299
experimentações com 169s., 233, 422
Simetria 116-118, 128-131

Situação edipiana 163, 166, 167, 174-179 passim 184, 213
Sociedade para a Antropologia Aplicada 491n.
Sodomia 126, 130
Sogra 88, 95, 103, 152, 261, 273, 366, 393, 419, 452
Solteiras; cf. Mulheres, solteiras
Sonhos 68, 163, 243, 245
Status (posição social) 196, 237, 251, 459, 466
Subincisão 121, 234, 239
Sucesso 348-354, 360, 371-391 passim 412-414, 425
recompensas pelo 340, 353s., 376-391 passim 402s., 406
Suicídio 196

Tabus
cultura americana 313, 334-336, 420
culturas primitivas 84, 92, 137, 141, 146, 148, 150, 154s., 158, 165, 168, 176, 178, 210, 215, 227, 230, 242-244, 444s., 470s.
irmão e irmã 172s., 259-261, 459
sexuais 263s., 269, 293

547

Taiti 251n.
Tamanho
   diferenças de 129, 131, 139
Tambunum, Nova Guiné 90, 150n., 230, 476
Tarefas domésticas; cf. Cultura americana, lar
Tatuagem 239, 459
Tau, Samoa 458
Taupou (princesa cerimonial) 144, 169, 459
Tchambuli 106, 147, 151-153, 155s., 158, 190, 455, 478
Teatro; cf. Drama
Tei (irmão/a mais novo/a) 173
Temperamento
   sexo e 184-198
Tewara, ilha 295
Tipos
   constitucionais 184-198, 199n., 284
   de personalidade 191-195, 199n.
Totemismo 242, 476
Trabalho 55
   divisão do 57, 145, 225-229, 248s., 256, 397, 451
   ímpetos de energia 222-232 passim
   monótono 58, 222-224, 227s., 231s.
   ritmo de 221-224

Transe 225, 480s.
Travestismo 79, 129s., 162, 185, 445, 477, 510
Tribos
   africanas 96n., 138, 246
   Ashanti 73
   Baganda 80
   Ba Thonga 182
   Núbios 189
   da América do Sul 138
   siberianas 185, 445
Tutuila, Samoa 458

Upolu, Samoa 457s.
Urtigas
   esfregar e bater-se com 121, 142, 236
Utopia 244, 494s., 499

Velas 320, 512
Velhice, meia-idade, americana 393, 407-409
Ventre (útero) 113s., 207, 295
   casa de homens 148, 158
Vestimentas
   americanas 350
   padronizadas 311, 345s.
   cf. tb. Roupas, culturas primitivas
Virgindade 169, 215, 233-239, 355, 420, 457

Virilidade; cf. Potência
Visão
   corrigir problemas de 64
Viúvas 230, 258, 369, 393, 407
Vômito 208s., 283
Vulva; cf. Genitais, femininos

Xamanismo 185

Yale
   Universidade de 96n.
Yankee City (série) 515
Yuat, Rio, Nova Guiné 106, 154, 473

Zumbidores (objetos barulhentos) 149, 156-158

CULTURAL

Administração
Antropologia
Biografias
Comunicação
Dinâmicas e Jogos
Ecologia e Meio Ambiente
Educação e Pedagogia
Filosofia
História
Letras e Literatura
Obras de referência
Política
Psicologia
Saúde e Nutrição
Serviço Social e Trabalho
Sociologia

CATEQUÉTICO PASTORAL

Catequese
Geral
Crisma
Primeira Eucaristia

Pastoral
Geral
Sacramental
Familiar
Social
Ensino Religioso Escolar

TEOLÓGICO ESPIRITUAL

Biografias
Devocionários
Espiritualidade e Mística
Espiritualidade Mariana
Franciscanismo
Autoconhecimento
Liturgia
Obras de referência
Sagrada Escritura e Livros Apócrifos

Teologia
Bíblica
Histórica
Prática
Sistemática

REVISTAS

Concilium
Estudos Bíblicos
Grande Sinal
REB (Revista Eclesiástica Brasileira)

VOZES NOBILIS

Uma linha editorial especial, com importantes autores, alto valor agregado e qualidade superior.

VOZES DE BOLSO

Obras clássicas de Ciências Humanas em formato de bolso.

PRODUTOS SAZONAIS

Folhinha do Sagrado Coração de Jesus
Calendário de mesa do Sagrado Coração de Jesus
Agenda do Sagrado Coração de Jesus
Almanaque Santo Antônio
Agendinha
Diário Vozes
Meditações para o dia a dia
Encontro diário com Deus
Guia Litúrgico

CADASTRE-SE
www.vozes.com.br

EDITORA VOZES LTDA.
Rua Frei Luís, 100 – Centro – Cep 25689-900 – Petrópolis, RJ
Tel.: (24) 2233-9000 – Fax: (24) 2231-4676 – E-mail: vendas@vozes.com.br

UNIDADES NO BRASIL: Belo Horizonte, MG – Brasília, DF – Campinas, SP – Cuiabá, MT
Curitiba, PR – Fortaleza, CE – Goiânia, GO – Juiz de Fora, MG
Manaus, AM – Petrópolis, RJ – Porto Alegre, RS – Recife, PE – Rio de Janeiro, RJ
Salvador, BA – São Paulo, SP